KB120414

라디오의
새로운 100년

과거, 현재, 그리고 미래

방송문화진흥총서 208

라디오의 새로운 100년

과거, 현재, 그리고 미래

존 앨런 헨드릭스 John Allen Hendricks 엮음 | 유창수 옮김

Radio's Second Century
Past, Present, and Future Perspectives

한울
아카데미

차례

『라디오의 새로운 100년』은 라디오 연구에 대한 중요한 신간이다. 이 책은 라디오가 기술로서, 오디오 콘텐츠의 공급원으로서, 그리고 전 세계에 영향을 주는 문화적 힘으로서, 여전히 활기차고 중요한 매체로 남아 있다는 것을 일깨워 준다. 라디오가 다양한 청취자층에게 정보와 오락을 제공하는 두 번째 세기를 막 시작하는 시점에서 이 책은 그 방향을 이해하는 토대를 제공한다.

1900년대 초는 라디오의 기술과 다양한 쓰임새를 개발하는 과학자들에게, 그리고 아마추어 팬들에게 실험의 시대였다. 100년 전 인기 있는 대중 매체로서 '라디오 방송'의 출현은 놀라운 일이었다. 처음 라디오를 개발했던 대부분의 기관 및 단체와 과학자들은 그 기술의 주요한 용도가 방송이 될 것이라고는 예상하지 못했다. 오히려 원거리에서 긴급한 업무를 처리하거나 바다에서 배들 사이의 통신을 하기 위한 용도로 쓰였고, 하나의 메시지를 여러 사람에게 방송하는 것보다는 일대일 통신 수단으로 여겨졌다. 사업을 하는 사람들은 라디오에 프라이버시가 없다는 점을 걱정했지만, 라디오 전파가 수신기를 가진 사람 누구에게나 전달될 수 있다는 점이 아마추어들에게는 듣고자 하는 사람 누구에게나 신호를 전송하도록 할 수 있는 동기가 되었다. 이것은 이어서 '공중(air)'에 무엇이 방송되는지 듣고 싶어 하는 일반인들의 관심을 끌었다. 이런 활동들은 라디오 방송의 토대가 되었고 라디오가 대중매체로서 기능하도록 만들었다. 지금과 같은 라디오 방송은 1920년대 초에 등장했다. 1920년 KDKA에서 프랭크 콘래드(Frank Conrad)가 했던 방송은 사상 첫 방송으로 자주 언급된다. 1922년, 훗날 ≪뉴욕타임스(New York Times)≫의 첫 번째 과학 편집자가 된 캠퍼트는 말했다. "누구도 방송의 가능성을 꿈꾸지 못했다… 어쨌든 직경 8천 마일의 세계가 손에 쥘 수 있는 작은 공처럼 줄어든 것 같다"(Kaempffert, 1922: 40). 라디오 방송이 우리 삶에서 그렇게 중요한 부분을 차지할 것이라고는 아무도 생각하지 못했다.

라디오의 미래에 대한 불확실성은 라디오의 두 번째 세기가 시작되는 지금도 마찬가지다. 디지털 기술은 라디오가 미국 오디오 문화에서 차지했던 위상을 무너뜨렸고, 라디오 방송의 미래는 불투명하다. 2005년 ≪와이어드(Wired)≫의 표지는 총알이 관통하며 휴대용 라디오가 폭발하는 그림과 함께 "라디오의 종언"을 선언했다. 라디오 방송이 실제로 죽지는 않았지만 더 복잡한 매체 환경 속에서 재구성되어 청취자와 학자들의 관심을 끄는 어떤 것이 되고 있다. 현재의 라디오는 디지털 전송 시스템을 사용하고 멀티미디어 웹을 가지고 있다. 팟캐스트는 청취자들에게 도달하는 여러 방법 중에서도 특히 정의하기 어려운데, 그들은 스스로를 다른 방식으로 형성했다. 광고를 위해서도 새롭고 보다 복합적인 노력이 요구된다. 라디오는 예전 편성에서 토크 라디오와 지역 콘텐츠를 강화하거나 청취자층을 재정의하고 이들에게 도달하는 혁신적인 방법들을 구하며 새로운 생명력을 찾아왔다. 인종, 성, 종교, 공공 부문의 역할 등과 같은 사회적 이슈들이 더 넓은 사회에서 계속 관심을 모았다. 100년 전에 캠퍼트는 라디오가 세상을 축소시킨다고 말했는데, 디지털 기술은 그것을 더욱 가속하고 있다. 라디오는 항상 국제적이었다. 100년 전에는 라디오 아마추어나 "DXer"[1]가 전 세계에서 오는 전파들을 수신했었다면, 지금은 디지털 기술이 전에는 도달 불가능했던 곳까지 국제적인 참여와 교류를 증대시키고 있다. 이 책은 새롭고, 흥미롭고, 복잡하고, 문제적이고, 유망한 라디오의 세계를 이야기한다. 그것은 지금의 라디오 환경에 대한 기본적인 이해를 제공하고 새로운 100년에 접어드는 라디오에서 보이는 기회와 생각들을 어떻게 표현할 것인지에 대한 단서들을 제공한다.

이 책은 라디오를 공부하고 싶은 사람들과 기술, 편성, 사회 이슈, 라디오의 국제적인 활용에 대해 배우고 싶은 사람들에게 다양하고 열린 공간을 제시한다. 또한 라디오가 더 다양하고 복잡한 오디오 환경에서 정의되면서 마련된 기회와 장벽들을 살펴본다. 그리고 라디오가 제공한 산업과 문화 사이의 다양한 연결과 상호작용들을 이해하도록 도와주며, 학자들에게는 다른 관점에서 라디오를 연구할 수 있는 다양한 기회를 제공한다. 즉, 라디오가 살아 있는 매체이며 유용한 학문적 무대임을 보여 준다.

방송교육협회(Broadcast Education Association), 대중문화협회(Popular Culture Association), 라디오연구포럼(Radio Studies Forum)을 비롯한 수많은 컨퍼런스들과 더불어 라디오의 미래에 대해 토론하고 있는 사람으로서, 나는 잃을지도 모르는 것들, 다가올 것에 대한 흥분, 기술적 변화와 디지털 기회들로 인한 어리둥절함, 그리고 그럼에도 불구하고 라디오는 새로운 100년에도 항상 그 자리를 찾을 것이라는 느낌에 대한 이야기들을 듣고 있다. 방송교육협회 라디오-오디오 분과의 학자들은 라디오 방송의 100년을 기념하고 싶어 했다. 그리고 이 책이 그렇게 하고 있다. 이 책은 현실과 학문적 관점 양쪽에서 라디오의 새로운 방향을 보여 준다. 이 책은 잘 쓰고, 잘 구성한

---

1 해외방송 수신자.

다양한 글들의 모음이다. 과거에 내가 학생들을 위해 자료를 모을 때는 다른 책과 저널에 실린 글들의 각 장을 따로 모았다. 이 책은 이런 식으로 패키지를 잘 구성해서 라디오를 미래로 옮기는 데 훌륭한 안내자가 되고 있다.

마이클 브라운(Michael Brown)
와이오밍 대학교 명예교수

안팎의 격변에도 불구하고, 라디오는 미국을 포함한 이 세계의 강력하고 생생한 매체로서 전 세계 청취자들의 뉴스, 정보, 오락에 대한 수요를 채워 주며 두 번째 세기에 접어들고 있다. 제이콥스 미디어(Jacobs Media)의 테크 서베이 2018(Tech Survey 2018)은 18세 이상의 미국인 중 92%가 AM/FM 라디오를 들으며, 25%가 위성 라디오를 듣고, 23%가 팟캐스트를 듣는다고 밝히고 있다. 베이비 부머(1946년에서 1964년 사이에 태어난 세대)와 Xers(1965년에서 1980년 사이에 태어난 세대)가 청취자의 81%를 차지하며 다수 집단을 형성하고 있지만, 밀레니엄 세대(1981년에서 1996년 사이에 태어난 세대) 역시 15%의 청취자층을 형성하고 있다는 점도 주목할 만하다(Jacobs Media, 2018).

게다가 유네스코는 "라디오는 세상에서 가장 넓은 청취자층에게 도달하는 대중매체다"라고 말했다(UNESCO, 2014: 첫 단락). 전 세계에는 4만 개가 넘는 라디오 방송국이 있다. 딜로이트 글로벌(Deloitte Global)의 2018년 조사에 따르면 전 세계에서 거의 30억 명의 사람들이 매주 라디오를 들으며, 선진국에서는 85% 이상의 성인들이 라디오를 듣는다. 딜로이트 글로벌은 이렇게 말했다.

다른 전통적 매체들과 달리, 라디오는 젊은 세대들과 상대적으로 잘 어울리고 있다. 예를 들면, 2019년에 미국에서는 18세에서 34세 사이 인구의 90% 이상이 최소한 주 1회 이상 라디오를 들을 것으로 예상되며, 그들은 평균적으로 하루 80분 이상을 들을 것이다(Stuart, 2018: 첫 단락).

그리하여, 수많은 도전에도 불구하고, 그리고 지금도 새로운 혁신 기술들과의 경쟁에 직면하고 있음에도 불구하고, 라디오 산업은 여전히 활기를 유지하고 있다. 이 책은 라디오 산업이 유지되도록 도와주는 오랜 주제들을 다루면서 동시에 라디오 산업이 빠른 변화를 수용할 수 있도록 하는 첨단의 주제들을 다룬다.

이 책은 라디오 산업에 대한 미국과 다른 나라의 연구들을 다루는데, 크게 4개 부분으로 나뉜다. 1부는 디지털, 인터넷과 소셜 미디어에 초점을 맞춰 현재의 라디오 이슈들을 점검한다. 1장에서 존 앨런 헨드릭스(John Allen Hendricks)와 브루스 밈스(Bruce Mims)는 독자들에게 라디오 산업이 어떻게 패러다임의 전환을 경험했는지 설명한다. 그들은 스마트폰, 커넥티드 카, 오디오 스트리밍 서비스와 같은 혁신 기술의 발전이 청취 행태에 어떤 영향을 주고 현재의 라디오 지형을 어떻게 바꿨는지 보여 준다. 2장에서 루 우(Lu Wu)와 다니엘 리피(Daniel Riffe)는 확장된 온라인 환경에서 증가하는 압력에 대해 라디오 뉴스 분야가 어떻게 반응했는지에 대한 폭넓은 질문을 탐구한다. 그들은 환경적 불확실성만으로는 라디오 방송국들이 적극적으로 청취자 데이터를 모으거나 청취자 조사를 수행하지 않으며, 라디오 방송국들의 웹사이트 특징에 더 큰 영향을 주는 것은 소유 구조와 자원의 분배임을 발견했다. 3장에서 라이스 주라이캇(Laith Zuraikat)은 팟캐스트의 준사회적 특성을 살펴보고 청취자들이 어떻게 해서 자신들이 좋아하는 프로그램 진행자들과의 관계에 대한 '잘못된' 감각을 가질 수 있는지 탐구한다. 그는 이러한 관계를 전통적 라디오 진행자와 그들의 청취자 사이에 형성되었던 준사회적 관계와 비교하고, 어떤 영향을 받았는지 살펴보는 한편, 오디오에 기반한 오락과 매체의 준사회적 효과가 자연스럽게 진화했던 것과 비교해 팟캐스트에서는 어떻게 잘 기능하는지를 들여다본다. 1부는 조셉 R. 블래니(Joseph R. Blaney)가 크고 작은 상업 라디오 기업들이 소셜 미디어의 분석과 활용을 어떻게 탐색했는지 보여 주며 마무리된다. 그는 소셜 미디어 자료의 체계적인 수집과 분석, (임무의 배분보다 우선순위에 있는) 소셜 미디어 책임자들의 전문적 발전, 소셜 미디어의 기회에 존재하는 격차를 개선하기 위한 산업과 학계 사이의 협조 등에 대한 특별한 수요를 언급한다.

2부는 지역성, 개성, 청취자와 같은 편성과 관련된 이슈들을 다룬다. 5장은 토크 라디오의 지역성을 연구했는데 누가 방송국을 소유했는지와 관계없이 시장이 더 작을 때 지역적 콘텐츠가 더 줄어든다는 것을 발견했다. 데이비드 크리더(David Crider)는 토크 라디오가 국가 수준의 정치에 대한 논의에 우선순위를 두면서 지역 공동체의 특별한 관심사는 희생시키고 있음을 밝혔다. 6장에서 레이첼 수스만-원더 캐플란(Rachel Sussman-Wander Kaplan)은 하워드 스턴(Howard Stern)이 그의 충성스러운 청취자 덕분에 성공했다는 점에서 〈The Howard Stern Radio Show〉를 둘러싼 강한 팬덤에 주목한다. 이 장의 이론적 토대는 팬덤과 정체성, 팬과 스타의 관계 등에 관한 문헌에서 찾을 수 있다. 그녀는 스턴이 그 쇼의 청취자와 연대감을 구축하면서 준사회적 관계를 장악했다고 주장한다. 7장은 유명한 라디오 방송이자 일대 사건인 〈세계의 전쟁(The War of the Worlds)〉에 대한 흥미로운 관점과 필요한 함의들을 제공한다. 존 F. 바버(John F. Barber)는 이 라디오 드라마가 가상의 뉴스 보도와 속보 발표 형식을 사용해서 이야기를 전개시켰다는 점에서 종종 거짓말로 불린다고 말한다. 하지만 바버는 다른 라디오 드라마들도 그전에 이런 비유를 사용했음을 보여 주며, 〈세계의 전쟁〉에 이르게 된 각각의 영감과 원형들을 조사한다. 그리고 에밀리 W. 이스턴(Emily W. Easton)은 8장에서 프리폼 라디오 방송이 개개의 DJ들에 의존하는 매우 분권화된 편성을 가지고도 지속적으로 방송국의 정체성을 유지하려는 과정에서 어떤 과제에 직면하는지 탐구한다. 그녀는 넓은 맥락에서 미국 음악 라디오 편성을 살펴볼 때 프리폼(Freeform)이라는 독특한 접근이 어떻게 만들어졌는지, 프리폼 라디오 방송이 어떻게 개인 편성 전략을 만들 수 있는 경험 있는 DJ를 채용하며, 어떻게 '낯설지만 들을 만한 음악을 전달하라'는 방송국의 기대를 충족시키도록 교육하고 이를 통해 청취자층을 형성해 가는지에 대한 맥락을 짚는다.

3부는 현재 라디오 산업에 침투하고 있는 사회적 이슈들을 논한다. 9장에서 마크 워드(Mark Ward Sr.)는 종교 라디오가 방송국 수에서 세 번째로 많으며 그래서 라디오 매체의 새로운 100년에도 공고한 발판을 유지하고 있음을 본다. 워드는 종교 라디오의 과거와 현재에 걸친 경제, 기술, 규제 변화 등을 조사해서 장르 청취자들이 공동체를 형성하기 위해 어떻게 매체 콘텐츠를 공유하는지 보여 준다. 10장은 존경받는 NPR(National Public Radio)을 가까이 들여다보고 NPR이 지리적으로나 청취자 분포로나 방송 내용으로나 '진짜 전국적인 서비스'는 아니라고 주장한다. 하지만 존 마크 뎀프시(John Mark Dempsey)는 NPR의 역사와 청취자층을 넓히려는 현재의 기획들을 살펴본 후, NPR에게 더 넓고 더 포괄적인 청취자층을 확보할 수 있는 잠재적인 전략이 있다는 결론을 내린다. 11장에서 안줄리 조시 브레키(Anjuli Joshi Brekke)는 팟캐스트의 유행이 유색인종의 이야기를 약화시키고 이들을 이국적인 것으로 다루면서 주류 라디오가 백인 청취자에게 갖는 특권을 유지시켰음을 강조한다. 팟캐스트 사운드 디자인의 친밀함, 청취의 이동성, 공유 가능성은 어떻게 이 "소리의 백인 지향성"이 청취자들에게 선택

되고 경험되는지를 잘 보여 준다. 브레키는 온라인 네트워크 문화를 지렛
대 삼아 소리의 백인 지향성이 갖는 헤게모니를 파괴할 방법들을 논한다.

마지막 4부에서 이 책은 국제적인 관점에서 라디오를 연구한다. 안네
F. 마클레난(Anne F. Maclennan)은 지난 세기에 걸친 캐나다 공동체 방송의 발
전을 추적한다. 12장은 허가 갱신 신청 서류를 통해 캐나다의 커뮤니티,
대학, 원주민 방송들의 도전을 추적하고 분석한다. 현재 연방 규제 재검
토가 이뤄지는 상황에서 그녀가 언급하는 제도적 규제, 재정적 도전, 그리
고 그 밖에 다른 어려움들은 이 방송국들의 미래를 고려하는 데 있어 중요
하다. 브래드 클라크(Brad Clark)와 아치 매클린(Archie McLean)은 미국과 캐나다
의 공영방송사들이 대중문화에서 팟캐스트가 등장하고 거대한 매력을 갖
추는 토대를 제공했다고 주장한다. 13장에서 그들은 가장 많이 듣는 30개
의 팟캐스트를 조사하는데, 공영 라디오 최고의 프로그램들이 다큐멘터
리, 라디오 드라마, 인터뷰, 실시간 스토리텔링과 같은 온디맨드 오디오(On
Demand Audio) 작품들을 위한 견본이 되었음을 분명히 보여 준다. 동시에, 이
장에서는 팟캐스트에서 한때 독특했던 부분들이 오디오 매체들 사이의
상호작용을 통해 점차 공영 라디오 프로그램으로 옮겨 간다는 것을 보여
준다. 14장에서 마이클 네브라다키스(Michael Nevradakis)는 아날로그 라디오
지형이 한 번도 효과적으로 규제되지 않은 환경에서 어떻게 디지털 라디
오로의 변신이 제대로 이뤄질 수 있느냐고 묻는다. 그는 또 라디오가 디
지털 형태로 전송되는 것만으로 FM 라디오에서 배제되었던 대안적 목소
리와 뉴스들을 위한 공간이 생길 수 있는지 묻는다. 이를 위해 그는 오랫
동안 마구잡이로 방송 규제가 이뤄지고, 특히 재력을 갖추지 못한 새로운
목소리가 자리 잡는 것을 막아 왔던 그리스 라디오의 사례를 연구한다.
끝으로, 15장에서 사이먼 오더(Simon Order)는 "우리는 어디에 있는가?"라는
접근을 통해 전 세계 라디오의 양성평등을 점검한다. 그는 초창기 미국

라디오에서 여성들을 조명하고 GMMP(Global Media Monitoring Project)를 통해 현대 세계 여성들의 모습을 살펴본다. 그는 또 영국 BBC(British Broadcasting Corporation)에서 이뤄진 주요한 양성평등의 발전과 호주에서 벌어진 더 최근의 논쟁들까지 다룬다. 명암을 비교하기 위해서 이 장은 또한 여성의 참여가 전혀 다른 수준에 놓여 있는 인도 커뮤니티 라디오의 세계를 다룬다. 전 세계적으로 라디오를 포함한 방송 매체의 제작과 콘텐츠 차원에서 양성평등이 발전해 왔지만 여전히 갈 길이 멀다.

1부 현재의 라디오: 소셜 매체와 디지털 매체

디지털 라디오
AM에서 FM을 넘어 XM으로, 그리고 그 이후…

존 앨런 헨드릭스(JOHN ALLEN HENDRICKS)
브루스 밈스(BRUCE MIMS)

모든 새로운 기술이 발명될 때와 마찬가지로, 하나의 발견이나 순간이 라디오의 존재와 성공의 유일한 이유가 될 수는 없다. 라디오의 발전은 제임스 클라크 맥스웰(James Clark Maxwell)의 '빛과 같은 보이지 않는 방사 에너지' 이론과 맥스웰의 이론을 증명한 하인리히 허츠(Heinrich Hertz)의 실험과 같은 수많은 기술의 발견에 의해 이뤄졌다(Head and Sterling, 1990: 34). 허츠의 발견에 이어 "다양한 모양·크기·유형의 안테나, 지상 시스템, 기타 구성요소들을 사용한 끊임없는 실험으로 선구적인 무선 시스템의 성능을 향상"시키고자 한 굴리엘모 마르코니(Guglielmo Marconi)의 호기심과 고집도 있었다(Head and Sterling, 1990: 35). 마르코니는 이 실험으로 무선 전신을 만든 공로를 인정받아 노벨상을 받았다. 이러한 모든 무선 전신 연구들이 계속되면서, 1906년에 리 디 포리스트(Lee de Forest)가 다이오드를 사용해 약한 신호를 증폭할 수 있는 '튜브', 또는 오디온(Audion)이라 불리는 기계를 만들었다. 또 1906년에 레지널드 페슨든(Reginald Fessenden)은 처음으로 '방송'이라는 것을 전송했다(Head and Sterling, 1990).

1920년 말에, 최초의 라디오 방송국 KDKA가 펜실베이니아 피츠버그에서 전파를 내보냈는데, 웨스팅하우스가 운영하는 곳이었다. KDKA가 만들어지는 것과 비슷한 시기에 KCBS(샌프란시스코), KQW(산 호세), WHA(매디슨)와 같은 다른 라디오 방송국들이 등장했다(Smith, 1985). KDKA는 1920년 대통령 선거 결과를 방송했고, 더 많은 사람들이 이 새로운 발명을 듣기 시작했다. 스미스는 이렇게 말했다. "청취자들로부터 편지가 오면서, 선구적인 라디오 방송 운영자들이 정규 송신 시간표를 만들고 일반 청취자층을 위한 편성을 하게 되었다. 그들은 라디오 운영자에서 라디오 방송인들로 진화했다"(Smith, 1985: 18). 종합적으로, 이 모든 발명들이 라디오 방송 산업의 등장에 기여했다. 1922년 말, 480개가 넘는 방송국들이 미국 상무부(U.S. Department of Commerce)의 허가를 받았다. 1930년대 후반에서 1940년대 초반 사이에 텔레비전이 대중매체로 등장할 때까지 20여 년에 걸쳐 라디오는 조금씩 미국인들의 주요한 오락 매체로 성장했다(Smith, 1985).

보잘것없는 출발 이래로 라디오는 청취자들의 관심을 끄는 새로운 기술 발전과 지속적으로 경쟁해 왔다. 텔레비전이 발명되고 주류가 되자 드라마와 버라이어티 프로그램들이 라디오에서 텔레비전으로 옮겨 갔다. 텔레비전은 저녁 시간대 가정의 오락 무대에서 라디오를 몰아냈고, 지역 광고를 위한 원천이 되었다(Sterling and Kittross, 1990). 스털링과 키트로스는 이렇게 설명한다. "여가 활동이나 오락의 수단으로서뿐만 아니라 다른 모든 대중 커뮤니케이션 매체들이 우려했던 것이 텔레비전의 영향이었다. 즉 각적인 상처를 입은 두 매체가 바로 급격한 변화를 겪은 라디오와 영화였다"(Sterling and Kittross, 1990: 309). 외부적 경쟁은 텔레비전의 발명에서 끝나지 않았다. 많은 신기술들, 특히 위성 라디오, 인터넷을 통한 오디오 전송 등이 계속 발명되고 등장했다. 비아기는 주장한다. "다음 10년 동안 라디오 프로그램을 어떻게 수신할지에 대한 소비자들의 선택이, 궁극적으로 이 경쟁이 라디오 사업의 확장으로 이어질지 축소로 이어질지를 결정할 것이다"(Biagi, 2017: 120).

8트랙1과 카세트 테이프, 휴대용 라디오와 아이팟에서 인터넷과 위성 같은 현대 기술에 이르기까지, 기술의 계속되는 진화는 사람들이 라디오 방송이나 오디오를 '듣는' 방법을 바꿔 왔다. 전통적(또는 레거시) 라디오의 경우에는 청취자들이 전문가들이 제작한 방송을 들으려면 집이나 차에 AM/FM 수신기가 있어야 했다. 2010년대에는 그 형태가 완전히 바뀌어서, 청취자들은 AM/FM 신호를 통해 전송되는 프로그램만 듣도록 제한되지 않는다. 인터넷, 스마트폰, 위성은 청취자들과 소비자들이 단지 '라디오'가 아니라 '오디오'를 들을 수 있는 인상적인 공연장을 제공한다. 전통적인 라디오와 음악 스트리밍, 팟캐스트가 '라디오'가 아니라 '오디오'라 불리는 하나의 새로운 매체로 합쳐지고 있다. 트리톤 디지털(Triton Digital)의 마케팅 부서 책임자인 존 로소(John Rosso)는 답했다. "가장 확실한 것은 그게 상식이라는 것이다. 이 모든 것이 오디오의 형식이다. 정말 유일한 차이점은 당신이 어떻게 그것을 접하느냐지만, 그것은 작은 차이일 뿐이다. 그것들은 모두 성장하고 진화하고 더 큰 소비자 그룹에 도달하는 하나의 매체다"(Ely, 2018b: 21번째 단락).

라디오와 오디오 청취의 패러다임을 바꿔 놓을 기술적 변화들에도 불구하고 라디오 청취자층은 여전히 탄탄하다. 2018년 제이콥스 미디어(Jacobs Media)의 테크 서베이(Tech Survey)에서 조사 대상의 92%가 전통적인 AM/FM 라디오를 듣고 있다고 응답했으며 그 이유로는 자동차에서 듣기 좋다는 것뿐 아니라 친근한 음악과 진행자의 매력 등을 언급하고 있다. 마찬가지로 닐슨(Nielsen) 조사에서도 93%의 미국인이 AM/FM 라디오를 듣

---

1 8트랙의 카트리지 테이프.

는 것으로 나타났다("Audio Today", 2018). 참고로 6만 4천 명 이상의 응답자 중 여성이 58%, 남성이 41%를 차지했고, 응답자의 70%가 45세 이상이었다. 단 10%만이 25세에서 35세 사이였고, 16%가 35세에서 45세 사이였다. 그 조사의 응답자 중 81%는 베이비 붐 세대이거나 X세대였고, 단 15%만이 밀레니엄 세대였다.

21세기의 두 번째 10년이 지나는 동안에도 라디오 청취자층이 매우 굳건하게 유지되었다는 사실에도 불구하고, 청취 행태가 바뀌고 청취자들이 옮겨 가고 있다는 것은 부인할 수 없다. 그리고 청취자가 어디로 가든 광고료는 곧 그쪽으로 따라간다는 점을 기억해야 한다. 트리톤 디지털의 로소는 이렇게 말했다. "팟캐스트가 자신만의 청취자를 만들어 내고 있음이 연구 결과 확인되고 있다. 내가 궁금한 것은 광고주들이 급증하는 청취자를 좇아 얼마나 빨리 옮겨 갈 것인가 하는 점이다. 팟캐스트는 (홈쇼핑, 전화 판매 등의) 직접 대응 광고주들에게 매우 효과적인 매체임을 스스로 증명했고, 나는 팟캐스트가 브랜드 광고나 고급 제품 판매에도 역시 잘 통할 것으로 믿는다"(Ely, 2018b: 16번째 단락).

앞에서 다뤘듯이, 청취자들이 선호에 따라 '온디맨드' 프로그램을 소비할 수 있도록 해 주고 스마트폰과 스마트 스피커와 커넥티드 카 사이의 전환을 자유롭게 해 주는 새로운 기술들이 등장함에 따라, 청취는 점점 '라디오'보다 '오디오'에 대한 것이 되고 있다(<그림 1.1> 참조). 골드스와이트는 "라디오가 차에서는 지배적인 매체로 남아 있지만, 아마존 에코, 구글 홈, 애플의 홈팟과 같은 음성 제어 기기를 사용하는 사람들이 점점 늘고 있다. 이들은 프랭클린 루스벨트의 〈노변담화〉나 〈The Lone Ranger〉, 〈Jack Benny〉 같은 라디오 쇼를 듣기 위해 온 가족이 모이던 시절을 상기시키는 새로운 오디오 르네상스를 가속화하고 있다"라고 말한다(Goldthwaite, 2018: 2번째 단락).

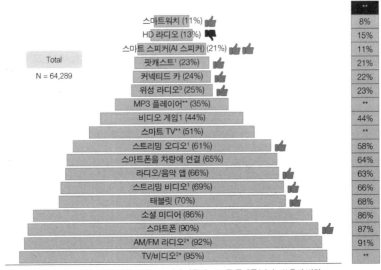

표 안의 텍스트:

스마트워치 (11%) 👍 8%
HD 라디오 (13%) 📢 15%
스마트 스피커(AI 스피커) (21%) 👍👍 11%
팟캐스트¹ (23%) 👍 21%
커넥티드 카 (24%) 👍 22%
위성 라디오³ (25%) 👍 23%
MP3 플레이어** (35%) **
비디오 게임1 (44%) 44%
스마트 TV** (51%) **
스트리밍 오디오¹ (61%) 👍 58%
스마트폰을 차량에 연결 (65%) 64%
라디오/음악 앱 (66%) 👍 63%
스트리밍 비디오¹ (69%) 👍 66%
태블릿 (70%) 68%
소셜 미디어 (86%) 86%
스마트폰 (90%) 👍 87%
AM/FM 라디오²* (92%) 91%
TV/비디오²* (95%) **

Total
N = 64,289

¹주 1회 이상 ²하루 1시간 이상 ³유료 & 시범 사용자 *모든 플랫폼/기기 **용어 변경

〈그림 1.1〉 2018 미디어 피라미드("Techsurvey 2018" ⓒ Jacobs Media).

마찬가지로, 21세기 기술은 오디오 소비자들에게 ① 전통적 라디오 방송국의 프로그램, ② 판도라(Pandora)나 스포티파이(Spotify) 같은 오디오 스트리밍 서비스, ③ 팟캐스트 등을 통한 플랫폼의 온라인 프로그램을 제공하는 데 그치지 않는다. 청취자의 생활양식에 영향을 주는 새로운 기술이 급증하고 있다. 예를 들면, 2012년에 이미 음성으로 제어가 가능한 기기가 약 9억 개나 사용되고 있는 것으로 추산되었다(Goldthwaite, 2018).

또 2018년에 에디슨 리서치(Edison Research)는 4300만 명이 스마트 스피커를 소유하고 있다고 밝혔다("The Smart Audio Report", 2018). 골드스와이트는 "다음 세대 라디오는 더 이상 수동적인 청취를 위해 만들어지지 않으며 우리 삶을 다른 방식으로 살아갈 수 있도록 해 주는 스마트하고 양방향적인 기기가 될 것이다"라고 전망했다(Goldthwaite, 2018: 4번째 단락).

인터넷 라디오

청취자를 따라가기 위해 전통적인 라디오 방송국들은 그들의 방송을 AM과 FM 밴드에서 인터넷으로 옮겼다. 그들은 퓨어플레이 웹캐스트와 팟캐스트같이 소비자들에게 프로그램에 대한 편리한 접근성을 제공하는 청취 대체재들과 경쟁하기 위해 이제 그들의 공중파 방송 신호를 온라인으로 스트리밍한다. 소비자들은 또한 '앱'을 사용할 수 있는데, 테크 텀(Tech Terms)은 다음과 같이 정의한다. "앱이란 애플리케이션의 줄임말로서 소프트웨어 프로그램과 같다. 앱은 모든 하드웨어 플랫폼에 사용될 수 있지만, 스마트폰 및 태블릿과 같은 모바일 장치로 AM/FM 방송국의 방송을 포함한 프로그램들을 전송할 수 있는 소프트웨어를 설명할 때 가장 많이 사용된다"("Tech Terms: App", 2018: 첫 단락).

방송사들은 웹 라디오 개발에 대해 신선하고 낙관적인 전망을 가지고 21세기를 안내했다. 2000년대 초의 닷컴 붐 가운데에서 AM/FM 방송국 운영자들은 월드 와이드 웹을 통해 프로그램을 전파하는 기능을 탐색하고 활용하는 기회를 갖게 되었다. 그 이후로 웹 스트리밍 스테이션과 청취자의 수가 꾸준히 증가하고 있다. 하지만 신흥 기술의 경우와 마찬가지로 적응을 거부했던 방송사들도 있었다.

21세기의 시작을 불과 6년 앞두고 있던 1994년, 60개 미만의 방송국만이 웹을 통해 신호를 스트리밍하기 시작했다는 것을 생각해 보자(Raphael, 2000). 라디오 방송 종사자들은 웹 캐스팅의 필요성과 가치에 대한 합의에 쉽게 도달하지 못했다. 스트리밍 현상에 대한 초기의 학문적 연구 중 하나가 웹사이트를 운영하던 방송사들에게 영향을 주었지만, 그들의 웹사이트를 오디오 스트리밍의 시작 지점으로 사용하도록 이끌지는 못했다. 린드와 메도프가 수행한 방송국 웹사이트 콘텐츠 분석 결과는 이런 내용

<표 1.1> 미디어 네트워크: 서비스 상황

서비스 상황	BRS Media.com	Broad cast.com	Broad cast America.com	Global Media.com	RDG.com	Radio Wave.com	RBN.com	Warp Radio.com	Web Radio.com
방송국에 웹사이트 개발 지원 제공	N/A	Yes	N/A	Yes	Yes	N/A	N/A	N/A	Yes
서비스 제공자의 웹사이트에서 방송국 광고 공간을 허용	No	No	Yes	No	No	No	No	No	No
방송국 웹사이트에서 서비스 제공자 웹사이트로 청취자를 이동시킴	No	Yes	Yes	Yes	No	No	No	No	No
방송국이 추가 오디오 콘텐츠를 그 프로그램 오디오 스트림에 실어 보낼 수 있음	N/A	Yes	N/A	Yes	Yes	N/A	Yes	N/A	Yes
방송국의 오디오를 전송하기 전에 청취자에게 메시지를 스트림함	No	Yes	Yes	No	No	N/A	원하는 경우	No	N/A
웹 스트림의 광고 메시지를 공중파 방송에서 분리할 수 있음	Yes	N/A	N/A	Yes	No	Yes	Yes	N/A	N/A
청취자가 서비스 제공자 웹사이트에서 방송국 웹사이트로 연결될 수 있음	Yes	Yes	Yes	Yes	Yes	No	Yes	Yes	Yes
방송국 신호의 대략적인 스트림 숫자	N/A	600	200	250	200	N/A	250	300	126

을 담고 있다. "라디오가 오디오 매체임에도 불구하고 방송국 웹사이트들은 오디오를 대단한 수준으로 활용하지 않는다"(Lind and Medoff, 1999: 209). 그들은 방송사에 대한 가슴 아픈 추천으로 결론을 내렸다. "그들이 웹 스트리밍을 꺼리는 태도를 버리고 청각적 존재를 제공하는 것에 대한 능동적이고 목표 지향적인 비전을 채택하지 않으면, 결국 '퓨어 플레이'[2]의 급증에 청취자를 빼앗길 위험을 감수해야 한다."

1999년에 당대의 탁월한 청취자 측정 서비스였던 아비트론(Arbitron)은 다가오는 21세기에 온라인 라디오에 대한 청취자들의 열정이 성장을 맞을 것이라고 보고했다. 1999년에는 온라인 사용자의 3분의 2(63%), 즉 모든 미국인의 30%가 라디오 웹 캐스팅에 대해 알고 있었는데 이것은 전년도에 기록된 수의 2배에 달했다(Arbitron, 1999). 온라인 청취에 대한 2000년 후속 조사에 따르면 응답자의 절반이 집이나 직장에서 라디오 웹 캐스트를 청취한 것으로 나타났다(Arbitron, 2000). 오디오 웹 스트림을 제공하는 라디오 방송국 웹사이트의 수에서도 유사한 성장 패턴이 관찰되었다. 그 해에 라이선스가 있는 상업용 라디오 방송국 1만 2천 곳 중 약 4300곳이 웹을 통해 신호를 스트리밍했는데(BRS Media, 2000) 이것은 전년도에 비해 39% 증가한 것이었다("Radio Webcasts", 2000). 아비트론이 전국적으로 3명의 사무직 종사자 중 1명이 지상파 AM 및 FM 신호 수신 시 전기적 간섭을 경험했다고 집계한 청취 환경에서(Komando, 1999), 수신의 어려움을 덜어 줄 수 있다는 웹 라디오의 약속은 청취자들에게 큰 의미를 가졌다.

방송국의 스트리밍 활동을 지원하기 위해 여러 기회주의자가 등장했다. 〈표 1.1〉은 2000년 10월에 9개의 미디어 네트워크 웹사이트에서 수집한 정보를 모은 것이다. 이 데이터는 각 네트워크가 방송사들이 웹 스

---

2 비방송 인터넷 전용 오디오 콘텐츠 제공자를 뜻하는 새로운 용어로서 사용된다.

트리밍을 만들도록 돕기 위해 제공하는 다양한 재무 및 기술 계약의 비교를 용이하게 해 준다. 공급자와 해당 회사의 소유주를 괄호 안에 표시하면 다음과 같다. BRS Media(BRS Media, Inc.), Broadcast.com(Yahoo!), Broadcast America.com(Broadcast America), GlobalMedia.com(Global Media, Inc.), RDG.com(라디오 방송사인 Infinity Broadcasting, Clear Channel Communications, Colfax Communications가 설립한 컨소시엄인 Radio Data Group), RadioWave.com(Motorola), Real Broadcast Networks(RealNetworks.com), WarpRadio.com(WarpRadio, Inc.), WebRadio.com(Interactive GEO).

오늘날의 운영자들은 크게 2가지 운영 형태 중 하나로 정착했다. 일반적으로 방송사의 소유권자들이 스트리밍이 발생하는 곳에 대한 지배력을 갖는다. 어떤 경우에는 아이하트미디어(iHeartMedia)의 iHeartRadio.com처럼 방송이 모회사의 실체 위에 나타나기도 한다. 다른 상황에서는 방송 스트림이 집합적 주소에서 시작될 수도 있다. 대표적인 사례가 소규모 시장의 방송사들이 청취자들을 시큐어넷 시스템스(Securenet Systems) 플랫폼을 통해 스트리밍되는 콘텐츠로 안내하기 위해 이용하는 인기 있는 사이트, 튠인(TuneIn)이다. 방송과 플랫폼 사이의 관계는 유동적으로 유지되고 있는 것으로 보인다. 2018년 중반, 그룹 소유자 엔터콤(Entercom)은 튠인에서 방송사들을 철수한다고 발표했다. 미국에서 두 번째로 큰 상업방송사인 엔터콤 방송국의 웹 스트림이 Radio.com 사이트로 옮겨 갔는데, 이 사이트는 2017년에 엔터콤이 CBS Radio와 합병으로 인수한 것이다("Entercom to Exit", 2018).

21세기 초 방송국 웹 스트리밍에 대한 장애물이 등장해 방송사의 정보 초고속도로를 가로막게 되었다. 방송사에서 음악 산업의 지적 재산을 사용하는 것과 관련된 법적 분쟁으로 인해 스트리밍하는 방송국 수와 청중 규모 모두에서 성장이 정체된 것이다. 저작권이 있는 음악 작품의 저작권이 있는 녹음을 웹 스트리밍함으로써 방송사는 음반 제작자와 작곡가 모두의 지적 재산권을 침해했다. 이 어마어마하고 뜨거운 쟁점은 상업 및 비영리 방송사의 행동에 의해 더욱 가열되었다. 그리하여 공영 라디오, 종교 및 대학 라디오 방송사까지도 저작권이 있는 콘텐츠의 사용에 있어 상업방송사와 같은 책임을 지게 되었다(McClung, Mims and Hong, 2003).

이 문제의 의미를 더 잘 이해하려면 음악과 관련된 1976년 저작권법의 기본 사항을 살펴볼 필요가 있다. 음악 공연 제작자들의 녹음된 저작물을 보호하는 2가지 관련된(하지만 분리된) 형태가 이 조항에 의해 규정되어 있다. "102장… 저작권 보호를 받을 수 있는 다양한 종류의 저작물을 지정한다. 여기에는 '음악 작품'과 '음성 녹음'이 포함된다. '음악 작품'이라는 용어는 노래의 음표와 가사를 지칭하며, '음성 녹음'은 '일련의 음악, 음성 또는 기타 소리를 고정시킨 것'의 결과물이다"(United States Copyright Office, 2002a: 4~5).

1914년, 음악의 공개 공연에 대한 저작권료를 저작권 보유 멤버에게 지불하기 위해 최초의 공연권 단체(PRS: Performing Rights Society)인 미국 작곡가, 저자 및 출판 협회(ASCAP)가 결성되었다("ASCAP Music Organization", n.d.). ASCAP는 레퍼토리 내에서 라이브 공연을 하거나 녹음된 작품을 방송할 때마다 회원을 대신하여 저작권료를 받는다. 현재 ASCAP와 2개의 다른 공연권 단체, BMI(Broadcast Music, Incorporated)와 SESAC(이전의 유럽 극작가 및 작곡가 협회)는 42만 명 이상의 작곡가, 작사가 및 출판사의 공개 공연 저작권을 대표한다.

음반 산업도 마찬가지로 지적 재산의 불법적 사용을 방지하고 재정적 이익을 유지하기 위해 저작권법에 의존한다. 음반에 고정된 소리는 예술가, 기술자 및 엔지니어의 독창적이고 창의적인 재능을 반영하며 수십 억 달러의 가치가 있다. 상거래 제품으로서 음반에 고정된 소리는 매년 전 세계 판매량이 40억 달러에 달하는 산업을 이룬다("About RIAA.org", 2019). 저작권법은 작곡 저작권자와 녹음 저작권 소유자에게 제공되는 법적 보호를 구별한다. 음악 저작물 저작권 보유자는 라디오 방송을 통한 전송을 포함해 그 작곡물의 공개 공연을 통제할 수 있는 독점적 권한을 갖는다. 그 법은 법에 따라 보호되는 작곡, 라이브 공연 또는 녹음의 방송마다 저작권 보유자에게 보상할 의무를 상업 및 비영리 방송국에게 동일하게 부과하고 있다(1976년 저작권법). 그러나 음반 회사의 이익을 보호하기 위한 법률에는 유사한 법적 메커니즘이 없다. 이러한 현실 때문에 라디오 방송국은 AM 및 FM 지상파 방송을 통해 녹음을 방송할 때 그들(음반 회사)에게 비용을 지불하지 않는다.

방송국이 인터넷을 통해 오디오를 스트리밍할 때는 저작권료 지불에 대한 의무가 달라진다. 1995년 녹음에 관한 디지털 공연권 조항이 의회를 통과하면서 방송과 스트리밍 사이의 법적 차이가 분명해졌다. 문제는 배급 방법이었다. 전자는 아날로그 기술로 인식되었지만 후자는 디지털 기술을 사용했다. 복사하고 재복사할 때마다 성능이 저하되는 아날로그 녹음과 달리 디지털 녹음은 한 세대의 녹음에서 다음 녹음에 이르기까지 원래의 오디오 품질을 유지한다. 쉽게 말해서 웹 스트림은 CD 기반의 음질과 같은 수준의 소리를 전달할 수 있다.

의회는 웹 스트림이 원본 레코딩과 동일한 음질을 제공하는데 소비자가 CD를 구매하는 이유가 무엇일지 깊이 고민했다. 따라서, 이러한 차이점을 더욱 명확히 하기 위해 의회는 1998년에 디지털 밀레니엄 저작권법(DMCA)을 제정했다. 의회의 의견에 따라, 라디오 방송국의 웹 스트리밍은 음반 회사의 재정적 이익을 보호하는 활동을 구성했다. 요컨대 방송국은 이제 녹음을 지상파로 방송할 때 작곡가에게 저작권료를 지불하고 웹 스트리밍을 할 때는 작곡가는 물론 음반 회사에도 추가 지불을 할 의무가 생겼다(United States Copyright Office, 2002b: 8).

방송사들은 이러한 추가 지불 규정에 대해 준비가 되어 있지 않았다. 업계에서는 방송 운영자들이 이러한 예상치 못한 지출 부담을 감당할 수 있을지 의문을 제기했다(Albiniak, 2002; Johnston, 2002). 하지만 코놀리는 "아니, 이것은 웹 캐스팅의 종말이 아니다"라며 이겨 낼 수 있는 문제라고 보았다(Connolly, 2002: 17).

미국음반산업협회(RIAA)는 이 상황에 대처했다. RIAA는 의회의 지시에 따라 사운드익스체인지(SoundExchange)를 설립하고 단일 목적 임무를 맡겼다. "이 조직은 거의 17만 5천 명의 음반 예술가와 권한 소유자들을 대신해 디지털 공연 저작권료를 걷어 배분하고 권한 소유자와 라이선스를 대신해 직접 계약을 관리한다"("About SoundExchange", 2019: 첫 단락). 21세기에 더 나아진 측면을 보자면, 사운드익스체인지가 저작권료를 걷어서 배분하는 과정에서 부과하는 구조와 순서가 방송사의 웹 스트림이 저작권 소유자의 지적 재산권을 침해하지 않도록 하는 데 도움이 되었다. 워싱턴 D.C.에 본사를 둔 이 단체는 지금까지 50억 달러 이상의 저작권료를 배분했다.

지적 재산 이슈는 방송사가 노조에 가입된 성우와 아나운서의 재능을 활용한 광고를 스트림할 때도 등장한다. SAG-AFTRA는 그들의 재정적 이익을 대변한다. 그들은 이렇게 설명한다. "SAG-AFTRA는 두 미국 노동조합을 함께 아우른다. 영화배우조합(Screen Actors Guild)과 미 연방 텔레비전 및 라디오 예술가 협회(American Federation of Television and Radio Artists)가 그것이다. 둘 다 1930년대의 혼란 속에서 형성되었으며 미디어 아티스트를 위한 강력한 보호 체계를 위해 싸우고 지켜 온 풍부한 역사가 있다. 우리 회원들은 이처럼 어려운 권리를 보존하고 이러한 보호를 21세기 이후까지 연장하고 확장하는 노력을 계속하기 위해 후속 연합을 결성했다"("About: Mission Statement", 2019: 첫 단락). 따라서 DMCA는 라디오 방송국이 노조원의 재능을 활용하는 콘텐츠, 특히 상업광고의 지상파 및 온라인 방송 모두에 대한 저작권료 지불을 의무화한다. 방송사들이 초창기부터 지금까지 지속해 온 비용 절감 관행은 상업 부분과 방송 프로그램을 분리하는 것이다. 이 관행에 따라 지상파 방송 광고에 저작권 보호가 포함된 경우에는 실시간 웹 스트림에서 삭제되고 공익광고협의회(Ad Council)가 제공하는 PSA(Public Service Announcements, 공공 서비스 공지)와 같은 '안전한' 콘텐츠로 대체된다.

위성 라디오

위성 라디오의 발전사는 방송국 웹 스트리밍과 유사한 타임라인을 가지고 있다. 두 방송 시스템 모두 1990년대 디지털 혁명에서 시작되었고 2000년대 초 거의 동시에 청취자들의 큰 관심을 끌기 시작했다. 처음에는 2개의 운영사가 라디오 프로그램을 위성을 통해 방송하는 플랫폼을 발전시켰다. 2001년 말, XM 위성 라디오가 처음으로 데뷔했다. 시리우스(Sirius) 위성 라디오가 곧 뒤를 이어, XM뿐 아니라 상업·비상업 AM, FM 방송사들이 차지하고 있던 경쟁적인 오디오 지형으로 뛰어들었다. 두 위성방송사 모두 가입자 모델을 운영해 처음에는 월 10달러 정도의 요금을 부과했다. 그 대신, 청취자들은 서비스의 종류에 따라 100여 개의 음악과 토크 프로그램을 수신했다. XM의 채널 라인업이 음악 쪽으로 조금 더 기울어서 70개의 음악 방송을 서비스한 것에 비해 시리우스는 60개의 음악 채널을 내세웠다. 양쪽 모두 음악 채널은 광고 없이 운영했다. 전체적으로 이 서비스들은 전 연령대와 모든 관심사를 청취자 타깃으로 삼았다(Dennison, 2004: 466~467).

각 서비스에는 청취자가 독점 수신기를 사용해야 했으며, 가정, 사무실 및 모바일 청취에 사용할 수 있는 장치들이 마련되었지만 곧 2가지 현실에 직면했다. ① 잠재적인 가입자 풀이 두 위성방송사를 유지할 정도로 크지 않았고, ② 서비스의 미래는 모바일 사용자에게 달려 있었다. 두 회사 간의 합병 논의가 이어졌고 결국 2008년 중반에 계약을 발표했다. 그 결합에 대해 로이터통신은 이렇게 보도했다. "XM이나 시리우스는 순이익을 기록한 적이 없었으며 그동안 서비스를 구축하면서 수십 억 달러의 손실을 기록해 왔다"("Sirius Completes", 2008: 6번째 단락).

XM과 시리우스의 자산 통합은 당시의 시리우스 관리 팀이 운영에 대한 모든 책임을 맡은 2008년 말에 완료되었다. 그렇게 탄생한 회사는 합병이 완료된 시점에서 1850만 명에 이르는 가입자를 가지고 있었다("Sirius Completes", 2008). 인력 감축이 즉시 이뤄졌다. XM 채널 프로그래머 테일러는 "많은 재능 있는 XM 프로그래머들이 퇴사했다"라고 말했다(Taylor, 2018: 203).

합병 후 약 10년이 지난 2018년, 시리우스XM의 CEO는 주주들에게 보고했다. "시리우스XM에게 2017년은 기록적인 해였다. 우리는 미래 가치 창출을 위한 새로운 길을 개척하면서도 엄청난 재무 및 운영 성과를 이뤘다. 오늘날 우리는 독보적인 콘텐츠, 자동차 제조 업체와의 관계, 확장 능력, 사업적 강점 및 우리 앞의 성장 기회에 투자할 수 있는 재무 안정성을 가지고 전과는 비교할 수 없는 위치를 차지하고 있다"(Taylor, 2018: 첫 단락). 그는 가입자 베이스가 3300만 명 청취자로 성장했다고 말했다. 재무적 성과도 훌륭하고 콘텐츠 혁신도 계속되고 있다("Annual Report", 2017). 2018년 9월, 시리우스XM은 판도라를 인수한다고 선언했다. 이 위성 라디오 운영자는 최근 몇 년간 스포티파이와 애플 뮤직(Apple Music) 같은 스트림 서비스와 치열하게 경쟁하고 있는 웹 캐스팅 퓨어플레이에 35억 달러를 지불하기로 했다(Porter, 2018). 퓨어플레이 웹 캐스팅은 "정부 라이선스에 따른 음원 스트리밍이 주요 사업 및 수익 창출 방법인 특별한 웹 캐스터"이다("Sound Exchange", 2009: 4번째 단락).

음악 스트리밍 서비스

음악 스트리밍 서비스는 음악과 다른 프로그램을 인터넷을 통해 제공하기 때문에 전통적인 AM/FM 라디오 방송과는 관계가 없다. 해리스는 "인터넷에서 다운로드 없이 음악 등의 소리를 전송하는 방법"이라고 음악 스트리밍 서비스를 매우 단순하게 정의했다(Harris, 2018: 첫 단락). 음악 스트리밍 서비스는 소비자가 급격히 증가하고 있다. 윌슨은 "음악 스트리밍의 성장으로 사람들은 집이든 사무실이든, 또는 어떤 장소에서든 인터넷 연결 장치만 있으면 그들이 가장 좋아하는 노래와 음악을 듣는다"라고 말한다(Wilson, 2018: 첫 단락). 매킨타이어는 음악 스트리밍 서비스의 보급을 더욱 강조한다. "스트리밍이 음악 산업을 소유하고 있고 그 사업의 구세주이자 미래로 자리 잡았기 때문에 이 공간의 경쟁자들은 가능한 한 많은 사용자를 확보하는 데 주력하고 있다"(McIntyre, 2018: 첫 단락).

컴퓨터, 스마트폰, 스마트 스피커와 같은 장치들이 이런 서비스에서 "스트리밍"되는 프로그램을 듣는 데 사용된다. 음악을 듣기 위해 파일을 "다운로드"할 필요가 없지만, 몇몇 음악 스트리밍 서비스는 소비자들에게 스트리밍과 다운로드를 모두 허용하고 있다. 해리스는 이렇게 설명한다. "스트리밍은 오디오 파일이 작은 패킷으로 전달되어 그 데이터가 컴퓨터에 버퍼링되고 거의 즉시 재생되는 방식으로 작동된다. 컴퓨터에 꾸준히 전달되는 패킷 스트림이 있는 한 중단 없이 소리를 들을 수 있다"(Harris, 2018: 4번째 단락).

스포티파이, 판도라, 애플 뮤직 등은 가장 유명하고 널리 보급된 음악 스트리밍 서비스다. 에디슨 리서치는 〈The Infinite Dial 2018〉 보고서에서 응답자의 85%가 판도라, 65%가 스포티파이, 60%가 애플 뮤직과 아마존 뮤직(Amazon Music)을 알고 있다고 밝혔다(〈그림 1.2〉 참조). 판도라와 스포티

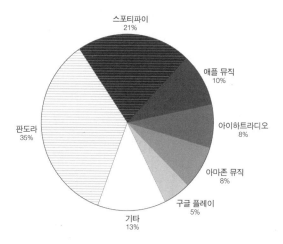

<그림 1.2> 가장 많이 이용된 오디오 브랜드("Infinite Dial 2018" ⓒ Edison Research and Triton digital).

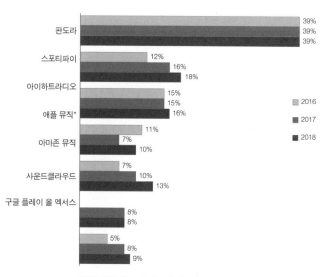

* 2016: 전에는 iTunes Radio로 알려졌으나 Apple Music으로 조사됨.
* 2017~2018: 애플의 유료 음악 구독 서비스인 Apple Music으로 조사됨.

<그림 1.3> 지난달에 청취한 서비스(25~54세)("Infinite Dial 2018" ⓒ Edison Research and Triton digital).

파이가 25세에서 54세 사이의 연령대에서 가장 많은 오디오 스트리밍 청취자를 가지고 있는데, 응답자의 39%가 판도라를 듣고 18%가 스포티파이를 듣는다〈그림 1.3〉 참조). 스포티파이는 78개국에 4천만 곡 이상을 가지고 8700만 명의 가입자와 2억 명의 월별 실제 청취자로 선두에 서 있다("Spotify: Quick Facts", 2018). 판도라는 6800만 명의 가입자, 6880만 명의 실제 사용자, 총 10억 청취 시간을 자랑한다("Pandora Reports", 2018). 스포티파이와 판도라에 이어서 애플 뮤직이 전 세계 3600만 가입자를 가지고 있다(Liptak, 2018). 이 3가지 오디오 스트리밍 서비스가 가장 많이 사용되는 오디오 브랜드의 66%를 차지하는데, 35%가 판도라, 21%가 스포티파이, 10%가 애플 뮤직이다(Edison Research, 2018). 키거는 "일반적인 디지털 플랫폼에서 음악 스트리밍 서비스 가입자들이 더 다양한 아티스트들과 더 많은 음악을 듣고 있음"을 발견했다(Kiger, 2018: 첫 단락).

팟캐스트

팟캐스트는 인터넷을 통해 다운로드/스트리밍할 수 있는 디지털 오디오 파일을 뜻하는데, 음악부터 뉴스나 극적인 스토리텔링까지 아우르고 있다. 더 구체적으로, IAB(Internet Advertising Bureau, 인터넷 광고 기구)는 팟캐스트를 "사용자가 다운로드하여 들을 수 있는 에피소드 시리즈의 디지털 오디오 파일. 구독이 가능한 경우가 많으므로 웹 동기화를 통해 새 에피소드를 사용자의 컴퓨터, 모바일 애플리케이션 또는 휴대용 미디어 플레이어에 자동으로 다운로드할 수 있다"라고 정의한다("Podcast Playbook", 2017: 3).

원래 팟캐스트 오디오 파일은 MP3 기술을 사용했고 유명한 애플 아이팟을 사용해 다운로드하고 청취하는 것이었다. 2003년, 하버드 대학교 버크만 인터넷과 사회 센터(Berkman Center for Internet & Society)의 데이브 위너(Dave Winer)와 크리스토퍼 라이돈(Christopher Lydon)은 "오디오 파일을 인터넷에 업로 드하고 그것을 컴퓨터나 모바일 장치에 다운로드하는 것을 간편하게 할 수 있는" 방법에 대해 함께 연구했다(Walsh, 2011: 첫 단락). 2004년, ≪가디언≫ 의 기술 전문 기자였던 해머슬리는 말했다. "많은 사람들의 주머니 속에 있는 애플 아이팟과 같은 MP3 플레이어들, 저렴하거나 아예 무료인 오디 오 제작 소프트웨어, 그리고 인터넷의 한 분야를 형성하는 웹 블로깅. 아 마추어 라디오의 새로운 붐을 위한 모든 재료들이 갖춰져 있다"(Hammersley, 2004: 첫 단락). 해머슬리는 이런 새로운 기술이 뭐라고 불릴지 곰곰이 생각했 다. "그런데 뭐라고 부르지? 오디오 블로깅? 팟캐스팅? 게릴라 미디어?" (Hammersley, 2004: 2번째 단락) 그리고 2005년이 되자 뉴 옥스퍼드 미국 사전(New Oxford American Dictionary)이 그 해의 단어로 "podcast"를 선정했다("Oxford Dictionary Names", 2005).

2019년까지 팟캐스팅은 오디오 엔터테인먼트 콘텐츠를 소비하는 매우 대중적인 매체가 되어 21세기 라디오 산업의 비즈니스 모델에 영향을 미 쳤다. 2006년에 베리는 이렇게 예측했었다.

팟캐스팅은 통합된 매체(오디오, 웹 및 휴대용 미디어 장치를 통합하는)일 뿐 만 아니라 혁신 기술이며 이미 라디오 사업에서 일부 청취자, 소비, 생산 및 배 급에 대한 기존의 관행과 선입견을 재고하도록 만들었던 기술이다. 이러한 장 치에 음성 콘텐츠를 제공하기 위해 오더블(Audible)[3]이 설립되었지만 팟캐스 트는 자동화, 무료 액세스, 라디오와 유사한 특성 등을 매체의 혁신적 특성으

---

3   미국의 오디오 책 서비스 업체이자 아마존의 자회사. 원하는 책을 가격을 내고 지불하거 나 책 가격에 상관없이 크레딧을 정기 결제하여 구매한 책을 듣는 형태로 되어 있다.

로 내세운다. 이 기술은 개발되거나 계획되거나 시장에 나오지 않은 기술의 한 응용 사례일 뿐이지만, 그 결과는 전례 없고 예측 불가능한 방법으로 기존의 관행을 흔든다(Berry, 2006: 144).

실제로, 팟캐스팅의 개발 및 채택의 결과로 기존의 관행과 선입견이 바뀌었다. 청취자와 관련된 수치들을 보면 팟캐스트 광고에 소비되는 금액의 증가와 청취자 수의 증가 등 모든 항목에서 기존의 전통적 라디오와 비견된다.

팟캐스트와 광고 조사 업체인 Podtrac Inc.는 팟캐스팅의 인기와 범위를 보여 준다. 2018년 11월까지 NPR(National Public Radio)의 월간 고유 청취자 수가 1858만 명, iHeartRadio는 1375만 명, This American Life/Serial(NPR 제작 프로그램)은 850만 명이었다. 흥미롭게도, 이 3가지 팟캐스트는 모두 전통적인 라디오 프로그램을 소스로 제작된다. 에디슨 리서치의 연례 연구인 〈The Infinite Dial 2018〉에 따르면 12세 이상 미국 인구의 44%(약 1억 2200만 명)가 팟캐스트를 듣고 있으며 이 수치는 2006년 이후 꾸준히 증가하고 있는 것으로 나타났다〈그림 1.4〉 참조).

12~45세 인구통계에서 월별 팟캐스트 청취는 2008년 9%에서 2018년

〈그림 1.4〉 팟캐스트 청취("Infinite Dial 2018" © Edison Research and Triton digital).

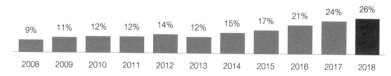

〈그림 1.5〉 월간 팟캐스트 청취("Infinite Dial 2018" ⓒ Edison Research and Triton digital).

□2014 ■2015 ■2016 ■2017 ■2018

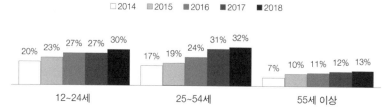

〈그림 1.6〉 월간 팟캐스트 청취(2014~2018년)("Infinite Dial 2018" ⓒ Edison Research and Triton digital).

26%로 17%나 꾸준히 증가했다〈〈그림 1.5〉 참조〉. 2014년부터 2018년까지, 12~24세 연령 그룹에서는 청취율이 10% 증가했으며 25~54세 그룹에서는 15% 증가했지만 55세 이상의 인구통계에서는 7%만 증가했다〈〈그림 1.6〉 참조〉. 소비자가 팟캐스트를 들을 때 거의 70%는 스마트폰, 태블릿 및 휴대용 장치에서 듣는 반면 컴퓨터에서는 30%만이 듣고 있다. 팟캐스트 청취의 거의 50%가 집에서 이뤄지고 있으며 자동차에서 약 30%가 청취되고 있다(Edison Research, 2018).

IAB(Interactive Advertising Bureau)⁴는 팟캐스팅의 미래가 굳건하다고 보고 있다. "팟캐스트 산업은 건강하고 빠른 속도로 성장하고 있다. 새로운 콘텐

---

4   미국의 온라인 마케팅 표준화 및 업종 간 동향, 교류 등 인터넷 마케팅 및 광고 산업에서 중심적인 역할을 수행하는 협회.

츠가 매일 제공되고 있으며 매달 수천 명의 새로운 청취자가 있다. 팟캐스트 생산자들은 둔화 조짐 없이 매년 성장률이 기하급수적으로 증가하고 있다. 스마트폰 소유자의 지속적인 증가, 낮은 데이터 요금, 이동 중에 사용하기 용이한 특성 등이 모두 팟캐스트가 새로운 청취자를 만들 수 있는 이상적인 환경을 제공한다"("Podcast Playbook", 2017: 9). 팟캐스트 성장의 긍정적인 전망과 관련해 에디슨 리서치도 IAB에 동의한다. 팟캐스팅은 꾸준한 성장을 계속하고 있으며 차량에서도 중요한 성과를 이루고 있다. 몇 년간 비교적 꾸준한 추세를 보이던 '주간 청취자들이 소비한 팟캐스트의 수'도 최근 크게 늘어서, 이 매체의 증가된 청취 점유율을 따라잡았다 (Edison Research, 2018: 64).

결론

현대 기술에 대한 소비자들의 친밀도가 높아지는 것에 대응해 라디오 산업도 계속 진화하고 적응하고 있다. 의심의 여지 없이 청취자는 기존 AM/FM 라디오에서 인터넷, 스마트폰, 스마트 스피커 등이 제공하는 새로운 디지털 플랫폼으로 꾸준히 옮겨 가고 있다. 제이콥스 미디어의 대표인 프레드 제이콥스(Fred Jacobs)는 말한다. "우리는 모든 형태의 오디오, 특히 1년 만에 보급률이 거의 2배나 증가한 아마존 알렉사, 구글 홈 등 스마트 스피커의 등장을 포함하는 디지털 플랫폼의 사용이 계속 증가하는 것을 보게 된다"("Highlights from Jacobs Media", 2018: 3번째 단락). 게다가 제이콥스 미디어의 부사장 겸 총책임자인 폴 제이콥스(Paul Jacobs)는 "스마트 스피커 보급의 붐 외에도 팟캐스팅, 위성 라디오, 스트리밍 오디오 및 스트리밍 비디오를 포함한 많은 형태의 디지털 미디어가 전년 대비 사용자 수에서 계속 증가하고 있음을 보여 준다"라고 말한다("Highlights from Jacobs Media", 2018: 5번째 단락).
분명히, 팟캐스팅은 청취자 수와 문화적 관련성 면에서 급속한 성장을 경험하고 있으며 이는 아마도 라디오 산업에 가장 큰 도전이 될 것이다.

인터넷계의 거인인 구글(Google)은 2018년에 구글 팟캐스트(Google Podcast)를 출시했으며 이 새로운 서비스는 이미 강력한 힘을 가진 디지털 오디오 플랫폼의 개발과 성장에 큰 도움이 될 것이다. 팟캐스트의 성장과 관련해 구글 팟캐스트의 제품 관리자인 잭 르노-와딘(Zack Reneau-Wadeen)은 이렇게 말한다. "더 큰 성공을 계속할 것이다. 청취자의 숫자 면에서 봐도 꾸준히 증가하고 있어서, 미국에서는 그 수가 일주일에 5천만 명에 달하고 있으며 다른 나라도 그에 못지않다"(Ryan, 2018: 23). 인터넷 시장에서 구글의 거대한 위치 덕분에 이 기술 거인(구글)은 앱을 통한 팟캐스트 전송 분야에서 애플과 경쟁할 수 있는 잠재력을 가지고 있다.

구글의 팟캐스트 앱과 관련해 배럿은 말한다. "그 존재 자체가 팟캐스트 세계에서는 바다를 뒤집는 변화에 해당한다. 팟캐스트를 듣는 대다수의 사람들이 아이폰을 쓰는데, 그 이유는 2012년에 애플이 전용 앱을 만들어 홈 스크린에서 중요한 위치를 차지하게 된 것으로부터 찾을 수 있다. 구글이 힘을 쏟아 만든 팟캐스트 앱은 존재하는 것만으로도 그 격차를 빠르게 좁힐 수 있다"(Barrett, 2018: 14번째 단락).

미디어 환경을 분화시키는 혁신 기술의 빠른 성장은 라디오 업계의 다른 관찰자들에게도 눈에 띌 수밖에 없다. 라디오 산업 블로그인 텔레비저리(Televisory)는 이렇게 썼다.

처음에는 텔레비전이었고 그다음에는 음반, 그다음에는 스트리밍, 이제는 디지털의 성장이 라디오 산업을 괴롭히고 있다. 라디오가 전보다 더 많은 사람들에게 도달함에도 불구하고 돈은 마땅히 갔어야 할 그 길로 가지 않고 있다. 이 업계의 몸부림은 '11장'에서 두 거인인 iHeartMedia와 Cumulus의 자료를 통해 볼 수 있는데, 이 두 회사는 함께 미국 라디오 방송국의 11% 이상을 소유하고 라디오 광고 시장의 25%를 차지한다. 850여 개의 라디오 방송국을 소유하고 세계에서 가장 인기 있는 스트리밍 플랫폼을 가진 iHeartMedia는 200억 달러의 부채를 가지고 있다. 445개 라디오 방송을 가진 Cumulus는 파산 신청 당시에 24억 달러의 부채를 가지고 있었다. 수많은 다른 라디오 방송 운영사들이 재무제표상 과도한 부채를 가지고 있다("Is the Radio Broadcasting Industry in the U.S. Dying?", 2018: 6번째 단락).

소비자들이 디지털 오디오 기술 쪽으로 이동하고 결과적으로 기존 AM/FM 라디오 산업이 경제적으로 약해지면서 더 발전하고 적응하지 않으면 비즈니스가 존재할 수 없는 환경이 확실히 오고 있다. 뉴욕대(NYU Steinhardt 캠퍼스) 음악 비즈니스 프로그램의 이사인 래리 밀러(Larry S. Miller)는 다음과 같이 전망한다. "길고도 피할 수 없는 쇠퇴를 받아들이지 않으려 한다면, 라디오는 강력하고 필수적인 디지털 서비스에 투자해야 한다. 그렇게 한다면 라디오는 큰 도달 범위, 청취 습관, 지역성, 브랜드 등 이미 시장에서 가지고 있는 강력한 토대 위에 굳건한 미래를 기대할 수 있다. 그렇지 않은 경우, 라디오는 왁스 실린더나 78 RPM 녹음과 같이 좋았던 기억으로는 남지만 더 이상 청취자들과 관계없는 과거의 일이 될 수 있다"(Miller, 2017: 31). 라디오 산업에 대해 끔찍한 전망을 내놓는 것은 밀러뿐만이 아니다. 업계를 선도하는 간행물의 최근 헤드라인도 암울했다. ≪버라이어티(Variety)≫는 다음과 같은 제목을 발표했다. "전통적인 라디오가 어두운 미래에 직면하다. 최신 연구 결과"(Aswad, 2017). ≪포브스(Forbes)≫는 이런 제목을 달았다. "라디오의 큰 도전: 새로운 디지털 세상에서 발전 모색하기"(Ely, 2018a). 궁극적으로, 혁신 기술이 속속 등장하는 놀라운 시기에 점점 더 분화되는 미디어 환경에서 라디오 산업의 가장 큰 약점은 그 자체의 리더십일 것이다. 보렐 어소시에이츠(Borrell Associates)를 설립한 업계 최고의 애널리스트 고든 보렐(Gordon Borrell)은 라디오에 대한 가장 큰 위협에 대해 물었을 때 "무엇보다 라디오에 대한 가장 큰 위협은 근시안적 리더십이다. 우리는 놀라운 성장과 기회의 시기에 있지만, 많은 지도자들은 그들의 임무가 라디오를 방어하는 것이라고 믿고 있다"라고 말했다(Ely, 2018a: 8번째 단락).

2장

불확실성의 시대, 청취자 조사와 웹 활용 실태

루 우(LU WU)
다니엘 리피(DANIEL RIFFE)

불확실한 시기에는 뉴스 조직들이 수용자에게 더 많은 주의를 기울이는 경향이 있고, 강조점이 편집자 중심적인 판단에서 마케팅적인 부분으로 이동한다고 학자들은 보았다. 예를 들어, 신문 편집자들이 자신의 전문적인 판단에 따라 편집하기보다 독자에 대한 조사를 수행한 후 그 결과에 따라 미래의 편집 내용을 조정하게 된다는 것이다(Beam, 1996). 이러한 청중 지향성은 인쇄와 텔레비전, 양쪽의 뉴스 조직에서 연구되었다(Beam, 2003; Daniels and Hollifield, 2002; Lowrey and Woo, 2010).

한편, 학자들은 수용자의 피드백이 뉴스룸의 의사 결정에 미치는 영향이 생각보다 크지 않다는 것도 발견했다(Lowrey, 2012). 뉴스 조직들은 일반적으로 외부 조건에 따른 변경을 거부해 왔는데, 이것은 자신들 나름의 규칙과 일상의 틀이 매일의 업무를 처리하는 데 효과적으로 기능해 왔기 때문이다(Tuchman, 1973). 라디오 방송국의 트위터 사용에 대한 최근 연구에 따르면, 트위터는 청취자들과 상호 작용하는 것보다는 자신들의 뉴스를 업데이트하는 도구로 주로 사용되었다(Herrera-Damas and Hermida, 2014).

그럼에도 불구하고 수익 손실의 위협이나 예상치 못한 경쟁의 심화 같은 요인들은 조직이 변화를 수행하도록 강요할 수 있다(Lowrey and Woo, 2010). 예를 들어 경쟁의 수준은 치열한 경쟁 시장에서 뉴스룸이 얼마나 지출할 것인지에 영향을 준다. 경쟁은 뉴스룸에 대한 재정적 투자가 증가하도록 만들었다(Lacy and Blanchard, 2003).

최근의 뉴스 운영은 어려운 경제 상황과 인터넷으로 인해 발생하는 '불확실성'에 직면했다는 것이 널리 인정되고 있다. 아마 라디오 뉴스도 다르지 않을 것이다. 라디오는 여전히 중소 규모의 시장에서 청취자들에게 중요한 역할을 하고 있지만 산업 전체로 볼 때는 인터넷 라디오 방송국, 음악 스트리밍 서비스, 팟캐스팅과 같은 문제에 직면해 있다.

실제로, '지상파' 라디오는 청취 습관이 근본적으로 변화되고 있는 청취자들의 필요와 욕구를 인지하고 이를 충족시켜야 한다는 과제를 안고 있다(Pluskota, 2015). 뉴스와 뉴스-토크 라디오가 여전히 대중에게 뉴스를 전달하는 중요한 역할을 하고 있음에도 불구하고, 라디오라는 매체는 온라인 라디오 스트리밍 서비스에게 시장을 내주고 있다. 2015년에 온라인 라디오 청취는 예상치 못했던 수치에 도달했다. 미국인 응답자의 50% 이상이 지난달에 온라인으로 라디오를 들었다고 대답한 것이다(Vogt, 2015). 온라인 청취자들의 증가는 계속될 것이고, 같은 조사에서 2019년이면 미국에서 월간 온라인 라디오 청취자가 1억 9100만 명에 이를 것으로 예측되었다 (Statista Dossier, 2015). 이러한 성장은 환경적 불확실성이 라디오 뉴스 조직에 미치는 영향에 대해 조사할 필요성을 보여 준다.

몇몇 라디오 방송사들은 새로운 현실을 다루기 위한 변화를 수행하고 있다. 예를 들면, Clear Channel Communications로 알려졌던 아이하트미디어(iHeartMedia)는 현재 아이하트라디오(iHeartRadio)라고 하는 자체 온라인 라디오 스트리밍 서비스를 제공하고 있다. 판도라(Pandora)와 유사하게, 그 서비스는 아이하트미디어의 858개 지상파 라디오 방송국 어느 것이든 온라인 스트리밍으로 청취자들이 들을 수 있도록 하고 있다. 최근 아이하트라디오는 8천만 등록 사용자에게 서비스하고 있다고 발표했다(Geddes, 2016).

그러나 개별 라디오 방송국은 물론, 심지어 상당한 규모의 방송국 그룹 중에도 아이하트미디어가 불확실성에 대처하기 위해 사용했던 것만큼의 재정이나 연구 자원들을 가지고 있지 못한 경우가 많다. 그럼에도 불구하고 대다수는 온라인 방송에 적응하고 대응해야 한다는 압박을 받고 있다.

신문이나 텔레비전 방송국에 관한 연구와 달리 라디오 방송 조직의 행동에 관한 문헌은 많지 않고 그동안 거의 업데이트되지 않았다. 우리가 아는 한, 오늘날 재정적으로 불확실한 환경에 있는 라디오 방송국이 텔레비전이나 신문의 뉴스 조직과 유사하게 움직이고 있는지, 즉 온라인 편집 내용과 기능의 마케팅 지향성을 높이고 청취자의 참여를 모니터링하고 있는지에 대한 체계적인 분석 연구는 아직 완성되지 못했다.

이 연구는 온라인 영역을 확대해야 한다는 압력이 커지고 있는 상황에 대해 라디오 뉴스 운영자들이 어떻게 반응하고 있는지에 대한 광범위한 질문을 다룬다. 라디오 방송국의 웹사이트 콘텐츠와 기능은 뉴스 청취자를 염두에 두고 개발되었는가? 경쟁, 조직의 목표, 자원들과 같은 다양한 요소가 청취자를 끌어들이고 참여를 유도하기 위한 방송국의 온라인 전략 및 기능의 우선순위와 어떤 관련이 있는가? 이 연구는 라디오 뉴스 관리자에 대한 전국 조사와 라디오 방송국 웹사이트의 콘텐츠 분석 데이터 및 산업 자원의 보조 데이터를 결합한다.

문헌 연구

＊ 청취자 지향성

저널리즘은 오랫동안 발행인이나 광고주의 특권에 대항하는 편집 독립성을 소중히 여기며 청중의 선호, 욕구, 욕망을 충족시키기보다는 사회적 요구에 부응하고자 하는 직업이었다(Beam, 1996). 청중-저널리스트 관계에 관한 연구들은 뉴스 조직이 전통적으로 제작자 중심 접근을 고집했다고 보고 있다. 즉, 언론인과 편집자들이 그들의 수용자를 이해하려 하지 않고 자신들의 전문적인 가치 판단에만 전적으로 의존했다는 것이다. 플레겔과 샤피(Flegel and Chaffee, 1971)는 신문기자들에게 미치는 여러 영향의 수준을 비교했는데, 기자들에게 강하게 영향을 미치는 것은 그들 자신의 의견이며 독자의 생각이 미치는 영향은 매우 적다는 것을 발견했다.

결과적으로 인쇄 매체의 콘텐츠는 청중이 정말 원하는 것과 동떨어지게 되었다(Lowrey, 2009). 포털 사이트인 Yahoo! News에 대한 연구는 사용자들이 가장 많이 추천하는 이야기와 편집자들이 선택해 상단에 올린 뉴스가 일치하지 않음을 발견했다(Curtain, Dougall and Mersey, 2007).

청중이 바라는 것과 웹사이트가 실제 제공하는 것 사이에 큰 차이가 있음이 발견되었다는 것은 놀랍지 않다(Potter, 2002). 웹사이트의 상호작용 기능을 구축하거나 이에 투자하는 라디오 방송국은 소수에 불과하다. 그런 점에서 청중의 수요와 뉴스 조직이 제공하는 것 사이의 이러한 '불일치'는 10년이 지나서도 해소되지 않고 남아 있다("Audio Graphics", 2013).

다른 한편으로, 일반적으로 뉴스 조직들은 분화되는 청취자, 감소하는 광고 수익, 인력 축소 등으로 야기되는 만성적 재정 위기를 겪고 있다(Lowrey, 2012; Lowrey and Woo, 2010). 과거의 연구는 뉴스 조직의 환경이 더 불확실할수

록 운영 측면에서 청취자 모니터링을 강화하는 등의 더 강력한 청취자 지향성을 띠게 됨을 발견했다(Beam, 1996; Lowrey and Woo, 2010).

신문의 수용자 지향성에 관한 연구는 주로 독자 정보가 콘텐츠에 대한 편집자의 결정에 어떻게 영향을 주는지에 초점을 맞췄다(Beam, 2003; Ferrucci, 2015). 독자들은 모든 뉴스 카테고리 중에서 지역 뉴스와 콘텐츠에 대해 가장 큰 관심을 가지고 있음이 지속적으로 확인되었다(Beam, 1996). 빔(Beam, 2003)은 강력한 시장 지향성을 가진 조직들(이 경우에는 신문들)은 정부에 대한 뉴스의 양을 줄이고 대신 지역의 예술, 오락, 라이프 스타일, 스포츠 등에 대한 뉴스를 늘림으로써 시장에 반응했음을 발견했다. 덧붙여서, 그들은 일반적으로 더 많은 사진과 인포그래픽을 사용하는 등 시각적으로 어필하기 위해 더 많은 자원을 투입하는 경향이 있었다.

라디오 방송국의 뉴스 운영자들이 청중의 바람에 어떻게 반응했는지를 보여 주는 학문적 성과를 발견하기는 훨씬 더 어렵다. 오늘날 라디오는 여전히 주요 매체의 지위를 유지하고 있고, 특히 중소 규모 시장의 청중에게는 더욱 그렇다. 하지만 그 산업은 인터넷 라디오 방송국, 음악 스트리밍 서비스, 팟캐스팅과 같이 점점 거세지는 도전에 직면하고 있다(Vogt, 2015). 특히 지상파 라디오가 직면한 큰 도전은 청취 습관이 계속해서 빠르게 변화하고 있는 상황에서 청취자들의 필요와 욕구를 어떻게 충족하는가 하는 것이다(Pluskota, 2015).

말하자면, 인터넷 라디오는 점점 더 양방향적이고 비선형적으로 발전하고 있다(Neumark, 2006). 이제 청취자들은 자신이 가장 좋아하는 프로그램이나 화제가 되는 뉴스를 '실시간으로만' 들어야 할 이유가 없다. 인터넷 아카이브에 올려져 있는 온디맨드(on demand) 방송에 접속하면 된다. 게다가 청취자들은 온라인에서 찾을 수 있는 다양한 포맷과 프로그램을 이용하여 개인 맞춤화된 콘텐츠에 접속할 수 있다(Stark and Weichselbaum, 2013).

인터넷은 또한 뉴스 조직이 적시에 피드백할 수 있도록 만들었다(Napoli, 2011). 과거에는 피드백 채널이 부족해서 수용자가 편집자나 기자에게 의견을 전하는 것이 어려웠다. 초창기의 수용자 피드백 시스템은 편집자에게 편지를 쓰거나 뉴스룸에 전화를 하는 것뿐이었다. 이제는 청취자들이 편지를 쓰거나 뉴스룸에 전화하는 것 외에도, 방송국의 웹사이트와 소셜미디어 페이지에서 청취자와 방송사 사이의 상호작용이 벌어지는데, '참여 전략' 연구자들은 이미 신문의 웹사이트, '시민 기자', 블로그에 대해 조사한 바 있다(Lacy, Duffy, Riffe, Thorson and Fleming, 2010; Lacy, Riffe, Thorson and Duffy, 2009). 뉴스 라디오의 청취자들은 그 방송국의 페이스북 페이지에 의견을 남김으로써 특정 프로그램이나 그 방송사 전체에 대한 반응이나 생각을 전달할 수 있다(Bonini, 2014). 더 나아가 청취자들은 라디오 방송국이 그들의 의견을 듣고 거기에 응답했다는 증거를 보고 싶어 한다(Garner, 2009).

전통적인 라디오 방송국들은 자체적인 온라인 콘텐츠를 만들어 왔고, 일부는 팟캐스팅 재방송을 포함해 프로그램의 온라인 스트리밍을 제공했다. 2014년에 팟캐스팅은 청취자의 수와 새 프로그램의 수에서 전환점을 맞았다. 이 매체는 지난 몇 년간 청취자가 꾸준히 늘어서, 2008년과 비교하면 (2014년에) 온라인 청취가 2배나 늘었다. 탐사 저널리즘 〈Serial〉이 가장 많이 들은 팟캐스트였는데, 2014년 말까지 500만 회나 스트리밍되었다(Gamerman, 2014).

청취자들의 청취 습관도 실제로 바뀌고 있다. 특히 더 많은 사람들이 정규 라디오 프로그램을 온라인으로 듣고 있다("State of the Media", 2014). 월간 온라인 라디오 시청자 수는 2010년에 2배가 되었고, 미국의 유일한 위성 라디오 플랫폼인 시리우스XM은 2014년에 7%의 가입자 증가를 보였다(Vogt, 2015). 기술 변화에 따라 라디오 청취 행태와 선호가 재편되고 있다.

이러한 관점에서 이뤄진 것이 온라인 청취자의 관심과 선호에 관한 조사다. 이전의 연구들에서 청취자 조사를 위해서는 2가지 방법을 주로 사용했는데, 하나는 양적인 청취표를 추적하는 것(예를 들어 Domingo et al., 2008; Kormelink and Meijer, 2018; MacGregor, 2007; Tandoc, Hellmueller and Vos, 2013)이고, 또 하나는 다른 채널에서와 마찬가지로 웹사이트와 소셜 미디어에서 질적인 청취자 피드백 자료를 수집하는 것이었다(예를 들어 Anderson, 2011; Borger, Van Hoof and Sanders, 2016; Chung and Nah, 2009; Davis Mersey, Malthouse and Calder, 2010; Karlsson, Bergström, Clerwall and Fast, 2015; Usher, 2016). 이 연구에서는 2가지 라디오 방송 청취 조사 활동 중 후자에 초점을 맞춘다.

경쟁

청취 취향과 행태의 변화가 (누군가가 그 변화를 모니터링하고 있다는 전제에서) 뉴스 생산에 영향을 줄 것으로 보이지만 뉴스 조직은 외부와 단절된 상태에서 반응하는 것이 아니다. 뉴스 조직은 청취자와 광고를 놓고 늘 경쟁한다. 한 뉴스 라디오 방송의 주요 경쟁 상대는 그 시장의 또 다른 뉴스 라디오 방송국이다. 또한 뉴스 라디오 방송은 광고 측면에서 컨트리 음악 방송과 같은 다른 포맷의 방송국과도 경쟁한다. 더 넓게 보면, 광고 시장을 놓고 매체 간 경쟁이 벌어지기 때문에 라디오 방송국은 같은 지역에 있는 텔레비전 방송국이나 신문사와도 경쟁한다(McGregor, Driscoll and McDowell, 2016).

미디어 경제학자들은 경쟁이 지역 뉴스 조직의 성과에 미치는 영향을 설명하기 위해 "재정 투입"이라는 말을 써 왔다(Litman and Bridges, 1986). 레이시(Lacy, 1992)는 이 모델을 4단계 과정으로 설명했다. 첫째, 경쟁이 심화되면서 더 많은 돈이 뉴스 제작에 쓰인다. 둘째, 뉴스에 대한 재정 투입이 늘면서 뉴스 콘텐츠의 질이 높아진다. 셋째, 더 많은 청취자가 그 콘텐츠를 소비한다. 넷째, 그 뉴스 조직에 대한 평가가 높아진다.

20년 전에 경쟁이 뉴스 라디오 방송국에 어떤 영향을 미쳤는지를 보면서, 레이시와 리피(Lacy and Riffe, 1994)는 지역 방송국 간의 경쟁으로 인해 뉴스에 더 많은 직원이 투입되고 방송에서 뉴스 시간의 비율도 늘어남을 발견했다. 그러나 흥미롭게도, 지역 청취자에게 어필할 수 있는 순수 지역 뉴스의 비율은 더 낮아졌다.

조직의 특성

경쟁과 자원의 배분은 뉴스 콘텐츠에 영향을 주지만 인력에도 영향을 준다. 하지만 자원과 인력을 어떻게 배분할지에 대한 전략의 변화는 규범적인 '시민사회적' 목표를 반영한다. 조직의 정책을 반영하는 것이다. 조직적 차원의 분석에서는 소유, 기관의 목표, 관리 정책 등을 강조한다(Shoemaker and Reese, 2014). 왜냐하면 각 조직은 의사 결정과 문제 해결에서 저마다 다른 모습을 보이는데, 조직적 차원의 분석을 통해 각 조직 사이의 차이점을 만드는 것은 무엇이며 이러한 차이가 매체의 콘텐츠에 어떤 영향을 주는지에 대한 통찰력을 얻을 수 있기 때문이다.

소유

학자들은 뉴스 콘텐츠와 품질에 미치는 잠재적 영향을 알아보기 위해 미디어 플랫폼의 소유권을 조사했다(Lacy and Fico, 1990). 미디어 소유자는 뉴스 조직이 시간이 지남에 따라 어떤 작업을 수행할지 궁극적인 결정을 내린다. 개인 소유 조직에서는 발행인이 원하는 대로 운영할 수 있지만, 공개적으로 거래되는 회사의 경영자라면 수익을 극대화할 책임이 있으며 실패한다면 자리를 잃을 수도 있다(Shoemaker and Reese, 2014).

소유권 유형이 라디오 방송국의 콘텐츠와 다양성에 미치는 영향은 1996년 통신법(Telecommunications Act)으로 상업 라디오 사이에 전에 없이 많은 합병이 잇따른 후 특히 많은 학문적 관심을 받았다. 학자들은 기업의 사업적 이익에 따라 전국에서 방송국의 소유권이 통합되면서 방송의 지역 콘텐츠가 줄어들었고, 대신 통합되고 아웃소싱된 프로그래밍이 급증했다고 밝혔다(Crider, 2012; Herman and McChesney, 1997: 4; Saffran, 2011). 지역 프로그램의 감소는 라디오 뉴스 저널리즘이 대중에게 봉사하고 정보를 제공할 의무를 저버린 것으로 비난받아 왔다.

조직 목표와 자원

조직의 목표는 뉴스룸의 업무 방식에도 영향을 준다. 대부분 조직에서는 이익이 주요한 목표다(Shoemaker and Reese, 2014). 전반적인 영향력으로서, 경제적인 목표는 양질의 콘텐츠 제작, 전문성의 인정, 대중 봉사 등과 같은 다른 목표들과 연결된다. 설문 조사에 따르면 수익 창출에 우선순위를 두는 것이 직원의 직무 만족도에 부정적인 영향을 미치기는 하지만, 그 반응은 평직원과 경영진 사이에 차이를 보인다(Beam, 2006).

산업 전반에 걸친 통합 기조는 필연적으로 조직 목표, 인력 및 업무 절차의 변화를 가져왔다(Pluskota, 2015). 전국의 뉴스룸에서 라디오 방송국 인력의 패러다임이 바뀌고 있으며 지속적으로 뉴스 부서의 직원 규모가 축소되고 있다(Weaver, Beam, Brownlee, Voakes and Wilhoit, 2009).

연구 과제

이 연구의 가설은 환경적 불확실성이 높은 현재 상황에서 관리자들이 청취자 모니터링과 피드백을 강화하라고 요구하며, 지역의 경쟁자들과 인터넷 라디오를 따라가기 위해 청취자를 참여시키는 온라인 기능을 개선하는 데 힘쓰는 등 강력한 청취자 지향성이 라디오 방송국에 나타난다는 것이다.

문헌 연구에서 살펴본 바와 같이, 강한 청취자 지향성을 가진 라디오 방송국의 웹사이트는 상호작용적이고 비선형적인 콘텐츠를 가지고 있으며(Neumark, 2006), 청취자의 피드백을 모으기 위한 기능을 포함하고 있다.

따라서 이 연구에서는 청취자를 참여시키기 위한 라디오 방송국의 온라인 기능과 노력들을 분류한다.

■ 연구 과제 1a) 라디오 방송의 웹사이트 콘텐츠가 어느 정도로 상호작용적이고 비선형적인가?

■ 연구 과제 1b) 라디오 방송 웹사이트의 기능이 어느 정도로 청취자 피드백을 모을 수 있도록 만들어져 있나?

환경적 불확실성에 대한 뉴스 조직의 대응은 조직의 특성에 따라 다르므로 청중 지향성은 조직 수준의 요인에 영향을 받는다(Lowrey and Woo, 2010). 보다 구체적으로, 경쟁의 존재는 재정적 투자 모델과 일치하는데, 즉 더 많은 경쟁은 더 많은 뉴스룸 투자와 연결되고 따라서 더 많은 청취자 확보로 이어진다(Lacy and Blanchard, 2003). 또한 공개적으로 소유되고 거래되는 조직이 이익을 강조할 가능성이 더 크다는 점에서, 소유권은 경영 정책과 재정적 자원의 분배를 크게 결정할 수도 있다(Shoemaker and Reese, 2014). 인식된 시장 지향성을 기준으로 사용하여 다음의 연구 과제가 제안된다.

　조직의 행동이 동시에 여러 요소의 영향을 받는다는 것은 의심의 여지가 없다. 따라서 우리의 마지막 연구 질문도 마케팅 지향성을 사용하지만 그것은 예측 변수로 사용된다.

■ 연구 과제 2) 경쟁, 소유권, 조직의 목표와 자원은 라디오 방송국의 웹사이트 콘텐츠 및 웹사이트 기능과 어떤 관련이 있는가?

방법

　분석 단위는 뉴스 지향 라디오 방송국이었다. ① 뉴스 지향 라디오 방송국에서 방송국 관리에 대한 설문 조사의 데이터, ② 뉴스 지향 방송국에서 웹사이트의 콘텐츠 분석 데이터, ③ 방송국에 대한 조직적(소유 및 시장에 관한) 데이터, 이상 3가지 차원의 데이터가 사용되었다.

　『전체 텔레비전, 라디오 및 케이블 산업에 대한 2015년판 안내 책자 (Complete Televison, Radio & Cable Industry Directory 2015)』는 뉴스 지향 방송국 목록을 모으거나 리피와 쇼(Riffe and Shaw, 1990)가 채택했던 기준을 사용하는 시작점으로 사용되었다. 방송 프로그램의 포맷이 뉴스나 뉴스/토크로 되어 있는 방송국뿐 아니라 포맷에 몇몇 특별 프로그램을 포함시킨 방송국도 주요 포맷이 뉴스나 뉴스/토크, 혹은 둘 다로 기록되어 있으면 여기 포함시켰다. 그런 다음 이 목록을 사용자가 포맷에 따라 라디오 방송국을 찾을 수 있는 검색 엔진인 Radio-locator.com과 교차 점검했다. 시장 통합으로 인해 여러 라디오 방송국이 같은 경영진의 관리를 받는 경우가 종종 있다. 그러한 경우, 목록에 있는 스테이션 중 하나만 설문 조사 대상으로 지정되었다.

방송국 목록을 사용하여 우편 설문 조사가 미국 전역의 757개 뉴스 라디오 관리자에게 전달되었으며, 그중 21.4%(n=162)가 설문 조사를 완료하고 반송했다. 응답자의 거의 3분의 2(65%)가 라디오 사장, 소유주 또는 총괄 관리자라고 밝혔으며 35%가 프로그램 책임자, 뉴스 책임자 또는 기타 관리자였다. 샘플은 총 42개 주에서 왔다. 응답자들은 방송이 그 날의 뉴스 꼭지들을 재탕하기 전에 아침 출근 시간 동안 평균적으로 53분의 비반복 뉴스를 방송한다고 추정했으며, 지역 뉴스가 그 시간의 약 21%를 차지했다.

응답자는 온라인으로 사용할 수 있는 방송 콘텐츠의 양을 추정했다. 응답자의 85% 이상이 온라인에서 콘텐츠의 '일부' 및 '조금'을 사용할 수 있다고 응답했다. 응답자의 4분의 3 이상(78%)이 자신의 방송이 웹사이트에서 일종의 실시간 스트리밍 콘텐츠를 제공한다고 응답했다.

우편 조사 마지막 단계에서 응답자는 소속 방송을 밝히거나 감출 수 있었다. 총 82명의 응답자가 자신의 방송을 자발적으로 밝혔다. 이 방송국들은 연구의 두 번째 단계에서 웹사이트 콘텐츠와 기능에 대한 추가 조사의 자료로 사용되었다.

연구자들은 각 웹사이트를 방문, 철저히 조사하여 라이브 스트리밍, 팟캐스트, 온라인 의견 및 피드백 게시, 소셜 미디어 활동 옵션 등 다양한 기능을 검색했다. 87개의 방송국 중 7개에는 운영 중인 웹사이트가 없었다. 한 방송국의 웹사이트가 멀웨어 메시지를 표시하며 접속을 거부해서 빠졌기 때문에 남은 방송국의 수는 79개였다. 2016년 2월, 2명의 코더가 웹사이트에서 각 기능의 존재 여부를 기록했다. 79개 사이트 중 4분의 1(20개)이 코더 신뢰성 테스트를 위해 무작위로 선택되었다. 초기 신뢰도 테스트에서 멀티미디어 변수에 대해 Scott's pi 계수가 .80 미만으로 나타났다.

변수에 대한 신뢰성을 다시 테스트하기 위해 코더를 재교육하고 10가지 경우를 코딩했다. 안정성이 .83으로 향상되었다. 코더 신뢰성은 〈표 2.2〉에 나타나 있다.

측정

언급한 바와 같이, 데이터는 개인(조사 응답자), 방송국 웹사이트(콘텐츠 분석) 및 조직(산업 자원) 수준에서 수집되었다.

문헌 검토에서 도출된 바와 같이, 청취자 지향성은 ① 청취자의 요구를 충족시키는 웹사이트 콘텐츠, ② 청취자의 피드백과 의견을 수집하기 위한 웹사이트 기능이라는 2가지 주요 개념으로 사용되었다. 각 개념은 다음과 같이 사용되며 모든 데이터는 콘텐츠 분석을 통해 수집되었다.

✳ 웹사이트 콘텐츠

3가지 유형이 존재하는지(1) 또는 부재하는지(0) 각각 기록했는데, 그 3가지는 라이브 스트리밍 서비스: 웹사이트(주로 홈페이지)의 어느 곳에서든 라이브 스트리밍 옵션, 멀티미디어 기능을 제공하는지 여부, 멀티미디어 기능: 웹사이트에 게시된 뉴스 콘텐츠가 라디오 꼭지나 비디오 클립 같은 어떤 유형의 멀티미디어 기능을 포함하는지 여부, 팟캐스트: 웹사이트 팟캐스트가 온라인으로 제공되는지 여부였다.

✳ 웹사이트 기능

웹사이트 기능은 청취자의 피드백과 의견을 수집하기 위해 만들어진 것으로 다음을 포함한다.

1. 연락처 정보: 다음 6가지 유형이 존재하는지(1) 또는 부재하는지(0) 각각 기록했다.

연락처 탭 또는 "방송국 정보" 탭(즉, 방송국 전화번호; 제작진의 전화번호; 방송국 이메일 주소; 제작진 이메일 주소; 우편 주소).

2. 온라인 피드백 플랫폼: 4가지 유형이 존재하는지(1) 또는 부재하는지(0) 각각 기록했다. 의견: 웹사이트가 청취자들이 의견이나 피드백을 남길 수 있는 기능을 가지고 있는지, 의견함: 청취자가 피드백을 제공할 수 있도록 웹사이트의 연락처 페이지에 전용 영역이 있는지, 피드백의 적극적 권유: 웹사이트에 "어떻게 생각하는지 알려 주십시오. 귀하의 의견을 소중히 여기겠습니다"와 같은 문구가 있는지, 소셜 미디어 활동: 웹사이트 어디에든 그 웹사이트가 소셜 미디어 프로필이 있음을 알리는 표시가 있는지(예: 페이스북, 트위터 등).

연간 산업 자료를 사용하여 각 방송사에 대한 보조 조직과 시장에 대한 데이터가 수집되었다.

경쟁

뉴스를 방송하는 시장의 라디오 방송국 수, 뉴스를 방송하지 않는 라디오 방송국 수, 같은 시장의 텔레비전 방송국 수를 포함하여 세 부분으로 경쟁이 측정되었다. 후자의 2가지는 광고 수익 경쟁을 보기 위한 것이다. 모든 데이터는 전체 텔레비전, 라디오 및 케이블 산업에 대한 안내 책자에서 수집되었다. 크론바흐 알파(Cronbach's Alpha)는 3가지 측정에서 .82였다. 크론바흐 알파는 테스트 항목들 사이의 내부 일관성을 추정하기 위해 가장 널리 사용되는 신뢰성 계수 중 하나다(Serbetar and Sedlar, 2016). 일반적으로 .7보다 큰 크론바흐 알파는 분석에 사용하는 기준이 내부적으로 일관성이 있음을 나타낸다(Nunnally, 1978).

소유

소유 상태의 데이터는 전체 텔레비전, 라디오 및 케이블 산업 안내 책자에서 수집되었으며 공개 거래되는 소유권, 개인 미디어 그룹 소유권, 독립 소유권의 3가지 범주가 있다.

분석을 위한 설문 조사 자료는 다음을 포함한다.

소유 위치: 응답자는 자신의 방송국이 해당 지역에서 소유되고 있는지, 또는 해당 지역이 아닌 곳의 회사나 개인에 의해 소유되고 있는지 밝혔다.

조직의 목표: 설문 응답자들은 기본 경영 목표에 대한 인식을 평가하는 3가지 조건(Beam, 2006)에 대해 동의 여부를 표시하도록 요청받았다(1=강하게 동의하지 않음, 5=강하게 동의함). 평균 이상의 수익 창출(M=3.94, SD=1.40); 청취자의 규모를 가능한 한 크게 유지하는 것(M=4.62, SD=0.69); 고품질의 저널리즘 생성(M=4.45, SD=0.84).

자원: 설문 응답자는 풀타임 뉴스 직원 수(M=5.46, SD=6.96)와 5년 동안 뉴스룸 자원이 증가했는지(M=2.80, SD=1.25)를 보고했다.

결과

✳ 예비 분석

〈표 2.1〉은 초기 조사에 대한 설명 자료를 담고 있다. 〈표 2.1〉에서 볼 수 있듯이, 초기 설문 조사 응답자의 평균 연령은 55세(SD=8.89)였으며 라디오 방송에서 일한 평균 연수는 32년이었다. 응답자의 방송사 중 56.5%는 독립적이며 거의 23%는 개인 미디어 그룹이 소유하고 17%는 공개 거래 회사가 소유했다. 방송국의 약 40%는 소규모 시장에 있었고, 약 3분의 1은 중간 규모 시장에, 4분의 1 미만은 대규모 시장에 있었다. 방송국의 절반 이상(58%)이 해당 지역에서 소유권을 가졌다.

〈표 2.1〉 모든 설문 응답자와 방송국에 대한 설명적 통계

변수	N	M	SD
나이(년)	108	55.5	8.89
라디오 방송 경력	141	32.21	11.58
현재 직업의 경력	150	18.03	11.96
뉴스 편집 전업 종사자	135	4.31	5.62
경쟁 수준(1~5점 척도)	125	2.94	0.98
뉴스 프로그램 수준(%)	91	0.60	0.35
아침 출근 시간대(분)	89	53.44	41.54
아침 출근 시간대 지역 뉴스(%)	136	20.99	16.94

위치와 소유권(N=162)		방송국 비중 %	
시장 규모: 대형(100만 이상)		24.2	
중간(40만~100만)		34.2	
소형(40만 미만)		41.6	
지역 소유		58.1	
비지역 소유		40.3	
소유권 상태			
독립		56.5	
개인 미디어 그룹 소유		22.7	
주식 시장에서 거래되는 공개 기업 소유		16.9	
전체		96.1*	

* 3.9%는 모르겠다고 응답.

✳ 연구 과제

연구 과제 1a)와 연구 과제 1b)는 라디오 방송 웹사이트 콘텐츠가 얼마나 상호작용적이고 비선형적인지, 그리고 라디오 방송 웹사이트 기능이 얼마나 청취자 피드백을 잘 수집하도록 만들어졌는지를 물었다.

연구 과제 1)은 79개 방송국 웹사이트의 콘텐츠 분석을 통해 응답되었다. 〈표 2.2〉에서 보듯이, 웹사이트 기능은 방송국마다 달랐지만, 79개 방송국 중 90% 이상이 이용자들에게 "라이브 스트리밍" 서비스를 제공했고, 절반 이상(54.6%)이 멀티미디어 콘텐츠를 가지고 있었으며, 팟캐스트를 제공하는 것은 절반 이하(46.8%)뿐이었다.

절대 다수의 방송국(97.5%)이 직통 연락처 정보를 제공했는데, 여기에는 사무실 전화번호(97%), 이메일 주소(68~70%)가 포함된다. 게다가 방송국 중 82.3%는 소셜 미디어를 통해 청취자를 초대했다. 하지만, 단 29.1%의 웹사이트만이 '청취자의 피드백을 환영하거나 가치 있게 여기고 있다'는 분명한 정책을 밝혔고, 절반 이하의 방송국들만이 온라인 의견 제시 기능을,

〈표 2.2〉 웹사이트 기능에 대한 내용 분석

		Yes(%)	No(%)	코딩 신뢰도
웹사이트 콘텐츠	라이브 스트리밍	92.4	7.6	.93
	멀티미디어	54.4	45.6	.83
	팟캐스트	46.8	53.2	.87
전체	M=1.94	SD=0.87		
웹사이트 기능	연락처 정보	"연락처" 탭	94.9	5.1	1.00
		방송국 전화번호	97.5	2.5	.93
		스태프 전화번호	24.1	75.9	.83
		방송국 이메일	68.4	31.6	.80
		스태프 이메일	69.6	30.4	.83
		우편 주소	93.7	6.3	.93
전체	M=4.48	SD=1.06		
	온라인 피드백 플랫폼	적극적으로 피드백을 요청	29.1	70.9	.80
		소셜 미디어 아이콘	82.3	17.7	1.00
		콘텐츠에 댓글	46.8	53.2	.93
		의견함	25.3	74.7	.93
전체	M=1.84	SD=1.05		
전체 기능	M=8.25	SD=2.16		

4분의 1만이 "의견함"을 사이트에서 제공했다.

각각의 항목에 대해 존재하면 1, 부재하면 0으로 기록했다. "전체 기능" 지수는 각 웹사이트 콘텐츠와 웹사이트 기능에 따라 기록한 숫자를 합산해 계산되었다(M=8.25, SD=2.16).

연구 과제 2)는 방송국의 경쟁, 소유, 조직 차원의 특성이 웹사이트 콘텐츠와 기능에 어떤 영향을 주는지 묻는다. 종속 변수는 "전체 기능" 지수다. 연구 과제 2)는 회귀분석을 사용해 조사되었다.

먼저 콘텐츠 분석에 포함된 79개 방송국은 〈표 2.1〉의 첫 번째 조사에서 나타난 방송국과 차이를 보였다. 콘텐츠 분석 방송국 중 63.3%는 지역에서 소유하고 있었는데, 설문 조사에서는 58.1%만 그러했고, 설문 조사에서는 방송국 중 16.9%가 공개적으로 거래되었지만, 콘텐츠 분석에서는 방송국의 25.7%가 그러했다.

기존 연구는 공개적으로 거래되는 방송국이 주주에 대한 책임을 가지기 때문에 독립 또는 개인 소유의 방송국보다 이익을 강조한다고 본다(Shoemaker and Reese, 2014). 회귀분석의 목적을 위해, 비지역적이고 공개적으로 거래되는 곳이라는 가변수가 콘텐츠 분석에 속한 방송국들을 사용한 회귀에 대한 예측 변수로서 만들어졌다. 17개 방송국(21%)이 "비지역적이고 공개적으로 거래되는" 것으로 여겨져 1로 기록되었고, 다른 62개의 방송국은 0으로 기록되었다.

〈표 2.3〉과 같이, 경쟁을 측정하는 3가지 항목(뉴스 라디오 방송국의 수, 다른 포맷의 라디오 방송국의 수, 텔레비전 방송국의 수)에 대한 크론바흐 알파 값은 .82였다. 그것들은 본질적으로 달랐지만, 총 3개의 "경쟁" 변수를 만들기 위해 3개의 아이템이 합산되었다(M=15.23, SD=13.82).

마찬가지로, 2가지 주요한 조직 목표 변수("평균 이상의 수익 창출"과 "청중의 규모 유지" 평가) 사이의 이변량 상관관계(Pearson's r)는 유의미한 양의 상관관계를 갖는다(.46, p<.01). 가능한 한 작은 변수를 포함한 회귀분석을 위해, 두 변수의 평균으로 "이익/평점"(M=4.13, SD=0.94)이라는 새로운 변수를 만들었는데, 이것은 청취자 평가와 이익 사이의 상관관계를 반영한 것이다. 〈표 2.4〉는 주요 이변량 상관관계를 보여 준다.

〈표 2.5〉는 경쟁, 지역 비공식 거래, 조직 목표, 재정, 자원 등에 대해 회귀한 총 청취자 기능 지수를 보여 준다. 이 모델은 전체 청취자 기능 지수(F=2.60, p=.02)를 의미 있게 예측했으며 전체 기능 지수에서 나타난 22% 차이를 설명했다. 이 모델에서 소유권 유형(β=1.54, p<.05)과 "뉴스룸 자원 증가"(β=0.44, p<.05)는 2가지 중요한 예측 변수였다. 그러나 경쟁, 조직 목표, 정규직 직원 수는 전체 기능 지수와 크게 관련이 없다.

<표 2.3> 79개 방송국의 경쟁 정보

해당 시장의 경쟁 수준	M(SD)
뉴스 라디오 방송국의 수	3.23(3.90)
다른 포맷 라디오 방송국의 수	8.49(7.18)
텔레비전 방송국의 수	3.51(4.47)
경쟁(전체)	15.23(13.82)

<표 2.4> 주요 변수 사이의 상관관계

	청취자 규모 유지	이익/평가	고품질 저널리즘 생산	전업 피고용자 수
청취자 규모 유지	1.00	.69**	.18	-.12
이익/평가		1.00	-.01	-.23*
고품질 저널리즘 생산			1.00	.19
전업 피고용자 수				1.00

* p<.05, ** p<.01

<표 2.5> 경쟁, 소유권, 다른 조직적 사항에 따른 회귀 전체 기능 지수

IVs		전체 기능
경쟁		0.01
소유권		1.54*
조직 목표	이익/평가	-0.34
	고품질 저널리즘 생산	0.26
재정과 자원	전업 피고용자 수	0.04
	뉴스룸 자원의 증가	0.44*
R^2		0.22
		F=2.60*, p=.02

* p<.05

논의와 결론

이 연구는 경쟁, 소유권, 조직 특성 등과 방송국 웹사이트의 콘텐츠 및 기능 간의 관계를 조사했다. 결과를 보면 이 연구에 포함된 대부분의 라디오 방송국이 웹사이트 이용자에게 어떤 유형의 라이브 스트리밍 서비스를 제공했지만, 다른 유형의 온라인 콘텐츠의 사용 가능 여부는 방송국마다 크게 다르다. 방송국 중 절반 정도만이 텍스트 기반의 웹 스토리뿐 아니라 멀티미디어 콘텐츠까지 제공했다. 온라인 시청자에게 팟캐스트를 제공하는 것은 방송국 중 절반 미만이었다.

샘플에 포함된 거의 모든 라디오 방송국이 최소한 방송국 전화번호를 게시하는 등의 방법으로 웹사이트에 연락처 정보를 게시했다. 방송국 웹사이트는 또한 우편 주소를 포함하는 경향이 있었지만 개별 직원의 전화번호는 포함하지 않았다.

반면, 조사 결과 라디오 방송국의 웹사이트는 실제로 청취자의 의견과 피드백을 위한 도구와 공간을 제공하는 데 불충분한 것으로 나타났다. 웹사이트의 절반 미만만이 청취자가 온라인 기사 아래에 의견을 남길 수 있도록 하고 있으며, 4분의 1만이 청취자가 온라인으로 스테이션에 직접 의견을 쓸 수 있는 의견함을 가지고 있었다. 그리고 웹사이트의 3분의 1 미만에서만 청취자가 피드백을 남기도록 독려하는 문구를 포함하고 있었다.

이 연구의 샘플은 라디오 방송국 웹사이트의 청취자 지향 콘텐츠와 기능 수준이 서로 다름을 보여 준다. 청취자 피드백과 의견 수렴 기능이 약한 방송국의 경우 청취자와 방송국 사이의 상호작용을 장려하는 사이트를 구축하기 위해 웹사이트 기능을 개선하는 데 더 많은 자원을 투자하는 것이 좋다. 또한, 온라인에서 팟캐스트와 같은 프로그램을 더 많이 제공하면 현대 청취자의 유연한 청취 시간이나 주문형 재생 옵션에 대한 요구를 충족시킬 수 있다.

회귀 모델에서 보듯이, 청취자 지향 콘텐츠와 기능의 수준은 ① 스테이션 소유권 유형, ② 증가된 뉴스룸 자원이라는 2가지 요소와 크게 관련된다. 이전의 일부 문헌은 경쟁의 증가가 더 많은 재정 투입을 가져와서 더 좋은 품질의 뉴스 제품을 만들 수 있다고 생각했지만(Lacy, 1992), 현재의 연구 결과에서는 이를 확인하지 못했다. 이것은 편집 부서와 사업 부서 사이의 전통적인 단절에서 부분적인 이유를 찾을 수 있다. 로우리와 우(Lowrey and Woo, 2010)는 기업 소유 및 개인 소유 뉴스룸에서 사업 운영과 편집 작업 사이의 단절에 대한 증거를 발견했다.

공개적 소유권은 방송국이 시청자 지향적 웹사이트 콘텐츠, 멀티미디어 콘텐츠, 팟캐스트 등을 포함한 기능을 얼마나 제공하는지에 상당한 영향을 미쳤다. 이는 기업 소유 방송국이 종종 동일한 웹사이트나 콘텐츠 관리 템플릿을 공유해 새로운 온라인 표준과 획일화된 기능을 제공하기 때문일 수 있다. 반면, 개인 소유 방송국은 사이트마다 품질과 기능이 크게 다른 다양한 웹사이트 디자인을 가지고 있었다.

뉴스룸의 재정과 자원, 특히 "뉴스룸 자원의 증가"와 청취자 지향 콘텐츠 및 기능의 수준은 유의미한 양의 상관관계를 갖는다. 더 큰 규모의 뉴스 인력은 피드백 및 의견 모니터링과 같은 다른 뉴스룸 활동이나 매일 뉴스 생산의 마감을 맞추는 등의 외부 활동에 대한 자원을 절약할 수 있다는 점에서 직관적으로 이해가 된다.

반면 회귀 모델은 조직의 목표가 청취자 지향적 콘텐츠와 기능 수준에 큰 영향을 미치지 않음을 보여 주었다. 이것은 뉴스 라디오 방송국과 같은 레거시 미디어에서 여전히 재정적·편집적 성공과 청취자 지향적 사고 사이가 단절되어 있음을 시사한다.

요약하면, 이 연구 결과는 전반적으로 라디오 방송국의 웹사이트 기능을 결정하는 것이 주로 소유와 자원 배분이었음을 보여 준다. 이 연구는 또한 환경적 불확실성이 라디오 방송국들에게 적극적으로 청취자 데이터를 수집하고 청취자 연구를 수행하도록 장려하지는 않는다는 결과를 도출했다.

이 연구에는 몇 가지 한계가 있다. 물론 가장 중요한 것은 산업 전반의 불확실성, 특히 지역 시장의 불확실성에 관한 이 연구의 가정이다. 빔(1996)의 연구에 따르면 시장의 불확실성이 클수록 시장 지향성이 더 강력해진다. 지역 시장의 경쟁을 살펴보고 시장 지향성을 측정하는 과정에서 시장의 불확실성에 대한 응답자의 인식을 직접 측정하지 않았다.

설문 조사 데이터 세트를 보면, 콘텐츠 분석에 사용 가능한 사례 수가 제한되었다. 개별 응답자 설문 조사 데이터, 방송국 콘텐츠 분석 데이터와 상황별 데이터(예: 시장 및 경쟁)를 포함해도 이러한 제한이 완화되지 않았다. 분석 과정의 변수 감소에도 불구하고 독립 변수에 대한 사례의 비율이 낮았다. 이 분석은 독립 변수 수의 5배 이상의 사례를 확보해야 한다는 최소 요구 사항을 충족했지만(Tabachnick, Fidell and Osterlind, 1983: 129) 결과값이 작을 것으로 예측되고 결과 분석에서 Type II 오류 가능성이 더 커지는 종속 변수 왜곡 가능성이 있었다.

이러한 한계에도 불구하고, 이 연구는 방송국의 소유권, 방송국 조직 자원, 온라인으로 제공되는 청취자 지향적 콘텐츠 및 기능의 정도를 살펴봄으로써 뉴스 지향 라디오 방송국이 온라인 청취자를 위해 어떻게 콘텐츠를 개발하고 어떻게 소셜 미디어와 같이 청취자와 소통하는 다른 채널을 활용할 것인지에 관한 예비적 관점을 제공한다. 향후 연구는 청취자 조사, 참여, 조직 행동 등이 평가와 시장의 성공으로 어떻게 이어지는지에 대해 다뤄야 할 것이다.

3장

팟캐스트의 준사회적 성격

라이스 주라이캇(LAITH ZURAIKAT)

준사회적 상호작용의 역사

전통적으로, 사람이 자기 친구 중 하나에 대해 말할 때, 또는 그들이 알고 있는 사람에 대해 이야기할 때는, 화자가 문제의 그 사람을 직접 만났고 물리적 세계에서 상호 작용했던 사람이라는 가정이 있었다. 그러나 문제의 사람이 실제로 '친구'를 만나지 않았거나 실제 의사소통이나 교류를 한 적이 없다면 어떨까? 관계가 전적으로 일방적이며 그 관계의 한 구성원이 다른 사람이 존재한다는 것조차 알지 못한다면, 두 당사자 사이에 어떤 종류의 유대가 있다고 생각하게 만드는 것은 무엇일까? 이러한 유형의 '거짓' 관계 및 상호작용은 지난 세기 동안 점점 더 두드러졌는데, 특히 사람들이 텔레비전 쇼의 캐릭터나 인기 있는 라디오 쇼의 진행자와 같은 매체 출연자와의 관계를 발전시키는 방식에 있어 더욱 그렇다. 이러한 변화는 대부분 대중매체의 발명과 그 중요성의 상승 덕분이다.

새로운 대중매체인 라디오, 텔레비전, 영화의 충격적인 특징 중 하나는 공연자(출연자)와의 대면 관계에 대한 환상을 준다는 것이다. 출연자에 대한 반응의 조건은 기본적인 그룹의 조건과 유사하다. 가장 멀리 있고 유명한 사람들을 마치 동료의 모임에 있는 것처럼 만난다. 미디어에서 특히 생생하고 매력적인 방식으로 다가오는 이야기 속의 등장인물도 마찬가지다. 청중과 출연자 사이의 이런 대면 관계를 준사회적(Para-Social) 관계라고 부르자(Horton and Wohl, 1956: 216).

그러므로 준사회 이론과 준사회적 상호작용은 시청자들과 텔레비전 배우들 사이의 의사소통에 초점을 맞추고 있기 때문에 사회학자 도널드 호튼(Donald Horton)과 리처드 울(Richard Wohl)의 작품과 글에서 가장 일반적으로 인용된다. 시청자와 등장인물 간의 의사소통을 준사회적인 것으로 묘사하려는 호튼과 울의 결정은 매우 의도적이었다. "파라(Para)[1]라는 용어는 가까이 접근함을 나타낸다. 이 경우, 어떤 부분들은 일치하지만 다른 면의 상황은 잘못되었거나 불규칙하다"(Katz, Peters, Liebes and Orloff, 2003: 138). 카츠 등(Katz et al.)은 이 '잘못된 부분'이란 것이 시청자와 등장인물 간의 의사소통에서 질적으로 부족한 면을 나타내는데, 그 결과 해당 상호작용이 대면 상호작용보다 진부함이 덜하다고 주장한다. 준사회적 상호작용과 관련해 누락된 것으로 보이는 것 중 핵심 요소는 시청자와 등장인물 간의 실제 반응이 부족하다는 점이다. 우리가 텔레비전이나 라디오의 등장인물에 물리적으로, 언어 표현으로, 또는 감정적으로 반응할 수 있지만 그 등장인물은 실제로 들을 수 없는 것처럼, 텔레비전 프로그램 시청자와 라디오 청취자는 본질적으로 일방적일 수밖에 없는 대화에 참여한다. 이러한 관점에

---

1 이 책에서는 준(準)으로 번역한다.

서, 준사회적 상호작용은 실제 상호작용과 대화에 대한 모조품을 의미한다. 시청자와 등장인물 사이의 이러한 잘못된 관계 감각은 다음과 같은 방식으로 만들어진다. "준사회적 상호작용은 텔레비전 등장인물과 보이지 않는 시청자 사이의 대화 주고받기를 모방한다. 등장인물은 그 자리에 있지 않은 시청자가 자신의 말에 몰입하게 만들어 자신과 그들 사이의 대화를 자극한다. 그러면 보이지도 않는 시청자 대중은 적절한 상호적 반응을 함으로써 그 인물이 자신들과 대화하고 있다는 착각을 유지하고 그가 그의 대화 틀을 유지하도록 만들어 준다"(Katz, Peters, Liebes and Orloff, 2003: 138~139). 이 관계에 대한 초기 연구는 텔레비전과 라디오 소비자에 초점을 맞췄지만, 시간이 지나고 새로운 대중매체 형식과 기기가 등장하면서, 준사회적 상호작용과 관계에 대한 새로운 해석이 전면에 등장하게 되었다. 이것은 다시 이 이론의 이해와 정의에 영향을 주었다.

준사회적 이론의 진화

이 이론적 개념에 대한 추가 탐구가 이뤄지면서 이 관계의 알려진 특성에 대해 몇 가지 발전과 변화가 만들어졌다. 하트먼과 골드혼은 "준사회적 상호작용에 대한 초기 이해와는 달리, 이후 연구의 상당수가 준사회적 상호작용을 일종의 장기적 인지 또는 매체 출연자와의 준사회적 관계로서 개념화했다"라고 말했다(Hartmann and Goldhoorn, 2011: 1104). 하트먼과 골드혼은 처음에 "준사회적 상호작용"과 "관계"라는 용어를 혼용했지만, 디블 등은 준사회적 상호작용은 "상호 인식, 주의, 조정의 감각을 포함해 텔레비전 공연자와 느끼는 호혜를 특징으로 한다"라고 주장하며 나중에 이 두 용어를 구별한다(Dibble, Hartmann and Rosaen, 2016: 23). 디블 등에 따르면 준사회적 상호작용은 등장인물과 청중 사이의 단일 노출 동안 발생하며 등장인물이 '네 번째 벽을 깨고' 청중을 인정할 것을 요구하기도 한다. 그러나 준사회적 관계는 "사용자가 미디어 출연자를 반복적으로 만나면서 멀리에서 갖게 되는 더 오래 지속되고 일반적이며 긍정적인 일방적 친밀감"으로 정의된다(Dibble, Hartmann and Rosaen, 2016: 24). 준사회적 상호작용과 달리, 준사회적 관계는 배우가 청중을 인정하지 않더라도 일회성 노출을 넘어서 긴 시간 동안 발전할 수 있다. 준사회적 관계가 오랜 기간에 걸쳐 존재하고 성장할 수 있다는 생각은 텔레비전과 라디오의 정기적 시청취자와 진행자(또는 출연자, 배우) 사이에 발전하는 관계에 대한 추가 연구의 토대를 제공한다.

준사회적 관계의 측정

유지할 수도 있고 시간이 지남에 따라 증가 또는 감소할 수도 있는 이 관계에 대한 새로운 이해는 측정 시스템을 개발하고 이러한 관계를 정량화하는 방법에 관심을 불러왔다. 이러한 욕구에서 개발된 가장 두드러진 기준은 PSI(Parasocial Interaction) 척도였으며, 이는 "미디어에 노출될 때 공연자와의 상호작용에 대한 사용자의 느낌보다는 미디어 공연자에 대한 사용자의 우정에 주로 주목한다"(Hartmann and Goldhoorn, 2011: 1104). 현재 연구자가 채택할 수 있는 PSI 척도에는 2가지 버전이 있다. 하나의 버전에는 20개의 측정 항목이 포함되어 있으며 더 짧은 10개 항목의 척도도 있다. 이 척도는 "원래 시청자가 지역 텔레비전 뉴스 캐스터에 대한 사회적 관여라는 준사회적 상호작용을 측정하기 위해 개발되었다. 그 이후 온라인 아바타, 영화 캐릭터, 정치인을 포함하도록 수많은 다른 미디어 캐릭터에 적용되었다"(Dibble, Hartmann and Rosaen, 2016: 26). PSI 척도가 내부적으로 일관되며 다차원적이지 않은 안정된 것으로 밝혀졌지만, 디블 등은 "대부분의 준사회적 상호작용 측정은 적절한 구조 검증 테스트를 거치지 않는다. 더욱이, 이러한 개념이 처음 측정된 이래로 준사회적 상호작용과 준사회적 관계는 이론적으로나 개념적으로 다듬어져 왔으며, 현존하는 측정 방법이 최신 이론 및 개념적 발전에 부합하는지 충분히 검증되지 않았다고 본다"라는 점을 포함해 결점이 없지는 않다고 생각했다(Dibble, Hartmann and Rosaen, 2016: 22).

디블 외에도 많은 연구자들이 PSI 척도가 최근 현장에서의 발전을 반영해 준사회적 상호작용과 관계를 정량화하기에는 부적절하다고 생각했다. 2011년에 하트먼과 골드혼은 준사회적 상호작용을 측정하기 위한 새로운 방법으로 준사회적 상호작용 경험 척도(EPSI: Experience of Parasocial Interaction)라는 것을 개발했다. EPSI 척도는 대안적인 6개 항목 척도를 기반으로 하며 "노출 상황에서 매체 속 인물에 대한 상호 인식, 주의, 조정 등의 직관적인 느낌으로 정의된 준사회적 상호작용에 대한 사용자 경험을 측정하려고 한다"(Dibble, Hartmann and Rosaen, 2016: 27). 이 척도는 새로운 특성으로 인해 아직 완전히 연구되고 탐구되지 않았지만, 이 척도에 관한 제한된 연구에서는 기존 PSI 척도보다 잠재적으로 더 정확한 측정 시스템인 것으로 밝혀졌다. 그러나, 팟캐스트의 준사회적 특성을 측정하는 적용성과 정확성과 관련해 이 2가지 척도의 주된 문제 중 하나는 이들이 텔레비전의 준사회적 성격에 기초하여 개발되었다는 점이다. 예컨대 텔레비전은 시각적 매체이기 때문에 배우와 시청자 사이에서 발전할 수 있는 준사회적 관계의 여러 가지 측면 가운데는 팟캐스트 운영자에게 그대로 적용할 수 없는 것들이 있으며, 그것은 이 척도가 특정 매체에 적용될 때의 잠재적 사용성에 대한 의문을 가져온다.

준사회적 역동성의 전통적 탐구

전통적으로, 준사회적 상호작용을 조사할 때 연구자들은 라디오와 텔레비전에 초점을 맞춰 왔다. 두 매체 중에서, 팟캐스트의 청취자와 팟캐스트 운영자 사이에 발생하는 준사회적 상호작용은 라디오 청취자와 진행자 사이의 준사회적 관계와 더 많은 유사성을 갖지만, 텔레비전 등장인물과 시청자 사이의 준사회적 관계의 속성들 중에도 팟캐스트에 적용할수 있는 것들이 많다. 텔레비전 시청자와 텔레비전 배우 사이에서 발생하는 준사회적 상호작용은 "텔레비전 공연자와의 사회적 상호작용에 관여하고 있다는 환상에 의해 대부분 정의된다. 청중은 관찰을 계속하는 것이상으로 반응하는데, 그것은 프로그램의 행동에 미묘하게 영향을 미치고 이어서 프로그램을 관찰하고 참여하는 그룹으로 변모하게 된다"(Hartmann and Goldhoorn, 2011: 1105). 텔레비전 시청자와 배우 사이의 준사회적 관계가 발전하면서 어떤 형태의 '독심술'이 잠재적으로 발생할 수 있다. 독심술은 "사회적 만남에서 개인이 다른 사람들의 정신 상태를 유추하기 위해 마음을 읽으려 한다"라고 생각하는 심리적 현상을 의미한다(Hartmann and Goldhoorn, 2011: 1106). 독심술은 자동으로 발생하며 정교하거나 복잡한 신념이 아니라 직관적인 느낌으로서 발달한다. 사람들이 텔레비전 프로그램을 보고 있을 때 독심술이 발생할 수 있다. 왜냐하면, 그것은 어떤 사회적 만남에서든 일어날 수 있는 자동적인 작용이기 때문이다. 따라서 텔레비전 시청자가 텔레비전 출연자를 마주칠 때 독심술을 하게 될 가능성이 크다. 예를들어, 텔레비전 공연자가 카메라를 정면으로 쳐다보면 텔레비전 시청자는 해당 공연자가 자신을 개인적으로 보고 있다는 믿음과 느낌을 자동으로 가질 수 있다(Hartmann and Goldhoorn, 2011).

진행자의 대화 톤이 사회적 상호작용을 모방할 수 있으므로 팟캐스트의 청취자와 진행자 사이에서도 독심술이 발생할 수 있다. 팟캐스트 진행자가 물리적으로는 청취자를 볼 수 없지만, 청취자를 '지명하며 말할 수' 있어서 청취자들이 자동으로 독심술에 참여하게 만들며, 지금 진행자의 감정 상태가 어떠한지에 대한 본능적인 느낌을 갖고 추측하도록 한다. 예를 들어, 팟캐스트 진행자가 저속한 언어를 사용하며 청취자를 지명한다면, 팟캐스트 청취자는 진행자의 실제 상태를 모르더라도 진행자가 지금 화가 났다고 자동으로 가정할 수 있다.

팟캐스트의 준사회적 특성

초창기의 준사회적 연구가 텔레비전 시청자와 라디오 청취자에게 나타나는 준사회적 역동성에 초점을 맞췄지만, 이 관계는 이제 다양한 신종 디지털 매체로 확장될 수 있다. 그러한 매체 중 하나가 팟캐스트다. 팟캐스트는 2000년대 중반 인터넷에 처음 나왔으며 "뉴스와 토크를 자주 다루는 다양한 형태의 오디오 파일"로 가장 잘 묘사된다(MacDougall, 2012: 168). 팟캐스트는 진화된 라디오로서 어느 정도 역할을 하며 "음악 감상을 넘어 디지털 녹음 기술을 통해 중계되는 토크, 대화 및 기타 종류의 언어적 담론의 소비로 옮겨 가고 있다. 다양한 상황 속에서 소비되는 목소리를 녹음하는 것은 개인적인 소리 경험일 수 있지만, 그러나 그것들이 종종 설득력 있는 사회 정치적 사건이 되기도 한다"(MacDougall, 2012: 167). 팟캐스트는 보통 개인적인 소리 경험이지만, '내면의' 생각을 개인뿐 아니라 대중과도 (반드시 동시에 하는 것은 아니더라도) 공유하기 때문에 공적인 문제에 대한 전통적인 이해와 개인의 생각 사이의 경계를 불분명하게 만들 수 있다. "팟캐스트 소비는 전통적 라디오 방송 청취자들의 경험과 라디오 프로그램을 녹음해서 고정된 플레이어나 휴대용 워크맨을 통해 듣던 경험, 2가지 모두와 유사하다"(MacDougall, 2012: 168)라는 점에서 잠재적으로 오디오 콘텐츠 매체 소비의 다음 단계로서 기능한다. 팟캐스트와 라디오 방송이 공유하는 핵심 특성은 두 매체 모두 인간의 목소리가 갖는 힘에 의존한다는 점이다. 팟캐스트의 경우에는, 이러한 역동성이 주로 팟캐스트 진행자에게서 나온다. 팟캐스트는 진행자가 개인적 경험을 자신의 언어와 목소리를 통해 폭넓은 청취자에게 공유한다. 맥두걸은 "팟캐스팅은 디지털 스토리지와 오디오 콘텐츠 재생 기술을 통해 사람들이 실시간으로 가질 수 있는 실제 경험과 선호 사항뿐만 아니라 개인 경험까지도 재전송한다"라고 말한다 (MacDougall, 2012: 168).

준사회적 상호작용의 또 다른 핵심 요소는 수용자에게 요구되는 의무, 노력 및 책임이 부족하다는 것이다. 피터스와 시몬슨은 "수용자는 언제든지 물러설 수 있다. 그가 계속 참여한다면, 이러한 준사회적 관계는 환상을 통해 상당 부분을 채울 수 있는 틀을 제공한다"라고 말한다(Peters and Simonson, 2004: 374). 이러한 의무와 책임의 부족은 팟캐스트의 준사회적 특성의 중요한 요소다. 팟캐스트 청취자들은 잠시 멈추거나, *끄거나*, 또는 그가 듣던 팟캐스트를 완전히 삭제함으로써 아무런 뒤탈 없이 그 관계를 근본적으로 끝낼 수 있다. 사회의 다른 구성원들과 '진짜로' 또는 유형적으로 가졌던 관계를 갑자기 그냥 끝낸다는 것은 훨씬 어려운 일이라는 점에서, 이렇게 관계를 종료할 수 있는 힘과 아무런 후속 결과 없이 아예 처음부터 존재하지 않았던 것처럼 만들 수 있다는 점은 준사회적 관계의 신기루적인 특성의 주요 요소라고 할 수 있다.

준사회적 관계의 주요 매력 중 하나는 관계의 성격이 잠재적으로 일관되고 반복적이라는 것이다. 디블 등의 연구에서 언급된 것처럼, 준사회적 관계의 주요 요소는 진행자와 청취자 사이의 상호작용이 수없이 반복되는 과정을 통해 긴 시간 지속된다는 점이다. 이러한 관점에서, 팟캐스트 진행자 또는 '등장인물'은 "무엇보다도 지속적인 관계를 제공한다. 그의 출연은 정기적이고 믿음직한 이벤트이고, 신뢰할 수 있으며, 계획되어 있고, 일상의 루틴에 통합된다"(Peters and Simonson, 2004: 375). 이렇게 반복적인 가짜 상호작용은 청취자들에게 그들이 그 인물을 '안다'는 인상을 만들어 주며 그 유대감을 강화할 수 있다. 이 유대감이 극단까지 발전하면 "'팬'은 그 등장인물에 대해 그의 성격을 이해하고 그의 가치와 동기까지 알 정도로 다른 사람들보다 더 가깝고 깊게 '알고 있다'라는 믿음에 이르게 된다"(Peters and Simonson, 2004: 9).

팟캐스트는 프로그램의 지속적인 제작을 통해 이 장기적인 유대감을 이용할 수 있다. 많은 팟캐스트는 주 단위의 일정대로 운영하며 예측 가능한 방식으로 새로운 에피소드 콘텐츠를 생성한다. 팟캐스트와 배포 날짜의 일관성은 새로운 팟캐스트 에피소드의 소비가 청취자의 일상의 일부가 되도록 하기 때문에 청취자가 팟캐스트 진행자와 준사회적 관계를 발전시키도록 만든다. 일관되게 새로운 에피소드를 제작하는 프로그램은 청취자가 그 진행자의 이야기를 매주 들으면서 그를 '알고 있다'라고 믿기 시작함에 따라 이러한 관계가 더욱 발전할 수 있다. 이렇게 해서 팟캐스트와 진행자에게 갖는 '상호작용'은 청취가 거의 습관이 될 정도로 청취자의 삶에 통합된다.

출연자와 청취자 사이의 관계에서 또 다른 중요한 요소는 출연자가 청취자에게 제공할 수 있는 많은 감정적 역할들이다. "출연자는 청취자에게 친구, 카운슬러, 위로자, 롤 모델로 여겨질 수 있다. 하지만 실제 동료들과는 다르게, 그는 자신과 제작자가 적절한 생산 형식으로서 작업하고 구현한 공식에 따라 표준화된 독특한 미덕을 가지고 있다"(Peters and Simonson, 2004: 375). 팟캐스트와 진행자가 다양하기 때문에 청취자는 자신이 원하는 감정에 따라 진행자가 자신을 위해 어떤 역할을 하게 만들지 어느 정도 결정권을 갖는다. 청취자들은 지금 자신이 원하는 분위기에 맞는 진행자와 콘텐츠에 해당하는 팟캐스트를 고를 수 있는 것이다. 웃고 즐기기를 원한다면 청취자들은 코미디언이 진행하는 팟캐스트를 고른다. 교육적 경험을 원한다면 다양한 정보성 뉴스 팟캐스트들 중에 선택하면 된다. 정치나 스포츠 토크도 마찬가지고, 잠재적인 주제들의 리스트는 계속 이어진다. 팟캐스트의 특성화된 성격은 청취자들이 소비할 수 있는 다양한 종류의 팟캐스트와 진행자들이 전통적인 텔레비전의 등장인물보다도 훨씬 더 많다는 것이다.

라디오 방송과 팟캐스트의 차이점

팟캐스트가 전통적인 라디오 방송과 유사점이 많지만, 팟캐스트가 오디오계의 선배와 구별되도록 만드는 몇 가지 특성이 있다. 이러한 차이의 핵심은 청취 선택의 요소인데 어떤 팟캐스트를 소비할지 결정할 때 청취자의 활발한 참여가 필요하다는 점이다. 팟캐스트를 인터넷 라디오와 비슷한 것으로 간주하고 싶은 유혹이 있을 수 있지만, 이것은 잘못된 생각이다. 팟캐스트에서는 아무것도 방송되지 않는다. "반대로, 라디오나 텔레비전에서 신호를 잡기 위한 일시적인 조정을 넘어서서, 팟캐스트 청취자는 브라우저에서 압축된 디지털 녹음을 보관하는 특정 웹사이트를 의식적으로 선택해야 하고 다운로드할 특정 파일을 의도적으로 선택해야 한다"(MacDougall, 2012: 169).

콘텐츠와 관련해서도 팟캐스트는 전통적인 라디오 방송과는 다른 경향이 있는데, 음악이 아니라 이야기를 하는 팟캐스트가 대다수라는 점도 그

중 하나다. 그러나 팟캐스트의 중요한 특징은 라디오 방송과 마찬가지로 청각 경험이라는 것이다. 하나의 매체로서, 팟캐스트는 인간의 청각적 감각의 독특한 특징 중 하나를 이용할 수 있는데, 그것은 "우리가 시각, 미각, 후각, 촉각을 (우리가) 듣는 것에 합치거나 연결하는 경향이 있어서, 팟캐스트가 소리로 왔어도 보다 종합적이거나 전체적인 감각 경험이 되는 경우가 종종 있다는 것"이다(MacDougall, 2012: 170). 맥두걸이 설명하는 방식으로 우리 주변 영역의 추가적인 감각을 청각 경험에 통합하는 이러한 경향은 그다음에 청취자가 진행자와 발전시키는 경험과 관계를 강화할 수 있다. 팟캐스트의 휴대성 덕분에 청취자는 한자리에 고정된 라디오 방송이나 전통적인 텔레비전과 비교할 때 훨씬 광범위하고 다양한 감각 경험을 그들의 관계에 포함할 수 있다. "팟캐스트와 그 소비를 가능하게 하는 기기는 일상생활의 청각적 경험을 한층 더 변화시킨 모바일 디지털 기술의 최신 사례 중 하나다… 그러한 콘텐츠의 이동성은 청취자를 세계로, 세계를 청취자에게로 이끌고 (내부의) 기억과 (외부의) 환경이 팟캐스트를 대표하는 '상세하고 정교한 담화'를 위한 버팀목과 포장지로 함께 기능하도록 만든다"(MacDougall, 2012: 170). 더 넓은 범위의 자극과 상호 작용할 수 있다는 점은 팟캐스트 청취자의 청취 경험을 향상시켜 청취자와 콘텐츠 사이의 경계를 흐리게 한다. 청취자가 팟캐스트를 들으면서 여러 자극과 상호 작용하면 그 경험이 더욱 몰입되어 청취자가 실제로 팟캐스트 진행자와 대화하고 상호 작용하는 것처럼 느끼게 할 수 있다. 실제 생활 속에서 만나는 다른 사람과 사이에서는 외부와 단절된 상태에서 이런 상호작용이 거의 나타나지 않는다. 그리고 팟캐스트를 이동 중에 다른 사람과 다른 자극에 둘러싸인 채 소비할 수 있다는 점은 상호작용을 더 사실적으로 느끼게 만들어 줄 수 있다. 팟캐스트의 이러한 이동성은 팟캐스트가 라디오의 진화된 형태임을 보여 주는 한 예가 될 수 있으며, 그래서 팟캐스트는 "근본적으로 새로운 대인 관계 소통 형태로서 기능한다. 팟캐스트는 개인적인 느낌과 레지널드 페슨든(Reginald Fessenden)이 말한 원시 라디오 쇼의 정신 역학적 효과들을 모두 강화시킨다"(MacDougall, 2012: 171).

청취자 인구 통계를 알려 주는 데 사용하는 측정 방법에서도 라디오와 팟캐스트의 차이가 있다. 라디오 방송 기관에서 사용하는 주요 방법은 청취율, 즉 "지정된 시간대에서 매체가 송출한 내용을 듣는 사람의 수 및 통계적 특성에 대한 추정"(Wolfenden, 2014: 9)이다. 현재 방송사가 청취자를 연구하기 위해 사용할 수 있는 광범위한 잠재적 방법론이 있지만, 이들 회사가 청취자를 '알기' 위해 사용하는 지배적인 방법은 청취율이다. 라디오 방송사는 이 청취율을 통해 수집된 데이터를 사용하여 "청중 프로파일을 개발하고 이 프로파일을 '타깃' 청취자와 맞춰 보고 원하는 청취자를 유인하기 위한 상호작용을 형성하려 한다"(Wolfenden, 2014: 9). 반면에 팟캐스트 제작자는 이런 유형의 청취율에 덜 의존하는데, 그것은 합법적이든 아니든 수많은 팟캐스트 소비 옵션이 있어서 인터넷 기반 청취를 측정하기가 더 어렵기 때문이다. 그러나 팟캐스트 운영자는 다운로드 통계, 스트리밍 횟수, 질적 온라인 평가, 소셜 미디어 언급 및 '좋아요' 통계를 사용해 청중에 대한 이해를 높일 수 있다. 팟캐스트 소비를 측정하려고 할 때 발생하는 주요 문제는 매체의 콘텐츠 전달 방식에 있다. 기존의 라디오 방송과 달리 팟캐스트는 여러 가지 방식으로 소비될 수 있으며, 가장 일반적인 방법은 다운로드 또는 스트리밍이다. "팟캐스트 청취자는 둘 중 하나의 방법으로 팟캐스트 파일을 얻는다. 다음에 듣기 위해 파일을 다운로드 받거나(다운로드 방식), 또는 파일이 다운로드되는 동안에 듣거나(온라인 스트리밍)"(Mulder and Shetty, 2017: 7). 이 2가지 소비 방식이 이름과 성격에서는 다르지만, 둘 다 모두 팟캐스트 다운로드와 관련이 있다는 점에서 기술적으로는 같다. 둘 사이의 가장 큰 차이는 다운로드하는 동안 파일이 어디에 저장되느냐 하는 것이다. "온라인 팟캐스트는 스트리밍되는 것처럼 보이지만, 사실은 청취자가 그 파일을 듣는 동안 파일이 다운로드되고 있는 것이다. 이때 다운로드되는 파일은 임시 저장소에 저장되는 반면, 다운로드한 팟캐스트 파일은 라이브러리에 저장된다"(Mulder and Shetty, 2017: 7).

그러나 다운로드와 스트리밍을 실제로 측정할 때, 양쪽 소비 형태 모두 디지털 서버 로그에 기록된다. 이러한 서버 로그들이 전통적으로 팟캐스트 소비를 측정하는 데 사용되는데, 그 로그는 "이미 다운로드된 팟캐스트 파일의 조합을 위한 파일 요청, 삽입된 광고와 그 밖에 웹페이지와 애플리케이션에서 요구하는 콘텐츠 등을 위한 파일 요청을 포함할 수 있다. 수많은 요인들이 로그 파일을 분석하는 데 사용된다"(Mulder and Shetty, 2017: 9). 이러한 로그가 측정되면, 원하는 정보에 따라 IP 주소, 특별한 다운로드, 완전 다운로드 등 다양한 고유 인자를 통해 그것들을 필터링하고 분석할 수 있다.

팟캐스트를 다운로드하는 것이 실제로 팟캐스트를 들었다는 것을 보장하지는 않기 때문에, 이러한 필터링 요소는 팟캐스트에 대한 노출이 어떻게 준사회적 관계에 영향을 줄 수 있는지 조사할 때 중요하다. 이는 기존 라디오 방송을 측정하고 분석하는 방법과 다른데, 라디오 방송은 라이브라는 특성을 가지고 있기 때문이다. 라디오 방송을 켜 놓았다면 해당 방송을 듣고 있다고 가정하는 것이 합리적이다. 따라서 팟캐스트에서는, 스트리밍 수를 라디오 방송의 라이브 청취 수와 동일하게 보는 것이 더 정확할 것이다. 프로그램이 사전 녹음되었기 때문에 팟캐스트의 스트리밍 자체는 라이브가 아니더라도 스트리밍 숫자는 프로그램의 실제 소비량을 측정하는 데 다운로드보다는 더 도움이 된다. 다운로드는 즉시 또는 미래의 소비를 위해 '저장해 두었다'라는 것만을 의미하기 때문이다.

다른 매체와 비교한 팟캐스트의 준사회적 특성

팟캐스트가 청취자의 다양한 감각을 한 번에 관여시키고 자극하는 능력은 팟캐스트 진행자와 청취자 사이의 관계에서 텔레비전 시청자와 출연자 간의 관계가 따라 하기 어려운 요소를 추가한다. 텔레비전의 배우들은 특정한 준사회적 작용을 발전시키기 위해 시청자의 시각에 주로 의존해야 하지만, 팟캐스트 진행자와 청취자 사이의 관계는 청취자가 여러 가지 다른 감각을 한 번에 경험함으로써 도움을 받을 수 있다. 텔레비전 시청자들도 어느 정도까지는 그들에게 정의된 준사회적 관계를 가지고 있으며, 텔레비전 프로그램에 의해 만들어진 세계에 속해 있다. 앞서 언급한 바와 같이, 팟캐스트의 청각 경험의 핵심 요소는 청취자가 주변의 환경 요소를 경험에 통합한다는 것이다. 이것은 텔레비전 등장인물과 상호작용할 때 경험하는 2차원의 평평한 세계에 비해 소비자에게 더 실감나고 몰입적인 관계를 만들어 준다. 팟캐스트보다 이동성이 훨씬 약하다는 점에서 라디오도 이런 약점을 어느 정도 가지고 있다. 자동차나 다른 교통수단을 사용하는 동안 방송을 들을 수 있다는 점 덕분에 현대 라디오의 휴대성이 더 뛰어나기는 하지만, 동일한 공간과 장소에서 반복적으로 프로그램을 시청하거나 청취하면 수용자가 실제 '도피'를 경험하기가 어려워지고 진행자와 함께 있는 것이 아니라 집과 직장, 또는 차량 내부에 있다는 미묘한 감각적 알림을 받을 수 있기 때문에 준사회적 관계가 약화된다. 그래서 라디오의 경험은 팟캐스트가 제공하는 것과 다른 방식의 경험을 주는 수준 정도로 제한된다.

텔레비전과 팟캐스트의 주요 차이점 중 하나는 등장인물과 시청자 사이에 '친밀한 유대'가 개발되는 방식이다. 시청자에게 친밀하다는 느낌을 만드는 것은 텔레비전 배우가 시청자와의 준사회적 관계를 발전시키고 강화하기 위해 사용하는 중요한 방법이다. 텔레비전 등장인물의 경우, 이 환영을 만드는 것은 "동작이나 대화 스타일이나 편안한 대면 환경을 따라 하려는 시도"가 가장 자주 보이는 특징이다(Peters and Simonson, 2004: 375). 팟캐스트는 청각 매체이므로, 팟캐스트 진행자는 손동작이나 표정 같은 시각적 방식에 의존하지 않고 이러한 친밀감의 환상을 만드는 방법을 찾아야 한다. 이 목표를 달성한다는 점에서는, 팟캐스트 진행자가 기존 라디오 방송 진행자와 훨씬 공통점이 많다. 대화하는 느낌을 더 많이 주고 더 편안한 경험을 만들기 위한 어조와 속도를 사용하는 것은 라디오 진행자가 사용하는 주요한 방법의 하나다. "진행자는 자신과 자신의 프로그램을 구분하는 경계선을 없애거나 최소한 흐리게 하려고 시도한다. 그 경계선이 공식적인 분위기를 만들어 스튜디오와 집의 청취자들을 분리시킬 수 있기 때문이다"(Peters and Simonson, 2004: 376). 이러한 관점에서 보면 팟캐스트는 이미 기존의 라디오 방송에 비해 장점을 가지고 있다고 할 수 있는데, 왜냐하면 팟캐스트는 많은 청취자 없이 스튜디오에서 녹음되는 경향이 있으며 진행자가 원하는 곳 어디에서나 녹음할 수 있기 때문에 기존 방송의 격식 있는 분위기를 덜 만들 수 있다. 팟캐스트 진행자는 시간 제한, 프로그램의 일관된 형식과 구조, 광고의 사용, 대화 내용이나 진행자가 사용하는 언어 등 많은 측면에서 공식적인 라디오 방송만큼 제한되지 않는다. 이러한 제한이 없기 때문에 팟캐스트 진행자는 더 격의 없는 분위기를 조성할 수 있다.

텔레비전 프로그램 역시 광고의 편성이나 '출연자가 무엇을 말할 수 있고 말할 수 없다'라는 식의 제약을 갖는다는 측면에서 볼 때, 팟캐스트는 텔레비전 프로그램에 비해서도 장점이 있다고 할 수 있다. 전통적인 텔레비전 프로그램이 30분 또는 60분의 시간 슬롯으로 제한되고 광고 때문에 계속 중단되어야 한다는 점을 보면, 팟캐스트는 이러한 공식적인 틀에 의존하지 않는다는 점에서 준사회적 관계를 발전시킬 때 텔레비전 방송보다 좀 더 유리하다. 텔레비전 프로그램이 광고 때문에 중단될 때마다 등장인물과 시청자 사이의 관계가 끊어지고 의식적이든 아니든 시청자들은 등장인물과의 관계가 사실이 아님을 반복적으로 떠올리게 된다. 이 광고는 의도하지 않게 관계의 '무아지경'을 파괴한다. 팟캐스트는 재원 마련을 위해 중간 광고에만 의존하지 않고 방송의 시작 또는 끝 부분에 광고를 넣을 수 있기 때문에 이러한 제약을 받지 않고, 방송 시간 내내 중단 없는 관계를 만들 수 있다.

텔레비전과 비교한 팟캐스트와 라디오의 준사회적 특성에서 차이의 핵심은 2가지 다른 감각에 의존한다는 점이다. 텔레비전은 시각적 요소를 더하는데 이것은 팟캐스트와 라디오가 오로지 오디오에 기반한 대중매체라는 특성상 결여될 수밖에 없는 부분이다. 그러나 오디오에 기반한 휴대용 매체로서 팟캐스트는 헤드폰을 통해 소비될 때가 많다. 앞서 다뤘던 것처럼, 준사회적 관계 발전의 중요한 요소가 바로 청취자나 시청자가 진행자(출연자)와 함께 '거기에 있다'라는 느낌을 주는 것이다. 수용자가 등장인물과 함께 경험을 공유한다는 환상은 양자 사이의 유대감을 강화해 준다. 텔레비전 소비의 측면에서 진행자와 함께 거기에 있다는 느낌은 "텔레비전에서 누군가를 보는 것이 종종 손에 닿을 것 같은 느낌이나 개인적으로 받아들여지고 이야기 나누는 것과 같은 느낌을 유발"하는 형태로 나타난다(MacDougall, 2012: 179). 팟캐스트나 라디오가 다른 매체에 비해 관계의 시각적 요소에서 약하다고 할 수 있지만, 이것이 청각 기반 매체가 준사회적 상호작용을 만드는 데 약하다는 것을 의미하지는 않는다. 팟캐스트가 청취자와의 이러한 참여의 느낌을 만들 때 주요 이점 중 하나는 팟캐스트 소비의 주요 방법, 즉 헤드폰을 통해 듣는다는 점으로 다시 돌아온다. "우리는 이러한 시청 경험이 그곳에 있다는 강력한 느낌을 어떻게 수반하는

지 알고 있다. 하지만 한 쌍의 이어폰을 통해 우리에게 하는 말들은 훨씬 더 포용적일 수 있다"(MacDougall, 2012: 178). 오디오 소비를 위해 이어폰을 추가하면 청취자가 자신의 경험을 다른 사람과 공유할 필요가 없기 때문에 더 친밀한 느낌이 생겨서 개인적인 관계라는 환상을 강화하는 데 도움이 된다. 이런 식으로, "팟캐스트는 부수적인 언어를 가지며, 공개적으로 준사회적 관계의 힘을 새로운 차원으로 끌어올린다. 헤드폰을 착용하면 누군가(또는 여러 사람)의 말을 그야말로 귀 사이에서 들을 수 있다. 그리고 이것은 '누군가의 머릿속으로 들어간다'라는 말에 어느 정도 현실성을 더해 준다… 그러한 기분은 모바일 팟캐스트 청취로 생성된 경험이 적어도 걷거나 앉아 있거나 옆에 서 있는 동안 누군가와 대화를 나누는 것과 비슷하다고 여겨지도록 만든다"(MacDougall, 2012: 179). '사람의 머릿속으로 들어가는 것'은 팟캐스트와 라디오를 구별하는 중요한 측면이다. 팟캐스트는 청취자에게 미리 녹음된 콘텐츠를 제공하기 때문에 소비자는 개인용 음악 장치에서 이러한 프로그램을 다운로드하여 청취하고 그래서 헤드폰을 사용하는 것이 매우 쉽다. 그러나 라디오는 생방송에 더 의존하는 매체이기 때문에 MP3 플레이어나 기타 개인 음악 장치를 통한 소비에 크게 도움이 되지 않는다. MP3 플레이어나 휴대폰을 통해 라디오 팟캐스트를 소비할 때 헤드폰으로 해당 프로그램을 청취하는 방법이 물론 있지만, 전통적으로 라디오 방송은 '큰 소리로' 청취하는 경향이 있으며, 그리하여 방송 진행자가 청취자와 함께 바로 그 자리에 있다는 느낌을 잠재적으로 없애게 된다(또는 적어도 감소시킨다).

텔레비전의 시각적 특성에는 준사회적 관계에 영향을 줄 수 있는, 하지만 팟캐스트에서 따라 하기 어려운 몇 가지 측면이 있다. 이전의 연구에 따르면, 아이 콘택트와 보디랭귀지 같은 요인이 비언어적 수준에서 시청자의 준사회적 관계에 영향을 미칠 수 있다는 것이 밝혀졌다(Hartmann and

Goldhoorn, 2011). 팟캐스트는 비시각적 매체이기 때문에 진행자가 이 방법을 사용해 대상과의 관계를 형성할 수 없다. 배우의 육체적 모습이 준사회적 관계의 또 다른 주요 요소일 수 있는데, 매력이 시청자와의 준사회적 관계에 영향을 주는 중요한 역할을 한다는 것은 이미 확인되었다. 유명한 PSI 척도에서 평가 기준으로 텔레비전 출연자의 매력을 포함시킴으로써 이러한 믿음이 더 강화되었다. 또한, 스키아파, 앨런, 그레그(Schiappa, Allen, Gregg)의 (언론에서 도출한) 메타 분석 연구에 따르면 미디어 출연자의 인지된 매력이 캐릭터와 시청자 사이의 준사회적 상호작용을 강화시키는 것으로 나타났다. 하트먼과 골드혼에 따르면 텔레비전 시청자는 텔레비전 배우가 매력적이라고 생각하면 배우와의 관계에 더 많은 가치를 부여할 수 있다. 팟캐스트 소비자는 팟캐스트 진행자를 보지 못할 때가 많기 때문에, 매체의 이런 측면으로 인해 진행자의 신체적 매력을 판단하기가 더 어려워진다.

텔레비전 배우가 시청자에게 보이는 시각적 노출량보다 부족할 수 있지만 팟캐스트 진행자는 웹과 컴퓨터 기반 팟캐스트의 특성으로 인해 팟캐스트에 첨부된 이미지를 통해 시청자에게 자신의 모습을 알리는 방법을 선택할 수 있다. 이것으로는 지속적으로 배우를 보는 정도까지 관계에 영향을 주지 않을 수도 있지만, 실제로 약간의 시각적 요소를 그 관계에 추가해 준다. 덧붙이자면, 팟캐스트 진행자는 전체 청취자 중에 극히 일부에게만 해 줄 수 있기는 하지만 간혹 팬들을 포함하는 생방송 쇼를 함께 진행하도록 선택할 수도 있다.

팟캐스트 진행자의 시각적 이미지가 부족하다는 것은 진행자와 청취자 사이의 준사회적 관계를 강화하는 데 있어 실제로 부정적인 요인은 아니다. "시각적인 그림을 상상의 몫으로 남겨 두는 것은 메시지와 메신저 사이에 힘과 존재감, 더 나아가서 매우 잠재적인 준사회적 역동성을 강화하기 때문이다"(MacDougall, 2012: 180). 사실, 진행자가 어떻게 생겼는지 청취자가 상상하도록 놓아 두는 것은 마음속에서 이상화된 이미지를 형성하도록 하기 때문에, 소비자가 개인적으로 매력적이라고 생각하는 모습과 차이가 있는 신체적 특성을 정확히 알리는 것보다, 이 관계에 오히려 도움이 된다고 주장할 수도 있다. 이 이상적인 버전의 진행자는 환상 속에서만 존재하지만, 관계의 이러한 측면은 청취자가 본질적으로 만들어 가는 것이기 때문에 실제로 청취자와 진행자 사이의 유대를 강화시키게 된다. 이것은 독자들이 '등장인물이 어떻게 보여야만 한다'라고 생각하는 것에 따라 그들이 읽고 있는 책 속에서 캐릭터에 대한 자신의 정신적 이미지를 만드는 방법과 유사하다. 어느 정도 이것은, 청취자와의 관계에서 텔레비전은 제공하지 않는 개인성의 요소를 더 크게 더해 준다.

팟캐스트의 준사회적 관계를 더 탐구하기 위한 방법

팟캐스트의 준사회적 특성은 여러 형태의 매체들과 수용자 사이에서 발전하는 관계와 유사점이 많지만, 팟캐스트 진행자와 청취자 사이에 존재할 수 있는 준사회적 관계의 몇 가지 고유한 측면과 역동성에 대한 추가 연구가 필요하다. 아직 연구가 부족한 한 가지 중요한 영역은 팟캐스트 진행자와 청취자 사이의 준사회적 상호작용과 관계를 수량화하고 측정하는 방법이다. 현재까지 이 관계에 대한 균일한 척도나 측정 시스템은 존재하지 않으며 기존의 척도들은 다른 매체에 중점을 두고 있다. 팟캐스트 청취를 통해 발전하는 준사회적 관계의 강도를 측정하는 방법이 만들어지면 연구자들이 이러한 상호작용과 관계의 효과와 강도를 다른 매체와 비교하고 대조할 수 있다. 팟캐스트와 라디오의 준사회적 관계를 정량적으로 측정하고 비교할 수 있게 되면, 이 두 매체의 유사성은 물론 청취자가 매체의 진행자와 연결되는 방식이 어떻게 다른지에 대한 이해를 높일 수 있다.

또한, 이러한 유형의 척도는 팟캐스트의 어떤 측면이 진행자와 소비자의 준사회적 역학에 특히 영향을 미치는지에 대한 더 큰 이해를 가능하게 한다. 팟캐스트의 준사회적 역학 관계에 어떤 요소가 가장 큰 영향을 미치는지 알게 되면, 보다 정확하고 적용 가능한 측정 척도를 개발할 수 있을 뿐만 아니라 팟캐스트 진행자에게 어떻게 청취자와 관계가 이뤄지는지, 어떻게 하면 그들과 구독자 사이의 유대감을 강화할 수 있는지 등에 대한 더 큰 이해를 제공할 수 있다. 청취자와 진행자 사이의 관계는 본질적으로 비현실적인 것이지만 "적어도 라디오에서는 청취자와 방송인이 서로 독립된 것으로 생각할 수 없다. 청취자에 관한 요소에 중점을 두고 있지만, 청취자와 방송인 모두 관계를 형성하는 데 적극적이다"(Wolfenden, 2014: 6). 울펜덴은 "방송인은 청취자층을 형성하는 방식에 있어 적극적이고 반응적이며, 이러한 과정에는 출연자의 높은 수준의 기술과 경험이 필요하다"라고 말했다(Wolfenden, 2014: 7). 진행자와 청취자 사이의 역동성에 어떤 요소가 기여할 수 있는지 알면 팟캐스트 진행자는 청취자와 '상호 작용'하는 방식에 있어 보다 의도적이고 적극적으로 참여할 수 있으며, 프로그램을 위한 더 넓고 헌신적인 잠재적 추종자를 만들 수 있다.

결론

대중매체의 소비자들이 그들이 소비하고 있는 매체의 등장인물을 '알고', 또 그 인물과 가상의 일방적 관계를 발전시킬 수 있다고 믿는다는 것은 현대 준사회적 이론을 이해하는 토대가 된다. 매체와 대중 사이의 준사회적 역학을 연구할 때는 텔레비전과 라디오 방송 등장인물과 수용자 사이에서 이러한 상호작용과 관계가 어떻게 발전하는가에 대해 탐구하는 경향이 있었지만, 이 역학은 다른 새로운 형태의 미디어로 확장될 수 있다. 특히, 팟캐스트는 이러한 역학의 발전에서 잠재적인 다음 단계로 작용한다. 팟캐스트는 출연자(진행자)와 청취자 사이의 준사회적 역학의 발전으로 이어질 수 있는 텔레비전과 라디오의 몇 가지 유사점과 속성을 공유한다. 그러나 팟캐스트는 최신 매체이기 때문에 이러한 관계에 관한 연구는 여전히 진행 중이며, 팟캐스트와 기존의 텔레비전과 라디오 방송 사이의 차이점은 이 관계에서 새로운 발전을 위한 여러 가지 방법을 제공한다. 따라서, 팟캐스트의 준사회적 특성을 더욱 잘 측정하고 이해하기 위해서는 이에 대한 새로운 척도가 필요할 것이다.

소셜 미디어 분석, 라디오 광고, 그리고 전략적 파트너십

조셉 R. 블래니(JOSEPH R. BLANEY)

이 장에서는 수용자의 청취와 관련한 현재 상황, 문제가 되는 매출 동향, 디지털 및 소셜 미디어 제품을 '새로운 수익'으로 생각하는 개념, 비전통적 수익(NTR)에 대한 대안적인 생각, 방송국 클러스터(cluster)[1]의 소셜 미디어 분석 실험실의 중요성, 대규모 및 소규모 시장에 대한 현재의 업계 관행 등의 주제를 순서대로 설명한다.

청취와 수익: 산업 동향

장기간의 생존 가능성에 대한 심각한 위협이 있음에도 불구하고, 청취의 측면에서 라디오는 여전히 강력함을 유지하고 있다. 라디오는 다른 어

---

1 여러 방송국이 모여 하나의 연합체를 이루는 상태.

떤 플랫폼보다도 많은 사람들에게 도달한다. 미국인의 93%가 AM/FM 라디오를 듣고, 89%가 텔레비전을 보며, 83%가 스마트폰을 사용하고, 50%가 개인용 컴퓨터를 사용하며, 37%가 아이패드와 같은 태블릿을 사용한다("Audio Today", 2016). 컨트리 뮤직 형식이 가장 인기 있으며, 뉴스/토크와 현대 히트 음악 라디오가 그 뒤를 잇는다.

게다가 다음 세대의 청취자층 감소에 대한 우려는 현재 확인되지 않고 있다. 전체적으로 94%의 부머 세대(1950년에서 1964년 사이에 출생)와 95%의 X세대(1965년에서 1979년 사이에 출생), 그리고 92%의 밀레니엄 세대(1980년에서 1996년 사이에 출생)가 매주 라디오를 듣는다("Radio Facts", 2017). 바꿔 말하면, 대부분의 밀레니엄 세대가 어릴 때부터 이용할 수 있는 다른 기술적인 수단(예: 디지털 미디어 플레이어나 인터넷)이 존재함에도 불구하고, 인구학적으로 가장 나이 든 세대와 가장 젊은 세대 사이에는 단 2%의 차이만이 있을 뿐이다.

그렇다면 위협은 무엇일까? ① 맞춤화할 수 있는 디지털 스트리밍 서비스를 채택하지 않고, ② 자동차 산업과의 역사적 동맹으로부터 잠재적으로 멀어지는 것, 2가지로 나뉜다.

전체 음악 산업 수익의 51%가 디지털 스트리밍에서 발생하는데, 이것은 음악을 다운로드하거나 CD 또는 레코드판을 통해 실제 음원을 구입하는 것과는 반대 개념이다(Ashworth, 2017). 라디오 산업이 고도로 맞춤화할 수 있는 틈새 지향 프로그래밍에 대한 요구를 인식하지 못하면 위험해질 수 있다. 일부 회사(예: iHeart)는 확보할 수 있는 고유한 지상파 스트리밍을 모아 두는 역할을 받아들였지만, 다른 회사는 서비스를 늘리는 데 있어 여전히 수동적이다. 지역 뉴스/스포츠 방송은 비즈니스 모델을 보강하고 지역 사회에 더 나은 서비스를 제공하는 또 다른 틈새시장의 사례를 제시한다. 한 가지 사례는 일리노이 주 블루밍턴에 있는 WJBC-AM인데, 최근 토요일에 지역 팀이 참여하는 6개의 고교 축구 플레이오프 게임을 다뤘다. 그러나 공중파 프로그램과 동시 방송 스트리밍에만 지나치게 의존하면 색다른 선택에 익숙해진 기존 청취자들에게 서비스를 제공할 수 없게 된다.

자동차와 청취자에 대해 보자면, 모든 성인의 4분의 3이 자동차에서 라디오를 듣는다(Ashworth, 2017). 그러나 터치스크린 자동차 대시 보드에 연결할 수 있는 스마트폰과 자동차-웹 연결 옵션이 넘쳐남에 따라 AM/FM은 많은 선택 사항 중 하나가 되고 있을 뿐 아니라 어쩌면 앞으로는 이동 중 오락 기능의 중요한 위치도 차지하지 못할 수 있다. 전미방송협회(The National Association of Broadcasters)는 자동차 제작자의 관심을 유지할 필요가 있다는 것을 잘 알고 있다.

현재 라디오 수입은 소폭 상승 추세를 보이고 있다. 지역 광고, 비방송 매출, 디지털 매출이 성장세를 이끌어서 2017년과 2018년에 176억 달러에서 178억 달러로 증가했다("Kagan: Radio Revenues", 2018). 또한 (매년 완만한 방송 매출의 성장과 건전한 디지털 매출 확대로 인해) 라디오 매출은 1.0%씩 성장할 것으로 예상되어, 2021년까지 라디오는 다섯 번째로 강력한 지역 광고 매체로 올라갈 것이다("Radio's Digital Ad", 2017). 이른바 '오래된 매체'의 이러한 성장은 아마도 쇠퇴 흐름에 맞서는 좋은 소식이 될 것이다. 그러나 미국 내 국내총생산(GDP)은 지속적으로 성장해 올해 2/4분기에 3.1%의 성장률을 기록할 것으로 예상된다("Final Reading", 2017). 매출성장률이 GDP를 따라가지 못한다면 이 업계는 쇠퇴하는 것으로 간주할 수 있다.

수익을 창출하고 청취자층을 늘리기 위한 방법이 발전하고 있음은 의심의 여지가 없다. 전통적인 방송사는 이러한 새로운 방식의 가장자리에서 그들의 역할을 인식할 필요가 있다. 광고 수익이 한정되어 있기 때문에 산업 자체에 대한 인식의 급진적인 변화가 필요하며, 여러 가지 면에서 라디오 산업은 '새로운 수익'을 얻지 못하고 오히려 자기 브랜드에 대한 추가 제안을 남발하며 기존 광고비마저 깎고 있다. 이 인식은 다음 부분에서 간략하게 설명한다.

NTR에 대한 재고

라디오 산업의 비전통적 수익 개념(NTR)이 수년에 걸쳐 발전해 왔지만, 여러 가지 측면에서 여전히 초기 단계다. 현재로서 NTR은 광고 시간대(spot inventory)의 판매를 통해 생성되지 않은 방송사의 모든 수익으로 정의된다. 1970년대와 1980년대, 그리고 1990년대의 대부분 시기에 걸쳐 이 수익의 대부분은 방송의 원격 판매와 방송국 브랜드를 활용한 행사를 통해 이뤄졌다. 단순하게는 지역 가구 매장에서 갖는 유비쿼터스 '대통령의 날' 세일 방송이나 공개 결혼식에 관심 있는 청취자들을 위해 마련한 대형 결혼식이 포함된 거대한 신부 행사가 여기에 포함된다. 신부 행사에는 연회장과 같은 공급 업체부터 음식 공급 업자, 사진사, 드레스숍, 꽃집, 보석상, 여행사, 아파트 단지에 이르기까지 많은 행사 후원자가 포함될 수 있다.

2007년에 Entrepreneur.com에 따르면 합병과 통합으로 라디오 방송국 인수에 드는 비용이 급증함에 따라 이와 같은 이벤트를 적극적으로 유치하는 것이 라디오 비즈니스 모델의 주요 부분에 포함되었다. 이런 이벤트가 점점 더 일반화되고 필요해짐에 따라 많은 회사에서 NTR 부서를 만들어 이런 이벤트를 실행하고 방송국의 가격표에 체계적으로 포함되도록 했다("Finding New Ways", 2007). 실제로, 방송국은 청취자 규모가 크기 때문에 광고 스팟당 많은 비용을 청구할 수밖에 없었고, 비어 있는 스팟 목록이 너무 많았다. 따라서 수익도 그 정도로 제한되었다. NTR 부서는 이런 과제를 사전에 해결해야 했다.

1990년대 중반, 많은 방송국들이 적당한 웹사이트를 개발하기 시작했다. 어떤 면에서 이것은 칼 말라무드(Carl Malamud)의 〈Internet Talk Radio〉와 같은 인터넷 전용 제품에 대한 체계적인 방식의 응답이었다. 웹 접근이 빠르게 확산됨에 따라 그런 서비스가 청취자층을 빼앗아 가고 있었던 것이다("Video Killed", 2017). 웹 제작과 편집 소프트웨어가 저렴해지고 사용이 쉬워지면서, 보다 정교한 수준에서 방송국을 확장할 수 있게 되었다. 청취자 상호작용의 측면에서, 웹페이지는 방송국의 경연 대회에 참가 신청을 하고 방송국 직원들과 소통할 수 있는 장소를 제공했다. 많은/대부분의 방송국은 팬들이 업무용 컴퓨터에서 온라인으로 들을 수 있도록 동시 방송 스트림을 제공하기 시작했다. 결국 광고 배너가 표준이 되었고 NTR 상품으로 판매할 수 있었다. 프로그래밍 인력들은 주요 프로그램의 스트리밍 외에도 오디오, 비디오 및 텍스트 콘텐츠를 추가로 제작하기 위해 함께 노력을 기울였다. 이러한 '가외' 프로그램은 웹페이지에서 선호하는 위치에 게재해 자유롭게 광고를 추가할 수 있는 광고주 지향적인 것이었다.

소셜 미디어가 등장함에 따라 라디오 방송, 광고주, 청취자 사이의 상호작용을 위한 기회도 생겨났다. 퓨 리서치 센터(Pew Research Center)의 연구에 따르면 미국 성인의 71%가 페이스북(Facebook) 계정을 열었는데, 이는 청취자와 연락할 수 있는 방법을 만들었고 방송국과 출연자의 브랜드를 강화하며 고객에게 홍보할 수 있는 길을 열었다. 요컨대 NTR 모델이 확대되었다("Social Media Update", 2015).

오늘날 라디오 NTR의 핵심이 거기에 있다. 그러나 경쟁력 있고 영리한 플랫폼에 직면하여 수익을 확대해야 할 필요성이 남아 있다. 요컨대, 방송국 클러스터 관리자는 한정된 판매 가능 시간/공간으로 더 많은 수익을 낼 것을 요구받고 있다. 이러한 환경에서 "라디오의 새로운 100년"에 어떤 적응이 필요할까?

소셜 미디어 분석 연구소: 라디오에 긴급히 필요한 것

소셜 미디어는 유비쿼터스다. 위에서 언급했듯이, 2014년에 미국 성인 중 71%가 페이스북 계정을 가지고 있었다. 링크드인(LinkedIn)과 핀터레스트(Pinterest)를 사용하는 사람이 28%이고, 인스타그램(Instagram)은 26%, 트위터(Twitter) 사용자는 23%였다("Social Media Update", 2015). 시민/소비자는 이들 플랫폼을 사용해 다양한 방식으로 사회와 직업 생활을 향상시킨다. 이 책의 독자들 역시 소셜 미디어를 사용하거나 적어도 그 만족도에 대한 기본적인 이해를 가지고 있다고 추측할 수 있다. 그런데, 사용자의 제품 선호도, 라이프 스타일, 심리 등에 관한 풍부하고 유익한, 공개적으로 얻을 수 있는 데이터가 있다는 것은 판매할 무언가를 가진 사람들에게 매우 고무적이다(Fan and Gordon, 2014). 또한, 소셜 미디어의 존재에 대한 기본 이해가 있는 방송국은 수용자의 상호작용을 적절하게 구성하는 데 유리하다(Al-Rawi, 2016).

칸(Khan, 2015)은 "7가지 층"으로 잘 이해되는 사용 가능한 소셜 미디어 데이터의 유형을 제시했다. 이러한 데이터는 ① 텍스트, ② 네트워크 관련, ③ 행동, ④ 하이퍼링크, ⑤ 모바일 애플리케이션 데이터, ⑥ 위치 관련, ⑦ 검색 엔진 데이터다. 이러한 데이터는 모두 위에서 언급한 소셜 미디어 플랫폼과 같은 다양한 소스뿐만 아니라 블로그, 유튜브(YouTube)와 같은 비디오 공유 사이트, 웹사이트 검색, 허핑턴포스트(Huffington Post)나 브라이트바트(Breitbart)와 같은 뉴스 집합 사이트에서도 수집할 수 있다.

이러한 데이터가 소비자에 대해 알기를 원하는 라디오 광고주들에게 가지는 가치는 분명하지만 약간의 설명이 필요하다. 대형 자동차 딜러나 자동차 판매 체인에 대해 언급한 고객의 텍스트 데이터는 고객 만족/불만족에 대한 통찰력을 제공하고 사업적 관행(또는 직원)을 바꿀 기회를 제공할 수 있다. 네트워크 데이터는 개별 소비자나 소비자 집단의 영향에 대한 통찰력을 줄 수 있다. '리트윗'이나 페이스북 글을 공유하는 등의 행동은 관련 대중의 강한(혹은 약한) 반응을 유발하는 메시지의 특성을 알 수 있는 기회를 제공한다. 하이퍼링크는 특정 콘텐츠와 관련이 있는 것으로 간주되는 사람이나 조직에 대한 통찰력을 제공한다. 모바일 애플리케이션 데이터는 수용자가 특정 앱을 사용하는 이유가 무엇인지, 사용을 통해 구매하거나 알고자 하는 것이 무엇인지를 알려 준다. 위치 데이터는 분석자/고객과 가장 관련이 있는 다른 위치에 대한 미디어 사용자의 물리적 근접성에 대해 알려 준다. 마지막으로, 검색 엔진 데이터는 가장 인기 있는 콘텐츠부터 원하는 구매, 웹 검색에 대한 대규모 심리 사회적 통찰력에 이르기까지 모든 것을 요약해 줄 수 있는 보물이다.

이러한 데이터는 많은 상황에서 귀중한 통찰력을 제공하지만 특히 상품과 서비스를 판매하려는 업체나 기관들에는 절대적으로 필요하다고 할 수 있다. 광고주가 영업 사원보다 자신의 고객을 더 잘 이해한다는 것은 당연한 이야기다. 그러나 모든 광고주는, 그 자신이 고객과 잠재 고객을 어떻게 관찰해 왔든, 소비자 정서, 기존 소비자와 그들의 연락처에 대한 접근 가능성, 고객을 식별하고 연결하는 성공 사례 등에 대한 일반 정보를 통해 추가로 얻을 수 있는 것이 있다. 이러한 데이터는 정교하고 예측 가능한 방식으로 고객 성향의 신비를 풀어 준다.

방송국, 영업 사원, 홍보 책임자, 프로그램 제작자 등은 모두 이러한 풍부한 정보에 관심을 가지고 있다. 프로그램 제작자는 이러한 분석을 사용해 청취자에게 가장 매력적인 콘텐츠 유형을 파악하고 온라인 데이터를 조정하여 프로그램 진행자와 디지털 콘텐츠가 제공하는 주제를 효과적으로 알릴 수 있다. 이는 분석을 통해 발견된 좋은 소식과 나쁜 소식에 대해 전략적 계획과 대응을 할 수 있게 해 주는 즉각적인 피드백의 한 형태로 보아야 한다. 그러나 라디오 클러스터의 경영진이 판매를 위한 새롭고 귀중한 제품으로 간주해야 하는 것 가운데 또 한 가지가 바로 정보 분석 서비스와 분석이다. 영업 사원들은 이미 '지상군'으로서 기관을 찾아가 신뢰 관계를 발전시키고 있다. 적절한 훈련을 통해, 이 대리인들은 브랜드/평판 관리, 메시지 디자인, 소셜 네트워크의 기회, 전문 미디어 구매 조언 등에 필요한 정보를 제공하기 위해 설계된 오픈 소스나 가입 기반 소프트웨어를 사용하여 조언을 제공할 수 있다. (클러스터가 소유하지 않은 플랫폼에서도) 잘 교육된 영업 사원들은 이러한 기술을 통해 그들의 포트폴리오에 가치를 더할 수 있다.

현재 중서부의 한 대규모 대학교로부터 소셜 미디어 분석을 제공받고 있는 주요 시장의 라디오/텔레비전/디지털 클러스터의 경우를 생각해 보자. 소셜 미디어 분석 소프트웨어인 NUVI와 수많은 오픈 소스 도구들을 사용해, 이 대학교는 공개적으로 얻을 수 있는 다음과 같은 정보들에 대한 분석 자료를 제공한다. ① 클러스터에 대한 모든 의견의 수, ② '어조'(클러스터에 대한 부정/긍정), ③ 리트윗과 댓글로 알 수 있는 가장 매력적인 주제, ④ 주제가 두드러지는 데이터로 '깊숙이 들어갈 때' 판단할 수 있는 관심의 경향들. 특히 클러스터의 주요 경쟁사에 대한 유사한 데이터가 제공되었다. 클러스터는 분명히 이러한 데이터를 사용하여 스스로의 강점을 강화하고 경쟁사의 약점을 이용한다. 그들은 청취율 조사 회사가 적시에 (심지어 한참 늦게라도) 제공하기를 꿈도 꾸지 못할 브랜드 상태에 대한 설명을 풍부하게 제공받는다.

미디어 회사가 이러한 데이터를 사용할 수 있는 가능성은 차치하더라도, 영업 부서에서 이러한 데이터를 여러 부문(자동차, 가구, 전자 제품, 식당, 호텔 등)에 걸쳐 광고주에게 제공할 수 있다면 광고주와의 관계가 발전할 수 있는 가능성이 얼마나 클지 심각하게 고려해야 한다. 광고주에게 이러한 이익을 주는 것은 우호적인 관계를 강화하는 데 그치는 것이 아니라, 지역, 광역, 심지어 국가 경제 단위의 경쟁에서 지속적인 조언이 필요하게 만든다.

일부 방송국이 매우 기본적인 수준에서 이러한 분석을 하고 있지만, 수익 및 관계 향상의 잠재적 가치는 현재의 유용성과 비교할 수 없이 크다. 이러한 분석의 상태가 다음 부분의 주제다.

라디오 소셜 미디어 분석 노력에 대한 탐사적 연구

중서부 지역의 상업방송 클러스터 경영자들에게 소셜 미디어 분석에 대한 방송사의 접근 방식에 대한 정보를 요청하는 설문 조사를 실시했다.

다른 상업 라이선스를 가진 71개 클러스터 중에 8개 클러스터가 양적 방법으로서 고안된 설문에 응답했다. [11%의 응답은 실망스러울 수 있다. 이와 같은 회원 설문 조사의 응답률은 보통 5~40%(Fowler, 2013)이지만, 이 연구의 설문 조사는 라디오 경영진에게 핵심적인 주제를 직접 묻는 식이었다. 모집단이 8에 불과해 일반화가 어렵다는 것은 의심의 여지가 없다. 이러한 한계는 결론 부분에서 솔직하게 언급될 것이다. 그러나, 결과는 여전히 학문적 의미를 담고 있다.] 이 문제를 인지해서, 후속 인터뷰를 요청했고, 감사하게도 두 기관(하나는 대규모 시장이고 하나는 소규모 시장이었다)이 깊이 있는 피드백을 직접 제공하는 데 동의했다. 수집된 자료를 통해 몇 가지 매우 잠정적인 결론이 도출되었지만, 여기에 대해서는 회의적으로 접근해야 한다. 여기서 발견된 것들은 더 깊이 있는 연구를 위한 마중물로 여겨야 한다.

클러스터 응답자들에게 다음과 같은 질문을 했다.

1. 만약 당신이 선택해야 한다면, 당신의 방송국이 운영되는 시장을 어떻게 설명하겠습니까? 크거나 작음(크기별 차별화를 지원하기 위한 옵션으로 선택권을 강

제하고 "중간"을 제거함).

2. 소셜 미디어를 평가하기 위해 한 달에 몇 번 정도 분석 보고서를 작성합니까?(한 번, 두 번, 매주, 대부분의 날, 하지 않음)

3. 당신의 게시물에 대한 댓글의 어조를 평가하기 위해 소셜 미디어 분석 보고서를 한 달에 몇 번쯤 작성합니까?(한 번, 두 번, 매주, 대부분의 날, 하지 않음)

4. 당신은 "우리 방송국은 고객들의 이벤트와 제품에 대한 소셜 미디어 지원을 제공함으로써 고객들로부터 부가가치 수익을 많이 얻는다"라는 말에 얼마나 동의합니까?(매우 동의, 동의, 보통, 반대, 매우 반대)

5. "내 방송국의 영업 담당자가 요금표에 있는 것 외에도 소셜 미디어 분석 서비스를 포함하거나 고객에게 판매한다"라는 말에 얼마나 동의합니까?(매우 동의, 동의, 보통, 반대, 매우 반대)

6. 아래 공간에 귀사의 광고주에게 소셜 미디어 지원(시간대별 게시물 등)을 제공하는 데 어떤 장애물이 있는지 알려 주세요.

7. 아래 공간에 귀사의 영업 담당자가 소셜 미디어 분석을 추가적인 고객 서비스로 제공하는 데 어떤 장애물이 있는지 알려 주세요.

각 문항에는 자체 요약 단락이 제공된다.

시장 규모: 응답자들은 큰 시장에 50%, 작은 시장에 50%로 고르게 나뉘

어 있었다.

분석 도달(빈도): 응답자 중 25%는 방송국에서 매월 1회 정도 받도록 고안된 분석 보고를 실시한다고 답했으며, 37.5%는 매주, 37.5%는 거의 매일 그렇게 한다고 말했다. 간단히 말해서, 3분의 1이 조금 넘는 사람들이 매일 모니터링하고 있었다.

어조 분석: 응답자 중 25%는 방송국에서 매주 어조(부정/긍정/중립)를 평가하기 위해 분석 보고서를 실시한다고 답한 반면, 25%는 거의 매일 분석했으며, 25%는 그러한 분석을 수행하지 않았다고 응답했다.

부가가치 수익: 응답자 중 12.5%는 자신의 방송국이 고객에 대한 소셜 미디어 지원을 통해 고객으로부터 부가가치 수익을 많이 제공받았다는 데 강하게 동의했고, 50%가 동의, 12.5%는 반대, 25%는 강하게 반대했다. 요컨대, 응답자의 62.5%는 고객 이벤트에 대한 소셜 미디어 지원이 수익에 많은 부분을 더한다는 것에 동의하거나 강하게 동의했다.

판매의 일환으로 분석: 응답자 중 12.5%는 영업 직원이 분석 서비스를 패키지의 일부로 판매한다는 데 강하게 동의했으며, 50%는 동의했고, 이에 대해 12.5%는 반대했으며, 25%는 강하게 반대했다. 이전 질문과 매우 유사한 비율로 응답자 중 62.5%가 영업 담당자가 고객에게 분석 서비스를 판매한다는 데 동의하거나 강력하게 동의한다는 점을 기억해야 한다.

고객 이벤트에 대해 소셜 미디어 지원을 할 때의 장애물: 대다수의 응답자가 고객 이벤트에 대한 소셜 미디어 지원이 일상적이라는 데 동의했지만,

일부 응답자는 그러한 지원을 가로막는 장애물에 대한 통찰력을 제공했다. 그러한 장벽 가운데 하나는 프로그램의 순수성에 대한 우려였다. 예를 들면 "우리가 광고주와 함께 대대적인 홍보를 하지 않는 범위에서, 우리는 방송국을 홍보하기 위해 소셜 미디어를 유지한다. 만약 우리가 그렇게 하지 않았다면, 우리의 게시물은 광고주 중심적인 어떤 것에 지나지 않을 것이다. 그러면 청취자들이 질려 버릴 것이다"라는 것이다. 또 다른 응답자는 "전통적인 판매 시스템은 소셜 미디어에서 빠르게 전환하기 위해 만들어진 것이 아니다"라고 말했다. 또 다른 응답자는 소셜 미디어에 대한 광고주의 관심이나 이해 부족을 지적했다. "그들은 종종 그것이 어떻게 그들의 사업을 성장시키는 데 도움이 될 수 있는지 알지 못하거나 소셜 미디어에 집중할 수 있는 직원이 없다고 말한다." 요컨대, 광고주들의 열의 부족이 일부 장애물을 설명해 주지만, 방송국의 메시지가 산만해지는 것을 피하려는 우려도 나타났다. 다른 응답으로는 영업 담당자의 과도한 홍보 문제, 캠페인이 효율적으로 진행되도록 하기 위한 소통이 부족한 점 등이 지적되기도 했다.

추가적인 고객 서비스로서 분석을 제공할 때의 장애물 : 다시, 62.5%가 영업 담당자가 일상적으로 소셜 미디어 분석을 고객 서비스로 제공하고 있다는 데 동의했지만, 나머지는 장애물을 지적했다. 가장 많이 언급된 문제는 영업 담당자의 지식이었다.

"우리 영업 사원들 중 몇몇이 소셜 미디어의 구성 요소를 잘 이해하지 못하기 때문에 정보 분석과 소셜 미디어 페이지 성공의 중요성을 설명하기 어렵다." 마찬가지로, 가장 높은 결정권자인 "노땅"들도 "그들이 무슨 말을 하는지도 모르고 배우려고 하지 않는다"라고 말한다. 또 다른 사람들은 영업 사원들이 "훈련이 부족하고 그 자리에서 계약을 체결하는 것에 더 큰 관심을 가지고 있다"라고 말하며 동기 부여 문제를 지적했다. 이러한 생각들은 방송국의 영업 담당자가 소셜 미디어 분석 공급자가 되는 데 있어 몇 가지 문제점이 있음을 보여 준다.

분명히 작은 샘플 규모가 일반화를 방해하고 있기 때문에, 소셜 미디어에 관한 라디오 클러스터의 노력에 대해 보다 풍부한 이해가 필요했다. 두 번의 심층 면접을 실시했는데, 하나는 대형 시장 클러스터의 디지털 미디어 담당 이사, 다른 하나는 작지만 급이 있는 시장에서의 홍보 담당 이사였다. 이 순서대로 그들을 분석할 것이다.

대형 시장: 디지털 미디어 담당 이사는 큰 기업에 기대할 수 있는 수준의 풍부한 자원이 반드시 정교한 분석 방법을 이끌어 낼 것이라는 생각을 불식시켰다. 그는 그들의 페이스북, 트위터, 인스타그램 계정에 대한 조사를 포함해 그들의 분석에 대한 훈련된 주간 접근 방식에 대해 말했다. 그러나 심층 분석이 가능한 소프트웨어를 사용하기보다는 플랫폼 자체에서 제공하는 쉽게 이용할 수 있는 기능을 사용한다. 예를 들어, 그들은 클러스터의 모든 방송국에 걸쳐 페이스북의 "7 Day Insight Tool"을 정기적으로 사용한다. 그들은 그들이 게시해야 하는 내용의 유형에 대해 출연자들에게 조언하기 위해서 '청취자들이 하루 종일 도달하는 것'에 대해 주로 알고 싶어 한다. 이들은 어조를 체계적으로 평가하지는 않지만, 부정적인 언급들이 펼쳐지는 것을 발견하면 자세한 내용을 기록한다. 담당자 외에도, 이 클러스터에는 비디오와 텍스트 콘텐츠를 추가로 만들고 영향을 분석하는 직원이 3명 있다. 따라서 이런 시나리오에서 정교한 수준의 분석은 보이지 않지만, 정보에 대한 접근법은 체계적이다. 그 인터뷰이는 또한 최근 공중파 고위직의 채용에 대해 (기껏해야 보통 정도라고 표현했던) 방송 기술보다는 소셜 미디어의 팔로잉과 수완 때문에 이뤄졌다고 지적했다.

분석 서비스를 제공하는 이 클러스터의 영업 담당자의 표현에 따르면 1차적으로 보이는(front-end) 분석 판매는 없었다. 반면에 영업 직원은 판매된 캠페인의 효과를 광고주에게 입증하기 위해 분석 기능을 사용한다. 그들의 방송국은 페이스북 라이브와 같은 부가가치 소셜 미디어 스트림을 지역 에어쇼나 워터쇼에서 판매한다. 게다가, 영업 담당자들은 온라인 디지털 광고를 판매한다.

소규모 시장: 소규모 시장 클러스터의 홍보 담당 이사는 또한 분석 목적으로 오픈 소스 도구만 사용되는 시나리오를 설명했다. 특히 그녀는 페이스북을 분석하기 위해 구글 분석 설정을 이용한다. 이것은 단순히 "좋아요", "공유", 댓글을 추적하는 것 이상의 더 많은 정보를 제공한다. 비교적 간단한 설치로 방송국 웹사이트를 방문하고 있는 사람, 랜딩 페이지2를 클릭한 사람, 방송국에 대해 더 알고 싶은 사람 등에 대한 데이터가 생성된다. 그녀는 주로 자신의 클러스터에 대한 정보를 찾지만 시장의 다른 클러스터와 데이터를 비교한다.

이 클러스터는 어떠한 훈련된 방법으로 이러한 분석에 접근하지는 않는다. 상상할 수 있듯이, 소규모 시장 운영은 아르바이트와 학생 인턴의 도움에 상당 부분 의존하고 있다. 따라서 분석은 그들이 시간이 남을 때 또는 특별한 질문이 있어서 데이터 수집이 필요할 때 수행된다. 정기적인 조사를 위한 체계적인 기간이나 검색어도 없다. 게다가, 도움을 주는 아르바이트는 언제 어떻게 데이터를 제공할 것인지에 대한 체계적인 교육을 받지 않는다. 최대의 효과를 위해서 언제 어떻게 소셜 미디어에 게시물을 올려야 하는지 조언을 얻기 위해 그들에게 주어지는 것은 오픈 소스

---

2 검색 엔진, 광고 등을 경유해 접속하는 유저가 최초로 보게 되는 웹페이지.

기사들뿐이다. 추가적인 조언을 구하기 위해 그들은 때때로 "소셜 미디어 모범 사례"를 검색할 것이다. 소셜 미디어에 대한 노력들을 총정리하려는 이런 접근은 작은 규모의 회사에서 타성에 젖은 직원들에게 쉽게 나타나는 '사후 약방문'으로 보는 것이 적절하다.

큰 시장의 클러스터와 마찬가지로, 소규모 시장 그룹도 초기(upfront) 판매에 분석 서비스를 이용하지 않는다. 이는 "판매 베테랑들이 소셜 미디어에 대해 의욕이 없고 잘 알지 못하는 것" 때문으로 일단 설명되는데, 이는 그들이 소셜 미디어 분석 판매의 참신함보다는 더 큰 연간 계약이나 계약의 갱신에 몰두하는 경향이 있기 때문이다.

방송 시간을 파는 것도 시작하기에 다소 모호할 수 있다는 점에서, 영업 직원들이 더 모호한 가치인 '정보'의 판매를 얼마나 꺼릴지 짐작할 수 있다. 둘째로, 클러스터의 경영진은 분석의 판매에 초점을 맞추면 주요 제품인 광고 시간대의 가치를 떨어뜨릴 것이라고 생각한다.

그러나 소셜 미디어 분석과 디지털 미디어 조언은 더 큰 고객을 지원할 때 사용된다. 중요한 계정에 프리미엄 서비스를 제공하려고 할 때, 담당자는 이전 캠페인의 성공을 입증하거나 경쟁 업체의 잠재적 취약점을 알아내기 위해 아르바이트 직원으로부터 사내(on-board) 분석 데이터를 받는다. 마찬가지로, 더 큰 고객들은 sitebeam.net이라는 온라인 플랫폼을 사용해 무료 웹사이트 평가를 받는 경향이 있다. 이 도구는 전반적인 점수에 접근성, 콘텐츠, 마케팅 및 기술력(사용자 인터페이스, 내비게이션 등)에 대한 품질 측정 값을 더한 자료로 고객의 웹사이트를 평가한다. 그것은 또한 모바일 최적화, 트래픽과 인지도, 청취자 리타깃팅[3] 등에 대한 추가 조언을

---

3 온라인에서 사용자의 검색 기록 및 방문 경로 등을 기반으로 각각 다른 광고를 내보내는 광고 형태.

제공한다. 이러한 의미에서 분석 서비스는 가치가 있기는 하지만, 계약과 판매에 대한 더 나은 방법은 아닐 수 있다.

소규모 시장의 인터뷰이는 주목해야 할 한 가지 문제를 추가로 언급했다. 클러스터에 대한 게시물을 여러 사람이 작성하면 문제를 일으킬 수 있다. 물론 방송 출연자는 자신의 브랜드와 프로그램의 기대에 따라 콘텐츠와 게시물을 만들어야 한다. 그러나 방송국 전체의 공지 사항과 내용을 게시할 책임이 복수의 아르바이트 직원에게 주어진다면 중복과 오보의 문제가 발생할 수 있다(예: 경연 대회의 진행 방식에 대한 서로 다른 이해). 여기서 얻을 수 있는 교훈은 소셜 미디어 전담 직원이 없는 클러스터라면 소셜 미디어에 대한 책임 할당과 그룹 내 소통 측면에서 특히 주의해야 한다는 것이다.

결론

매우 잠정적인 결과지만, 이 장은 다음과 같은 것들을 확인했다. ① 방송국들은 자신들의 도달 범위를 평가하기 위해 소셜 미디어를 모니터한다. ② 이러한 모니터링이 비공식적이고 NUVI와 같은 의도적인 구독 서비스로서 가치가 없더라도 방송국들은 그들의 이미지나 평판을 지키기 위해 '어조'에 대한 질문을 모니터한다. ③ 일부 방송국은 소셜 미디어 데이터 수집에 있어서 세련되지는 못하더라도 체계적이다. ④ 소셜 미디어 정보를 독립형 제품으로 판매하는 것은 아직 라디오의 폭넓은 비즈니스 모델의 일부가 되지 않았지만, 영업 담당자들은 현재의 더 큰 고객을 만족시키고 방송국과 함께 했던 이전 캠페인의 효과를 입증하기 위해 이용 가능한 분석을 사용할 것이다.

이 장에서 주로 시사하는 바는 다음의 3가지다. ① 체계적인 데이터 수

집에 대한 필요, ② 전문적 개발/교육에 대한 필요성, ③ 교육기관과의 협력이 필요하다는 점에 대한 업계의 경각심 자극.

일부 회사가 정교한 소프트웨어 제품에 등록할 수 있는 여력이 없다는 것은 이해할 수 있지만, 그들은 그들의 데이터 수집이 체계적으로 이뤄지도록 단계적인 조치를 취할 수 있다. 직원들이 정기적으로 만나 주간 일정, 조사해야 할 문제나 기회, 전반적인 방송국 방향에 대해 논의하는 것처럼 소셜 미디어 분석을 하는 인력에게도 (아르바이트든 무엇이든) 직무를 체계적으로 수행하도록 요구해야 한다. 고정적인 분석 시간, 검색어, 직접 의견(댓글 등) 읽기 등이 방송국의 정책과 절차로 정해져야 그렇게 수집된 데이터를 신뢰할 수 있게 된다.

소셜 미디어 플랫폼이 보급되고 그 사용이 방송국의 메시지/콘텐츠의 수신에서 중요한 역할을 차지하며 방송국 고객에게 더욱 밀접하게 관련됨에 따라, 소셜 미디어 분석 교육이 초급 직원의 기술 습득 단계에서 보다 체계적이고 중요하게 이뤄져야 할 필요가 있다.

이를 위해 방송국은 대학에서 이러한 분석 도구를 전공하고 실제로 적용했던 경험이 있는 학생들을 찾아야 한다. (앞서 시나리오에서 설명한 것과 같은) 일부 대학에서는 폭넓은 차세대 통신 전문 인력을 교육하여 많은 산업으로 보내는 소셜 미디어 연구소를 운영하고 있다. 방송사들은 이 학교들을 파악하고 그들과 함께 일자리 파이프라인의 파트너가 되어야 한다.

끝으로, 산학 협력이 클러스터 수준에서 개선되어야 한다. 전미방송협회(National Association of Broadcasters)는 국가 차원에서 방송교육협회와 강력한 파트너십을 맺고 있으며, 많은 주의 방송협회(정규 학업 프로그램과 교육자에 대한 혜택을 가지고 있는 일리노이방송협회 포함)는 미국의 대학들과 강한 관계를 맺고 있다. 그러나 이 연구의 주요 한계(클러스터의 낮은 응답률)는 업계에 도움이 될 수 있는 새로운 지식을 창출하는 데 협력하기를 꺼리는 경영진의 정서뿐 아니라, (광범위하게 이해하면) 향후의 인재 육성에 대한 관심 부족을 나타낸다.

이 책의 독자가 이런 내용을 낮은 응답률에 대한 저자의 단순한 짜증으로 해석하지 않는다면 이전의 연구를 생각해 보자. 라디오 판매 대리점의 급격한 감소에 영향을 주는 요인을 조사하는 대학원 논문(관련 당사자의 노출을 막기 위해 작성자는 여기에서 명시하지 않는다)이 있었다. 직접 우편과 후속 전자우편까지 보냈음에도 불구하고 샘플링된 방송국 클러스터 관리자로부터 거의 응답을 받지 못했다. 마침내 조사자는 라디오 수입과 관련 있는 주제임을 고려하여 방송국에 직접 전화를 걸어 참여를 요청해야만 했다. 한 총책임자로부터 "아시다시피 우리는 이런 조사에 응할 시간이 정말 없다"라는 경악스러운 거절 전화도 받았다. 물론 이 상황은 그 책임자가 새로운 영업 인력을 지속적으로 재교육할 수 있는 시간은 있는지에 대한 질문을 던지게 만든다.

간단히 말해서, 미디어 학자들은 지역의 경영자들과 밀접한 관련이 있는 문제를 다루는 귀중한 자원으로서 존재한다. 학계는 그들의 협력을 구걸한다.

2부 편성에 대한 논의: 지역성, 출연자, 청취자

5장

축소되는 전자 광장
미국 토크 라디오의 지역성

데이비드 크리더(DAVID CRIDER)

2016년 대통령 선거는 미국 역사상 가장 치열하게 싸운 선거 중 하나로, 점점 더 전국 단위로 향하는 정치 담론의 흐름을 보여 줬다. 대통령의 정치는 일반 국민들에게도 자신의 삶과 가족에 직접적인 영향을 미치는 문제들보다 훨씬 더 큰 관심을 모은다(Brooks and Collins, 2016). 지역 의회 선거는 '지역구의 요구에 가장 잘 부응할 수 있는 사람에 대한 결정'이라기보다는 전국적인 정치 상황(Kilgore, 2017)을 반영하는 것으로 보인다. 정치의 전국화는 토크 라디오의 전국화가 상당 부분 촉진했다고 할 수 있다. 라디오 산업에서 소유권의 통합이 잇따르면서, 국가 차원으로 통합된 프로그램들이 지역 공동체의 이슈를 논의하기 위한 지역적 목소리와 포럼을 대체했다. 다양한 이유들이 거론되지만(예: 위성 프로그램을 운영하는 것이 비용이 적게 든다는 점, 회사 전체의 구조 조정, 전국적인 인기를 끄는 진행자와 연계해 방송국에 대한 관심을 높이는 것) 토크 형식 방송국은 지역보다 전국적 편성에 대한 선호도가 증가하는 것으로 나타났다.

이 장은 이전의 연구(Crider, 2012)를 종적 연구로 전환함으로써 토크 라디오의 지역성에 대한 연구를 진전시킨다. 이 연구는 위르겐 하버마스(Jürgen Habermas)의 사회학적·정치학적 이론의 영향을 받았다. 하버마스의 공공 영역과 숙의 민주주의에 대한 개념에 보다 최근의 학자들이 강화한 개념의 도움을 더해, 토크 라디오에서 지역성을 연구하기 위한 적절한 이론적 토대로 삼았다(Jacobson, 2006; Poindexter, 2016). 지역 라디오는 지역사회에 정보를 제공하는 중요한 보급 지점이며, 지역 콘텐츠의 부족은 이러한 정보의 흐름을 방해한다. 공공 영역 이론은 지역 프로그램의 감소가 제약 없는 토론의 기회와 토론할 수 있는 주제 양쪽 모두를 제한하여 지역과 국가 차원에서 민주주의에 분명히 해로운 영향을 미친다고 지적했다. 이전 자료와 비교해 보면 실제로 지역 토크 라디오의 존재감이 계속 감소하고 있는지, 아니면 기업의 다운사이징에도 불구하고 꾸준하게 유지되고 있는지를 판단할 수 있을 것이다. 이러한 분석은 라디오 지역성의 최근 흐름을 파악하는 데 도움이 될 뿐만 아니라, 지역 토크 라디오 프로그램의 미래에 대해 예측할 수 있는 근거를 제공할 것이다.

토크 라디오와 공공 영역

하버마스는 공공 영역을 "국가와 사회의 중간 체제"(Harbermax, 2006: 412)로 묘사하고 있으며, 근대 민주주의에서 자율권과 시민의 평등만큼이나 결정적이라고 보았다.

공공 영역은 하버마스가 이야기하는 숙의 민주주의[1]의 핵심이다. 관련

---

1 이념적 순수성이나 사적 이익보다 협력과 해결책 모색에 더 큰 가치를 부여하는 것.

주제와 주장을 공공 영역에 가져옴으로써, 사람들은 사회적 문제에 관한 정당하고 합리적인 결과를 평가하고 협상할 수 있다. 그러한 민주주의의 제도적 설계는 자유로운 연합과 통신을 할 수 있는 권리(언론과 표현의 자유라는 이상에 부합하는 것)뿐만 아니라 매체의 독립성과 다양성을 지킬 수 있는 규제도 보장해야 한다.

공공 영역은 반드시 무거운 뉴스나 정치적 사안에만 국한되지 않으며, 야콥슨(Jacobson, 2006)은 현대 언론이 예능 프로그램을 통해서도 생각을 전파한다고 이야기한다. 토크 라디오는 종종 정보와 오락의 경계를 넘어선다. 토크 라디오 진행자들은 그들의 주장을 펼치기 위해 유머나 과장을 사용하면서 정보를 전하려 한다(Crider, 2016). 심지어 스포츠나 라이프 스타일 토크 프로그램에서도, 때때로 프로그램의 주요 주제 영역 안에서 정치적 논의가 발생할 수 있다. 일상적인 문제에 대한 방송 토론도 정치적 의미를 가질 수 있다(Poindexter, 2016).

하버마스의 공공 영역 개념에 비판이 없는 것은 아니다. 하버마스는 숙의 패러다임이 포용성과 균등한 참여 기회를 촉진하기 위해 만들어졌다고 주장하지만, 포인덱스터(Poindexter, 2016)는 사적·개인적인 것보다 공공을 중시하는 것이 여성이나 소수자에 대한 중요 이슈를 배제하는 경향이 있다고 지적한다. 그는 사회가 여러 가지 공공 영역을 가지고 있으며, 각 영역은 문화적으로 뚜렷한 집단의 요구를 반영하고 있고, 따라서 하버마스의 동질적 공공 영역에 대한 개념이 흔들리고 있다고 주장한다. 포인덱스터는 대중의 목소리를 강조하고 대중이 더욱 현실적으로 말하게 하는 공공 영역 개념에 토크 라디오가 더 잘 부합할 수 있다고 주장한다.

포인덱스터는 라디오 방송국과 네트워크가 3가지 목표를 달성했을 때 실현 가능하고 진정으로 민주적인 공공 영역을 만들 수 있다고 설명한다. 첫째로, 타깃 오디언스는 다양한 계층 사이의 간극을 메울 수 있는 방법을 제공함으로써 사회의 다양한 계층을 묶어 내야 한다. 둘째, 방송국이나 네트워크는 청취자가 방송국 직원(진행자나 제작자)의 간섭 없이 자유롭게 자신을 표현할 수 있는 분위기를 조성해야 한다. 마지막으로, 방송국은 지속적으로 그러한 환경을 제공할 수 있도록 재정적 지속 가능성을 확보해야 한다.

쇠퇴하는 지역성

토크 라디오는 이러한 모든 것들을 이룰 수 있는 가능성을 가지고 있지만, 지역사회 대신 전국의 모든 시청자들에게 프로그램을 제공할 때는 그렇게 하는 것이 훨씬 어려워진다. 1996년 전기통신법에 따라 라디오에 대한 규제가 대폭 완화되면서 합병의 강풍이 불자 프로그램의 전국화 추세가 가속되었다. 기업 소유자들은 프로그램 구매를 합리화(간소화)하기 시작했으며, 한 프로그램이 많은 시장에서 방송될 수 있는 규모의 경제를 선호했다(Conti, 2012). 몇몇 토크 라디오 진행자들이 1990년대 중반에 이미 전국적인 명성을 얻었지만, 전기통신법에 따라 등장한 클리어 채널-CBS와 같은 통합 소유주들은 그들의 방송국들에 일괄적으로 내보낼 매일의 진행자 라인업을 짜기 시작했다(Hilliard and Keith, 2005). 아이러니하게도, 프로그램 구매가 점점 전국화하면서 토크 라디오는 점점 세분화되었고, 청취자들을 지역이 아니라 정치 철학에 따라 재편했으며, 다른 관점들 사이의 실질적인 논쟁을 막게 되었다(Poindexter, 2016).

이러한 결정들은 적절한 논의보다 하버마스가 "생활 세계의 식민지화"라고 부르는 경제적 합리화에 대한 선호의 증가를 반영하고 있다(Jacobson, 2006: 29). 미디어 산업이 예산의 한계나 부채에 대한 걱정 등 재정적 우선순위에 더 신경을 쓰면서 미디어는 우리 사회에서 발견되는 문화적·정치적 이익의 영역을 충분히 대변하지 못할 것이다(Jacobson, 2006). 하버마스는 대중매체가 시청자를 광고주에게 데려가야 한다는 상업적 의무감으로 인해 프로그램의 상품화가 진행되어 정치 저널리즘이 단계적으로 사라지고 있으며, 따라서 공공 영역과 숙의 정치에 해를 끼치고 있다고 인정한다. 야콥슨(Jacobson, 2006: 33)은 시장 우선주의가 사회 모든 분야에서 잘 작동하는 것은 아니라고 주장한다. "대표적이고 열광적인 여론을 만들어 내는 것은 신발 끈을 생산하는 것과는 다르다."

라디오 소유권에 대한 규제의 완화는 우선순위가 지역의 정보와 오락을 위한 장에서 재정적인 걱정으로 바뀌는 결과를 분명히 가져왔다. 에릭슨(Erickson, 2017)은 통합 이후 시대에 라디오 산업의 유일한 필수 요건은 끊임없이 비용을 삭감하는 것이라고 한탄한다. 합병을 하면 광고 수익이 증가할 것 같았지만 그렇게 되지 않았다. 사실 최대 주주들이 엄청난 부채를 갚기 위해 필사적이어서 광고 시간을 헐값에 제공할 수밖에 없었기 때문에 광고 가격은 오히려 하락하고 있다. 수입이 줄면 예산도 더 빡빡해진다.

1990년 이후 방송국의 일자리 수는 27%나 감소했다. 과다한 부채를 진 라디오 회사들이 대공황 때보다도 허리띠를 졸라매면서 라디오 산업에서는 2007년에서 2010년 사이에 거의 2만 개의 일자리가 사라졌다("Number of Broadcasting", 2016). 그 일자리의 대부분은 방송 출연자와 뉴스 분야에 있었다. 한편, 라디오의 합병은 계속되었다. 알파 미디어(Alpha Media)는 2015년에 디기티(Digity)를 인수해서 방송국 수를 거의 2배로 늘렸고("Alpha Media Buys", 2015), 엔터콤(Entercom)이 2017년에 CBS의 라디오 부문을 인수했다("CBS Radio Merges", 2017). 알파와 엔터콤의 지도자들이 지역 라디오의 중요성을 인식한다고 맹세했음에도 불구하고, 이러한 대기업들이 지역 콘텐츠에 궁극적으로 어떤 영향을 미칠지는 아직 두고 볼 일이다. 지방 공영 라디오 방송국은 종종 지역사회 보도의 마지막 보루로서 찬사를 받지만(Walker, 2017) 그러한 방송국들조차도 종종 네트워크로 연결되어 하나의 광역 뉴스 서비스를 여러 개의 지역 중계소에 싣는다.

많은 일간지의 폐쇄와 함께, 이러한 합병과 해고는 많은 지역사회를 컬럼비아 저널리즘 리뷰(Columbia Journalism Review)가 "뉴스 사막"이라 칭하는 상태로 바꾸어 놓았다(Bucay, Elliott and Kamin, 2017). 지방정부와 주정부에 대한 취재가 급격히 줄어들면서 지역 문제에 대한 무관심이 커지고 있다(Brooks and Collins, 2016). 청취자들을 매일 전국적 관심사에만 붙들어 두자, 청취자들이 이제 전국적인 문제만 중요하다고 믿기 시작한다. 사이먼(Simon, 2016)은 대통령급의 정치에 대한 토크 라디오의 강박관념이 국민 발의와 같은 수많은 중요한 지역 이슈를 무시하게 만들었다고 지적한다. ≪뉴욕타임스(New York Times)≫의 칼럼니스트인 아서 브룩스(Arthur Brooks)는 "사람들은 고향에 뿌리를 두고, 심지어 갇혀 있기까지 하지만, 거기에 실제로 관여하지는 않고 있다. 최악의 세상이다. 그 결과, 도널드 트럼프나 힐러리 클린턴이 자신의 삶을 훨씬 더 나쁘게 혹은 더 좋게 만들기라도 하는 것처럼 머나먼 연방정부와 전국 선거에 대한 불만을 토로하면서 자신은 끔찍한 취업 시장에 머물고 자녀들은 망가진 학교에 보내고 있는 것이다"라고 요약한다(Brooks and Collins, 2016). 언론과 정치 담론의 전국화 추세는 지역성의 쇠퇴를 반영한다. 매체의 지역성이란 매체가 지역에서 통제되고 지역적 콘텐츠를 확보하는 것에 대한 선호를 말한다(Croteau and Hoynes, 2001).

둔바-헤스터(Dunbar-Hester, 2013)는 지역성이 지방 문제 취재, 공공 안전과 재난 대비, 지역사회 자율성 등의 우려를 포괄하는 유동적 개념이라고 주장한다. 그녀는 이 용어가 보통 통합/자동화 프로그램에 반대하거나 또는 기업의 헤게모니에 반대하는 의미로 정의된다고 생각한다. 라디오는 오래전부터 전국화된 편성에 대한 대응으로 지역 콘텐츠의 증대를 추진해 왔지만(Parmett, 2016), 합병된 라디오가 지역 방송 인재와 자율성을 없앰으로써 지역성의 문제가 특히 주목을 받았다.

지역성 쇠퇴에 관한 연구

93개의 지역 토크 라디오 방송국에 관한 이전 연구는 소규모 시장의 방송국에서 지역적 프로그램이 더 드물다는 것을 발견했는데, 그래서 같은 나라에서도 인구가 더 적은 지역의 공공 영역 축소가 더 두드러진다. 비록 기업 소유주의 규모가 이러한 편성 결정에 영향을 미치지는 않았지만, 이러한 지역사회의 중요한 문제들이 무시되고 있는 것은 분명했다. 소규모 시장 청취자들이 전국적 정치에 대해 듣고 의견을 형성할 기회는 많았지만, 라디오가 제공할 수 있는 독특한 공간에서 지방정부에 대해 논의할 기회는 거의 없었다(Crider, 2012).

이 연구가 수행된 후에도 방송에서 지역성이 쇠퇴했다는 학문적 증거들이 더 수집되었다. 레이시 등(Lacy et al., 2013)은 라디오 방송국의 지방정부 취재를 연구했는데, 축소된 라디오 뉴스룸은 신문의 경쟁자들에 비해 취재원이 더 적고 다양하지 못하다는 것을 발견했다. 그들은 또한 인쇄 매체보다 더 적은 이야기를 생산했다. 방송국이 지역 시장에서 경쟁을 하려면, 더 높은 자리에 있는 다양한 취재원들과 약하지만 중요한 관계가 있어야 한다. 공영 라디오 방송국은 상업방송국과 달리 지방정부의 소식을 전해 줄 더 다양하고 더 많은 취재원들을 가지고 있다는 점에서 상황이 좀 낫다. 하지만 불행하게도, 지역 뉴스를 다루는 공영방송국을 가지고 있는 시장의 수는 그리 많지 않다.

가설 및 연구 질문

토크 라디오의 지역성에 대한 초기 연구(Crider, 2012)와 마찬가지로, 이 업데이트된 연구는 동일한 2가지 가설을 사용했다.

■ 가설1: 더 큰 시장의 뉴스/토크 라디오 방송국에는 더 많은 지역 콘텐츠가 있을 것이다.
■ 가설2: 더 큰 기업이 소유한 뉴스/토크 라디오 방송국은 지역 콘텐츠가 더 적을 것이다.

이 연구의 종적 관심사를 해결하기 위해 3가지 연구 질문이 추가되었다.

■ 연구 질문1: 초기의 연구 이후 토크 라디오의 지역성은 어떻게 달라졌는가?
■ 연구 질문2: 초기의 연구 이후 소규모 시장에서는 지역성이 어떻게 변했는가?
■ 연구 질문3: 초기의 연구 이후 소유주의 규모가 지역성에 변화를 가져왔는가?

연구 방법

방송국의 웹사이트가 프로그램 편성표를 가장 쉽게 얻을 수 있는 곳이기 때문에 이 연구는 뉴스/토크 라디오 방송국 웹사이트의 내용 분석을 통해 수행되었다. 데이터 수집과 분석은 초기 분석 후 7년이 지난 2017년

봄에 이뤄졌다. 표본은 집단 추출 방법을 통해 선택되었다. 닐슨 오디오 (Nielsen Audio)가 평가한 274개 시장은 인구 기준으로 대형(100만 명 이상의 인구), 중형(40만~100만 명), 소형(40만 명 미만)의 3개 범주로 나뉘었다. 그리고 전국을 5개 권역(동북부, 중서부, 서부, 동남부, 서남부)으로 나누고, 시장은 그들의 닐슨 규모 순위를 기준으로 무작위 숫자 생성기를 통해 선택했다. 각 범주마다 10개의 시장(각 지역에서 2개)이 선택되어 총 30개의 표본이 정해졌다.

스포츠 토크 방송을 포함해 각 시장의 모든 토크 형식 방송국이 조사되었다. 대부분은 업계 웹사이트인 라디오 온라인(Radio Online)의 닐슨 오디오 평가 데이터에서 찾을 수 있었다("Nielsen Audio Ratings", 2017). 닐슨에 등록되지 않은 방송국은 라디오 로케이터 웹사이트를 통해 찾았다. 기업 소유주들은 '대형' 또는 '소형'으로 분류되었다. '대형' 회사들은 수익 기준으로 가장 최근에 공개된 10대 라디오 그룹 리스트에 오른 기업들이다. 이들 기업은 연간 2억 2400만 달러에서 26억 달러 사이의 수익을 가지고 있다("iHeart Tops Industry", 2016). 또 살렘(Salem), 허스트(Hearst), 스크립스(Scripps) 등이 소유한 방송국도 이 미디어 대기업의 전체 규모 때문에 '대형'으로 분류되었다. 모든 다른 소유주는 소형으로 분류되었다. 기업적 라디오 소유주에게 초점을 맞췄기 때문에 비상업적 방송들(예: National Public Radio)은 제외되었다.

분석 대상으로 선정된 124개 방송국 중 대형 시장에 있는 것이 57개, 중형 시장에 있는 것이 39개, 소형 시장에 있는 것이 28개였다. 표본을 지역별로 나눠 보면 동북부 21개, 동남부 24개, 중서부 23개, 서남부 29개, 서부가 27개였다. 전체적으로 뉴스/토크 방송국이 55곳, 토크 방송국이 11곳, 스포츠 토크 방송국이 58곳이었다. 64개 방송국이 대형 라디오 그룹 소유였고, 60개 방송국에는 소규모 기업 소유주가 있었다. 124개 방송국 중 8개 방송국이 자사 홈페이지에 방송 편성표를 기재하지 않아 데이터 분석 대상에서 제외되었다.

각 방송국의 웹사이트에서 제공되는 방송 출연진 라인업에 따라 지역 콘텐츠의 존재 또는 부재를 분류했다. 지역 인사가 목록에 있는 시간은 '지역'으로 분류되었다. 광역 인사가 목록에 있거나 시간대에 대한 설명이 없을 때, 그 시간은 '광역'으로 분류되었다. 전체 프로그램 편성표가 없는 라디오 방송국은 지역의 진행자와 상위 광역 단위 진행자만 부각시키고 야간 시간대의 네트워크 프로그램은 배제하는 경향이 있다. 한 시장에서만 프로그램을 진행하는 사람을 '지역' 진행자로 간주했다. 여러 시장의 방송국에 등장하는 진행자는 '광역'으로 분류했다. 그렇게 함으로써, 두 범주는 상호 배타적으로 다뤄질 수 있다(Frey, Botan, Friedman and Kreps, 1992).

  토크 쇼는 녹음 시차 방식으로 진행되거나 당일 초부터 재방송되는 경우가 많기 때문에 프로그램이 생방송인지 사전 녹화인지 여부를 별도의 범주로 보지 않았다. 평일 시간대 청취량이 가장 많으므로 월요일부터 금요일까지의 정규 편성 라인업만 고려되었다. 스포츠 생방송 때문에 벌어지는 변형은 무시되었지만, 미리 확정된 경우 현지 프로그램의 연장선상에서 언급되었다.

  이 연구에는 2명의 코더가 사용되었는데 한 명은 연구자였고 다른 한 명은 학생 조교였다. 코더 사이의 신뢰성은 각 코더가 3개 시장(대형, 중형, 소형)에서 10개씩의 방송국 웹사이트의 개별 신뢰도 샘플을 다루도록 하여 결정되었다. 신뢰도 표본에 대한 일치율은 .70이었고, 크리펜도르프 알파(Krippendorff ' Alpha)는 .88이었다(크리펜도르프 알파는 SPSS에 따라 계산되었다). 그리고 나서 표본이 두 코더에게 배분되었다. 각 코더가 92개의 방송국 웹사이트를 가져서 60개가 중복되도록 했다. 전체 표본의 코딩 중에 불일치가 발생하면 첫 번째는 코더1의 결정, 두 번째는 코더2의 결정, 그다음에는 코더1의 결정 등을 취함으로써 해결했다. 전체 연구 표본의 일치율은 .54였고 크리펜도르프 알파는 .81이었다. 후자는 코더 사이의 신뢰도가 허용 가능한 수준임을 보여 준다(Lombard, Snyder-Duch and Bracken, 2002).

결과

데이터 분석을 시작하기 앞서, '지역'과 '광역' 프로그램 범주와 시장 규모에 따른 3가지 범주를 사용한 교차 표가 설명을 위해 사용되었다. '로컬'과 '통합' 프로그램에 대해 코드화되는 시간 수는 0~5.9시간, 6~11.9시간, 12~17.9시간, 18~24시간의 4가지 범주로 구분되었다(전체 결과는 〈표 5.1〉과 〈표 5.2〉 참조). 가설1은 각 방송국의 지역 및 광역 시간과 시장 규모의 3개 범주를 사용해 일원 분산분석(ANOVA: Analysis of Variance) 방식으로 검증되었다. 토크 프로그램 시간의 합이 24시간이 되지 않는 경우도 있기 때문에(예: 밤에 종료되는 주간 방송국 또는 방송일 일부 동안 다른 유형의 프로그램을 실행하는 방송국), 지역 및 광역 시간은 백분율 변수로 재코딩되었다. 그런 다음 백분율 데이터를 사용해 또 다른 ANOVA를 실행했다. 프로그램 시간과 '대규모' 및 '소규모' 기업 소유주의 범주를 이용하여 가설2를 검증하기 위한 독립적인 t-테스트가 실시되었다. 첫 번째 가설과 마찬가지로, 재코딩된 백분율 변수는 추가 검정에 사용되었다.

첫 번째 분산분석 결과, 시장 규모와 지역/광역 프로그램 사이에 역의 관계를 분명히 발견했다. 대형 시장에 있는 방송국 7개만이 하루에 18시간 이상의 지역 토크 프로그램을 방송했고, 18시간 이하는 방송국 수가 거의 균형을 이루고 있다. 대형 시장의 토크 방송국에는 지역 프로그램과 광역 프로그램 모두에서 많은 선택지가 있지만, 중소 시장은 그리 운이 좋지 않다. 대형 시장이 아닌 곳에서는 하루에 18시간 이상의 지역 콘텐츠를 제공하는 방송국이 없으며, 소형 시장에서 12시간 이상의 지역 콘텐츠

〈표 5.1〉 시장 규모, 소유주의 규모에 대한 지역 토크 프로그램의 양

평일에 지역 프로그램을 몇 시간 방송하는가?	이 방송국이 속한 시장의 규모			방송국 소유주의 규모	
	대형	중형	소형	대형	소형
0~5.9시간	17	25	18	28	32
6~11.9시간	14	9	6	16	13
12~17.9시간	15	4	1	13	7
18~24시간	7	0	0	5	2
	(N=53)	(N=38)	(N=25)	(N=62)	(N=54)

p<.01

〈표 5.2〉 시장 규모, 소유주의 규모에 대한 광역 토크 프로그램의 양

평일에 광역 토크 프로그램을 몇 시간 방송하는가?	이 방송국이 속한 시장의 규모			방송국 소유주의 규모	
	대형	중형	소형	대형	소형
0~5.9시간	8	2	0	5	5
6~11.9시간	13	3	2	13	5
12~17.9시간	12	4	4	9	11
18~24시간	20	29	19	35	33
	(N=53)	(N=38)	(N=25)	(N=62)	(N=54)

p<.01

〈표 5.3〉 시장 규모에 대한 지역/광역 토크 프로그램의 양

변수	이 방송국이 속한 시장의 규모			F	df
	대형(SD)[2]	중형(SD)	소형(SD)		
일일 지역 프로그램 시간*	9.72(7.08)	4.74(4.48)	3.68(3.14)	13.51[a]	115
일일 광역 프로그램 시간*	13.76(7.30)	18.71(5.57)	19.72(3.81)	11.11[a]	115
지역 토크 프로그램의 양**	0.42(0.30)	0.21(0.21)	0.16(0.13)	12.78	115
광역 토크 프로그램의 양**	0.58(0.30)	0.79(0.21)	0.84(0.13)	12.78	115

* 결과는 하루 0에서 24시간으로 코딩됨.
** 10진법으로 표시된 백분율.
[a]p<.01

---

2   표준편차.

를 제공하는 방송국은 한 곳뿐이다(텍사스 루복에 있는 KTTU-FM. 이곳은 매일 텍사스 공대의 스포츠 이벤트를 그대로 다루는 것이 특징이다). 35개 중형 시장 방송국 중 25개가 지역 방송을 6시간 미만으로 제공했고, 소형 시장에서는 25개 중 18개의 방송국이 그러했다. 이 분산분석의 결과는 통계적으로 유의한 것으로 밝혀졌다. 백분율 데이터를 사용한 후속 분산분석에서도 유사한 결과가 나왔지만, 이러한 결과는 통계적으로 유의하지 않았다(〈표 5.3〉 참조).

6시간 미만의 지역 콘텐츠를 방송하는 방송국들은 대부분의 지역 프로그램을 아침 운전 시간(오전 5시에서 9시), 오후 운전 시간(오후 2시에서 6시 또는 오후 3시에서 7시), 또는 양쪽 시간대에 나눠서 편성했다. 전략적으로 그들의 유일한 지역 프로그램을 경쟁 방송국의 전국적인 진행자와 맞붙도록 편성하는 곳들도 있었지만, 많은 뉴스/토크 방송국은 아침 운전 시간에만 '지역 방송국'이었다. 오마하의 KFAB-AM은 오전 11시부터 오후 2시까지 현지 주간 편성을 중단하고 러시 림보(Rush Limbaugh)[3]를 내보낸다. 경쟁사인 코일 AM은 이 시간 동안 지역 토크 쇼를 편성해서 오마하 청취자들에게 오전 5시부터 오후 6시까지 현지 프로그래밍 선택권을 부여했다. 스포츠 방송국은 주요 신디케이터[4]들 중 한 곳(ESPN, CBS 스포츠, NBC 스포츠 또는 폭스 스포츠)의 프로그래밍에 크게 의존하고 있었다. 일부 중소 시장(예: 프레즈노, 알렌타운-베들레헴)은 여러 스포츠 방송국이 있음에도 불구하고 시장 내 지역 프로그램이 단 하나뿐이었고, 다른 시장에는 지역 스포츠 토크 쇼가 전혀 없기도 했다.

소유주의 규모가 이러한 편성 결정에 영향을 주는지 여부를 판단할 때, t-테스트 결과에서는 실제로 더 큰 소유주의 손을 들어 주었다. 대기업이

---

3   미국의 유명한 방송 진행자.
4   콘텐츠를 수집해 패키지로 묶거나, 부가적 서비스와 연결해 다양한 채널에 유통시키는 콘텐츠 유통 전문 사업자.

〈표 5.4〉 소유주 규모에 대한 지역/광역 토크 프로그램의 양을 보여 주는 독립 t-테스트

변수	방송국 소유주의 규모		t값	df
	대형(SD)	소형(SD)		
	(N=63)	(N=53)		
일일 지역 프로그램 시간*	7.85(6.90)	5.52(5.07)	-2.03[a]	114
일일 광역 프로그램 시간*	15.93(7.03)	17.55(6.14)	1.31	114
지역 토크 프로그램의 양**	0.33(0.29)	0.25(0.23)	-1.65	114
광역 토크 프로그램의 양**	0.67(0.29)	0.75(0.23)	1.65	114

* 결과는 하루 0에서 24시간으로 코딩됨.
** 10진법으로 표시된 백분율.
[a]$p < .05$

소유한 방송국들은 소규모 경쟁사들보다 하루에 2시간 이상 더 많은 현지 프로그램을 방영하는 것으로 밝혀졌다(〈표 5.4〉 참조). 더 작은 기업이 소유한 방송국은 2곳(솔트레이크시티의 KSL-AM, 오클라호마시티의 KEBC-AM)이 대기업이 소유한 5개 방송국과 달리 매일 18시간 이상의 지역 콘텐츠를 보유하고 있다. 중소기업이 소유한 방송의 대다수(54개 중 32개)는 하루 6시간 미만의 지역 토크 프로그램을, 대기업이 소유한 방송사의 대다수(62개 중 34개)는 하루 6시간 이상 지역 방송을 했다. 이전 연구와 달리, 지역 프로그램에 대한 t-테스트 결과는 통계적으로 유의미한 것으로 밝혀졌다. 다만 광역 프로그램에 대한 결과는 그렇지 않았다.

초기 연구 이후 시간의 경과에 따른 변화에 대처하는 연구 과제를 해결하기 위해, 2009년 12월의 원본 데이터를 데이터 세트5로 가져왔다. 이후 현지 프로그래밍의 변화가 통계적으로 유의한지를 확인하기 위해 독립적인 t-테스트를 실시하여 시장 규모와 소유 규모에 따른 결과를 세분화했다. 전체적으로 1차 연구부터 2차 연구까지 지역 프로그램의 양에는 사실

---

5 단일 데이터베이스 내용 변수나 단일 통계적 데이터 행렬 변수에 관련된 데이터의 집합.

〈표 5.5〉 2009년과 2017년의 지역/광역 토크 프로그램 시간에 대한 독립 t-테스트

변수	2009년 (SD)	2017년 (SD)	t값	df
일일 지역 토크 프로그램 시간 - 전체	6.83(5.42)	6.79(6.22)	0.06	207
일일 광역 토크 프로그램 시간 - 전체	16.29(5.74)	16.67(6.66)	-0.43	203
일일 지역 토크 프로그램 시간 - 소형 시장	4.67(4.41)	3.68(3.14)	0.90	46
일일 광역 토크 프로그램 시간 - 소형 시장	16.96(6.05)	19.72(3.81)	-1.91	46
일일 지역 토크 프로그램 시간 - 중형 시장	5.36(4.24)	4.73(4.48)	0.59	68
일일 광역 토크 프로그램 시간 - 중형 시장	17.78(4.37)	18.71(5.57)	-0.75	66
일일 지역 토크 프로그램 시간 - 대형 시장	9.38(5.92)	9.72(7.08)	-0.24	89
일일 광역 토크 프로그램 시간 - 대형 시장	14.61(6.23)	13.76(7.30)	0.57	87
일일 지역 토크 프로그램 시간 - 소형 소유주	5.87(4.71)	5.52(5.07)	0.32	86
일일 광역 토크 프로그램 시간 - 소형 소유주	17.19(5.35)	17.55(6.14)	-0.27	82
일일 지역 토크 프로그램 시간 - 대형 소유주	7.41(5.77)	7.85(6.90)	-0.38	119
일일 광역 토크 프로그램 시간 - 대형 소유주	15.80(5.92)	15.93(7.03)	-0.11	119

〈표 5.6〉 2009년과 20017년의 지역/광역 토크 프로그램 수에 대한 독립 t-테스트

변수	2009년 (SD)	2017년 (SD)	t값	df
지역 토크 프로그램의 양 - 전체	0.29(0.24)	0.32(0.27)	-0.12	203
광역 토크 프로그램의 양 - 전체	0.71(0.24)	0.70(0.27)	0.12	203
지역 토크 프로그램의 양 - 소형 시장	0.23(0.24)	0.16(0.13)	10.25	46
광역 토크 프로그램의 양 - 소형 시장	0.77(0.24)	0.84(0.13)	-10.25	46
지역 토크 프로그램의 양 - 중형 시장	0.22(0.17)	0.21(0.21)	-0.20	66
광역 토크 프로그램의 양 - 중형 시장	0.78(0.17)	0.79(0.21)	0.20	66
지역 토크 프로그램의 양 - 대형 시장	0.39(0.26)	0.42(0.30)	-0.50	87
광역 토크 프로그램의 양 - 대형 시장	0.61(0.26)	0.58(0.30)	0.50	87
지역 토크 프로그램의 양 - 소형 소유주	0.24(0.21)	0.25(0.23)	-0.23	82
광역 토크 프로그램의 양 - 소형 소유주	0.76(0.21)	0.75(0.23)	0.23	82
지역 토크 프로그램의 양 - 대형 소유주	0.32(0.25)	0.33(0.29)	-0.28	119
광역 토크 프로그램의 양 - 대형 소유주	0.68(0.25)	0.67(0.29)	0.28	119

상 변화가 없었다. 소유 규모는 큰 차이가 없었으며, 큰 소유주와 작은 소유주 모두에게 변화는 미미했다.

시장 규모에 따라 세분화했을 때, 변화는 더욱 뚜렷해졌다. 소규모 시장에서는 2009년부터 2017년까지 지역 프로그램이 하루 1시간씩 줄었고, 중형 시장에서는 지역 프로그램이 하루 30분 이상 줄었다. 대형 시장에서는 현지 프로그램이 소폭 증가했다. 따라서 중소 시장에서 광역 프로그램의 하루 시간은 증가했지만 대형 시장에서는 소폭 감소했다(〈표 5.5〉 참조). 하지만 이 결과들 중 어떤 것도 통계적 의미에 도달하지는 못했다. 소규모 시장의 광역 프로그램 증가가 $p < .05$ 수준에 미치지 못했다. 지역 및 전국 프로그램의 백분율(〈표 5.6〉 참조)을 사용할 때 유사한 결과가 발견되었지만, 다시 한번 이 결과들 중 어느 것도 통계적 유의성에 도달하지 못했다.

두 시장(루이스빌과 피츠버그)이 초기 2009년 표본과 최신 표본 모두에 선택되었다. 이 두 시장은 더 큰 데이터 세트에서 벗어나기 위한 좋은 사례 연구를 형성한다. 원래 표본의 루이스빌 방송국 4개 모두가 2009년의 방송국 소유주와 방송 형식을 그대로 유지하고 있었다. 아이하트미디어(iHeart Media)가 소유한 3개 방송국에서는 지역 프로그램 시간의 변화가 미미했다. 뉴스/토크 WHAS-AM이 13시간에서 12시간으로, 스포츠 방송인 WKRD-AM이 8시간 30분에서 10시간으로, 뉴스/토크 WKJK-AM이 하루 4시간씩 방송을 유지했다. 살렘 소유의 WGTK-AM은 전체 시간을 완전한 광역 방송으로 채우는 편성을 유지했다. 전반적으로 이 시장은 거의 변화가 없다.

원래 표본에서 3개의 피츠버그 방송국이 2017년에도 여전히 토크 형식의 프로그램을 가지고 있었다. CBS가 소유한 KDKA-AM은 두 연구 사이의 기간 동안 하루 1시간의 지역 토크 프로그램을 추가해서 17시간에서

18시간으로 늘었다. 아이하트미디어가 소유한 WBGG-AM은 매일 7시간의 현지 스포츠 토크 프로그램을 꾸준하게 진행하고 있다. 세 번째 방송국인 스포츠 형식의 WEAE-AM은 주인이 바뀌었다. 2009년에 ABC가 소유한 WEAE는 매일 8시간의 지역 쇼를 방영했다. 현재 살렘이 소유해 브랜드가 바뀐 WPGP는 하루에 2시간씩 현지 방송 시간을 포함하기는 하지만, 이 회사의 광역 진행자들이 하는 보수 토크 프로그램들을 방송하고 있다. 이러한 지역 프로그램의 손실은 CBS가 스포츠 형식의 KDKA-FM을 추가함으로써 상쇄되는 것 이상으로 커서, 매일 16시간 이상의 지역 프로그램이 영향을 받았다.

논의점

초기 연구에서처럼 가설1이 힘을 받았다. 대형 시장을 제외하고, 현지 토크 라디오 콘텐츠는 오전 및/또는 오후 운전 시간 이외에는 찾기 어려울 수 있다. 대형 시장의 청취자들은 다수의 토크 방송과 다수의 스포츠 토크 방송을 찾을 수 있는데, 이것은 그들이 원할 경우 지역적으로 중요한 문제나 국가적 문제에 대한 여러 선택권을 준다. 더 작은 시장에서는 선택권이 줄어든다. 시장에 다수의 토크 및/또는 스포츠 방송국이 포함되어 있더라도 이들 방송국은 대부분 다른 방송국에 대항해 광역 진행자 라인업을 구축한다. 이에 따라 중소 시장은 지역 현안 논의를 위한 생생한 방송 공공 영역이 계속 부족하다.

다시 한번 가설2는 입증되지 않았는데, 이번 결과는 중요했다. 더 큰 회사들이 더 많은 지역 콘텐츠를 방송하는 것으로 밝혀지기는 했지만, 대기업들은 대형 시장에서 점유율을 더 높여서 53개의 시장 표본 중 36개를 소유하고 있었다. 중소 규모 시장의 63개 방송국 중 대기업 소유는 26개에 불과했다.

방송국의 시장 규모를 강조하는 것은 통합된 라디오 소유주들이 전반적으로 더 많은 지역 콘텐츠를 방송한 것으로 밝혀진 이유를 설명할 수 있기 때문이다. 예를 들어 휴스턴, 신시내티, 로스앤젤레스에 있는 아이하트미디어 소유 방송국은 매일 16시간 이상 현지 토크 프로그램을 방송했지만, 중간 규모 시장에 있는 아이하트미디어 소유 방송국은 하루 6시간 미만의 현지 콘텐츠를 보유하고 있었다.

물론, 청취자들에게 적절한 지역 공공 영역을 제공하고자 하는 소규모 기업들 사례를 찾을 수 있는 시장도 있다. 그러한 경우 중 하나가 오하이오 주의 애크런이다. 아이하트미디어의 WHLO-AM은 이 소규모 시장에서 하루 3시간만 현지 토크 프로그램을 방송했지만, 소규모 회사가 소유한 2개의 뉴스/토크 방송 경쟁사들은 훨씬 더 많은 현지 보도를 특징으로 했다. 미디어컴(Media-Com)이 소유한 WNIR-FM은 매일 17시간 반의 현지 프로그램 시간을 자랑했고, 러버시티 라디오(Rubber City Radio)의 WAKR-AM은 평일 편성표에 13시간의 현지 방송 시간을 가졌다. 대형 시장인 클리블랜드의 그늘에 있는 소규모 시장을 위해, 아크론(Akron)은 지역 소유와 지역 콘텐츠라는 건강한 환경에 힘입어 매우 활발한 방송 공공 영역을 가지고 있다(Croteau and Hoynes, 2001).

연구 질문에 대한 답변으로, 전반적인 토크 라디오의 지역성은 계속해서 감소하고 있다. 통계적 의의가 없음에도 불구하고 중소형 시장에서 현지 방송 시간의 감소를 보여 주는 자료를 무시할 수는 없다. 그러한 감소는 최근 몇 년 동안 지역 콘텐츠의 규모를 줄이고 전국적 서비스를 확대하려는 라디오 회사들의 움직임과 일치한다. 더욱이, 중소기업들이 제공하는 지역 프로그램의 소폭 감소는 그들 역시 더 심각해진 예산 문제에 직면했음을 시사하는데, 이는 틀림없이 광역 경쟁 업체들과 경쟁하기 위해 광고료를 인하해야 하는 데 따른 것이다(Erickson, 2017). 광고 수익 감소로 방송국이 재정적 지속 가능성을 확보할 수 없을 때 희생되는 것은 공개 토론의 장을 통해 지역사회를 하나로 모을 기회다(Poindexter, 2016). 다시 한번 말하지만, 담론 육성의 필요성보다 재정적 우려가 더 커지고 있다(Jacobson, 2006).

결론

라디오, 특히 토크 라디오는 청취자에게 왕성한 공공 영역을 제공할 수 있다(Poindexter, 2016). 지역적으로 중요한 이슈에 대해서는, 청취자가 자신의 일상에 영향을 미치는 것들에 대한 방송 토론을 듣고 참여할 기회를 얻는 것이 필수적이다. 지역 프로그램의 축소와 함께 오는 국가적 정치 담론에 대한 강조는 중재적 공공 영역을 잠식하게 만들고 자신의 뒷마당에서 무슨 일이 일어나고 있는지 모르거나 이해하지 못하는 잘못된 정보를 가진 대중을 양산하게 된다(Brooks and Collins, 2016). 불행히도, 이 나라의 가장 큰 시장 바깥에서는 미국의 정치적 담론에 대한 이러한 손실이 계속 일어나고 있다는 것이 분명하다.

정량적 내용 분석 형식은 지역성을 큰 그림으로 보여 주는 데 도움이 되지만, 보다 면밀한 사례 연구 분석을 통해 최근 몇 년간 토크 라디오의 지역성이 어떻게 변화했는지에 대해서도 어느 정도 조명하는 데 도움을 얻을 수 있다. 한 시장 또는 제한된 수의 시장에 있는 토크 방송국에 대해 정성적 텍스트 분석을 하면 방송국이 지역 콘텐츠를 사용하는 방법을 구체적으로 보여 줄 수 있다. 대부분을 광역 프로그램으로 편성하는 동안 지역을 '소리 내려고' 시도했는가? 현지 아침 프로그램은 콘텐츠를 위해 정규 광역 편성 부문에 크게 의존하고 있는가? 미래 연구의 또 다른 가능한 방향은 오락 기반의 라디오 형식으로 지역성을 연구하는 데서 나올 수 있다. 위에서 언급했듯이, 토크 라디오는 공공 영역에 정보를 제공할 수 있는 유일한 라디오 형식은 아니다(Jacobson, 2006; Poindexter, 2016). 음악 라디오 형식은 또한 청취자 참여를 촉진하고, 다양한 음악 형식에 걸쳐 있는 다수의 청취자들이 사전 녹음된 내용보다 생방송 진행자를 선호하는 것으로 나타났다(Jacobs, 2015).

지역성의 문제와 공공 영역으로서 라디오에 가해지는 폐해를 조명하는 것은 더 이상의 피해를 막기 위한 행동을 촉구한다. FCC(Federal Communications Commission, 연방통신위원회)가 라디오 방송국은 서비스하는 지역 안에 물리적으로 존재해야 한다고 정한 규정(Main Studio Rule)을 제거한다면 지역성이 더욱 훼손될 수 있다("FCC Sets Stage", 2017). 정부가 물리적 스튜디오에서 지역 프로그램을 제작하도록 요구하지 않는다면, 라디오 회사들은 그들이 대중에게 논의의 장을 제공하는 것보다 그들의 수익에 우선순위를 매길 수 있는 면허를 가지게 된다. 메인 스튜디오 룰이 그대로 유지되어야 할 뿐만 아니라, 모든 단위에서 지역 라디오를 보호하기 위한 추가 조치가 있어야 한다.

토크 라디오가 더 지역적으로 바뀐다고 해서 정치 담론의 국가화 추세를 뒤집을 수는 없겠지만, 적어도 건전한 지역 공공 영역을 국가적 담론과 함께 제공해 각자에게 균형 잡힌 관점을 줄 수 있다. 에릭슨(Erickson, 2017)은 통합 소유주들이 파산이나 정부의 조치에 의해서 해체되는 상황을 가정한다. 그 시나리오가 일어날 것 같지는 않지만, 그 문제에 대한 에릭슨의 생각은 확실히 고려할 가치가 있다. "이제 이 통합 실험이 모두에게, 청취자들, 직원들, 특히 방송 인재들, 이 회사들의 최상층에 있는 소수 엘리트들을 제외한 지역사회들에게 실패했다는 것을 인정해야 할 때다."

6장

하워드 스턴의 팬덤과 그의 성공 사이의 관계
"모든 미디어의 왕"과 역동적 청취자

레이첼 수스만-원더 캐플란(RACHEL SUSSMAN-WANDER KAPLAN)

"모든 미디어의 왕"이라고 자칭하는 하워드 스턴(Howard Stern)은 성공적이고 수익성 높은 30년간의 라디오 커리어를 통해 충성스러운 청취자를 길러 냈다. 스턴은 사랑에서부터 증오에 이르는 감정적인 반응을 이끌어 내고, 충성스러운 팬들은 현재 월/화/수요일 3일만 출연하는 그의 라디오를 듣기 위해 위성 라디오 시리우스XM(SiriusXM)에 돈을 지불한다. 위성 라디오가 등장하기 전에 스턴은 연방통신위원회(FCC)가 "무례하고 음탕하며 성적으로 노골적인 콘텐츠"라고 간주하는 내용을 놓고 FCC와 싸웠다. FCC와의 이 싸움으로 인해 스턴은 2004년 말 지상파 라디오를 떠나기로 결정했고, 2006년에 연방의 품위 규정에서 자유로운 위성 라디오로 옮겨 첫 방송을 시작했다(Sisario, 2006: 8번째 단락).

스턴과 그의 직원들은 "스턴이 곧 공중파 방송을 떠나 위성 디지털 오디오 제공 업체인 시리우스로 그의 프로그램을 가져가겠다고 발표"함으로써 콘텐츠에 대한 창조적인 자유를 얻었다(케이블이나 위성 텔레비전과 같은 다른 가입 서비스에서도 마찬가지지만, 위성 라디오에 대한 FCC의 품위 제도 미비는 법적으로 큰 문제가 있다)(Wiley and Secrest, 2004: 238). 위성 라디오에서 스턴은 더 이상 FCC와 다투지 않아도 되었고, 시리우스XM의 느슨한 규제와 함께 그가 스트리퍼, 음악가, 그리고 제리 사인펠드, 앤더슨 쿠퍼, 스눕 독, 도널드 트럼프, 마사 스튜어트 같은 유명 인사들과 인터뷰하는 것을 듣고 싶어 하는 거대한 팬덤을 유지할 수 있었다.

브라운(Brown, 2015)은 스턴을 러시 림보(Rush Limbaugh), 글렌 벡(Glen Beck), 라이언 시크레스트(Ryan Seacrest) 등을 제친 최고 연봉의 라디오 진행자로 선정함으로써 스턴의 커리어 성공을 객관적으로 평가했다. CNBC 기자는 이렇게 썼다. "하워드 스턴이 시리우스 위성 라디오에서 계속 일하기로 결정했다. 그는 새로운 5년 계약에 서명했는데 그 계약으로 연간 9천만 달러를 받을 것이라는 보도가 나오고 있다. 이는 그가 이전 계약으로 벌어들이던 8천만 달러에서 더 늘어난 것이다"(Chemi and Fahey, 2015: 첫 단락)" 분명히, 스턴의 성공은 그를 미국의 최상위 소득자 계층에 올려놓았다. 또 "사회보장국 자료에 따르면 (2014년에) 미국에서 단 134명만이 5천만 달러 이상의 임금을 받았다. 이는 스턴이 상위 1%뿐 아니라 상위 0.0001% 소득자에 든다는 것을 의미한다"(SSA를 Chemi and Fahey, 2015: 6번째 단락에서 인용). 이러한 통계에 나타나는 것처럼 하워드 스턴의 라디오 프로그램이 그렇게 성공적인 이유는 무엇일까?

하워드 스턴은 점점 더 터무니없는 발언으로 청취자들을 놀라게 하는 방송 스타일 덕분에 "Shock Jock"[1]으로 알려져 있다. 수백만 명의 숭배자 같은 그의 청취자들이 지상파 라디오에서 시리우스XM 위성 라디오로 그를 따라왔다. 이에 따라 자칭 "모든 미디어의 제왕"인 스턴은 역동적인 청

---

1   일부러 충격적인 발언을 하는 라디오 디스크자키.

취자들을 누리고 있다. 강한 팬덤이 하워드 스턴 라디오 쇼를 둘러싸고 있는 것이다. 스턴은 그의 성공을 충성스러운 청취자 덕분으로 돌렸다. 사실, 스턴은 대중문화에 강한 영향을 끼쳤다. 1993년 맨해튼 반스 앤 노블에서 출간한 첫 번째 책 『언터처블 가이(Private Parts)』의 사인회를 했을 때, 스턴의 사인을 받기 위해 2천 명이 그가 등장하기 2시간 전부터 줄을 섰다. 이후 경찰은 약 1만 명의 팬들이 사인을 받기 위해 기다리고 있다고 보고했는데, 이는 뉴욕 5번가(Hall, 1993: 1)를 따라 교통을 마비시키기에 충분했다. 스턴의 팬들은 꾸준히 모습을 드러내고 그와 그의 프로젝트를 지지하며 팬덤을 강화하고 있다.

이 장에서는 스턴이 처음 몇 개의 직장에서 경험했던 장애물들을 포함해 그의 생애와 초기 경력을 살펴본 뒤, 공동 진행자인 로빈 퀴버스(Robin Quivers)와의 강력한 파트너십에 대한 검토를 이어 간다. 그들의 파트너십이 웬만한 결혼과 비견될 정도로, 라디오에서 서로에 대한 헌신은 큰 의미가 있다. 마지막으로, 이 장은 스턴의 라디오 시장 점유율을 분석하고 그가 청취자들과의 관계를 어떻게 발전시켜 왔는지 짚어 본다.

이 장의 이론적 토대는 팬덤의 성격, 정체성과 팬덤, 스타와 팬의 관계에 대한 문헌에서 찾을 수 있다. 호튼과 울은 팬-청중 관계를 대면 관계의 대리관계 역할을 하는 "준사회적 상호작용"의 한 형태로 논의했다(Horton and Wohl, 1956: 215). 그로스버그는 팬들을 '미성숙'하거나 '수동적'으로 특징 짓는 시각과 문화적 맥락에서 팬덤을 연구해 엘리트주의적 시각을 제공했다. 하지만 그로스버그는 이후에 팬들을 적극적인 참여자로서 보는 듯한 뉘앙스를 제시했다(Grossberg, 1992: 50~58). 많은 청취자들이 하워드 스턴에 대해 느끼는 관계나 유대감에 대해 이 장에서는 호튼과 울의 "준사회적 상호작용" 이론을 적용한다.

스턴의 초기 삶과 경력

하워드 스턴은 "1970년대 중반에 라디오 경력을 시작했으며 1986년에는 전국적인 광역 프로그램을 진행했는데, 이 쇼는 결국 2천만 명의 청취자를 확보하게 된다". 스턴이 팬덤과 부를 얻은 것은 쉽지는 않은 일이었다. 스턴은 어린 시절의 어려움과 싸웠고, 결혼 생활의 문제를 그대로 방송했으며, FCC와 부딪쳤다. 스턴에게는 제한이라는 것이 없었다. 그의 가장 '성실한 팬들'에게는 그가 너무 커 보여서 그가 연예인이 아니라 평생의 동반자처럼 보였다(Segal, 2016: 11번째 단락). 그의 초창기 인생과 경력을 통해 그가 어떻게 자신의 인생 경험을 쇼에 접목시키고 청취자들과 연결하는 데 사용했는지를 알 수 있다.

하워드 스턴은 1954년 1월 12일 뉴욕 퀸즈에서 벤(Ben)과 레이 스턴(Ray Stern) 사이에서 태어났다(Andersen and Carlson, 1993: 60). 스턴은 자서전 『언터처블 가이』에서 "레이는 나를 '송아지'처럼 키웠다. 엄마는 끊임없이 주의를 기울였고, 완전히 고압적이었으며, 항상 공포스러운 존재였다"라고 썼다(Stern, 1993: 24). 'no nonsense guy'[2]인 아버지 벤은 어린 하워드를 멍청이라고 부르며 자주 고함을 질렀다. 맨해튼의 라디오 엔지니어였던 벤은 어린 시절의 하워드에게 라디오 방송에 대한 강한 관심을 심어 주었다(Andersen and Carlson, 1993: 60). 어렸을 때 스턴은 사람들을 웃기고 싶어 했지만 "키가 크고 뚱뚱하며 좀 왕따 같은 존재"로 묘사되었다(Mintzer, 2010: 15). 스턴은 뉴욕 롱아일랜드 루스벨트의 흑인 동네에서 자랐으며, 라디오 쇼에서도 이 당시 어린 시절에 대해 자주 회상해 왔다. 스턴은 반 친구들에게 얻어맞았던 것을 묘사할 때 어떤 세부 사항도 숨기지 않는다. 몇 년 동안, 그는

---

2 지나치게 예민하고 심각한 사람.

루스벨트에서 따돌림과 왕따를 당했다. 스턴은 '유일한 백인 아이가 되는 것'과 그가 견뎌낸 신체적·정신적 학대에 대해 공개적으로 이야기했다. 레이 스턴은 루스벨트에서 자라는 것이 스턴의 '인격'을 형성하는 데 도움이 될 것이라고 믿었다(Stern, 1993: 64). 스턴은 그의 쇼에서 자신의 성장 경험을 자주 떠올렸고, 스턴의 부모는 그 쇼에 자주 전화를 걸어 왔다.

스턴은 보스턴 대학교 2학년 때 처음으로 라디오 일을 맡았는데, 그곳에서 방송에 출연하고 싶어 했다. 스턴은 뉴스를 읽고 인터뷰를 진행했지만 코미디를 갈망했다. 그는 3명의 선배들과 함께 "King Schmaltz Bagel Hour"라는 제목의 코미디 토크 쇼를 제작했지만, 그 짜릿한 토크 쇼는 단한 번으로 끝났다. 스턴은 보스턴 대학교 졸업 후 라디오 디스크자키로 일하면서 뉴욕과 보스턴 지역에서 여러 직업을 가졌다. 스턴은 자신을 음악만 틀어 주는 '신경질적이고' 불행한 사람으로 묘사했다.

1979년 스턴은 코네티컷 주의 하트포드에 있는 WCCC에서 라디오 일을 맡았고, 그곳에서 그의 상황이 바뀌기 시작했다. 스턴은 초대 손님에게 연애 생활 등 주제와 동떨어진 '기괴한' 질문을 던지는 인터뷰를 하기 시작했다(Stern, 1993: 153). "스트립퍼, 포르노 제작자, 매춘부, B급 연예인과의 인터뷰를 다루는" 스턴의 쇼는 당시로서는 남다르고 매우 이례적인 것으로 평가되었다(Flint를 Soley, 2007: 77에서 인용).

WCCC에서 스턴은 대학에 다니고 있던 프레드 노리스(Fred Norris)를 만났다(Stern, 1993: 153). 노리스는 성대모사와 음향효과로 유명했으며, 그때 이후 지금의 스턴 쇼에서 중요한 부분이 되었다(Strauss, 2011: 40). 1980년 스턴은 코네티컷 주 하트포드를 떠나 미시건 주 디트로이트로 향했고 그곳에서 3만 달러의 연봉을 받았다(Stern, 1993: 159). 스턴은 이것이 큰돈이라고 생각했고 청취자들과 연결될 수 있다는 것에 흥분했다. 그는 정기적으로 청취자들과 함께 "Go Back to Bed Day", "Dial-a-Date"와 같은 게임을 했다. "Go

Back to Bed Day" 게임에서는 참가자들이 하루 동안 유급으로 다시 집에 가서 잠자리에 들 수 있도록 상사를 설득해 주었다. "Dial-a-Date" 게임에는 펜트하우스[3] 모델들이 출연자로 참여했다. 이 쇼의 또 다른 코너인 "Wack Pack"은 디트로이트에서 개발되었다. 지금의 "Wack Pack"은 좀 괴짜지만 쇼에 헌신하는 '슈퍼 팬'들의 모임을 뜻하는 말이 되었다. Wack Pack은 "the Leather Weather Lady(스턴의 쇼에서 독특한 방법으로 날씨를 전하는 역할을 했던 여성)[4]" 아이린(Irene)으로부터 시작되었다. Dominatrix[5]인 아이린은 끊임없이 전화를 걸어 왔다. 하워드는 그녀에게 매일의 일기예보를 맡겼고, 그녀는 종종 터무니없는 말을 했다. 오늘날, Wack Pack은 "무급으로 돌아가며 출연하는 괴짜들로, 비록 일부는 덜 모욕적인 이름으로 재창조되었지만, 여전히 서로와 제작진들을 야유할 충분한 시간을 가지고 있다" (Segal, 2016: 38번째 단락). 이것이 관객들이 쇼의 일부가 되고 슈퍼 팬들이 스턴을 둘러싼 팬덤의 구조에 통합되는 첫 장면이었다.

한 번은 하워드가 오토바이 갱단 멤버 전체를 스튜디오로 초대해 그들

---

3 1965년 창간된 성인용 잡지.

4 아이린(Irene)의 역할을 설명하기 위해 하워드 스턴의 자서전을 기반으로 한 영화 〈언터처블 가이〉의 한 장면을 소개한다.

   Howard Stern: Irene, the weather girl! Irene, are you there?

   [on the phone]

   Leather Weather Lady: It's cold. *Real* cold. But your ass is gonna be plenty hot when I give you a good hard butt whippin'! Tongue!

   Leather Weather Lady: What do you think about that? Turns you on, doesn't it? You little maggot!

   Howard Stern: Irene, thank you for the weather forecast.

   Leather Weather Lady: Shut up.

   Howard Stern: We hope to hear from you tomorrow. Give us some more weather!

   Leather Weather Lady: Bite me, you loser!

5 성적 쾌감을 위해 폭력을 휘두르며 성행위를 주도하는 여자.

의 경험을 인터뷰하기도 했다. 당시에 라디오에서 이런 종류의 코미디를 하는 사람은 아무도 없었다. 스턴은 이런 괴상한 행동들로 전국적인 스포트라이트를 받게 되었다. 그는 최고의 록 디스크자키로서 빌보드 상을 받았고 드레이크-체놀트(Drake-Chenault)[6]의 최고 재능 톱 5에 선정되었다(Stern, 1993: 164). 스턴은 전국적인 관심을 받았고 곧 더 큰 시장으로부터 제안을 받았다. 그러나 그의 목표는 뉴욕이었다.

1981년, 스턴은 워싱턴 D.C.의 WWDC로부터 자리를 제안받았다. 이 이적으로 그의 방송 형식이 크게 바뀌었다. 방송국은 그에게 1년 전에 라디오 업계에 들어온 간호사 로빈 퀴버스를 짝지어 주었다. 퀴버스는 스턴이 매춘부를 인터뷰하는 테이프를 들은 후, 그와 함께 일하기로 결정했다(Stern, 1993: 166). 그녀는 그가 매춘부에게 '불쌍한 사람'이라며 낮춰 말하지 않고, 오히려 다른 사람들에게 하는 것과 똑같이 인터뷰한 것을 좋아했다(Stern, 1993: 168). 당시 WWDC 프로그램 감독은 스턴이 자신이 정한 방송 형식과 시간표를 그대로 따르기를 원했지만, 스턴은 형식적인 것을 거부했다(Stern, 1993: 170). 스턴은 틀에 박힌 시간의 제약 없이 자신이 원하는 것을 할 수 있는 자유를 원했다. 이 역시 새로운 접근법이었다. 청취자들은 스턴과 퀴버스가 농담을 주고받는 것을 듣게 되었는데, 스턴은 그녀가 그의 토크 쇼에 좀 더 균형 잡힌 접근을 가져다주었다고 느꼈다(Stern, 1993: 167).

워싱턴에서 스턴의 청취율은 4배 증가했고, 어떤 주제도 제한하지 않았다(Stern, 1993: 187). 스턴은 아내의 유산 사실을 이야기해 아내뿐만 아니라 청취자들에게도 충격을 주었다(Stern, 1993: 185). 게다가 스턴은 그 당시 성의 경

---

6 FM 라디오 방송국의 자동화를 전문으로 하는 통합 라디오 회사. 1960년대 후반에 라디오 프로그래머이자 디스크자키인 빌 드레이크(1937~2008)와 그의 사업 파트너인 레스터 유진 체놀트(1919~2010)에 의해 설립되었다.

계를 허물었다. 스턴은 게이 커뮤니티에 Dial-a-Dates를 열자고 주장했고, 방송국 관리자들이 이를 거부하자 더 강하게 밀어붙였다. 스턴이 게이와 레즈비언 커뮤니티 관련 내용을 방송에서 다루자 워싱턴의 대표적인 게이 신문인 ≪워싱턴 블레이드≫가 이를 극찬하는 기사를 실었다(Stern, 1993: 177). 이것이 동성애자 공동체에 대한 스턴의 지지의 시작이었다.

워싱턴은 하워드 스턴의 팬덤이 시작된 곳이었다. 스턴과 퀴버스가 홍보차 백화점의 한 쇼핑몰을 방문했는데, "수천 명에 수천 명을 더한" 사람들이 나타났다. 수많은 사람들이 그 상점에 몰려들었고, 그곳의 주인은 군중을 통제하기 위해 쇼핑몰을 닫아야만 했다(Stern, 1993: 187).

그런 일이 있은 후 얼마 지나지 않아 스턴은 뉴욕 NBC에서 꿈의 직장을 제의받았다(혹은 그렇게 생각했다). 스턴은 NBC의 대표 방송국인 WNBC-AM에 자신의 방송을 안착시킨 후, 1982년 고향인 뉴욕으로 돌아왔다. 1985년 "Bestiality Dial-A-Date"라는 촌극을 방송하다 그곳에서 해고당했지만 곧바로 인피니티(Infinity)의 WXRK-FM에 채용되었다(Soley, 2007: 79). NBC 임원들은 스턴의 팀을 해체함으로써 그를 더 유연하게 만들려고 시도했었다. 특히 NBC 임원들은 퀴버스의 채용을 거부해 스턴과 퀴버스의 갈등을 빚었다. 이 기간 동안, 퀴버스는 볼티모어에 있는 뉴스 방송국으로 돌아왔다. 스턴은 1982년 노동절 다음 화요일에 WNBC 뉴욕에서 라디오 프로그램을 시작했다. 1982년 여름, NBC 매거진이라는 텔레비전 프로그램이 하워드 스턴에 관한 코너를 방영했다. 그 코너는 스턴을 포식자로 묘사하며 좋은 말을 하지 않았다. 그 프로그램의 기자는 이렇게 말했다.

저것은 X등급의 라디오다. 그리고 다음에는 고향에서도 들을 수 있을 것이다. 이는 약간 반전이 있는 이야기다. 우리가 이 보고서를 만드는 동안, 뉴욕 시의 한 방송국이 워싱턴 라디오 방송국에서 하워드 스턴을 유인해 왔는데, 그 방송국은 그에게 월급을 대폭 인상해 주었다. 그 방송국은 NBC가 소유한 WNBC-AM이다. WNBC-AM의 말을 그대로 옮기면 방송국의 총책임자인 돔 피오라반티(Dom Fioravanti)는 "수용할 만한 대중의 취향에 맞춰서 프로그램을 선보일 책임을 염두에 두고 있다"라고 말했다(Stern, 1993: 198).

이 뉴스 보도는 스턴을 부정적으로 묘사했고, 결과적으로 스턴은 흥분보다 두려움을 느끼며 새 직장에 들어갔다. 그 보도가 있은 후, 방송국 관리자가 '스턴이 방송에서 할 수 있는 말'을 제한하는 규칙과 규정을 제정했다. 게다가, 라디오 매니저는 그에게 아이머스(Imus)[7]의 테이프를 듣도록 강요했지만, 스턴에게 아이머스는 지루하고 전혀 혁신적이지 않았다(Stern, 1993: 199). 스턴은 아이머스가 자신이 원하는 것처럼 새로운 것을 밀어붙이고 장벽을 돌파하는 사람이 아니라고 느꼈다.

WNBC에서 하워드 스턴이 겪은 또 다른 장애물은 그가 "피그 바이러스"라고 불렀던 케빈 메시니(Kevin Metheny)의 관리에 관한 것이었다. 스턴은 피그 바이러스가 지나치게 통제하고 있다고 느꼈다. 스턴은 계약한 지 불과 몇 달 만에 WNBC에서 정직을 당했는데, 그가 '예루살렘에서 남성들에게 쫓기는 성모 마리아'를 우스꽝스럽게 연기했기 때문이었다. 정직을 당한 후 그는 피그 바이러스에게 자신이 선을 지키기 위해서는 로빈이 필요하다고 설명했다. 그의 이런 괴상한 행동이 부적절할 때 그녀가 알려 주었기 때문이다. 그래서 스턴은 로빈을 배에 태울 수 있었다.

로빈은 곧 피그 바이러스의 기행을 목격했다. 예를 들어, 그 매니저는

---

7 아이머스(Imus)로 잘 알려진 존 도널드 아이머스(John Donald Imus Jr.)(1940.7.23~ 2019.12.27)는 미국의 라디오와 텔레비전 진행자이며 음반 제작자이자 작가였다. 그의 라디오 프로그램 〈Imus in the Morning〉은 2018년까지 많은 방송국과 디지털 플랫폼에서 방송되었다.

스턴이 방송을 하는 동안 그의 문에 물건을 던졌다(Stern, 1993: 191). 스턴이 계속 경계선을 밀어붙이기는 했지만 작업 환경은 늘 적대적이었다. 1985년 WNBC는 "개념 차이"를 이유로 스턴을 풀어 주었다(Stern, 1993: 232). 그래서 스턴은 인피니티 브로드캐스팅(Infinity Broadcasting)과 50만 달러의 계약을 맺었고, 그의 쇼가 WXRK에서 방송되었다. WXRK에서 스턴의 쇼는 20년 동안 계속되었고, 그의 라디오 활동이 최고조에 달했을 때 그는 2천만 명이 넘는 청취자를 가지고 있었다(Sullivan, 2005). 스턴의 인터뷰 스타일은 청취자를 계속 사로잡았다(Strauss, 2011: 40~42).

스턴은 인터뷰 도중 스타들에게 도발적인 질문을 던졌다. 예를 들어, 토리 스펠링(Tori Spelling)에게 그녀가 멍청이라는 평판에 부응해 살고 있는지 물었다. 스턴은 "우디 앨런이 누구인가?", "그는 무엇 때문에 조사를 받고 있는가?", "로드니 킹은 누구인가?"와 같은 질문으로 그녀를 괴롭혔다. 스펠링은 그 질문들에 정확하게 답할 수 있었다. 끝으로 스턴은 스펠링에게 뉴욕 주의 주도를 아느냐고 물었다. 그녀는 "뉴저지"라고 대답했다(Stern, 1993: 249).[8] 그는 그녀에게 그 대답이 틀렸다고 말했지만, 위로하는 의미에서 작별 키스를 해 주었다. 그녀의 엉덩이를 움켜쥐면서(Stern, 1993: 250). 이런 부적절하고 성적 비하적인 발언들이 그를 논란의 중심에 놓았다. 스턴의 기이한 행동은 FCC 멤버들을 격분시켰고, FCC는 부적절한 내용에 대해 자주 벌금을 부과했다. 부적절한 콘텐츠는 높은 청취율을 기록했고, 하워드는 '18세에서 34세 사이 그룹'의 많은 남성 청취자들을 거느렸다. 이것은 당시 인피니티 브로드캐스팅의 사장이었던 멜 카마진(Mel Karmazin)을 감동시켰고, 그에게 고용되었다(Colford, 1997: 21번째 단락). 스턴의 쇼는 "인피니티의 전략은 록 방송에서 스턴과 함께 있는 젊은 '록앤롤' 남성들을

8　뉴욕 주의 주도는 올바니(Albany)이다.

끌어들이는 것이다"라고 말하면서 더 큰 어젠다를 밀어붙였다(Soley, 2007: 76). 스턴은 청취율을 가져올 수 있었다.

공교롭게도 공화당의 리더이자 미국 대통령이었던 도널드 트럼프도 하워드 스턴의 라디오 쇼에 자주 출연했다. 도널드 트럼프는 "요즘 당신들이 거의 얻을 수 없는 것, 직설적이고 표적에 매우 가까운 말을 듣기 위해 하워드에게 귀를 기울인다"라고 말한 것으로 전해졌다(트럼프를 Stern, 1993: 250 에서 인용). 한 방송에서 스턴과 트럼프는 말라 마플스(Marla Maples), 스테파니 시모어(Stephanie Seymour), 킴 앨리(Kim Alley), 폴리나 포리즈코바(Paulina Porizkova), 캐롤린 삽(Carolyn Sapp), 이방카 트럼프(Ivanka Trump) 등 여러 여성을 평가했다 (Stern, 1993: 250). 또 트럼프 대통령은 "까다롭게 골라야 해. 밖은 꽤 위험해. 베트남 같아! 데이트는 내 개인적인 베트남이야!"라고 말했다(Stern, 1993: 251 에서 인용).

스턴의 인터뷰 방식은 인터뷰이의 직업적 삶뿐만 아니라 개인적 삶에 대한 질문이 인터뷰의 핵심이 될 수 있도록 했다. 사실, 스턴의 인터뷰는 대화였으며, 가장 가까운 친구와 앉아서 그간 있었던 일을 이야기하는 것과 비슷하지만 생방송으로 중계되었다. 그러나 성적 내용에 대한 스턴의 질문과 '외설적인' 콘텐츠에 대한 언급은 FCC의 주의를 끌었다. 이에 대해 스턴을 비롯한 방송 관계자들은 외설적인 내용의 정의가 너무 모호해서 라디오에서 벌금을 내지 않고 할 수 있는 말과 할 수 없는 말을 알 수가 없다고 불만을 토로했다(Rosenblat, 2006). 미국 대법원은 FCC가 외설적인 것에 대한 모든 정의를 변함없이 유지할 수 있도록 허용했다(Rosenblat, 2006: 176).

벌금과 FCC

2006년에 로젠블라트는 FCC의 문화를 설명하고 벌금 부과 과정이 어떻게 작동하는지 보여 주었다. 위반한 측의 이야기를 청취하는 FCC 위원회는 없었다. 오히려 FCC는 접수된 불만 사항에 근거해 벌금을 부과했다(Rosenblat, 2006). "이는 청취자나 시청자가 불만을 제소하지 않는 한, FCC가 외설적인 것으로 의심되는 방송에 대해 먼저 조사를 수행하지 않는다는 것"을 의미한다(Gurza and Rosenblat, 2006: 178에서 인용). 이것은 또한 감시자들, 운동가 단체들, 그리고 개인들이 그들이 외설적이라고 여기는 특정 방송사를 표적으로 삼을 수 있다는 것을 의미했다. 일부 방송사가 표적이 되기도 한다. 외설 전문 변호사인 잭 톰슨(Jack Thompson)은 2004년 11월 당시 비아콤(Viacom) 대표였던 섬너 레드스톤(Sumner Redstone)에게 서한을 보내 스턴을 소홀히 감독하고 외설적인 프로그래밍을 허용한 데 대해 법적 대응을 하겠다고 위협했다(Rosenblat, 2006). 이 편지에서 톰슨은 레드스톤이 스턴을 해고할 경우 벌금을 부과하라는 민원을 더 이상 제기하지 않고 '떠나겠다'라고 약속했다(Rosenblat, 2006: 174). 스턴은 FCC의 벌금에 대해 "마녀 사냥"이라고 부르며 반발했다(Rosenblat, 2006: 188). "FCC의 단속 결과 클리어 채널(Clear Channel)이 몇몇 시장에서 스턴의 라디오 쇼를 제외시킨 것"에서 보듯, FCC로부터의 외부 압력인 벌금과 톰슨 같은 다른 감시자로부터의 민원들은 미디어 회사들이 생각했던 것 이상의 심각한 문제가 되었다(Rosenblat, 2006: 189). 하지만 스턴을 공중파에서 제거하려는 행동은 성공하지 못했다(Rosenblat, 2006). 인피니티 브로드캐스팅이 클리어 채널이 포기한 6개 시장 중 4개에서 스턴을 고용했고, 5개의 새로운 시장에도 그를 내세웠다(Rosenblat, 2006: 189). 그럼에도 불구하고, 2004년 스턴은 FCC를 완전히 피하기 위해 FCC의 규제 권한이 없는 위성 라디오로 이동하기로 결정했다

(Rosenblat, 2006).

위성으로 이동

1990년대 초, 스타트업 회사인 Satellite CD Radio(나중에 시리우스가 된다)의 사장 데이비드 마골레스(David Margolese)는 일반적으로 DARS(digital audio radio service)라고 불리는 새로운 디지털 오디오 서비스에 주파수를 할당해 줄 것을 FCC에 청원했다(Navis and Glynn, 2010: 450). 마골레스는 캐나다의 기업가였는데, 필요한 기술을 개발하기 위해 NASA의 과학자인 롭 브루식만(Rob Brusicman)과 협력했다. 많은 단체들이 DARS에 대해 우려를 표명했다. 특히 광고주, 라디오 방송국 경영진, 방송 출연자들은 DARS가 현재 상황에 끼칠 위협을 우려했다. 지상파 라디오의 상업적 이익을 보호하고자 한 전미방송협회(National Association of Broadcasters)의 주도로 7년간 전투가 계속되었다(Navis and Glynn, 2010: 450).

1997년에 FCC는 경매를 통해 DARS 면허를 2개의 기업에게 승인했다. 모티엔트(Motient Corporation)의 자회사 아메리칸 모바일 라디오(후에 XM 위성 라디오가 된다)와 신생 벤처기업인 Satellite CD Radio였다. XM은 벤처 모기업의 자원이 부족했기 때문에 시리우스가 마주친 것과 유사한 문제에 직면했다(Helfat and Lieberman, 2002; Navis and Glynn, 2010: 450).

XM의 경영자들이 직면했던 문제 중 하나는 필요한 라이선스를 구입하는 데 8천만 달러가 필요하다는 것이었다(Navis and Glynn, 2010: 450). 시리우스는 XM보다 5개월 빠른 2000년 7월 우주에 첫 위성을 발사함으로써 위성라디오가 '현실'이며 실제로 가능한 것임을 보여 주었다(Navis and Glynn, 2010: 446). 1990년대에, 양키 그룹(Yankee Group)[9]은 라디오 청취자들이 "너무 많은 광고", "다양성 부족"에 더해 깨끗한 신호를 찾아서 채널을 바꿔 줘야 하는 필요성에 대해 우려하고 있다고 결론지었다. 이러한 우려는 위성의 성장을 위한 플랫폼이 되었다(Warren, 2004: 167). 따라서 위성 라디오는 청취자의 경험을 변화시켰다. 청취자들은 이제 다른 지역으로 운전해 가는 동안 채널을 바꿀 필요가 없다.

시리우스 위성 라디오와 XM의 초기 성장은 자동차 제조 업체와의 계약, 특히 XM과 제너럴 모터스와의 독점 계약에 크게 힘입었다(Navis and Glynn, 2010: 451). 2004년 초, 시리우스는 자신의 경쟁 우위에 초점을 맞추고 시장 선두주자가 되기 위한 수단으로 독점 콘텐츠를 부각시켰다. 시리우스는 마사 스튜어트(Martha Stewart)의 리빙 옴니미디어(Living Omnimedia) 브랜드와 계약을 맺고 배구, 스케이트보드, 서핑 등 다양한 스포츠 팀과 계약하며 스포츠 시장의 선두주자를 노렸다. 2004년 보도 자료에서 시리우스 경영자들은 하워드 스턴을 "위성 라디오의 얼굴을 바꾸고 엄청난 구독자를 창출할 수 있는 방송계에서 전례 없는 인지도와 인기를 갖춘 엔터테인먼트 세력"이라고 치켜세우며 스턴과 계약했음을 자랑스럽게 발표했다(Navis and Glynn, 2010: 456). 2004년, XM은 메이저리그와 계약을 맺고 야구 경기의 공식 위성중계를 맡았으며, Shock Jock인 오피(Opie)와 앤소니(Anthony)를 확보해 시리우스와 경쟁하려 했다(Navis and Glynn, 2010: 455).

독점 콘텐츠를 확보하는 비용이 많이 든다는 것은 XM도 시리우스도 이익이 나지 않는다는 것을 의미했다. 2005년 ≪뉴욕포스트(New York Post)≫는 두 회사의 합병에 대한 추측을 보도했다. "그 논의는 전혀 진전을 이루

---

9   하워드 앤더슨이 1970년에 설립한 독립 기술 연구 및 컨설팅 회사. 닷컴 붐을 거치면서 애널리스트 업계에서 가장 권위 있는 소기업 중 하나로 인정받았다. 여러 과정을 거쳐 2013년 451 Research에 인수되었다.

지 못했다. 그러나 지난 11월 시리우스가 비아콤의 전 대표인 멜 카마진을 고용한 이후 이 문제가 다시 긴급 안건으로 떠올랐다고 소식통은 전했다"(Arango, 2005). 2007년, ≪뉴욕타임스(New York Times)≫ 기자들은 합병을 한다면 어떻게 XM과 시리우스 모두에게 이익이 되는지 설명하는 기사를 실었다. 그 해 말, 두 회사 모두 이렇게 보고했다. "1400만 명에 가까운 가입자가 있으며, 광고가 거의 없이 하워드 스턴이나 오프라 윈프리 같은 미디어 유명 인사들은 물론 낚시 팁부터 살사 음악에 이르기까지 모든 것을 제공하는 틈새 채널군(群)으로 라디오 산업에 혁명을 일으키려 한다. 그러나둘 다 아직 연간 순익에 이르지 못했으며 수십 억 달러의 손실을 보았다"(Siklos and Sorken, 2007: 2번째 단락).

'하워드 스턴 효과'가 합병의 시급성에 영향을 미쳤다. ≪뉴욕타임스≫ 기자들은 "XM은 2006년에 거의 800만 명의 고객으로 끝났지만 시리우스는 7억 2500만 달러의 현금과 주식 옵션으로 스턴과 계약한 후 지난해 가입자 기반을 약 600만 명으로 80% 늘렸다"라고 썼다(Siklos and Sorken, 2007: 12번째 단락). CNN도 스턴의 영향을 보도했다. "Shock Jock 하워드 스턴은 시리우스의 성공에 큰 기여를 했으며, 이 위성 라디오가 600만 명 이상의 가입자를 가지고 2006년을 마치도록 도왔다"(Ellis and La Monica, 2007: 2번째 단락).

시리우스와 XM의 합병에 대한 논의는 비난을 불러일으켰다. 전미방송협회는 XM-시리우스 발표 몇 시간 만에 성명을 내고 합병과 스턴에 강력히 반대했다. "앞으로 몇 주 안에, 정책 입안자들은 하워드 스턴을 자신의 강점으로 내세우는 산업이 독점의 이익을 누려도 되는지 따져 봐야 할 것이다"(Siklos and Sorken, 2007: 23번째 단락). 게다가 월가의 많은 사람들은 이 합병에 대해 "법무부의 반독점 승인이 필요하며 FCC가 공공의 이익을 고려해야 할 것"이라는 이유로 회의적이었다(Siklos and Sorken, 2007: 5번째 단락). 양사 관계자들은 합병으로 독과점이 형성되지는 않을 것이며 실제로 "아이팟,

인터넷 라디오, HD 라디오와 같은 다른 오디오 엔터테인먼트"와 경쟁에 직면하고 있다고 주장했다(Siklos and Sorken, 2007: 9번째 단락). 결국 2008년 3월 합병이 승인되었다. 법무부는 XM-시리우스 합병이 반경쟁적이지 않다고 판결했다. 법무부는 "클리어 채널(Clear Channel), CBS, 심지어 아이튠즈 소프트웨어와 아이팟 뮤직 플레이어를 가지고 있는 애플 등의 다른 미디어 회사들이 음악과 언론 소비자에 대한 대체 선택지 역할을 한다"라고 주장했다(Goldman, 2008: 3번째 단락).

2017년에도 스턴은 위성 라디오에 지속적으로 고객을 유치하고 있다. 스턴은 자신의 웹사이트에 이렇게 썼다. "지상파 라디오에서 하워드 스턴 쇼는 전국 시장에서 1위 아침 쇼가 되었다. 그래서 2004년에 그가 당시 겨우 40만 명의 가입자를 자랑하던 시리우스와 함께 위성 라디오로 옮기기로 결정했다고 발표했을 때 사람들의 시선이 '모든 미디어의 왕'에게 쏠렸다. 하지만 세계가 목격했듯이, 2006년 첫날 하워드가 마이크를 잡은 이래로 가입자가 폭증했다"(Howard Stern Show, 2016: 5번째 단락).

가입 증가세는 계속 이어지고 있다. "시리우스XM은 2016년 1분기에 46만 5천 명의 신규 가입자를 추가해 2016년 3월 31일 3010만 명으로 사상 최대치를 기록했다"(Howard Stern Show, 2016: 4번째 단락). 전에는 3천만 명의 가입자를 유치하는 것이 이 회사의 목표였다. 시리우스XM의 대표이사 짐 마이어(Jim Meyer)는 "하워드가 이곳에 오게 된 것은 이 기술을 합법화하고 이 서비스가 초기에 필요로 하던 악명과 인지도를 얻는 데 있어 분명히 중요한 부분이었다"라고 말했다(Meyer and Sisario, 2006에서 인용). 2017년 말 시리우스XM의 "총 가입자 수는 약 3270만 명"이었다(Stevens and Reilly, 2018: 5번째 단락). 하워드 스턴은 과거에도 지금도 위성 라디오 성공의 한 부분임을 의심할 수 없다. "시리우스 중역들은 스턴이 오랜 라디오 활동 기간 동안 1200만 명 이상의 팬층을 가지고 수천 명의 사람들을 영화관, 서점, 케이블 쇼,

유료 방송, 특정 정치인에게로 데려왔다는 사실에 주목했다"라고 말했다 (Carter and Ives, 2004: 3번째 단락). 따라서, 하워드 스턴의 가치는 그와 그의 작품에 시간과 돈을 기꺼이 투자했던 사람들, 즉 그의 팬들에 있다.

팬덤

하워드 스턴의 팬들은 수백만 명 단위로 그를 따라왔고, 그의 책을 집단적으로 구입했으며(《뉴욕타임스》 논픽션 부문 베스트셀러로 5주간 머물게 만들었다) 그의 영화를 보고, 그의 텔레비전 출연을 지지했다. 게다가, 스턴은 경력을 화려하게 만들어 줄 수 있는 능력을 가지고 있다. "연예인들은 그의 쇼에 출연함으로써 명성의 사다리를 몇 단계 올라갔다는 애매하지만 뚜렷한 느낌을 받는다고 말했다. 이것은 스턴의 팬들이 갖는 열성과 그들의 편재성과 관련이 있다"(Segal, 2016: 7번째 단락). 예를 들어 에이미 슈머(Amy Schumer)는 스턴의 쇼에서 인터뷰를 한 뒤에 저드 아파토우(Judd Apatow)로부터 영화 〈트레인레크〉에서 공동 작업을 할 것을 요청받았다. 2014년부터 세 차례나 방송에 출연한 배우 겸 코미디언 아이크 바린홀츠(Ike Barinholtz)는 "수백만 명이 듣는다는 사실과 별개로, 누가 듣는가 하는 것이 나를 감동시켰다"라고 말했다(Segal, 2016에서 인용). 팬들은 쇼에 채널을 맞추고 스턴이 추천하는 영화를 본다. 그 쇼를 적극적으로 듣고 있는 수백만 명의 팬들이 스턴의 아이디어를 어떤 식으로든 그들의 실제 경험에 반영한다는 것에 이론을 제기하기는 어렵다.

그로스버그는 팬덤에 대한 다른 견해를 제시했다. 한 가지 관점은 대중문화의 팬들은 수익을 내기 위해 쉽게 조종되고 '심각한' 문화에서 쉽게 다른 곳으로 돌아간다고 생각한다는 것이다. 일부 연구자들은 팬들이 분별력이 없으며 자신들이 이용당하고 있다는 것을 깨닫지 못한다고 보았다. 게다가 그로스버그는 팬들이 미성숙하고 어리다는 생각을 제시했다. 반면, 팬들을 적극적인 참여자로서 보는 시각도 존재한다. 사람들은 항상 방송의 메시지를 그들의 삶에서 의미 있는 것으로 만들기 위해 노력하고 있으며 그것을 그들의 생활 경험과 연결시킨다(Grossberg, 1992). 스턴은 쇼에서 일어나고 있는 일을 사람들의 삶과 연결시킨다. "오늘, 텔레비전 토크쇼에 나가 6분에서 7분 정도 멋진 시간을 만들어 준다면, 그게 대단하다면, 사람들은 거기에 관심을 가질 것이다… 그러나 스턴쇼에서 제대로 보여 주면, 그것은 상황을 변화시킨다"(Kay를 Segal, 2016: 12번째 단락에서 인용). 스턴의 접근 방식은 사람들을 쇼와 그 출연자들에게 활발하게 연결시킨다.

방송 메시지에 대한 팬들의 해석은 끊임없이 변화하고 있다. 메시지가 어떻게 해석되고, 어떻게 기능하며, 사람들이 더 나은 세상을 만들기 위해 그 경험을 어떻게 사용할 수 있는지에 대한 포괄적인 논란은 존재한다. 스턴의 청취자들은 "슈퍼 팬"이며 스턴 팬덤 문화의 일부임을 자랑스럽게 인정한다. 팬들은 "Hey now"라는 문구를 사용하고 이 쇼의 프로듀서 게리 델라베이트(Gary Dell'Abate)를 "Baba Booey"라고 부르는 그들만의 전문 용어를 가지고 있다(Stern, 1993). 자주 전화하는 사람들이 쇼의 일부가 되고, 그들의 음악적 패러디가 듣는 사람들을 즐겁게 한다.

그로스버그는 청중들이 결코 하나의 문화적 맥락만을 다루지 않으며, 오히려 경제, 사회적 관계, 성, 심미적 관습, 이념적 헌신에 대한 생각들이 팬덤에 대한 청중의 관계에 영향을 미친다고 지적했다. 따라서, 팬은 문화적 "얼간이"가 아니라 공동체에 참여하는 것을 선택하는 적극적인 참여자(Grossberg, 1992: 52~54)다. 이데올로기는 세계를 인식하는 의미의 지도를 제공하며, 이것은 사회 건설의 산물이다. 사람들은 언어를 통해 세계에 의미를 부여하고 경험과 감동을 통해 자신의 경험에 의미를 부여한다. 그로스버그는 팬덤의 맥락에서 감동을 종종 쾌감을 수반하기도 하는 감정과 기분으로 정의했다. 따라서 팬덤은 문화와 관련된 사람들에게 쾌감을 제공한다(Grossberg, 1992). 게다가, 팬덤 문화에 대한 팬들의 투자는 달러로 투자하는 것과 비슷하다. 팬들이 스스로를 팬으로 인식하면서 얼마나 모이는가 하는 것은 그들이 팬으로서 그들의 정체성을 형성하기 위해 소비하는 돈과 시간, 노력의 양과 직접적으로 관련이 있다. "팬은 투자를 통해 그 자신을 대변하려 하며 자신이 투자하는 것에 대한 권위를 부여한다"(Grossberg, 1992: 59).

팬들은 팬덤에 대한 투자를 통해 그들의 감정적 관여도와 정체성을 체계화한다. 시간이건 돈이건 간에 그들의 투자 규모는 팬 그룹 내에서 정체성을 형성한다. 예를 들어 브루클린 출신의 슈퍼 팬 마리안(Maryann)은 쇼에 자주 출연하고 스턴의 공개 석상에 대부분 참석한다. 그녀는 스턴을 지원하기 위해 아메리카 갓 탤런트의 테이핑 때마다 참석했다. 팬덤에 대한 그녀의 강한 투자는 그녀의 정체성을 보여 주는 큰 원천이다. 비슷하게, 플로리다에서 온 운전 강사 보보(Bobo)는 심지어 하워드 스턴 기념관 '성지'를 짓고 있다고 인정하면서 이 쇼에 대한 그의 사랑을 나누기 위해 전화를 한다. 쇼를 열심히 듣는 것이 그의 일과에 포함되며, 그는 그 쇼를 지지하기 위해 자신의 많은 부분을 투자한다.

해링턴과 비엘비는 "팬이 되는 것은 단순한 사회적 현상이 아니라 개인적인 현상이다. 2가지 측면을 모두 탐구함으로써 우리는 팬십을 일상적인 현상으로 간주할 수 있었다"라고 밝혔다. 그들은 팬들이 서로 다른 연속극에 가졌던 관계를 탐구했고, 즐거움이 팬이 되기 위한 투자의 주요 이유라고 결론지었다. "팬들과 산업 종사자들은 상호적으로 연속극 팬덤의 하위문화를 구성한다"(Harrington and Bielby, 1995: 176). 하워드 스턴 쇼는 청취자들에게 일화, 장난 전화, 그리고 그들의 일상 경험에 대한 최신 정보를 제공하는 '슈퍼 팬들'의 Wack Pack을 쇼의 일부로 만들어 주었다. 드라마 팬들과 마찬가지로 하워드 스턴 팬들과 쇼의 스태프들이 팬덤의 하위문화를 공동 구성했다.

스턴의 팬들은 쇼에 없어서는 안 될 원단을 짜낸다. 하워드 스턴 쇼의 청취자들은 다른 팬들과 더불어, 그리고 스턴과 함께 "준-사회적 관계"를 형성하는 것으로 보인다. 준-사회적 관계는 텔레비전이나 라디오의 출연자와 갖는 우정에 대한 환상을 준다. "가장 멀리 있고 현실과 동떨어져 있는 사람들을 마치 또래들의 무리 속에 있는 것처럼 만난다"(Horton and Wohl, 1956: 215). 호튼과 울은 팬들이 라디오나 텔레비전의 출연자를 알고 있다고 믿는 것에 주목하면서 이 현상에 대해 먼저 썼다. 그들은 청취자들이 출연자와 친밀한 관계를 느끼고 미디어 캐릭터와의 연관성이나 유대감을 상상한다는 것을 발견했다. 출연자는 청취자의 일상에 통합된다(Horton and Wohl, 1956: 215~218). 스턴은 준-사회적 관계를 완전히 터득했다. 예를 들어, 하워드 스턴 쇼의 한 팬이자 오랜 청취자가 다음과 같이 말했다.

> 우리는 결국 쇼의 모든 멤버들의 세부 사항에 대해 그것을 안다고 말하는 것이 이상할 정도로 많은 것들을 알게 되며, 그들과 어느 정도 알고 있는 것처럼 느끼게 되고 그들을 거의 "친구"로 생각하게 된다. 이 쇼의 대화 스타일은 여러분이 그저 친구들 사이에 앉아 그들의 잡담을 듣고 있는 것처럼 느끼게 만든다 (당신은 그저 당신의 목소리를 많이 못 낼 뿐이다). 어느 정도 시간이 지나면, 그 쇼와 출연자에 대해 충분히 알고 이해하기 시작하며 심지어 내부 농담 등을 기대하게 되는데, 이는 당신이 쇼와 그 플레이어에게 느끼는 '유대감'을 더욱 크게 만든다(Edmonds, 2011: 4번째 단락).

이와 비슷하게 한 팬은 이렇게 말했다. "하워드 스턴이 너무 오랫동안 활동해 왔기 때문에 그가 그만두거나 팬들이 그의 말을 듣는 것을 멈추기 어려울 것이다. 그들은 하워드가 거기 있기 때문에 하워드에게 귀를 기울이고, 하워드는 그들이 귀를 기울이기 때문에 거기 있는 것이다"(Mixon, 2013: 5번째 단락). 여러 팬 인터뷰에서, 옛 친구처럼 말하는 것에 관한 이야기가 자주 등장했고, "진실", "정직"이라는 말이 반복되었다. 그러므로 팬들이 하워드 스턴의 말에 귀를 기울이는 것은 '준-사회적 관계'인 우정을 느끼기 때문이다.

스턴에게 친밀감을 느끼는 것 외에도, 팬들은 스턴의 진행 방식에 대해 이야기한다. 스턴은 청취자들이 소외되거나 부정적인 감정을 느끼는 일 없이 그의 생각에 대해 마음을 열고 고민할 수 있도록 하는 방식으로 정치적·사회적 문제를 논의했다는 것이다. 그 팬덤의 관계는 '매터링 맵(Mattering Map)'[10], 또는 사람들에게 가장 중요한 것의 안팎에서 움직일 수 있는 힘을 부여하는 것이다(Grossberg, 1992). "문화에 대한 팬들의 관계는 사실 다양한 정치적 가능성을 열어 두고 있으며, 종종 감정적 관계의 분야에서 정치투쟁과 대중의 관심사가 교차한다"(Grossberg, 1992: 590). 마찬가지로 호킨스는 종종 대중의 관심 영역인 스턴의 정치적 논의에 대해 썼다. "하워드는 결혼 평등에 대한 지지를 거리낌 없이 말해 왔고 LGBT 사람들에게 동등한 권리를 주장하는 확고한 지지자다"(Hawkins, 2012: 첫 단락). 호킨스는 2012년 2월 6일 월요일 아침, 스턴과 퀴버스가 제이씨페니(JCPenney) 경영진들이 엘렌 드제너레스(Ellen DeGeneres)[11]를 매장 대변인으로 채용하기로 한 결정에 대해 토론하며 오전 시간을 보냈을 때에 대해 강조했다. 한 게이 반대 가

---

10 지식, 경험, 의미의 복잡한 특징들을 통합한 것.
11 미국의 유명한 여배우이자, 코미디언, 텔레비전 진행자, 작가, 제작자. 1997년 오프라 윈프리 쇼에 출연해 레즈비언임을 밝혔고, 이후 레즈비언과 관련한 여러 사회적 이슈를 제기했다. 2008년에 오랜 여자 친구인 포서 드 로시(Portia de Rossi)와 결혼했다.

족 단체가 경영진의 그 결정에 분노를 표시했는데, 스턴은 엘렌을 적극적으로 변호했다. 호킨스는 "하워드는 지구상의 모든 사람들이 의식적으로 그것을 알고 있든 아니든 동성애자 친척이나 친구가 있다고 주장했고, 드제너레스가 생계를 유지할 권리와 성적 정체성 때문에 남보다 못한 사람으로 취급받지 말아야 할 권리를 끝까지 지킬 것이라고 주장했다"라고 말했다(Hawkins, 2012: 1). 따라서 팬덤은 대중문화를 맹목적으로 소비하는 '문화적 얼간이'를 위한 것이 아니다. 오히려 하워드 스턴의 팬덤을 탐구하고 연구한 결과, 팬들은 적극적인 소비자라는 결론이 더 합리적으로 보인다. 진행자에게 직접 방송에 대한 트윗을 하거나 혹은 방송에 대해 전화하거나 이메일을 보내거나 블로그를 쓸 수 있는 매개적 세계에서는 소극성이 스턴 팬덤 문화의 일부가 아니라는 것은 분명하다. 스턴은 청취자들과 연결될 수 있는 능력을 가지고 있으며, 그 연결은 팬들이 라디오 쇼에 몇 시간 동안이나 귀를 기울이도록 만들기에 충분하다. 체미와 페이히는 2015년 CNBC 보고서에서 하워드 스턴이 5년간 연봉 9천만 달러 상당의 계약을 맺었다고 말했다.[12] "스턴의 연봉은 너무 높아서 시리우스의 진짜 CEO인 제임스 마이어의 보수가 적어 보이게 만든다… 10배 이상으로"(Chemi and Fahey, 2015: 1). 분명히 스턴과 그의 충실한 추종자들은 그런 종류의 보상을 보장할 만큼 충분히 강력하다.

---

12 2021년 연봉은 1억 2천만 달러에 달할 것으로 알려지고 있다.

7장

'세계의 전쟁' 방송

가짜 뉴스인가, 참여형 스토리텔링인가?

존 F. 바버(JOHN F. BARBER)

1938년 10월 30일 첫 방송 이후 〈세계의 전쟁(The War of the Worlds)〉은 "라디오의 가장 전설적인 시간"(Scone, 2000: 110), 미국에서 가장 유명한 라디오 방송, 라디오 드라마의 최고점, 허구적이면서도 진짜 같은 소리를 담은 뉴스 속보 형식을 서술 장치로 널리 사용한 첫 번째 사례, 전국적인 공황의 근원, 라디오의 조작, 가짜 뉴스의 원조 등으로 일컬어졌다(Schwartz, 2015).

가짜 뉴스라고만 부를 수 없는 본 방송이 나간 지 80년이 지난 지금, 이 연구에서는 〈세계의 전쟁〉을 라디오 스토리텔링, 특히 뉴스 속보를 활용해 이야기를 진전시킨 방식에 있어서의 실험으로 여기고 있다. 오손 웰스(Orson Welles)가 연출/주연한 〈세계의 전쟁〉이 처음 방송되었을 당시, 미국의 라디오 제작자들은 새로운 라디오 매체에 청취자들을 끌어들이고 유지하기 위해 다양한 콘텐츠 장르와 스토리텔링 기술을 탐구하고 있었다.

이 탐구의 초점 중 하나는 익숙한 인쇄 기반 정보 출처인 '뉴스'였다. 그것은 소리 기반 스토리텔링에 적합했을까? 미국의 라디오 뉴스 다큐멘터리이자 드라마 시리즈인 〈시간의 행진(The March of Time)〉(1931~1945)은 그 발견을 위해 노력했다. 프레드 스미스(Fred Smith)와 ≪타임(Time)≫의 중역 로이 에드워드 라르센(Roy Edward Larsen)이 만든 〈시간의 행진〉은 ≪타임≫에서 보도된 것과 같은 시사 뉴스와 실제 소리를 담은 뉴스 보도, 음향효과 등을 결합해 청취자들에게 이 사건을 재연하는 현장에 실제로 존재하는 듯한 느낌을 주었다. 앞으로 보게 될 것처럼, 웰스는 ≪타임≫의 〈시간의 행진〉의 몇몇 에피소드에 비공식 출연을 했다.

뉴스를 향한 추진력은 다른 방향에서도 나왔다. 로저스는 자신의 핸드북 『라디오 쓰기, 할 것과 하지 말 것(Do's and Don'ts of Radio Writing)』에서 "라디오 시청자들이 뉴스에 마음 깊이 반응한다는 사실을 간과하지 말라. 뉴스를 원하는 이 욕구를 가능하면 언제든지 이용하라"라고 말했다(Rogers, 1937: 14). 〈시간의 행진〉의 성공과 로저스의 조언은 가상의 이야기에서 1인칭 뉴스 보도 기법을 사용하는 추가적인 실험에 힘을 실어 줬다(Geduld, 1995: 262~265). 예를 들어, 1937년 12월 12일, 웰스가 주인공으로 출연한 〈죽음의 삼각형(The Death Triangle)〉의 "The Shadow" 편에서, 작가들은 가상의 뉴스 속보를 사용해 서술적 행위를 가속했다(Heyer, 2005: 28).

〈세계의 전쟁〉은 아마도 이러한 기법에서 최고점이 될 것이다. 이 유명한 라디오 드라마의 전반부는 주로 가상의 뉴스 속보를 서술과 전달에 사용했고, 그 이후로 결과에 대한 논의가 계속되었다. 그러나 이 최고점은 이전의 사례들을 내포하고 있으며, 〈세계의 전쟁〉이 뉴스 속보나 저널리즘 방식의 1인칭 보도를 서술 장치로 사용한 최초의 작품은 아니었다. 〈시간의 행진〉 시리즈와 〈죽음의 삼각형〉을 넘어, 몇몇 다른 프로그램들도 웰스의 〈세계의 전쟁〉 제작과 방송에 영향을 미쳤을 수 있다.

이런 프로그램 중 하나가 아치발드 맥리시(Archibald MacLeish)가 써서 〈세계의 전쟁〉 바로 일주일 전에 방송한 〈공습(Air Raid)〉(1938)이었다. 〈크림슨 마법사(The Crimson Wizard)〉시리즈는 딱 한 달 전인 1938년 9월 시카고에서 방송을 시작했다. 맥리시가 쓴 〈도시의 몰락(The Fall of the City)〉(1937)에는 웰스가 현장 기자로 출연했다. 〈장관이 살해되었다!(The Minister Is Murdered!)〉는 1930년에 독일 라디오를 통해 방송되었다. 그리고 1926년 1월, 한 가톨릭 신부가 쓰고 목소리 출연을 한 〈바리케이드 방송(Broadcasting the Barricades)〉이 BBC 라디오에서 방송되었다.

이 에세이는 이러한 라디오 드라마, 특히 〈세계의 전쟁〉이 고의적으로 청취자들을 오해하게 만들거나 속인 것이 아니라, 오히려 스토리텔링과 질문의 예술적 매개체로서 라디오의 잠재력을 탐구하는 창조적 실천을 한 것으로서(Barber, 2017), 또는 베르마가 이야기한 것처럼 청취자를 교육하고 고양시킨 것으로서(Verma, 2012) 다시 평가할 것을 제안한다. 이러한 라디오 제작은 청취자들을 소리 기반 스토리텔링에 참여시키려고 노력했는데, 라디오 역사학자 더글라스에 따르면 이 스토리텔링은 "당신의 상상, 당신의 느낌이 가장 훌륭하고 진실된 것이라는 자신감"을 촉진하는 것이었다(Douglas, 1999: 39). 캔트릴과 올포트에 따르면, 〈세계의 전쟁〉에 의해 최대로 확장된 라디오 스토리텔링에서의 이러한 초기 실험들은, 라디오가 자신이 듣는 것을 마음속에서 시각화해서 상상하도록 만드는 힘을 보여 준다(Cantril and Allport, 1935).

이러한 접근법을 따라가면서, 이 장에서는 〈세계의 전쟁〉과 그 이전 작품들이 의도적으로 혼돈이나 가짜 뉴스를 만들어 내는 라디오 속임수가 아니라, 오히려 이야기를 전개하기 위한 새로운 매체로 라디오를 의도적으로 이용하는 것임을 시사한다.

응답 요청

1938년 10월 31일 아침, 오손 웰스는 뉴욕의 CBS 빌딩에서 기자, 사진사, 뉴스릴[1] 카메라에 둘러싸여 있었다. 스물세 살의 웰스는 그의 무대와 라디오 작품으로 대중에게 널리 알려지는 것을 즐겼다. 그는 1937년 마크 블리츠슈타인(Marc Blitzstein)이 철강 파업을 배경으로 쓴 현대 민속 오페라 〈크래들 윌 록(The Cradle Will Rock)〉을 연출했다. 같은 해 11월, 웰스는 셰익스피어의 〈줄리어스 시저(Julius Caesar)〉에서 마르쿠스 브루투스 역을 각색, 연출, 연기했다.

라디오에서 웰스는 1935년 이후 〈시간의 행진〉 시리즈에 비공식적으로 자주 출연했다. 1937년, 그는 빅토르 위고의 〈레미제라블〉을 각색한 7부작 라디오극에 캐스팅되었다. 1938년 여름, 웰스는 "The Shadow"에 시즌 내내 등장하며 라디오계의 영웅으로서 자신의 캐릭터를 만들었다. 이러한 성공을 바탕으로 CBS는 웰스에게 뉴욕에서 방송될 주간 라디오 프로그램 〈머큐리 극장 온 더 에어(The Mercury Theatre on the Air)〉를 제작해 줄 것을 요청했다. 첫 회는 1938년 7월에 방송되었다.

(1938년 10월 31일 기준으로) 가장 최근의 에피소드인 〈세계의 전쟁〉은 웰스가 감독하고 주연했는데, 화성에서 온 존재들에 의한 침공을 실감나는 사운드의 뉴스 보도 형식으로 방송해 라디오 청취자들을 놀라게 했다. 이날 아침 전국의 신문들이 라디오 드라마로 인한 혼란과 공황에 대한 기사를 실었다. 언론은 설명을 요구했다. 한 기자는 웰스에게 "라디오 드라마에서 실제 뉴스 속보처럼 들리는 가상의 뉴스 보도 형식을 이용해 대중을 부당하게 이용할 수 있는 것인지" 물었다.

---

1   (과거 극장에서 영화가 시작하기 전에 상영하던) 뉴스 영화.

뉴스 속보를 알리는 멘트, "특별 뉴스 보도를 위해 이 프로그램을 중단합니다"라고 하며 정규 방송이 아닌 무언가를 빠르게 전하는 모습은 오늘날과 유사하다. 그러나 텔레비전이 나오기 20년 전이자 미국에 라디오 방송이 등장한 지 불과 10년 후였던 1938년에, 갑자기 기존 방송과 다르고 관련 없어 보이는 속보로 정규 프로그램의 흐름을 방해하는 일은 드물었다. 그래서 10월 30일 밤, 오손 웰스와 〈머큐리 극장 온 더 에어〉가 허버트 웰스(Herbert G. Wells, 1866~1946)의 소설 『세계의 전쟁』을 각색한 라디오극의 이야기를 풀어 가기 위해, 그 자리에서 일어나고 있는 것처럼 실감나게 들리는 뉴스 속보 형식을 사용했을 때, 그 결과는 전국적인 혼란과 '화성의 생명체들에 의한 지구 침공'이라는 즐거운 오락이었다.

사진과 뉴스릴에 기록된 모습을 보면, 오손 웰스는 CBS 빌딩에서 기자들에 둘러싸인 채 앉아 있었다. 면도를 하지 않은 웰스는 곧 있을 연극을 준비하느라 거의 밤새도록 리허설을 했다고 말했다. 기자들 사이에 앉아 있는 웰스는 사실적으로 들렸던 그의 라디오 드라마로 전국에 공황과 공포를 유발한 것에 대해 완전히, 하지만 격식을 갖춘 비난을 받았다. 그는 자신의 평판을 걱정했다. 언론의 관심에 따라, 웰스는 프로페셔널한 사회적 천덕꾸러기가 되거나, 또는 국제적인 유명 인사가 될 수 있었다. 웰스는 후자를 선호했고, 그래서 그의 대답은 그를 자신의 라디오 극화가 예상치 못한 결과를 낳은 것에 충격을 받은 희생자로 묘사하기 위한 것이었다.

웰스는 실감나게 들렸지만 허구였던 뉴스 형식을 이용한 것에 대한, 그리고 청취자를 부당하게 이용한 것은 아닌지 등에 대한 기자의 질문에 과장스러울 정도로 진지하게 답했다. "나는 지금 상황을 믿을 수 없다. 그건 내가 처음으로 한 것이 아니기 때문이다. 그것은 많은 라디오 프로그램에서 사용되는 방법이다. 나는 그것이 만든 효과에 매우 충격을 받았다. 나는 그 방법이 나의 독창적인 것이거나 머큐리 극장만의 특별한 것이라고 생각하지 않는다. 라디오는 새로운 매체고 우리는 지금 라디오가 사람들에게 미치는 영향에 대해 배우고 있다("George Orson Welles Interviewed", 2012; "Orson Welles Apologizes", 2013).

사실, 전날 밤 웰스가 그의 제작에서 이러한 기술들을 좀 더 향상시키기 전에도 몇몇 라디오 드라마들이 저널리즘적인 보도 방식과 뉴스 속보 형식을 사용했다. 그렇다면 이러한 이전의 프로그램들이 웰스의 〈세계의 전쟁〉 각색에 어떤 영향을 미쳤을까? 그리고 그것들이 라디오의 거짓된 이야기, 가짜 뉴스, 또는 흥미진진한 스토리텔링을 대표했을까? 답은 가치 있고 흥미로운데, 그 시작은 1926년 런던이었다.

<바리케이드 방송(Broadcasting the Barricades)>(1926)

BBC가 만들어진 지 불과 4년 만에 영국 전역의 라디오 청취자들이 음악, 문학, 드라마와 같은 친숙한 오락거리를 기대하며 수신기의 다이얼을 맞췄다. 1926년 1월 16일 토요일, 눈이 내리는 저녁 7시 40분부터 8시까지 청취자들은 〈바리케이드 방송〉을 들었다. 영국의 신학자이자 가톨릭 사제, 탐정 소설[2]의 저자인 로널드 아르부트노트 녹스(Ronald Arbuthnott Knox) 신부(1888~1957)가 집필하고 생방송한 〈바리케이드 방송〉은 스코틀랜드 에든버러에 있는 BBC의 중계소인 2EH 방송[3]에서 시작되었다. 1924년 5월 1일로 거슬러 올라가면, 개국 방송에서는 런던에서 밤 9시에 울리는 빅벤(Big Ben)의 차임벨 소리가 포함되었다. 그리고 다음 날 오후 5시에 어린이

---

2   녹스의 탐정 소설에 대한 십계명은 그 장르의 교본으로 남아 있다(Knox, 1929: 12~16).
3   영국에서 개국한 열두 번째 방송국이다.

들을 위한 내용을 담은 첫 번째 지역 자체 프로그램이 방송되었다(Walker, 2011: 38, 53). ≪라디오 타임스(Radio Times)≫의 프로그램 목록에 따르면 〈바리케이드 방송〉은 런던에 있는 2LO 방송에서 동시에 중계되어 영국 전역에 방송되었다("Saturday, Jan. 16", 1926: 100).

당시에 "토크"로 묘사되었던 녹스의 목소리 연기는 에든버러 방송국의 책임자인 조지 마셜(George L. Marshall)에 의해 연출되었다. 워커에 따르면, 마셜은 작가이자 유머리스트로서 녹스의 명성을 알고 있었다. 그는 녹스의 말을 너무 심각하게 받아들이지 말라고 관객들에게 경고할 필요가 있다고 느꼈다(Walker, 2011: 54).

워는 녹스 전기에서 이렇게 썼다. "마셜은 새 프로그램을 '현실적인 음향효과를 가미한 유머와 상상력의 작품'이라며 매우 색다른 것으로 묘사했다. 오늘날 읽어 보면, 그것이 가장 겁 많은 청취자에게도 경각심을 불러일으켰을 것처럼 보이지 않는다. (녹스는) 누구도 속일 생각이 없었다. 의도했던 것은 그저 넓은 의미에서 패러디였다"(Waugh, 1959: 190).

그 방송은 녹스가 혀 짧은 노교수 돈[4]을 흉내내며 18세기 문학에 대한 강의를 마무리하는 장면으로 시작했다. 한참 기침을 하고 나서 침묵이 흐른 뒤에, 녹스는 아나운서로 돌아와 크리켓 점수와 물에 빠졌다가 목숨을 건진 어린 소녀의 소식을 전했다.

세계에서 가장 오래되고 가장 큰 방송인 BBC(British Broadcasting Company)는 1922년 10월 18일 영국 총우체국에 의해 설립되었다. 방송은 1922년 11월 14일에 시작되었고, 1927년 1월 1일 BBC로 명칭이 변경되었다.

1926년, BBC는 우체국의 관리 아래 있었는데, 우체국은 수입의 대부분을 신문 산업에 의존했다. 수입 손실을 우려한 신문사들은 새로운 라디오

---

4   William Donkinson, 가상의 인물.

매체와 경쟁을 피하기 위해 영향력을 사용했다. 예를 들어, 저녁 신문과 경쟁을 피하기 위해 방송사들은 로이터가 준비한 뉴스 내용들을 오후 7시 이후에야 읽을 수 있었다. 스포츠 결과의 방송도 비슷하게 규제되었다. BBC 프로그램은 그런 식으로 규제를 받는 뉴스 보도, 클래식 음악, 토크, 드라마 등으로 구성되었다. 앙에 따르면 코미디, 대중음악, 버라이어티도 "상위 중산층에 대한 접근과 지향점을 드러내는 방식, 맥락, 스타일"로 프로그램되었다(Ang, 1991: 108). 1923년 9월 28일부터, BBC와 출판사인 조지 뉴네스(George Newnes, Ltd.)의 합작으로 ≪라디오 타임스≫에 세계 최초의 라디오 프로그램 목록인 '프로그래밍 정보'가 게재되었다.

이러한 맥락에서 BBC의 엔지니어 존 리스(John Reith, 28세, 1922년 12월에 임명) 전무이사는 2가지 접근법을 추구했다. 우선, 콘텐츠 주제와 제작에 대해 BBC의 직접 통제를 강화하라는 정부 사이크스 위원회[5]의 권고에 따라 그는 사상과 문화에서 가장 뛰어난 것들만 방송하고, 그래서 청취하는 대중의 취향을 교육하고 고양시킬 것을 주장했다. 이는 빅토리아 시대 가부장주의의 영향을 받은 기독교적이고 고결한 프로그램을 의미했으며, 남부 잉글랜드의 교육받은 연설가가 격식 있는 연설에서 쓰는 억양인 RP(Received Pronunciation)[6] 스타일을 사용하는 남성 출연자들에 의해 전달되었다.

다른 한편으로, 리스는 BBC 라디오 방송의 청취자 증가 폭에 대해 걱정했고, 그래서 BBC가 더 많은 자율성을 가지고 더 많은 혼합 프로그램을 자유롭게 방송할 수 있도록 계속해서 당국에 압력을 가했다. 그의 가이드라인을 어기지 않는 범위에서, 리스는 더 많은 청취자들을 끌어들이기를

---

5   Frederick Sykes 등 관련 기관 출신 인사들이 방송에 관한 논의를 하던 기구. 총 31차례 모임을 가지고 국회 등에 보고서를 제출했다.

6   영국에서 쓰이는 영어의 관념적 표준 발음. Queen's English, BBC English로도 알려져 있다. 틀에 박힌 고루한 느낌의 아나운싱을 말할 때 사용하는 표현.

바라면서 라디오에 새로운 장르와 접근을 열성적으로 시도하려 했다. 슬레이드에 따르면 녹스의 방송 〈바리케이드 방송〉이 최대 수혜자였다(Slade, 2013).

녹스는 물에 빠졌다가 구조된 어린 소녀에 대한 보도를 중단하고 트라팔가 광장에 모인 실업자 시위대 군중에 대한 속보를 내보냈다. 녹스는 "극장 줄서기 폐지 국민 운동"의 지도자인 포플베리가 내린 국립미술관 해체 명령에 따르는 군중들을 묘사하면서, 무겁고 칙칙한 RP식 방송 스타일을 패러디했다. 그러고 나서 그는 사보이 호텔의 밴드를 연결할 것이라고 말했다.

스튜디오 축음기에서 댄스 음악이 흘러나왔다. 녹스는 기상 예보와 크리켓 경기에 대한 추가 소식을 제공했고, 그 후 실업자 시위대가 위협적인 기세로 애드미럴티 아치7를 통해 쏟아져 나와 세인트 제임스 파크에 있는 물새들을 병으로 공격하고 있다고 이야기했다.

녹스는 청중들에게 비위생적 주거지 검열위원회의 KBE[Knight(Commander of the Order) of the British Empire]인 테오필리우스 구흐 경(Sir Theophilius Gooch)을 연설자로 소개할 참이었으나, 구흐가 시위대에게 붙잡혀 산 채로 불타고 있다는 또 다른 속보가 들어와 중단되었다.

녹스는 빅벤 시계탑이 트렌치 박격포를 맞고 파괴되었다는 뉴스 속보를 이어 갔다. 국가 공식 시계인 빅벤은 9톤짜리 종탑이다. 녹스는 빅벤이 없는 동안 에든버러에 있는 레슬리 삼촌(Uncle Leslie)의 손목시계(repeating watch)로 시간을 알려 주겠다고 발표했다.

레슬리 삼촌은 매일 하는 어린이 방송 시간대에 나오는 캐릭터로, 첫 방송은 1922년 버밍험의 SIT 방송국에서 시작되었다(Crisell, 2002: 20). 방송은

---

7 빅토리아 여왕을 기념한 아치로 런던의 더 몰(the Mall)에 있다.

BBC의 다른 지역 방송으로 옮겨졌고 1923년 런던에서 방송되기 시작했다(Dolan, 2003: 329). 에든버러의 2EH 방송에서 레슬리 삼촌 캐릭터의 목소리 주인공은 방송 책임자이자 녹스 신부의 친구였던 조지 마셜이었다. 이 프로그램은 1964년에 종영되었다.

복스홀 브릿지 도로를 따라 서 있는 가로등 기둥에 교통부 장관이 매달렸다는 또 다른 속보가 전해졌다. 녹스는 그 속보에 대해 예의를 갖추어 보도 오류를 발표하고 정정했다. 장관은 가로등이 아니라 전차 선로의 기둥에 매달려 있었다. 다시 한번 사보이 호텔의 밴드를 연결했다.

음악은 폭발음 때문에 중단되었는데, 그 소리는 스튜디오에서 나무로 만든 농산물 케이스를 박살내서 만든 것이었다. 〈바리케이드 방송〉은 사보이 호텔의 붕괴와 BBC의 런던 방송국에 시위대가 도착했음을 알리는 속보로 끝을 맺었다. 녹스는 "극장 줄서기 폐지 국민 운동"의 지도자인 포플베리와 시위대가 대기실에서 ≪라디오 타임스≫를 읽고 있다고 보도했다. 녹스는 청취자들에게 평안한 밤을 기원하며 방송을 마무리했다.

몇 분 만에 BBC 방송국 전화벨이 울렸다. 그 날 저녁 늦게, 런던 2LO 방송은 사과 방송을 내보내며 청취자들을 진정시키려고 노력했다. "오늘 저녁 7시 40분에 녹스 신부의 방송 중 일부분만을 들은 일부 청취자들은 허구적인 뉴스의 밑바탕에 깔려 있는 유머러스한 독설을 깨닫지 못한 채, 방송에서 언급된 런던, 빅벤 등의 운명에 불안을 느꼈습니다. 사전 발표에서 그 프로그램이 방송 촌극이었고, 그 방송 전체가 풍자적인 연극이었음을 알렸습니다. 우리는 그것을 알아채지 못했던 청취자들이 겪은 모든 불안감에 대해 진심으로 사과드립니다. 런던은 안전하며 빅벤은 여전히 울리고 있고, 모든 것이 잘되고 있습니다"("A Broadcast Scare", 1926: 7).

혼란과 우려가 더욱더 확산되자 BBC는 한층 더 공식적인 사과문을 발표했다. "BBC는 이 순전히 허구적인 장면에 동요된 모든 청취자에게 유감을 표하지만, 이 경우에도 다른 비슷한 경우에서처럼 '다음에 방송될 내용은 오락으로서 진지하게 받아들이지 말아야 한다'는 사전 경고가 있었음을 밝힙니다. 촌극 속에서 벌어진 사건들도 그 성격을 보여 주었어야 하지만, 너무 늦게 방송을 듣기 시작한 청취자들이 사전 경고와 에피소드 설명을 놓친 것으로 보입니다"("A Broadcast Scare", 1926: 7).

총 249개의 불만이 BBC에 접수되었다. 이는 긍정적인 의견을 훨씬 압도하는 것이었다(Lacey, 2013: 72). 이 방송의 결과로 라디오 수신기를 사려는 사람의 수가 급증했다(Snoddy, 2005).

〈바리케이드 방송〉에 대한 반응의 일정 부분은 날씨 탓으로 돌릴 수 있다. 일요일에 국지적인 눈보라가 몰아쳐 신문이 멀리까지 배달되지 못했던 것이다("Britain Is Alarmed", 1926: 3; "London Quite Safe", 1926: 2). 게다가, 녹스가 방송하던 시절에는 하나의 기술이자, 문화적 경험이자, 뉴스의 원천인 라디오가 영국 전체에서 상당히 귀했다. 1926년에는 긴급 뉴스나 속보로 들어오는 뉴스를 중계하는 데 대한 기준이 없었다. 서로 다르고 전혀 관련이 없는 정보가 진행되고 있는 프로그램의 흐름을 방해하는 것은 드문 일이었다. 그러나 녹스 신부가 보도하는 뉴스가 허구라는 확실한 믿음이 없었기 때문에 많은 청취자들은 어떻게 대응해야 할지 몰랐다. 그리고 혁명에 대한 언급은 청취자들을 불안하게 만들었다. 그들은 모두 1917년 11월 7일에 러시아에서 일어난 공산주의 혁명에 대한 것, 시민 불안으로 임시 정부가 전복되고 니콜라스 2세가 퇴위했다는 사실을 알고 있었다. 지배 계급과 상층 계급은 영국에서도 비슷한 혁명이 일어날까 봐 두려워했다. 노동자와 경찰 사이의 동요와 불안이 이미 보도되었기 때문에 그러한 두려움이 전혀 근거가 없는 것은 아니었다. 비록 라디오 방송의 즉각적인 결과는 아니지만, 곧이어 1926년 5월 3일부터 12일까지 총파업이 일어났다.

영국 전역의 신문사 사무실에도 전화벨이 계속 울렸다. 다음 날 신문에는 전화한 사람들이 방송을 늦게 듣고 혼란에 빠지거나 겁을 먹었다는 내용("A Broadcast Scare", 1926: 7), 새로운 라디오 매체에 너무 잘 속고 부주의했던 청취자들에 대한 한탄(Waugh, 2005: 290), 뉴스의 가장 좋은 출처가 무엇인가를 다시 상기시키는 내용 등이 실렸다("Nervous and Knox", 1926: 7).

신문들이 이렇게 라디오를 비판한 것은 가식적인 부분도 있었다. 독자와 광고주들을 잃을까 봐 두려워하던 신문들은 라디오에 격렬한 문제 제기를 해서 이익을 얻을 수 있었고, 그러한 기회를 얻을 수 있어서 기뻐했다. 결국 그 같은 경험에 놀란 BBC가 향후 방송 통제를 하겠다고 약속했지만, 청취자들이 무엇을 듣고 싶어 하는지 발견하기 위한 실험은 계속되었다("What Does the Public Want?", 1926: 2).

다른 방향에서도 비판이 나왔다. 녹스 신부의 동생인 에드먼드 발피(Edmund G. Valpy)[8]는 "나는 형이 사람들의 유머 감각을 과대평가했다고 생각하는 편이다. 만약 형이 그의 의도에 대해 나와 의논했다면, 나는 그에게 그것을 하지 말라고 충고했을 것이다. 그러나 우리의 신뢰는 여전하다"("Did the B.B.C. Blunder?", 1926: 3).

그러면 녹스 신부는 뭐라고 했을까?

이 촌극에 대한 아이디어는 내가 집에 앉아서 지난 선거 결과가 방송되는 것을 듣고 있을 때 처음 떠올랐다. 나는 혁명이 일어날 때 전국에 걸쳐 펼쳐질 숨 가쁜 상황들을 시각화하려고 노력했고, 그런 대중의 흥분 속에 들어오는 뉴스 속보를 상상하려고 노력했다. 나는 생각을 종이에 적고 나서 그것들을 풍자극으로 만들려고 시도했다… 듣는 사람들이 내가 한 말을 진지하게 받아들일 줄은 몰랐다… 지금도 어떻게 해서 내 방송을 잘못 해석할 수 있었는지는 잘 모르겠

---

8 E.V.로 알려져 있으며, 1932년부터 1949년까지 ≪펀치(Punch)≫의 편집장을 지냈다.

다. 나는 나의 "뉴스 보도"가 너무 억지스러워서 말이 안 된다고 생각한 사람들은 아무도 놀라지 않았을 것이라고 확신한다("Father Knox on B.B.C.", 1926: 1~2).

에든버러 방송국의 책임자인 조지 마셜은 이렇게 말했다. "누군가 그이야기를 진지하게 받아들였다는 것에 대해 녹스 신부보다 더 놀란 사람은 없었다. 나는 그것이 전국에 일으킨 소동에 대해 들었을 때 대단히 놀랐다. 왜냐하면 녹스 신부가 방송을 시작하기 전에, 내가 '이것은 진지한 보도가 아니라, 방송 촌극 성격의 오락 프로그램'이라고 적절히 발표했기 때문이다. 그 모든 것이 뻔한 익살이었고, 처음부터 주의 깊게 들은 사람을 속일 수는 없었을 것이다"("Radio Skit Causes Country-wide Scare", 1926: 3).

〈바리케이드 방송〉의 녹음본은 만들어지지 않았다. 그러나 녹스 신부의 대본은 《맨체스터 가디언》("Father Knox's Saturday Night", 1926: 5), 《아이리시 타임스》("Mr. Popplebury's Wireless Revolution", 1926: 5), 《데일리 뉴스》("What Father Knox Said", 1926: 8) 등 여러 신문에 실렸다. 녹스는 그의 풍자 에세이에 이 대본을 "잊혀진 막간"이라는 제목으로 포함시켰다(Knox, 1928: 279~287). 녹스 신부의 대본을 이용해 〈존재하지 않았던 폭동(The Riot That Never Was)〉이 다시 만들어졌다. 폴 슬레이드(Paul Slade)와 닉 베이커(Nick Baker)가 제작하고 레이 스노디(Ray Snoddy)가 프로그램 진행자로, 밥 신필드(Bob Sinfield)가 녹스 신부 역으로 출연하는 이 프로그램은 2005년 6월 16일 목요일 오전 11시 30분부터 12시까지 BBC 4라디오를 통해 방송되었으며, 2005년 6월 20일 월요일, 오전 12시 15분에 재방송되었다("The Riot That Never Was", 2005; Snoddy, 2005).

위에 따르면, 몇 달 안에 논란은 지나갔고 녹스 신부는 BBC 라디오에서 "지식인들이 들도록 만든, 고통받는 채소의 소리를 들으며"라는 과학적인 이야기의 패러디를 방송하며 다시 돌아왔다(Waugh, 2005: 290).

<장관이 살해되었다!(The Minister Is Murdered!)>(1930.9)

1938년 10월 31일 웰스의 기자회견에서, 한 기자는 몇 년 전 유럽에서 큰 화제를 불러일으켰던 라디오 드라마를 언급하며, 웰스가 그의 방송이 가져올 혼란을 더 잘 예상했어야 한다고 말했다.

그 라디오 드라마는 1920년 9월 25일, 〈세계의 전쟁〉보다 8년 앞서 베를린 풍크슈툰데(Funkstunde)에서 방송된 에리히 에버마이어(Erich Ebermeyer)의 2시간짜리 라디오극 〈장관이 살해되었다!(Der Minister ist ermordet!)〉였다. 다른 방송이 진행되던 중에 '장관이 살해되었다'라는 뉴스 속보가 나오는데 그 내용은 이러했다. "비상! 비상! 베를린과 쾨니그슈베스터하우젠 라디오에서 전해 드립니다. 조금 전, 제국(독일)의 외무부 장관이 제네바 회의에서 돌아와 프리드리히스트라세 역에 도착해 살해되었습니다. 따라서 우리는 저녁 오락 프로그램을 즉각 중단합니다"("Gross Nonsense", 1930: 3).

에버마이어는 표현주의적인 중편 소설과 드라마 작가로서 명성을 누렸으며, 독일 전역의 라디오에서 그의 작품들을 자주 읽었다. 그의 허구적 라디오 드라마 〈장관이 살해되었다!〉는 소련과 조약을 체결한 직후인 1922년 우익 극단주의자들에게 외무부 장관 월터 라테나우(Walter Rathenau)가 살해당한 실제 사건을 토대로 했다.

제1차 세계대전 직후, 독일은 경제 초인플레이션, 정치적 분열, 우파와 좌파 극단주의의 급증을 겪고 있었다. 당시 독일은 불안정, 과도기, 위기라는 특징을 보였다. 1923년 11월, 라디오는 부분적으로 민간투자도 받았지만 지역과 중앙정부의 통제 아래 청취 허가를 받은 이들만을 위해 미리 승인된 프로그램만 방송하는 지방정부 소유의 네트워크로 등장했다(Lerg, 1970: 373).

당시 바이마르 공화국의 실험적인 영화, 연극, 문학, 음악, 식당 쇼, 비평에 이어, 선견지명이 있는 라디오 방송국 감독들은 '라디오적인' 예술 형식을 개발하고자 했다(Lacey, 2013: 61). 그중 한 명이 한스 플레시(Hans Flesch, 1896~1945)로, 1924년 10월 24일 독일 최초의 라디오 맞춤형 드라마인 〈공중파의 마법: 라디오 그로테스크의 시도(Zauberei auf dem Sender: Versuch einer Rund funkgroteske)〉를 제작한 프랑크푸르트 라디오 방송국의 첫 예술 감독이다. 1929년에 플레시는 독일에서 가장 크고 가장 중요한 라디오 방송국인 베를린 풍크슈툰데의 관리자로 영입되었다. 그의 임무는 그 방송국의 쇠퇴하는 예술적 명성을 되살리는 것이었다(Leonhard, 1997: 81~85; Weil, 1996).

1930년 에버마이어는 자신의 드라마가 정치적 암살에 대한 관심을 일으키기를 바랐다. 그러나 검열관들은 에버마이어의 라디오 드라마의 정치적 민감함을 인지하고, 정치문화적 이유로 방송을 불허했다. 에버마이어는 〈장관이 살해되었다!〉가 문학적 교육을 촉진하고 국가를 지지하도록 만드는 라디오적인 장점을 보여 준다고 주장했다. 그의 주장은 점점 심각해지는 국영 라디오의 정치화에 대한 언론과 국가 정치의 격렬한 싸움 속에서 더욱 격앙되었다(Lacey, 2013: 66).

결국 〈장관이 살해되었다!〉가 마치 실제로 벌어지고 있는 일인 것처럼 방송되었을 때, 청취자들은 겁에 질렸다. 이 가상의 뉴스 속보는 신빙성 있게 들렸으며, 특히 라이프치히 대법원에서 아돌프 히틀러가 1918년 11월 제1차 세계대전이 끝날 때 독일에 가해진 제재에 대한 보복을 약속했기 때문에 더욱 그랬다. 독일에서 우파 쿠데타가 벌어지고 있나? 외무장관이 살해되었다는 허구는 제네바에서 막 회의에 참석했던 당시 외무장관 줄리어스 커티우스(Julius Curtius)와 1922년 라테나우의 살인 사건 등과 뒤

섞여 혼동되었다. 〈장관이 살해되었다!〉에 대한 신문기사가 독일 전역에 뿌려졌다. ≪오클랜드 트리뷴≫(캘리포니아), ≪벌링턴 데일리 타임스≫(노스캐롤라이나), ≪하노버 이브닝썬≫(펜실베이니아), ≪뉴욕타임스≫ 등 미국 신문들도 "수천 명의 라디오 청취자"가 이것을 커티우스 외무장관이 암살당했다는 실제 뉴스로 생각했다는 AP통신 보도를 인용했다. 보도에 따르면 "내무장관 조세프 비르스(Joseph Wirth)가 독일의 정치적인 긴장이 높은 상황에서 이런 라디오극을 방송한 책임이 누구에게 있는지 조사를 시작했다" ("Murder Play", 1930: 22).

〈장관이 살해되었다!〉에 대한 반응으로 라디오의 책임과 검열, 라디오 드라마에 대한 호불호, 프로그램의 예술적 욕심과 사실성, 그 프로그램이 보여 준 라디오의 힘과 청취 대중의 취약성 등에 대한 논란이 일었다 (Jelavich, 2006: 117~121; Lacey, 2013: 66~71). 확실히 그것은, 기자가 〈세계의 전쟁〉 방송 다음 날 아침에 웰스를 심문할 때 언급했던 8년 전의 경고였다.

<도시의 몰락(The Fall of the City)>(1937)

아치발드 맥리시의 라디오 드라마인 〈도시의 몰락〉은 1937년 4월 11일 컬럼비아 워크숍의 한 에피소드로 방송되었는데, 〈시간의 행진〉의 앞선 에피소드를 연상시키는 뉴스 방송의 형식과 언어를 사용했다. 웰스가 아나운서 역을 맡아 사건 현장에서 생방송으로 보도하는 것처럼 대사를 전했다. 뉴스 속보는 없었다.

브래드 슈워츠(Brad Schwartz)는 '맥리시가 자신의 시를 뉴스 방송 형식으로 썼는데, 이것이 청취자들에게 현실감을 높여 줄 것이라고 생각했다'라고 말했다. 슈워츠에 따르면, 웰스는 후에 맥리시의 기술을 이용해 자신

의 라디오 시리즈인 〈머큐리 극장 온 더 에어〉를 제작했으며, 사실적으로
들리는 가짜 뉴스 속보를 〈세계의 전쟁〉에서 더욱 강조했다고 한다
(Schwartz, 2015: 37).

<크림슨 마법사(The Crimson Wizard)>(1938)

웰스가 〈세계의 전쟁〉을 제작하기 한 달 전인 1938년 9월 30일 금요일
저녁, 시카고의 WGN 라디오 청취자들은 뛰어난 곱사등이 과학자 피터
퀼(Peter Quill)이 공산당의 스파이 조직인 레드 서클로부터 미국을 방어하기
위해 과학적 독창성을 발휘하는 내용의 새로운 라디오 드라마 시리즈 〈크
림슨 마법사(The Crimson Wizard)〉의 첫 회를 들었다.

칼 섀도(Karl Schadow)에 따르면, 〈크림슨 마법사〉는 1938년 9월 25일
≪시카고 선데이 트리뷴≫ 그래픽 섹션에서 먼저 발표되었다. 독자들은
다음 주 금요일인 9월 30일 첫 회 방송을 위해 WGN 라디오에 채널을 맞
추고, 그다음 주 일요일에 비밀 보고서와 파일에서 "특수 요원"이 편집한
영구적인 기록을 읽도록 권유받았다(Schadow, 2004).

〈크림슨 마법사〉 라디오 시리즈는 ≪시카고 트리뷴≫ 편집장인 로버트
리(Robert M. Lee)와 WGN의 프로그램 감독인 블레어 월리저(Blair Walliser)에 의
해 만들어졌다. ≪시카고 트리뷴≫이 WGN(World's Greatest Newspaper)을 소유
했기 때문에, 이러한 협력은 양 매체의 트래픽을 증가시키기 위해 고안된
것이 분명했다. 첫 회는 워싱턴 D.C. WGN 방송 스튜디오에서 만들어졌
는데, 이곳에서 해군 기술자 에릭 램버트(Eric Lambert)가 자신이 설계한 7만
5천 톤급 신형 전함에 대해 이야기하고 있었다. 그의 보고는 앨런 타일러
(Allan Tyler) 비밀국장의 해군 기록 보관소 건물 강도 및 화재에 대한 경찰 단

파 송신에 의해 중단되었다. "전 대원들… 전 대원들… 전 대원들 비밀국으로 집합… 전 대원들… 해군 금고… 강도." 긴급 속보에 이어 여성 보컬리스트인 마이다 트레버스(Maida Travers)가 노래를 부르기 시작했는데, 그녀는 램버트에게는 이성으로서 감정을 주고 퀼에게는 영감을 주는 여성이다. 그러나 그녀의 목소리는 소방차 증원 요청을 포함한 경찰의 추가 속보에 의해 재빨리 중단되었다. 도로 봉쇄를 보고하는 비밀국 대원과 질문하는 운전자들 사이에서 공허한 목소리가 반복되었다. "피터 퀼… 피터 퀼… 피터 퀼" 그것은 라디오 방송국의 보조 엔지니어로 위장 근무를 했던 레드 서클의 스파이 이반 몰로코프의 목소리였다. 몰로코프는 피터 퀼의 발명품인 보이지 않는 번개를 훔쳐서 레드 서클 본부로 가지고 갈 작정이었다. 그는 시카고에 공포를 조성하기 위해 라디오를 사용했다(Special Agent, 1938: 1, 2, 3, 9).

겉으로 보기에 그의 노력은 성공적이었다. ≪시카고 트리뷴≫은 다음 날 수백 명이 자사 사무실과 시·군·주 경찰 등에 연락해 라디오 보도가 사실인지 여부를 문의했다고 보도했다. "어젯밤 그들은 그저 또 하나의 라디오 미스터리 스릴러물로서 출발했다. 그러나 WGN과 뮤추얼 브로드캐스팅 시스템(Mutual Broadcasting System)[9]이 그 스파이 드라마의 첫 회를 반쯤 방송하기도 전에 온 대중의 관심사가 전쟁과 야구에서 해군 기밀의 유출과 간첩의 미스터리로 옮겨 갔다. 발표 내용이 너무 현실적이어서 청취자들이 더 많은 정보와 이야기에 대한 검증을 요구했다("Hundreds Call Police", 1938: 1). 흥미롭게도, 후에 ≪시카고 트리뷴≫은 자신들의 〈크림슨 마법사〉와 비교하는 것을 피하기 위해서였는지 〈세계의 전쟁〉에 대해서는 거의 보도하지 않았다.

---

9 미국의 라디오 방송 네트워크 중 하나다.

〈크림슨 마법사〉는 세 시즌 동안 방송되었다. 대본이나 녹음은 찾을 수 없다(Schadow, 2004).

〈공습(Air Raid)〉(1938)

웰스에게 영감을 준 또 다른 작품은 아치발드 맥리시가 쓴 〈공습(Air Raid)〉이었는데, 컬럼비아 워크숍이 제작했으며, 웰스의 〈세계의 전쟁〉 방송 사흘 전인 1938년 10월 27일에 방송되었다. 스페인 내전 당시 게르니카 폭격에서 영감을 받은 〈공습〉은 뉴스 아나운서의 시각에서 가상의 유럽 소도시 폭격에 대해 이야기했다. 브래디는 웰스의 전기인 『시민 웰스(Citizen Welles)』에서 맥리시가 데뷔 약 7개월 전에 대본을 쓰기 시작했다고 썼다(Brady, 1989: 166). 이것은 컬럼비아 워크숍에서 제작한 맥리시의 두 번째 라디오 드라마였다. 〈도시의 몰락〉에서 그랬던 것처럼 맥리시는 저널리즘 보도 방식을 서술의 기본으로 삼았다.

웰스는 한 번도 〈도시의 몰락〉이나 〈공습〉의 영향을 받았다고 인정하지 않았다. 그러나 그는 두 작품 모두 확실히 알고 있었다. 그는 〈도시의 몰락〉에서 중요한 역할을 맡았다. 그리고 그가 〈공습〉에 출연하지 않았음에도 불구하고, 라디오 역사학자 세텔에 따르면, CBS 사진작가가 주연 성우인 레이 콜린스(Ray Collins), 감독인 윌리엄 롭슨(William N. Robson), 맥리시 등과 함께 웰스가 출연자의 일원인 것처럼 이야기하는 장면을 기록했다고 한다(Settel, 1967: 102). 또한 전기 작가 프랭크 브래디(Frank Brady)는 웰스가 〈공습〉의 방송을 듣고 깊은 감명을 받았다고 말했다.

이렇게 인정하지 않음에도 불구하고, 웰스가 라디오 드라마인 〈세계의 전쟁〉을 (가상의) 뉴스로 만들기 위해 〈도시의 몰락〉, 〈공습〉과의 연결 고리에서 배운 뉴스 보도 서술 형식과 속보 발표의 기법을 사용했다는 것은 분명하다(Geduld, 1995: 263). 슈워츠가 말한 것처럼, "맥리시가 컬럼비아 워크숍을 위해 준비한 것에 대해 알기 때문에 웰스가 〈세계의 전쟁〉에서 비슷한 것을 하도록 자극받았을 가능성이 높다"(Schwartz, 2015: 52).

〈세계의 전쟁(The War of the Worlds)〉(1938)

독자들은 〈세계의 전쟁〉이라는 라디오 방송에 익숙하다. 역사상 가장 유명한(악명 높은) 라디오 방송으로 여겨지는 〈세계의 전쟁〉은 허구지만 사실적으로 들리는 뉴스 속보를 통해 직접적인 느낌으로 이야기를 진전시켰다. 다른 결과로는 혼란, 이른바 공황이 있었다.

이 라디오 드라마는 허버트 웰스가 쓴 공상 과학 소설 『세계의 전쟁』을 각색한 것이다. 1897년 9부 연재로 시작된 이 소설은 1898년에 전편이 완료되었고 그 이후로도 꾸준히 팔려 나갔다. 이 소설은 이름을 밝히지 않은 화자와 그의 형제가 화성에서 온 존재들을 관찰하는 이야기며 화성인의 남부 잉글랜드 침공을 묘사하고 있다. 시골과 런던을 파괴한 화성인들은 그들이 면역력을 가지고 있지 않은 지구의 흔한 박테리아에 의해 정복된다.

웰스의 소설을 라디오로 각색한 이는 변호사에서 각본가가 된 하워드 코흐(Howard E. Koch)였다. 브래디에 따르면 웰스는 코흐에게 "언어와 대화를 현대화하고, 사건을 현지화하며, 라디오 뉴스 속보 형태로 이야기를 극화하라"라고 주문했다(Brady, 1989: 164). 〈세계의 전쟁〉 대본 각색 이후에도 코흐는 각본가로 계속 활동하며 20세기 중반의 가장 영향력 있는 라디오와 영화 제작물들을 다수 집필했고, 특히 공동 집필한 〈카사블랑카〉로 1944

년 아카데미상을 수상하기도 했다.

〈세계의 전쟁〉은 1937년 웰스와 존 하우스먼(John Houseman)이 설립한 뉴욕 드라마 회사 '머큐리 극장(The Mercury Theater)'의 파생품인 '머큐리 극장 온 더 에어'의 제작진과 출연진에 의해 제작되고 방송되었다. 마틴 가벨(Martin Gabel), 앨리스 프로스트(Alice Frost), 레이 콜린스(Ray Collins), 버지니아 웰스(Virginia Welles, 오손 웰스의 부인), 아그네스 무어헤드(Agnes Moorehead), 에버렛 슬로안(Everett Sloane), 조지 쿨루리스(George Coulouris) 같은 배우들이 수많은 작품에 출연했다.

라디오 매체를 위해 각색할 수 있는 드라마틱한 스토리들이 선정되었다. 드라큘라는 1938년 7월 11일에 방송되는 새로운 라디오 시리즈를 열었다. 다른 쇼들로는 보물섬, 두 도시 이야기, 39계단, 에이브러햄 링컨, 몬테크리스토 백작, 목요일에 있었던 남자, 불멸의 셜록 홈즈, 80일간의 세계일주 등이 있다. 음향효과와 음악의 혁신적인 사용과 웰스의 열연으로, '머큐리 극장 온 더 에어'는 창의적이고 수준 높은 라디오 드라마를 만드는 곳이라는 명성을 얻었다.

'머큐리 극장 온 더 에어'의 작품 대부분이 〈세계의 전쟁〉에 가려져 상대적으로 덜 알려져 있지만, 1930년대에 가장 훌륭한 라디오 드라마를 제작한 곳으로 널리 인정받고 있다(Scarborough, 날짜 없음).

〈세계의 전쟁〉 라디오 드라마는 시작하자마자 화성에서 일정한 시간 간격을 두고 일어나는 폭발을 보도하는 뉴스 속보에 의해 중단되었다. 프로그램은 댄스 음악이 흐르는 뉴욕의 한 호텔로 돌아오지만, 이 음악은 곧 정부가 전국의 대형 관측소들에게 화성에서 일어나는 상황을 감시해 달라고 요청하는 뉴스 속보에 의해 또 중단되었다.

칼 필립스(Carl Phillips) 기자와 저명한 천문학자 피어슨(Pierson) 교수의 인터뷰가 준비되었는데, 피어슨(웰스)은 필립스에게 화성에 지능이 있는 생명체가 존재할 가능성은 낮으며 화성과 지구 사이의 4천만 마일이나 되는 거리가 안전을 보장한다고 장담했다.

또 다른 속보는 뉴저지 농장의 운석 추락 사건을 발표했다. 필립스가 그 장면을 설명하는데, 구경꾼들과 경찰에 둘러싸인 추락 장소의 구덩이에 커다란 금속 원통 하나가 반쯤 묻혀 있었다. 한 생물이 그 원통에서 나와 구덩이에서 솟아오르더니 열광선으로 주위에 있던 많은 차들과 사람들을 불태워 버렸다. 필립스가 그 광선이 자신에게로 다가온다고 설명하더니, 정적이 이어졌다.

이때부터 정부 및 군 관계자들의 속보가 여러 번 전해지는데, 현장에서 실시간으로 벌어지는 일처럼 사실적으로 들리는 소리들로, 화성의 무기가 시골을 황폐하게 만들고, 허드슨 강을 건너고, 뉴욕을 정복하는 장면들을 묘사했다.

〈세계의 전쟁〉의 전반부는 뱃고동 소리와 생존자들의 응답을 요청하는 라디오 진행자의 목소리만 간간이 섞인 채, 정적으로 마무리되었다. 방송 후반부에서 피어슨 교수는 화성인들이 뉴욕을 향해 진격하면서 발생한 피해에 대해 자세히 설명했다. 화성인들은 면역력을 가지고 있지 않았기 때문에 지구에 흔한 박테리아로 죽었는데, 피어슨 교수는 센트럴파크에서 죽은 화성인들을 발견했다.

그리 결백하지는 않다

다음 날 아침인 1938년 10월 31일, 웰스는 뉴욕 CBS 빌딩에서 기자들과 만나 전날 저녁 방송된 〈세계의 전쟁〉에 대해 이야기했다. 웰스 주변으로 취재진과 사진 기자들이 몰려들었다. 우려와 분노, 소송 위협과 가능한 규제 방안 등이 전국의 언론과 정부에 쌓이고 있었다. 모든 사람들이 대답을 원했다.

웰스는 준비된 발표문을 읽는 것으로 시작했다. "어젯밤 우리 방송이 일부 청취자들 사이에서 만들어 낸 오해에 대해 깊은 유감을 표합니다. 그럼에도 불구하고, 방송 자체에 대해 생각해 보면, 이런 오해가 벌어진 것에 대해 제가 더욱 당황스럽습니다." 이어 웰스는 "어떤 경우에도 방송이 가상의 상황이라는 인식이 유지될 것이라고 믿었던" 4가지 요인을 정리했다. 첫째는 라디오 드라마가 마치 미래에 일어날 것처럼 방송되었다는 점이었고, 둘째는 정규 〈머큐리 극장〉 프로그램 시간에 방송되었고, 신문에 안내되었다는 점이었으며, 셋째는 청취자들에게 방송 초반과 중간, 말미에 허버트 웰스의 소설을 각색한 프로그램이라는 것을 알려 줬다는 점이었다. 그리고 넷째, "나 자신에게는 모든 것 중에서 가장 적절한 것으로 보이는데, 그것은 미국의 관용어 안에도 있는 화성과 화성인에 대한 우화의 친숙함이다"("The Aftermath: Orson Welles", 2008; Brady, 1989: 173). 이러한 발표문에 이어, 웰스는 질문에 답변했다.

기자: 방송을 하는 동안 전국 곳곳에서 공포감이 번지고 있다는 사실을 알고 있었습니까?

웰스: 물론 아닙니다. 솔직히 그 사실을 알고 몹시 충격을 받았습니다. 어젯밤 방송국을 떠나서 이틀 뒤에 개막하는 연극(〈단튼의 죽음〉)을 위해 드레스 리허설에 들어갔기 때문에 간밤에 잠을 거의 못 잤다는 사실을 말씀 드리고 싶습니다. 그래서 저는 당신보다도 이 상황에 대해 잘 알지 못합니다. 저는 신문도 읽지 않았습니다. 저는 그 방송이 일으킨 영향에 대해 엄청난 충격을 받았습니다. 제가 사용한 기법은 저만의 독창적인 것도 아니고, 머큐리 극장 특유의 것도 아니었습니다. 그다지 새롭지도 않았습니다. 저는 별다른

일이 있을 것으로 예상하지 못했습니다. ("Panic!", 1938)

그는 피해자처럼 보이기 위해 최선을 다했지만, 다른 사람들은 웰스가 보기만큼 결백하지 않다고 생각했다. 예를 들어, 〈세계의 전쟁〉 라디오 방송이 나간 지 불과 2년 후인 1940년, 웰스의 드라마와 관련된 심리적 효과에 대한 연구에서 칸트릴, 가우데, 헤르조그는 공포 방송의 이전 사례로 〈바리케이드 방송〉을 언급했다(Cantril, Gaudet, and Herzog, 1940: 27). 워는 녹스 신부의 전기에서 오손 웰스가 〈바리케이드 방송〉 알고 자신이 〈세계의 전쟁〉을 제작할 때 그 효과를 모방했다고 주장했다(Waugh, 2005). 슬레이드는 그의 에세이 『성스러운 공포: 최초의 위대한 라디오 거짓말』에서 〈바리케이드 방송〉이 1938년 〈세계의 전쟁〉의 방송에 직접적인 영향을 미쳤는지 생각해 본다(Slade, 2013).

그러나 피고가 유죄를 인정하는 것을 듣는 것만큼 확실한 것이 없다. 전기 작가 브래디에 따르면, 〈세계의 전쟁〉이 방송되고 몇 년이 지난 후 웰스는 한 텔레비전 인터뷰에서 이렇게 말했다. "진공관이나 트랜지스터 이전의 라디오는 그냥 누군가의 주머니에서 나는 소리가 아니라 권위 있는 목소리였다. 너무나도 그랬다. 적어도, 난 그렇게 생각했다… 그때는 누군가가 그 권위의 콧대를 꺾을 시간이었다. 그래서 내 방송이…"(Brady, 1989: 164).

보다 구체적으로, 1955년 6월 19일, 〈오손 웰스의 스케치북〉의 다섯 번째 에피소드인 〈세계의 전쟁〉에서 웰스는 "라디오의 작은 실험"에 대해 회상하며 이렇게 시인했다. "사실 우리가 의도했던 것만큼 결백하지 않았기 때문에 그런 일이 생긴 것 같다. 화성인 방송을 했을 때 우리는 모든 것들이 이 새로운 마법 상자인 라디오를 통해 들어오는 방식에 진저리가 났다. 모든 게 삼켜지고, 믿어진다는 것. 그래서 어떻게 보면 우리의 방송은 그 기계의 신뢰성에 대한 공격이었다. 우리는 사람들이 미리 정해진 의견을 그대로 받아들여서는 안 되며, 라디오든 뭐든 꼭지를 틀면 나오는 것을 모두 삼켜서는 안 된다는 것을 이해하기를 바랐다"("Orson Welles on War of the Worlds", 2010; "Orson Welles Sketchbook", 2013).

1969년 웰스와 영화감독 피터 보그다노비치(Peter Bogdanovich)는 일련의 대화를 녹음하기 시작했는데, 이 대화들은 수년간 계속되었다. 1992년에 인쇄본과 오디오북 모두 『이것은 오손 웰스이다(This Is Orson Welles)』로 출판되었다. 2가지에서 모두, 웰스는 〈바리케이드 방송〉에서 그가 제작한 〈세계의 전쟁〉에 대한 아이디어를 얻었고 영향을 받았음을 인정했다. 웰스는 이렇게 말했다. "1년 전에 진행되었던 BBC 쇼에서 한 가톨릭 신부가 공산주의자들이 어떻게 런던을 점령했는지 말했고 런던에 있는 많은 사람들이 이것을 믿었을 때, 여기에서 아이디어를 얻었다. 그리고 큰 규모로 하면 재미있을 것 같아서 우주에서 해 보자고 생각했다. 그렇게 해서 아이디어를 얻은 것이다"(Welles and Bogdanovich, 1992).

웰스는 1975년 5월 1일 NBC 방송국의 심야 텔레비전 토크 쇼인 더 투모로우 쇼(The Tomorrow Show)의 진행자 토머스 제임스 스나이더[10]와 한 인터뷰에서 "방송이 끝난 지 3시간쯤 지나서, 내가 마치 초기 기독교 성인인 것처럼 찍은 사진들이 있다. 마치 내가 무엇을 하고 있는지 모르는 것처럼… 하지만 유감스럽게도 그것은 누구보다도 위선적인 것이었다!"("Welles Interview", 1975). 1978년 10월 30일 방송된 텔레비전 쇼 '투데이'의 방송 40주년 인터뷰에서 웰스는 "그것을 보며 웃었습니까?"라는 질문을 받았다. 브래디에 따르면, 웰스는 이렇게 대답했다. "허, 아주, 그래요, 엄청나게 웃었습니다. 웃기지 않을 수도 있다고는 생각도 못했습니다"(Brady, 1989: 175).

---

10 톰 스나이더(Tom Snyder)라는 이름으로 더 잘 알려져 있다.

1938년에 웰스는 자신의 직업과 경력을 잃을 것을 두려워하여 교묘하게 결백을 가장했다. 웰스는 보그다노비치에게 그가 1200만 달러의 소송에 직면했다고 말했다(Welles and Bogdanovich, 1992: 19). 웰스와 함께 공동으로 '머큐리 극장 온 더 에어'를 설립한 하우스먼은 소송 금액이 총 75만 달러 정도라고 추정했다(Houseman, 1972: 405). 웰스의 전기 작가인 레밍은 총 20만 달러라고 썼다(Leaming, 1985: 162).

그러나 방송이 나간 지 며칠 지나지 않아 대중의 반응이 호의적으로 변한 것은 분명했다. 정부의 규제도 없었다. 웰스는 전 세계적으로 유명해졌다. 게다가 그의 변호사 아놀드 와이스버거(Arnold Weissberger)가 추가한 CBS와 계약의 부가 사항에 따라 웰스는 그가 어떤 것을 표절하거나 누군가에게 명예훼손을 하지 않는 한, 방송을 상대로 제기한 소송에 대한 책임으로부터 보호되었다(Brady, 1989: 176; Houseman, 1972: 405; Leaming 1985: 162~163). 웰스는 비록 그가 가장한 것처럼 결백하지는 않았지만, 분명히 곤경에서 벗어날 때까지는 그런 역할을 잘 해냈다.

그래서 뭐?

이것들이 의미하는 것은 무엇일까? 그리고 왜 그것이 중요할까? 이 에세이에는 2가지 요점이 있다. 첫째는 〈세계의 전쟁〉은 가짜 뉴스가 아니었다는 것이다. 오히려, 그것은 비교적 새로운 라디오 매체에서 청취자들을 위한 매력적인 스토리텔링을 촉진할 수 있는 콘텐츠의 종류와 전달 형태를 파악하는 실험이었다. 두 번째 요점은 라디오가 청취자들의 상상을 불러일으키는 힘에 관한 것이다. 〈세계의 전쟁〉과 같은 라디오 드라마, 그리고 라디오 자체는 청취자들을 끌어들이기 위한 행동 유도성과 능력을 발견하려는 새로운 매체로서, 이 힘을 활용해 예술의 형태로 만들었다.

브래드 슈워츠는 〈세계의 전쟁〉과 떠오르는 라디오 예술 형식을 가짜 뉴스에 영원히 묶어 버렸다. 슈워츠는 저서 『방송 히스테리아: 오손 웰스의 세계 전쟁과 가짜 뉴스의 예술』에서 "가짜 뉴스"를 여러 차례 언급하지만 명확한 정의를 제공하지 않는다. 명확하지 않지만, 가짜 뉴스는 불완전하거나 부정확하거나 틀린 정보를 제공함으로써 청취자를 의도적으로 오도하는 것으로 정의할 수 있다. 슈워츠에 의해서도 정의되지 않았지만, 라디오 조작은 혼란을 만들고 유지하기 위한 의도적인 노력으로 여겨질 수 있다.

이러한 정의와 이 에세이에서 살펴본 바에 따르면, 〈세계의 전쟁〉은 라디오의 날조도 가짜 뉴스도 아니었다. 웰스의 말을 믿는다면, 그것은 오락거리를 제공하면서도 청중의 비판적인 청취 능력을 향상시키기 위해 영리하게 창조되고 정교하게 전달된 변형적인 라디오 드라마였다.

웰스와 '머큐리 극장 온 더 에어'의 출연진 및 제작진이 청취자의 자신감과 콘텐츠 주제 및 그들의 표현 방식에 대한 전통과 기대의 폭을 늘렸음에도 불구하고, 〈세계의 전쟁〉 라디오 드라마는 원래 방송이 끝난 지 80년이 지난 지금, 고의적인 조작이나 가짜 뉴스가 가져올 수 있는 잠재적인 영향을 가늠하는 시금석이 되고 있다. 웰스가 기자들에게 가상의 뉴스 속보를 사용하는 것이 그의 드라마에만 독창적으로 존재하거나 특별한 것이 아니라고 말했을 때, 그는 교활한 것일 수도 있지만 진실하게 행동하고 있었다.

균형 속에서

이 질문의 또 다른 요점은 믿을 만한 현실을 창조하는 라디오 드라마의 능력을 더 잘 이해하고 청취자들의 상상력을 끌어들여 유지하는 것이다. 핸드와 트레이너는 이러한 현실이 말(내레이션/대화/연설), 소리(기존에 녹음된 사운드 히스토리 사용, 또는 이전에 녹음된 대화의 사용을 포함한 음향효과), 음악 및 묵음의 결합을 통해 만들어진다고 주장한다. 청취자의 상상력을 통해 결합되고 해석될 때, 이러한 '구성물들'은 구체적인 생각을 전달해 라디오 드라마 형식에 기여한다(Hand and Traynor, 2011: 40).

한 예로, 핸드와 트레이너는 스물세 살의 리처드 휴즈(Richard Hughes)가 쓴 영국 최초의 "구체적인 라디오극" 〈위험의 희극(A Comedy of Danger)〉을 지목한다. 1924년 1월 15일 BBC에서 방영된 이 라디오극은 두 번째 대사에서 잭이라는 캐릭터가 "불이 꺼졌다!"라고 말해 청취자들의 상상력을 불러일으킬 수 있는 가능성을 소개했다. 이 연극은 BBC에 의해 "듣는 연극"으로 만들어졌고, 의식적으로 "라디오 형식의 잠재력"을 활용했다(Hand and Traynor, 2011: 16).

이전의 라디오 드라마 방송에 대한 보도가 있다. 예를 들어, 〈크리스마스 신부의 진실(The Truth about Father Christmas)〉은 1922년 12월 24일에 방송되었다고 전해진다. 브릭스는 〈셰익스피어의 줄리어스 시저〉, 〈헨리 8세〉, 〈그리고 아무것도 아닌 것에 대한 많은 소동〉 등이 1923년 2월 16일 중부 런던의 스트랜드에 있는 BBC 마르코니 하우스에서 방송되었다고 말했다(Briggs, 1995). 그리고 1923년 5월 28일에 〈열두 번째 밤(Twelfth Night)〉의 완결판이 방송되었다. 그러나 드라카키스에 따르면, "〈크리스마스 신부의 진실〉을 빼면, 〈위험의 희극〉이 라디오를 위해 따로 제작된 최초의 연극으로 널리 인정된다"(Drakakis, 1981: 4).

제1, 2차 세계대전 사이의 세월 동안 라디오는 새로운 사회, 문화, 기술 현상이었고, 무언가 이상하고, 심지어 전기적인 현상이었다. 더글러스에 따르면, 사람들은 몸을 떠난 목소리가 마술처럼 공기를 통해 전해지며 기계와 영성의 틈새에서 조화를 이루는 상상적인 공간을 만드는 것을 본 적이 없었다(Douglas, 1999: 41). 적당한 가격에 쉽게 구할 수 있어서 라디오는 1930년대 미국 가정에서 흔히 볼 수 있었다. 〈세계의 전쟁〉 방송 이후 다음과 같은 질문이 쏟아졌다. 라디오를 어떻게 사용할 수 있는가? 어떻게 관리해야 하는가? 어떤 콘텐츠를 제작할 수 있는가? 어떤 콘텐츠가 가장 청취자를 사로잡을 수 있을까? 어떤 내용과 전달 방식과 스타일이 매력적인 스토리텔링을 만들 것인가?

초기 라디오 편성의 초점은 음악, 문학, 드라마와 같은 친숙한 오락이었다. 그러나 연극적인 형태의 라디오 방송은 전통 무대의 친숙함을 제공해야만 하는가, 아니면 라디오의 새로운 특징과 가치, 심지어 제약 조건까지 탐구해야 하는가? 라디오 드라마의 내용은 현실의 사건과는 별개의 것으로 간주되어야 하는가, 아니면 그들이 현재의 사회, 정치, 그리고/또는 문화적 흐름을 이용해야 하는가? 라디오 드라마는 청취자를 위해 오락을 제공해야 하는가, 아니면 사고하는 경험을 촉진해야 하는가?

그러한 질문에 대해, 미국의 라디오 제작자와 방송사는 서로 다른 콘텐츠 형식과 표현 방식을 실험했다. 그들은 라디오 매체를 끊임없이 시험했고, 결과물을 수익화하려고 애쓰면서도, 서술과 스토리텔링에 대한 여력을 알고자 했다(Schwartz, 2015: 221). 라디오의 서로 다른 비전으로서 상업화와 창의성 사이에 긴장감이 형성되었다. 이러한 긴장을 해소하기 위해 1934년 통신법은 연방통신위원회(FCC)에 라디오 방송에 관한 규제를 제정할 권한을 부여했다.

핵심적인 이해는 라디오 전파가 이동하는 '방송사와 청취자 사이의 대기'가 공공의 소유라는 것이었다. 카스너는 이렇게 설명한다. "라디오 프로그램을 방송하기 위해서는 FCC에 라디오 운영/방송 면허를 신청해야 했다." 면허는 "공익, 편의 또는 필요성"에 따라 운영되는 방송국에만 주어져야 했다. 이것이 무슨 의미인지에 대한 가이드라인은 없었다. "FCC가 (통신법의 다른 부분에 있는) 검열 금지 조항으로 인해 통신법 아래 라디오 프로그램이나 다양한 형태의 광고들을 다룰 수 있는 권한이 없다고 계속 말했기 때문이다"(Kassner, 1939: 82). 방송국이 공공의 이익에 부합하지 않으면 면허가 취소될 수도 있었다. 공공 이익에 대한 FCC와의 충돌을 피하기 위해, 라디오 방송국은 가능한 한 여러 다양한 청취자들의 관심을 끌기를 바라면서 일련의 프로그래밍을 제공했다. 1930년대 프로그램은 종종 독창성과 창의성에 의해 정의되었다. 이들 프로그램은 기업의 후원자가 아닌 라디오 네트워크의 지원을 받았다.

그래서 1930년대 짧은 기간 동안 미국의 라디오는 한쪽은 상업과 통제, 다른 한쪽은 창의성 사이의 균형에 매달려 있었다. 그 후 10년이 지나면서 상업이 승리했다. 스폰서들은 프로그램을 통제했고, 그들은 광범위한 호소력을 가지고 광고 수입을 얻을 수 있을 만한 프로그램만 허용했다. 무료이자 실험 매체로서의 라디오가 사라진 것처럼 라디오 네트워크가 지원하던 프로그램들도 사라졌다(Schwartz, 2015: 222~223).

스토리텔링 실험의 유산

영국의 라디오 역사학자 스캔넬은 초기의 영국 라디오 토크 쇼가 프로듀서들에게는 라디오를 만드는 법을 가르치고 청취자들에게는 듣는 법을 가르쳤다고 말했다(Scannell, 2013). 영국과 미국의 초기 라디오 제작자들은 어떻게 청취자들의 상상력을 자극하는 라디오의 힘을 배웠을까? 답은 실험이다.

이 에세이는 라디오 드라마 〈바리케이드 방송〉, 〈장관이 살해되었다!〉, 〈도시의 몰락〉, 〈크림슨 마법사〉, 〈공습〉, 〈세계의 전쟁〉 등이 생산자와 소비자 모두에게 새로웠던 매체에 대한 레거시 실험이었다고 생각한다.

미국 라디오 역사의 초창기인 1930년대 중반에도 라디오의 힘은 자신이 들은 것을 마음속에서 시각화하는 청취자들의 상상에서 나오는 것으로 알려져 있었다. 캔트릴과 올포트는 기록했다. "조금의 도움을 받는다면, 청취자는 자신만의 상상의 장면을 만들 수 있다… 청취자들은 무대나 스크린의 진보된 기술조차 거스르는 민첩성으로 시공간을 뛰어넘을 수 있다"(Cantril and Allport, 1935: 232).

다른 말로 하자면, 라디오 청취자는 라디오 프로그램에 의해 그려지는 세상에 있고, 자신의 개인적인 청취 경험에 몰입하지만, 공유된 청취 행위를 통해 다른 사람들과 연결된다. 라디오 역사학자 더글라스에 따르면, "마법은 생각과 감정을 만들기 위해 혼자 귀를 기울이고 그것을 신뢰하는 청취 그 자체였다. 마법은 소리의 세계로 들어가는 데서 오는 것이고, 그 소리를 이용해 자신의 비전, 자신의 꿈, 자신의 세계를 만드는 데서 오는 것이다"(Douglas, 1999: 28). 피어는 말했다. "듣는다고 할 때, 귀만 있을까? 단지? 우리가 귀로 듣는 것이 아니라 마음으로 듣는다는 것을 기억하자. 단순한 소리가 인식과 상상력을 통해 해석된다"(Pear, 1931: 90, 원문을 강조).

〈바리케이드 방송〉, 〈장관이 살해되었다!〉, 〈도시의 몰락〉, 〈크림슨 마법사〉, 〈공습〉, 〈세계의 전쟁〉 등이 방송될 때, 청취자들은 신문에서 세계의 뉴스 사건에 대해 읽은 경험은 많았지만, 말로 전하는 뉴스를 들은 경험은 적었다. 라디오는 새로운 경험이었고, 레밍에 따르면 라디오 청취자들은 "소설, 공연, 라디오, 영화 등 우리가 꾸며 낸 이야기에 노출될 때마다 방향을 잡아 주는, 허구와 사실 사이의 차이점들이 모호해지는 것을 좋아하지 않았다"라고 한다(Leaming, 1985: 161).

그럼에도 불구하고, 이 라디오 드라마들은 그들이 차용한 보도 서술 방식과 뉴스 속보들이 사실적이고 공식적이며, 더 중요한 것은, 믿음직하게 들렸기 때문에 실제처럼 보였다. 허구적 속보의 패러디적 성격과 보도 스타일을 활용해 서사가 구축되는 것을 이해한 청취자들은 그 결과를 즐겼다. 하지만 이해하지 못했거나 주의 깊게 듣지 않은 사람들은 요점을 놓쳤고 혼란에 빠지거나 당황했다.

아마도 이전에는 들을 수 없었던, 상상조차 할 수 없었던, 소리와 목소리를 제공함으로써, 〈세계의 전쟁〉과 같은 라디오 드라마들은 청취자들을 전국의 다른 사람들과 연결시키는 동시에 개인적인 경험의 영역을 확장시켰다. 그리고 버마에 따르면, 1930년대의 라디오는 종종 "사회적 효과"에 초점을 맞췄다. 어떻게 라디오가 청취자들을 교육시키고 고양시키기 위해 사용될 수 있는지, 그리고 세계적 사건에 대한 새로운 연결을 통해 그들에게 힘을 실어 주는 데 사용될 수 있는지에 대한 것이다(Verma, 2012: 121~123). 더글라스는 그러한 힘이 사람들을 "문해력 이전의 시대, 연설, 스토리텔링, 듣기, 그룹 기억력에 의존하는 의사소통 방식으로" 데려다주는 라디오의 능력에서 나온다고 말했다(Douglas, 1999: 29). 〈바리케이드 방송〉, 〈장관이 살해되었다!〉, 〈도시의 몰락〉, 〈크림슨 마법사〉, 〈공습〉, 〈세계의 전쟁〉 등은 기술과 공동체에 대한 새로운 생각을 촉진하고, 전자가 후자를 파괴했는지 아니면 전통을 재구성했는지에 대한 의문을 제기하면서도, 결국은 수백 년간 내려온 청취 방식 위에 만들어졌다(Douglas, 1999: 39).

이것은 이 라디오 드라마들이 그들의 관객을 속이려 했다는 의미가 아니다. 오히려, 더글라스에 따르면, 그들은 청취자들을 소리에 기반한 스토리텔링에 참여시키려 했다. "동시에, 공동체, 청중, 그리고 당신의 상상이 최고이고 가장 진실된 것이라는 확신을 장려하는, 특정한 인지 모드를 재활성화, 확장, 강화시켰다"(Douglas, 1999: 39).

앞서 언급했듯이 라디오 청취자들은 그들이 듣는 것에 자극을 받아 그들의 상상력에 이끌려 개인적인 청취 경험에 몰입한다. 결과적으로, 매력적인 형태의 스토리텔링을 경험할 기회를 얻게 된다. 라디오 매체의 능력, 제약, 인프라, 기술 등에 대한 실험을 통해, 〈세계의 전쟁〉과 같은 라디오 드라마는 창조적인 소리 기반 작품을 제작하고 방송하려는 노력을 갖춘 라디오 예술이 되었다.

결론

이 에세이에서 지적했듯이, 아마도 이전에는 들을 수 없었던, 상상조차 할 수 없었던 소리와 목소리를 제공함으로써, 라디오는 다른 곳에서 벌어지는 인간의 노력을 상기시키며, 개인적인 경험의 한계를 넓힌다. 그리고 이것은 예술 매체로서, 이야기꾼으로서 라디오가 가지는 힘의 핵심이다. 라디오는 소리 기반의 이야기를 전국, 아니 전 세계에 보내서, 조용한 집이든 시끄러운 펍이든 어디서나 기다리며 우리를 즐겁게 해 줄 준비를 하고 있다. 라디오는 청취자들을 끌어들이고, 연결을 형성하며, 우리의 상상력을 새롭지만 매우 친숙한 방식으로 자극함으로써, 전통적이고 강력한 스토리텔링 기술을 확장한다.

〈바리케이드 방송〉, 〈장관이 살해되었다!〉, 〈도시의 몰락〉, 〈크림슨 마법사〉, 〈공습〉, 〈세계의 전쟁〉 등은 가짜 뉴스가 아니라 스토리텔링에 대한 라디오의 실험이다. 그들은 라디오 스토리텔링으로 청취자를 사로잡기 위해 전통적인 상업이나 통제 역할 이상의 위치로 라디오 문화, 관행, 청취를 이동시킨다(Barber, 2017). 이 능력이 얼마나 효과적이냐고? 이 에세이가 주장하듯이, 매우 강하고 매우 설득력이 있다.

8장 ─────────────────

예측할 수 없는 편성
청취자층을 형성하는 프리폼 접근

에밀리 W. 이스턴(EMILY W. EASTON)

대부분의 미국 음악 라디오는 일부러 예측 가능하게 구성된다. 포맷은
라디오 프로그램을 장르, 스타일, 심지어 노래까지 세심하게 계획된 패턴
으로 구성한다. 포맷은 방송국이 플레이하는 음악 스타일을 묘사해 관객
들이 자신의 취향에 맞는 음악이 나오는 방송국을 선택할 수 있도록 한다
(예를 들어 하드 록 라디오는 하드 록 팬들이 듣고 싶은 히트곡을 계속 틀어 주기 때문에 이들이 하드 록
라디오로 주파수를 맞춘다). 동일한 포맷의 방송국 간에 콘텐츠가 유사하게 (똑같지
않더라도) 들리도록 하기 위해, 매스 마켓1 방송국들은 중앙 집중식 편성 전
략을 채택한다(예를 들어 하드 록 팬이 오마하에 있든 시카고에 있든 간에, 하드 록 방송국에서 동
일한 애청곡을 찾을 수 있다). 포맷이 갖춰진 방송국들은 고유의 청취자층을 형성
하기 위해 예측 가능한 편성을 사용한다.
　　그러나 프리폼(Freeform)2 라디오는 그렇게 예측 가능한 프로그래밍 패턴

───────────

1　대량 판매에 의해 대량 소비가 이루어지는 시장.

을 제공하지 않는다. 프리폼 라디오 방송국은 어떤 음악을 들려줄 것인지에 대한 결정을 DJ에게 위임함으로써 보다 다양한 장르가 등장하고, 다른 곳에서는 자주 들리지 않는 낯선 음악을 들려주는 데 힘쓰는 경향이 있다. 하드 록 팬들이라면 언더그라운드 헤비메탈 애청곡을 프리폼 채널 이곳 저곳에서 들을 수 있지만, 또 알바니아 민속음악이나 사이키델릭 소울에 놀랄 가능성도 있다. 그것은 DJ에게 달려 있다. 이는 프리폼 방송국에 흥미로운 과제를 제시하는데, 프리폼 방송국은 청취자를 확보하면서도 방송국이 언제 어떤 소리를 들려줄지 선택할 수 있는 DJ의 자율성도 균형 있게 유지해야 한다. 프리폼 라디오 방송국은 예측 불가능한 프로그래밍을 원하는 청취자층을 구축해야 한다.

이 장에서는 미국 라디오의 오랜 역사에서 프리폼 방송이 청취자를 만드는 접근법이 어떻게 발전했는지 설명하고, 일리노이 주 시카고의 WLPN에서 수행한 참여 관찰 연구를 바탕으로 프리폼 방송국이 청취자층을 형성하기 위해 어떤 접근 방법을 취했는지 보여 준다. 프리폼 라디오는 음악 라디오의 초기 형성 과정에서 뿌리를 찾을 수 있으며, 매스 마켓과 정치, 경제, 문화적 맥락에 대응하여 개발된 틈새 프로그래밍 전략의 형태를 취하고 있다. Top 40[3] 방송이 등장하자, 틈새 청취자들을 목표로 하는 방송국들은 소수의 청취자를 가지고도 살아남을 수 있는 재정 구조를 구축함으로써 대표적인 프리폼 라디오인 대학과 커뮤니티 방송국[4]의 기반을 마련했다. 현대의 프리폼 라디오 방송국들은 개별 DJ의 프로그래밍 철학에 의존하여 틈새 청취자를 끌어들이는 방송국의 정체성을 개발해 청취

---

2 채널 전체의 일관된 포맷 없이 시간대별로 다양한 내용을 방송하는 자유 형식.
3 당대에 가장 인기 있는 40곡만을 반복해서 들려주는 포맷의 음악 라디오 방송.
4 소규모 지역사회나 단체 등의 특정 공동체를 기반으로 하는 방송국.

자의 기대를 충족시켜야 한다. 시카고의 새로운 프리폼 라디오 방송국인 WLPN은 FM 105.5에서 방송되기 전부터 청취자를 만들기 시작했다. 프리폼 청취자들에게 그들의 방송을 설명하기 위해 방송국 경영진은 전문적인 경험을 가진 DJ들과 함께 자원봉사자들을 영입해서 "이상하고 접근하기 쉬운" 음악에 대한 방송국의 기대감을 공개적으로 전달했다. DJ들은 다양한 프로그래밍 철학을 사용해 청취자들을 위한 음악을 선택했는데, 이것은 어떤 예측에도 어긋나는 프로그래밍을 위해 만들어졌다.

틈새 프로그램과 프리폼 라디오의 진화

프리폼 라디오는 방송을 위한 음악을 개별 DJ들이 선택한다는 점에서 다른 유형의 방송국들과 구별된다. 왜냐하면 청취자의 취향에 명백히 부합하지 않는 '자주 들리지 않는 음악'을 우선시할 때가 종종 있기 때문이다. 1960년대의 프리폼 "언더그라운드 록" FM 방송국은 프리폼의 시초로 언급되어 왔다(Barnard, 2000; Barnouw, 1968). 이들이 이 용어를 처음으로 눈에 띄게 사용하며 반체제 성향에 대한 토대를 확실히 마련했지만, 프리폼 라디오의 역사는 틈새 라디오뿐 아니라 뭔가 새로운 것으로 관객들의 취향을 확대하려고 했던 주류 라디오 프로그램까지 거슬러 올라간다.

1921년, 웨스팅하우스(Westinghouse)가 시카고 시립 오페라단의 총감독인 메리 가든(Mary Garden)에게 전송권을 주면서 최초의 음악 전문 방송국인 시카고의 KYW가 시작되었다. 그때까지 최고의 청취율을 기록한 방송은 선거 결과 방송과 스포츠 이벤트들이었지만 음악 청취자들이 그동안의 모든 예측을 뛰어넘었다. "시즌 초에는 1300명의 수신자가 있을 것으로 예상되었다. 오페라 시즌이 끝날 무렵에는 2만 세트의 라디오 수신기가 시카고에서 운용되고 있었다"(Barnouw, 1966: 88). 관객들이 듣고 싶어 하는 것이 무엇인지에 대한 기존 자료를 무시한 메리 가든의 실험은 수익성을 입증했다.

미국 작곡가, 작가, 출판사 협회(ASCAP)가 가장 인기 있는 노래들에 대한 저작권료를 높이려 했던 1940년대의 상황 때문이기도 했지만, 음악 라디오가 인기를 끌자 틈새 라디오 방송국이 등장해 매스 마켓 방송국에서 방송되지 않는 소규모 레이블의 음악을 관객들에게 소개하게 되었다. 독립적인 틈새 방송국들은 소규모 레이블이나 음반 프로모터들과 제휴해 비밥, 블루스, 블루그래스 같은 새로운 장르에 관객들의 귀를 열어 주는 "풀뿌리 음악 산업"을 형성했다(Fisher, 2007: 12~13). 그러나 당시 풀뿌리 네트워크의 독립 방송국들은 틈새 시청자들에게 어필할 때 겪는 재정적 어려움에 대한 초기의 사례들을 보여 준다. 예를 들어, 몇몇 소규모 방송국에서는 흑인 음악가들이 만든 음악을 일컫는 (불행히도 이렇게 이름 붙여진) "인종 음악"을 방송했는데, 이 음악은 백인 청취자에게 인기를 얻기도 했지만 그 숫자가 매우 적었다. 주요 네트워크들은 이렇게 '편협하고 이질적인' 취향에 신경 쓸 수 없었을 뿐 아니라, 흑인이 만든 음악이 너무 많이 방송되면 스폰서들이 떠나갔다(Chapman, 1992: 13). 소수의 청취자들만을 가지고 인종 차별주의적인 사회적 관습에 저항하는 음악이라는 위험까지 무릅썼기 때문에, 독립적인 틈새 방송국들은 재정적으로 살아남기 위해 안간힘을 써야 했다.

토드 스토즈(Todd Storz)는 1949년에 오마하의 KOWH라는 독립 방송국 하나를 사들였다. 스토즈는 자신의 새로운 소유물로 Top 40을 실험했는데, 이 실험은 곧 전국적으로 표준이 되었고 대중문화 취향을 예측하는 데 있어 기념할 만한 전환점이 되었다. 스토즈는 청취자들이 자신이 좋아하는 것을 반복해서 듣고 싶어 한다는 것을 보여 주는 오마하 대학교의 산업

테스트 프로젝트를 바탕으로 Top 40을 개발했는데, 이것은 '식당에서 Top 40을 발명했다'는 그의 이야기와는 대조적이다.

같은 노래를 반복한다는 생각이 처음에는 다른 방송국들의 비웃음을 샀지만, 청취자들이 광고주들과 함께 떼를 지어 몰려들었다. 1년도 지나지 않아 오마하 청취자의 거의 50%가 KOWH의 정기 청취자가 되었는데, 이는 스토즈가 이 방송국을 사들였을 때 청취율이 4%에 불과했던 것에 비해 엄청나게 증가한 것이다(Fisher, 2007). Top 40은 스토즈의 네트워크를 통해 전국에 퍼졌고, 빠르게 증가했으며, 경쟁 방송국들이 그 뒤를 따랐다. Top 40 방송들은 주크박스의 재생 횟수, 음반 판매량, 매출액 집계, 밴드 리더의 신청곡, 자체적인 청취자 데이터 등을 사용해 이 모든 것을 가장 인기 있는 음악만 모은 단일 프로그램으로 압축했다. 1950년대에 이르러, 방송을 위한 음악을 결정하기 위해 데이터를 사용하는 것이 "포맷(특정 형식)" 라디오로 널리 알려지게 되었다(Chapman, 1992: 14). 여기서 포맷 라디오의 정의는 중요한 내용을 포함한다. 포맷 라디오는 장르나 스타일의 범주에 따라 조직하는 것을 의미하지만, 데이터를 통해 파악하는 청취자들의 요구를 어떻게 반영해서 그 범주를 결정하는지도 매우 중요하다. Top 40는 또한 프로그램의 결정권을 진행자에게서 프로그램 감독5에게로 이동시켰다(Barnouw, 1966: 84; Simpson, 2011: 12). "디스크자키"라는 용어를 처음 사용한 것도 Top 40 프로그래밍 전략에서 나왔다. 디스크자키는 음악, 음악 장르, 광고, 뉴스에 대한 세심한 패턴을 '타며' 청취자들이 계속 주파수를 맞추도록 한다(Chapman, 1992: 14). Top 40에서, 그리고 대부분의 포맷 라디오에서 DJ는 (청취자들은 그들이 고른 것처럼 생각하겠지만) 선곡과 아무 상관이 없다.

Top 40 라디오가 AM의 지배적인 스타일이 되면서 틈새 프로그래밍은

---

5 우리나라 방송에서 '편성 PD'라고 부르는 역할과 비슷하다.

새롭게 이용 가능한 FM 주파수로 옮겨 가 대안적인 내용에 관심이 있는 청취자들에게 다가갔다. 1950년대를 거치며 이익이 늘었음에도 불구하고 대부분의 주요 네트워크들은 FM의 가능성을 탐색해야 할 경제적 동기를 가지지 못했다. 광고주들도 FM 청취자에 대한 구체적인 데이터가 부족했기 때문에 그쪽에는 무관심했다. 그들은 확실한 마케팅 잠재력을 가진 청취자들을 보유하고 있는 '미리 결정된 프로그램'으로부터 얻는 예측 가능한 결과에 의존해 왔다(Sterling and Keith, 2008: 123). 주요 방송국들은 청취자의 요구가 없는 한 새로운 프로그램에 대한 실험을 할 여유가 없었지만, 소규모 방송국들은 한 발짝을 내디뎠다. 1960년대 초까지 FM의 프로그래밍 전략은 2가지 범주에 속했다. 첫째, AM 다이얼에 있는 자매 방송국의 동일한 콘텐츠를 재방송하는 것, 둘째, 히트곡만 듣는 것에 흥미를 잃었던 틈새 성인 청취자들에게 접근하려는 새롭고 야심찬 형태의 프로그램.

AM에 있는 더 큰 네트워크에 기반을 두지 않고 존재하는 FM 방송국이 20%에 불과했지만, 이들은 어제의 히트곡에 싫증이 난 더 세련된 취향을 가진 청취자들을 확보했다. 샌프란시스코의 KABL이 "아름다운 음악"으로 알려지게 된 이 포맷 전략을 개척했다. 그 포맷은 현재 "이지 리스닝"으로 알려진 헨리 맨시니(Henry Mancini) 같은 예술가들의 압도적인 소리를 특징으로 했는데, 이것이 그 시대의 대안 프로그램이었다. '아름다운 음악'은 또한 나중에 FM 다이얼의 특색이 될 음악 세트6를 쓸 수 있는 공간을 구축함으로써 Top 40 프로그래밍의 구문을 이동시켰다. 시카고의 WFMT는 FM이라는 기회를 이용해 대통령 기자회견과 젊은 스터드 테르켈(Studs Terkel)이 진행하는 토크 쇼 등과 함께 클래식 음악을 방송했다. WFMT 방송국의 소유주는 자신의 음반 수집에 5만 달러(오늘날 가치로 약 31만 5천 달러)를

---

6 이어서 방송되는 여러 곡의 묶음.

투자하고 국제 음악 축제와 오페라를 통째로 공유하기 시작했다(Stelling and Keith, 2008: 114~115). 프리폼 록 방송국이 등장하기 전까지 독립 FM 방송사들은 AM의 선배들과 마찬가지로 방송이 가진 힘을 이용해 청취자들의 관심을 끌 만한 것이 무엇인지 실험함으로써 새로운 종류의 청취자들에게 접근하려 했다.

독립 FM 방송국들은 광고주 대신 청취자에게 의존하는 대체 재정 모델을 개발해 공영 라디오와 비영리 라디오를 위한 선례를 만들었다. '아름다운 음악' 방송국은 구독료와 프로그램 가이드 판매로 청취자들에게 다가갔다. WFMT와 같은 소유주는 훨씬 더 직접적인 접근을 했다. 그는 그 방송국을 만든 첫해에 두 번 방송에 출연해 시청자들에게 돈을 요구했다. 그리고 청취자들은 기부금으로 응답했다. 자신들이 형성한 신뢰할 수 있는 청취자층에게 의존하는 기존 방송국들과는 달리, 독립적으로 소유되는 방송국들은 적은 청취자들을 가졌지만 그들이 이곳에서 다른 무언가를 원하고 개인적으로 더 적극적으로 지지하기 때문에 위험을 감수할 수 있었다. 25세 이상의 청취자들은 AM 다이얼의 예측 가능한 팝에 대해 주파수 맞추기를 중단했다(Sterling and Keith, 2008). 1960년대 중반까지, FM 라디오 방송국은 불과 몇 년 사이에 4배나 증가했고, 이전의 작은 경계를 훨씬 넘어 더 새롭고 더 넓은 청취자 그룹을 끌어들이며 FM 청취자들을 확장했다.

1967년 연방통신위원회(FCC)의 프로그래밍 중복 제한은 FM 다이얼에 진공 상태를 만들어 프리폼 "언더그라운드 록"의 상승 조건을 만들었다. 인구가 10만 명 이상인 도시의 방송국들은 그들의 중복 프로그램을 주간 방송 시간의 50%까지 줄여야 했다(Federal Communications Commission, 1965: 119). 1967년까지는 그 규제가 완벽하게 이뤄지지 않았음에도 불구하고, (다른 것들 중에도) Top 40 방송국들이 채워야 할 시간이 생겨났다(Sterling and Keith, 2008:

133). 새로운 FM 방송국들은 프로그래밍에 대한 다른 접근법으로 청취자들을 끌어들이려고 노력했다. 그들은 인기 있는 곡들을 방송하는 대신에, 아티스트와 앨범에 대한 더 넓은 카탈로그를 가지고 청취자들을 끌어들였다. 1960년대까지 싱글 곡을 특징으로 하는 1940년대 중반 스타일이 지배적이었지만, LP의 상승과 함께 언더그라운드 록 라디오의 상승이 동시에 일어났다.

앨범은 아티스트로부터 더 넓은 범위의 트랙들이 나온다는 것을 의미했고, DJ가 공유할 수 있는 더 많은 옵션을 제공했다. 프리폼이라는 포맷은 아마도, 매스 마켓에 서비스하는 최초의 언더그라운드 록 음악 방송국인 뉴욕 WOR-FM에서 디어소시에이션(the Association)[7]의 "Requiem for the Masses"(아마도 언더그라운드 방송국의 우연한 선택일 것이다)를 소개하려는 DJ의 동전 던지기(Flip Decision)[8]에서 나온 것으로 추정되는데, 이 결정으로 인해 흥분한 전화들이 빗발쳤다. 이 방송국은 혁신적이고 새로운 음악을 방송하는 것으로 지역에서 명성을 얻었다(Simpson, 2011). 이후 장르나 다른 범주에 따라 프로그램을 분류하지 않는 방송국이 "프리폼" 라디오로 알려졌다.

1960년대의 록 라디오 방송국들이 프리폼을 정의했다. 언더그라운드 록 방송들의 접근 방식은 "진보적, 대안적, 프리폼, 사이키델릭, 심지어 '안티-포맷' 형식"으로 설명되었고(Sterling and Keith, 2008: 129), 몇몇 DJ들은 자신만의 것을 만들려고 시도했다. 샌프란시스코 프리폼 DJ 톰 도나휴(Tom Donahue)는 1967년에 3~4곡씩 세트로 들으며 트랙 사이에 말을 하지 않는 자신만의 스타일을 보여 주기 위해 프리폼을 사용했다(Elborough, 2009: 285).

---

7 1962년에 결성된 캘리포니아 출신의 팝 그룹으로, 2003년 보컬 그룹 명예의 전당에 헌액되었다.
8 동전을 던져서 나오는 대로 결정하는 것.

뉴욕 WBAI의 DJ 밥 패스(Bob Fass)는 그의 쇼인 〈라디오 언네이머블(Radio Unnamable)〉이 "모든 음악이 서로 연관되어 있으며 그중 어떤 것도 범주에 넣어 분류할 필요가 없다는 것을 보여 주기 위해 시작되었으며 그 쇼는 완전히 자유로웠고 거기서 프리폼을 얻을 수 있었다"라고 설명했다(Sterling and Keith, 2008: 131). 일관된 원칙은 DJ들이 자신의 쇼에 필요한 콘텐츠를 선택할 수 있는 자율성이 더 높다는 점이었다. 프리폼 DJ들은 또한 디스크 자키라는 용어로 인해 정해지는 역할까지 거절했다. 그들은 더 큰 세트의 노래를 소개하는 역할인 "아나운서"라고 불리는 것을 선호했다. 프리폼 라디오는 히트곡을 피하고 장르를 넘나드는 다양한 음악을 들려주며 DJ 개인이 그 방송을 장악하도록 하는 방식으로 일부러 Top 40 프로그램의 성향을 거스르는 정체성을 개발했다.

1960년대의 사회 정치적 풍토도 '반체제 미학'을 선호했다. 전형적으로 금기시되는 내용을 방송하는 것이 새로운 청중을 더 많이 끌어들였다. 1960년대 중반의 언더그라운드 라디오는 반자본주의적인 의제를 떠안았다. DJ들은 종종 공중파 광고를 경시하고 헤드숍과 같은 대체 판매 업체와 제품의 후원을 받았다(Sterling and Keith, 2008). 언더그라운드 라디오는 1960년대에 성장한 미국 남성들이 새로운 남자다움을 이야기할 수 있는 대체 장소를 제공했는데, 이는 베트남 전쟁 당시 군국화된 남성들의 더 지배적인 이미지와는 뚜렷한 대조를 이룬다. 라디오 프로그램은 10여 년간의 전설적인 문화적 경험을 반영하고 거기에 기여했으며, 남성 DJ들은 그들의 방송시간을 정치적·미적 억압에 반대하기 위해 사용할 수 있었다(Simpson, 2011: 106).

프리폼 록 라디오는 일부 사회적 관습에 대한 혁신적이고 대안적인 접근법으로 진화했지만, 그 이례적인 접근법이 성별에 있어서는 크게 확장되지 않았다. 비록 완전히 없는 것은 아니지만 프리폼 라디오의 초기에는 여성이 그리 두드러지지 않았는데, 사실 놀랄 일도 아니었다. KMPX에는 1970년대 초반까지 5명의 여성 DJ가 진행하는 쇼가 하나 있었다. 다른 유형의 FM 방송국들은 더 많은 여성들을 방송에 출연시켰는데, 특히 NPR(National Public Radio)에는 기자로 출연하거나 헌신적인 청취자층을 가진 여성 음악 DJ들이 출연하는 경우가 많았다(Sterling and Keith, 2008: 133~134). 하지만 여성 DJ가 더 많았을지는 몰라도, 대부분의 음악 산업에서 많은 성 규범이 그대로 남아 있었다. 많은 방송국의 경영에 쇼비니즘[9]이 만연했다(Simpson, 2011: 104; Sterling and Keith, 2008). 심슨은 주로 젊은 여성 청취자들을 대상으로 만들어진 음악이나 '버블검'[10] 음악을 틀어서는 안 된다는 방송국의 지침에서 볼 수 있는 미묘한 성차별을 지적한다. 심슨은 또한 "자존심 있는" 프리폼 방송국을 위한 1968년 록 월드 음반 목록도 언급하는데, 이 방송국에서 방송한 123명 중에 8명만이 여성 보컬이었다(Simpson, 2011: 8). 심지어 음악적 실험을 장려하는 환경에서도, 여성들을 위한 음악이나 여성이 만든 음악을 방송하는 것은 약간의 수치로 여겨졌다.

1960년대의 프리폼 록 방송국들은 언더그라운드나 프리폼에 영원히 남아 있지 않았다. 청취자 수가 증가함에 따라 기업 소유권이 주목받았고 FM 방송국들은 보다 수익 지향적이고 앨범 지향적인 록 포맷, AOR(Album Oriented Rock)로 전환하기 시작했다(Sterling and Keith, 2008: 133). 이 이름이 Top 40의 대안으로 등장한 앨범 재생의 접근법을 설명한다. 1970년대가 시작되면서 DJ들은 방송에 대한 통제력을 점점 더 잃었다. 이러한 변화의 예는 ABC 소유 계열사인 뉴욕 WPLJ-FM의 프로그램 감독이 남긴 메모에서 확

---

9 (남성) 우월주의.
10 1960년대에 유행한 것으로, 의도적으로 상업적인 목적을 띤 팝 음악을 가리킨다. 주로 10대 초반의 청취자를 빗대어 비판적으로 표현한 부정적인 용어이다.

인할 수 있다.

우리는 현재 3개의 레코드 리스트를 가지고 있다. 히트 싱글의 A 리스트가 있
고, 현재 인기 있는 앨범의 B 리스트가 있고, 스탠더드 프로그레시브 록의 고
전들을 담은 C 리스트가 있다. 현재 이 목록은 당신의 머릿속에 있으며, 딜런,
비틀즈, 롤링스톤즈 등의 익숙한 트랙을 포함하고 있다. 며칠 내로 C 리스트를
보내 줄 것이다… 주요 시간대의 00분, 15분, 45분은 A, B, C 트랙으로 채워야
한다… 낮에는 최소 4개의 B 트랙이 있어야 한다… 4일 동안, A 리스트의 모든
아이템을 적어도 한 번 이상 방송해야 한다. 우리는 매주 화요일에 음악 회의
를 열어 새로운 음반, 추천곡, 그리고 A, B, C 리스트에 대해 논의할 것이다
(Keith, 1997: 60에서 소개한 WPLJ-FM 1971 New York 메모).

메모 내용을 보면, DJ들은 여전히 "친숙한 트랙"을 구성하는 것에 대한
어느 정도의 재량권이 있었지만, 서면과 주간 회의를 통해 전달되는 점점
더 표준화된 선곡 과정이 있음을 알 수 있다. 이런 식으로 WPLJ의 관리자
는 어떤 음반을 재생할 것인지, 언제 새로운 음악을 재생할 것인지 결정하
는 데 중요한 역할을 했다.

FM 방송국의 수익성이 높아지자, 프로그래밍 혁신이 중단되었다. 1970
년대가 끝나기 전에, 전국의 약 2천 개의 FM 방송국은 자동화된 음악 프
로그래밍으로 전환되어 DJ마저 필요하지 않게 되었다. DJ의 유일한 역할
은 미리 선택된 트랙들 사이의 예정된 공간에서 말을 하는 것이었다(Sterling
and Keith, 2008: 137). AOR은 1980년대에 이르러 "클래식 록"과 "클래식 히트"
로 변했고, 1960년대와 1970년대의 같은 록 규범을 이용했다. 로텐불러는
AOR 프로그래밍 전략에서 중앙 집중화된 인력 배치 구조를 설명했는데,
이 전략에서는 방송국의 음악 및 프로그램 감독이 컨설턴트와 함께 무역

이나 산업 출판물에 기반한 재생 목록을 작성했다. 성공한 프로그래머들은 지역사회나 음악이 아닌 라디오 산업에 대한 그들의 지식에 의존했다 (Rothenbuhler, 1985). 라디오 프로그램은 청취자들의 현재 선호에 따라 방송하는 상업적으로 성공했던 패턴으로 되돌아갔다. 프리폼 라디오는 대학과 커뮤니티 방송국으로 이동했다.

대학 방송국들은 R.E.M, U2와 같이 당시 상대적으로 작은 아티스트를 위한 청취자들을 형성하는 데 중심적인 역할을 하며 1980년대 음악 산업에서 명성을 얻었다(Azerrad, 2001; Kruse, 2003). 상업적인 FM 프리폼 방송국은 DJ가 주도하는 보다 다양한 프로그래밍에 대한 시청자의 취향을 만들어 왔는데, 일부 대학 방송국에서 이를 차용해 주류 록 방송국이 다루지 않는 록, 펑크, 뉴웨이브를 방송했다. 모든 대학 방송국들이 대안적인 형식을 수용한 것은 아니다. 많은 대학 방송국들은 학생들이 형식화된 라디오 방송국에서 직업을 갖도록 하기 위해 상업방송국처럼 운영되었다(Kruse, 2003). 그리고 대안적인 음악에 초점을 맞춘 방송국들이 항상 프리폼의 접근 방법을 택하는 것은 아니었다. 많은 대학 방송국들, 심지어 언더그라운드 콘텐츠에 초점을 맞춘 방송국들조차 여전히 어떤 종류의 포맷 구조를 채택하고 있는데, 가장 흔한 경우는 음반사들과의 관계를 뒷받침하는 데이터를 생성하기 위해서였다. 비상업적인 대학 방송국들은 그들의 DJ에 대한 수요가 적으며, 종종 DJ들에게 그들의 쇼 동안 미리 정해진 한 개 이상의 리스트에서 특정 수의 트랙을 재생하도록 요청한다. 방송국들은 방송에서 재생된 앨범을 CMJ[11] New Music Report에 보고했다. CMJ는 누가

---

11 음악 이벤트 및 온라인 미디어 회사로서, 웹사이트를 운영하고, 매년 뉴욕에서 축제를 개최하며, CMJ New Music Monthly와 CMJ New Music Report를 발행했다. 2019년에 Amazing Radio에 인수되었다.

무엇을 방송했는지에 대한 개인 및 종합 차트를 발표해, 어떤 방송국이 계속해서 판촉용 앨범을 받아야 하는지에 대한 자료를 음반사에 제공한다. 대안적인 대학 라디오 DJ들은 상업 라디오나 상업적인 대학 라디오에 있는 또래들보다 음악을 선택할 수 있는 자유가 더 많을 수도 있지만, 대부분의 대학 방송국들은 완전히 프리폼은 아니다.

대안적인 대학 라디오와는 달리, 커뮤니티 라디오 방송국은 음반사로부터 같은 관심을 얻지 못했다(Kruse, 2003: 78). 개별 DJ가 특정 레이블과 관계를 맺을 수는 있지만, 커뮤니티 라디오용 CMJ 버전이 없기 때문에 음반사들은 이들이 무엇을 방송하는지에 대해 쉽게 접근할 수 없다. 또한 커뮤니티 라디오는 지역 방송국 수준에서 청취자를 정의하기 때문에 사람들이 무엇을 위해 주파수를 맞추는지에 대한 데이터(그 방송국이 그런 데이터에 신경 쓴다고 가정하더라도)가 그 방송국 밖에서는 매우 제한적으로 사용된다. 한 커뮤니티 방송국에서 무엇이 작동하는지에 대한 데이터가 다른 방송국에서 어떤 일이 일어날지 예측하는 데 그다지 유용할 것으로 보이지 않는 것이다. 커뮤니티 라디오 방송국은 시청자들이 어떤 것을 원하는지에 대해 소통하고자 포맷을 채택할 수도 있지만, 또한 DJ의 자율성을 각 쇼가 갖는 전략의 중심에 두는 프리폼 프로그래밍에 더 개방적일 수도 있다.

포맷 형식의 상업용 라디오는 지난 세기가 끝나면서 더욱 집중화되었다. 1996년 전기통신법은 전국 방송 소유의 상한선을 없앴는데, 이는 이제 한 회사가 전국적으로 수백 개의 방송국을 구입할 수 있게 되었다는 의미다. 시장 내에서의 소유권 제한도 완화되었다. FCC는 해당 시장에 얼마나 많은 방송국이 존재하는지에 비례해서 한 기업이 소유할 수 있는 방송국 수를 증가시켰다. 14개 이하의 방송국이 있는 소규모 지역사회에서는 한 회사가 36%의 라디오 방송국을 소유할 수 있었다(Rodman, 2016: 242; Sterling and Keith, 2008: 179~180). 물론 중앙 집중화된 소유권은 보다 표준화된 프로그래밍을 의미했다. 클리어 채널(Clear Channel)은 아마도 가장 주목할 만한 수혜자일 것이다. 전기통신법 시행 3년 이내에 그들은 거의 1천 개의 방송국을 소유했고, 그중 많은 방송국은 중앙에서 개발된 동일한 콘텐츠를 특징으로 한다(Sterling and Keith, 2008: 183). 포맷 형식 라디오 청취자는 동일한 아티스트, 앨범, 노래를 유사하게 반복 재생하는 다양한 방송국에 채널을 맞출 수 있다. 2000년 이후 포맷은 증가했지만, 이전에 성공했던 히트곡을 더 많이 다뤄서 향수를 불러일으키는 프로그램이라는 점을 홍보하며 청취자들의 기존 취향에 의존하고 있다(Rodman, 2016: 246). 더 많은 선택지가 있을 수 있지만, 이러한 선택지들은 그 노래들이 새로 생겨났던 몇 십 년 전에 그들이 재생했던 것과 같은 곡을 재생할 뿐이다.

그러나 이러한 중앙 집중화된 의사결정 구조 안에서조차, 라디오 편성 기획자들은 내용을 만드는 프로그래밍 철학도 채택한다. 잘 알크비스트(Jarl A. Ahlkvist)는 일부 편성 기획자들이 음악학자의 철학을 프로그램에 가져갔으며, 다른 곳에서 들을 수 없는 음악을 청중들에게 교육하기 위해 더 많은 정보를 가져왔다고 지적했다. 음악학자들이 맞닥뜨리는 도전은 "그들의 개인적 수준(그들이 자랑스러워하는 음악)과 시장이 참을 수 있는 것(그들이 정당화할 수는 있지만 개인적으로 좋아하지는 않는 음악) 사이의 균형을 맞추는 것"이었다(Ahlkvist, 2001: 347). 음악학자 같은 편성 기획자들은 여전히 그들의 청취자들을 끌어들이는 음악을 틀어야 하지만 또한 사용할 음악의 질에 대한 그들의 전문적인 판단을 포함할 수도 있다.

21세기에는 시리우스XM과 같은 위성 네트워크와 판도라, 스포티파이와 같은 인터넷 스트리밍 서비스들이 더욱 구체적으로 시청자의 요구에 부응하기 위해 노력해 왔다. 위성 라디오 방송국은 제한된 방송 주파수에 의존할 필요가 없다. 예를 들어, 시리우스XM은 팀별 스포츠 방송국에서 펄 잼(Pearl Jam), 윌리 넬슨(Willie Nelson), 밥 딜런(Bob Dylan)과 같은 유명 아티스트들이 큐레이션한 음악 방송국에 이르기까지, 심지어 자주 듣기 어려운 아티스트들을 다루는 음악 블로그 〈Dictators and Aquarium Drunkard〉의 핸섬 딕 마니토바(Handsome Dick Manitoba)와 같은 덜 알려진 권위자까지 망라하는, 가입자들이 선택할 수 있는 994개의 방송국을 제공한다. 청취자들은 더 많은 선택권을 위해 미리 돈을 낸다. 이와는 대조적으로 판도라는 청취자의 피드백으로부터 즉각적인 방향을 정한다. 음악 스트리밍 서비스는 청취자 선호도에 따라 노래를 승인하거나 건너뛸 수 있는데, 이것이 다음에 어떤 노래를 틀어 줄지 선택하는 알고리즘에게 정보를 준다. 예측 가능한 대중음악의 조직적인 블록으로 많은 청취자를 끌어모으는 포맷 라디오와는 정반대로 보일 수도 있지만, 둘 다 관객의 기존 취향에 호소한다는 점에서는 같다. 청취자가 프로그래밍을 최적화할 수 있을지도 모르지만, 청취자는 여전히 데이터 분석을 통해 조직이 결정한 일련의 노래들 중에서 선택하는 것이다(예를 들어 판도라는 음악 게놈 프로젝트를 사용한다).

특정한 군중을 소스로 해서 승인하는 방식, 또는 "고도의 제휴"에 집중하려 한다고 해서 반드시 청중의 취향이 확대되는 것은 아니다(Rodman, 2016: 250). 두 경우 모두, 청취자들이 연계할 수 있는 선택의 폭이 넓지만, 여전히 어떤 장르나 스타일의 음악이 방송될지에 대한 개인적인 취향이나 기대를 가지고 방송국을 선택한다.

더 최근에는, 커뮤니티 라디오 방송국들이 가장 큰 성장을 경험했다. 2011년 1월, 지역 공동체 라디오법 덕분에 더 작고 더 소출력인 FM 방송국들이 여러 곳에서 다시 문을 열었다. FCC는 2013년에 소출력 FM(LPFM) 방송국의 신청을 받아서 비영리 단체가 공중파 방송에서 소량의 지분을 가질 수 있는 기회를 만들었다(Local Community Act, 날짜 없음). 이 장의 연구는 면허를 취득한 방송국 중 하나인 시카고 WLPN에서 참여 관찰 조사를 통해 이뤄졌다.

새로운 커뮤니티 방송국은 청취자들을 위해 끊임없이 늘어나는 선택지들과 경쟁해야 한다. 틈새 청취자들을 끌어들이는 라디오 방송국들은 20세기 대부분 동안 많은 매스 마켓 라디오와 경쟁했지만, 이제 매스 마켓 위성과 인터넷 라디오 서비스들이 더 인기 있는 선택지와 함께 틈새 프로그램을 제공하고 있다. 프리폼 커뮤니티 방송국은 지상파 라디오 청취자들과 연결될 수 있는 새로운 기회를 갖게 되었지만, 많은 것 중에서 대안으로서 정체성을 확립해야 한다. DJ들이 음악을 선택하기 때문에, 모든 쇼는 '그들이 무엇을 위해 듣는가' 하는 다른 정보들에 의존해 관객들의 취향을 파악하는 실험이다.

WLPN에서 청취자 형성하기

프리폼 라디오 방송국은 명확하게 인정된 스타일(예: Top 40)에 의존하거나 프리폼 사운드의 일관된 정의를 받아들이지 않고 청취자를 모아야 한다. DJ 자율성의 광범위한 매개변수 안에서 프리폼 라디오 방송국은 특정 방송국 정체성에 대한 개별적인 해석을 개발한다. WLPN은 웹사이트에 그들의 방송국에 대한 설명을 이렇게 적시했다. "시카고(105.5FM)의 비상업적 급진주의 라디오 방송국으로서 혁신적인 아이디어를 보여 주고, 고도로 큐레이트된 음악을 들려주며, 우리 시대의 이슈에 대한 해설을 방송한다… 도시에서 살고 일하는 사람들, 시카고의 언더그라운드 문화를 사랑하는 모든 사람들, 그리고 어디에 있든지 프리폼 라디오라는 아이디어를 사랑하는 사람들을 위해서"("About Us", 2017: 첫 단락). 이 설명은 특정 유형의 음악을 언급하지 않고 청취자가 자신이 무엇을 위해 주파수를 맞추고 있는지 이해하는 데 도움이 되는 다른 내용들을 담고 있다. WLPN은 자신들의 콘텐츠를 '급진적', '혁신적'이라고 부를 뿐 아니라, 이들의 음악이 '큐레이트'라는 점에 주목해 음악적 의사 결정에 들어가는 '케어'를 강조한다. WLPN은 또한 지역 중심적이고, 주류 문화에 관심이 덜 있고, 동시에 프리폼의 팬들인 그들의 청취자들을 향해 구체적으로 이야기한다. WLPN은 스스로를 프리폼 방송국이 아니라 '자신의 청취자들을 위해 프로그래밍하는 방송국'으로 정의한다. 프리폼 라디오의 팬들이 듣고 싶어 하는 것을 들려주기 때문에, 프리폼 라디오 팬들이라면 청취해야 한다는, 포맷 라디오의 친숙한 논리를 빌려 온 것이다.

다른 방송국들은 다른 접근 방식을 제시한다. 예를 들어, 미국에서 가장 오래 운영되고 있는 프리폼 방송국인 WFMU는 그들의 프로그래밍이 어떤 것인지 설명하고 DJ의 역할을 강조한다. 그 설명은 이례적인 다양성을 망라하는, 그래서 더 모호해지는 장르의 혼합으로 시작된다. "WFMU의 프로그래밍은 분류할 수 없는 솔직한 낯섦음부터 로큰롤, 실험음악, 78 RPM 레코드, 재즈, 싸이키델리아, 힙합, 일렉트로니카, 수동 축음기, 펑크록, 복음성가, 엑소티카, R&B, 라디오 즉흥곡, 요리 안내, 클래식 라디오 방송 체크, 채집 음향(found sound)[12], 멍청한 시청자 전화 참여 쇼, 무명 라디오 인사나 저명한 과학계 유명 인사들과의 인터뷰, 토크 편집, 영어 외의 언어로 된 앤드류 로이드 웨버(Andrew Lloyd Webber) 사운드트랙, 컨트리, 서부 음악까지 다룬다"("About WFMU", 2018: 5번째 단락). 다음으로, 방송국 설명은 WFMU의 DJ 자율성에 대한 우선순위를 설명한다. "방송국의 모든 프로그램은 개별 DJ가 제어하며, 방송국 전체의 플레이 리스트나 반복 순서에 의존하지 않는다. 실험, 자발성, 유머는 방송국에서 가장 자주 언급되는 특징들 중 하나다. WFMU는 기존 공공 라디오 네트워크에 속하지 않으

---

12 특별히 준비하거나 계획하지 않고 주변 환경에서 녹음한 소리.

며, 프로그램 중 거의 100%가 방송국 자체에서 만들어진다"("About WFMU", 2018: 6번째 단락). 두 번째 섹션에서는 프로그래밍에 대한 WFMU의 관점을 다른 많은 상업방송국의 중앙 집중적 접근 방식과 대조해서 설명한다. 잘 알려진 "실험, 자발성, 유머"는 방송국의 정책이나 의도가 아니라 그러한 접근의 결과로 제시된다. WFMU는 자신이 프로그래밍하고 있는 청취자들을 구체적으로 설명하는 WLPN과 달리, 청취자에 대한 명확한 정의를 제공하지 않고 DJ의 자율성을 바탕으로 하는 접근 방식에 집중한다.

WLPN이 청취자층을 어떻게 형성했는지 이해하기 위해, 이 장은 참여 관찰 연구를 활용한다. 참여 관찰 자체가 하나의 방법(Wolcott, 2008)이지만, 또한 이 프로젝트에서는 DJ들이 생방송으로 음악을 듣고 이야기를 나누는 것을 포함한 적극적인 참여자로서 연구자의 역할을 강조하는 민족지학(Ethnography)13의 부수 전략으로 사용될 수 있다. 이 연구는 2015년과 2016년 WLPN에서 6명의 자원봉사 DJ들과 함께 3개월간 참여 관찰한 것을 반영한 것이다.

WLPN은 방송국 회의에서 DJ들에게, 그리고 필요에 따라서는 개인 DJ에게도 그들의 기대를 설명했다. WLPN은 FM 주파수에서 주류 방송국과 경쟁할 것이기 때문에 다른 방송국에서도 들을 수 있는 음악을 틀어서는 안 된다고 DJ들에게 강조했다. 방송국장은 경험이 적은 자원봉사 DJ들에게도 이 문제를 이야기할 것이라고 말했다. 이것은 품질이 아니라 방송국 정체성의 문제다. 방송국장은 자신이 에리카 바두(Erykah Badu)나 디안젤로(D'Angelo) 같은 아티스트를 좋아하지만, 다른 라디오 방송국에서 이 아티스트들의 곡을 틀면 우리 방송국의 정체성에 역행하므로, DJ들은 자신들의

---

13 사회와 문화의 여러 가지 현상을 정량적이고 정성적인 조사 기법을 이용한 현장 조사를 통해 연구하는 학문 분야.

음악을 선택하기 위해 더 깊이 파고들 필요가 있다고 설명했다. 또 WLPN의 접근 방식은 프리폼이 주류 방송국과 극적으로 다른 방식을 강조한다. 주류 방송국들은 동료 방송국과 일관성을 유지하기 위해 의도적으로 서비스를 표준화하지만(Rothenbuhler, 1985), WLPN의 DJ들은 관객들의 관심을 끌기 위해 반대로 해야 했다.

그러나 WLPN은 또한 DJ들이 그들의 음악을 들리게 만들 수 있을 것이라는 기대를 가졌다. 첫 번째 WLPN 방송국 회의에서 방송국장과 소유주는 청취자들을 시험하면서도 그들을 쫓아내지 않는 것 사이의 어렵지만 중요한 균형을 강조했다. 방송국장은 그 기대감을 이렇게 요약했다. "우리의 이상한 점이 이해 가능하기를 바란다." 앞서 같은 자리에서 에드(Ed) 국장은 DJ들이 '다람쥐가 재잘거리거나 내가 방귀를 뀌는 것'을 포함해 모든 종류의 소리를 방송해야 하지만, 그것이 '들을 만해야 한다'라고 강조했다. 방송국장은 통근자들이 다이얼을 이리저리 돌리는 출퇴근 시간대에 특히 중요하다고 지적했다. 특히 공격적인 음악적 파노라마를 전문으로 하는 노이즈 아티스트 머즈보우(Merzbow)[14]는 WLPN이 기대하는 프로그래밍에 맞지 않는 사람의 예로 간주되었다. DJ들이 스스로 "이상한"과 "이해 가능한"을 어떻게 해석할지 결정할 수 있었지만, 방송국 경영진은 그들의 프로그램이 그들이 생각하는 청취자와 일치하도록 지속적인 피드백을 제공했다.

WLPN은 생방송 청취자들과 이러한 균형을 맞춰 봤던 전문적인 경험을 가진 DJ들을 영입했고, 보다 폭넓은 요구에 응답하는 자원봉사자들과 함께했다. 이 연구에 참여한 DJ들은 모두 앞서 언급했던 언더그라운드 음악 문화를 다루는 술집과 클럽에서 음악을 플레이한 경험이 있었고, 많은 이

---

14 1979년에 결성된 일본의 노이즈 음악 프로젝트 그룹.

들이 마리아 커뮤니티 바(Maria's Packaged Goods and Community Bar)¹⁵에서 DJ 경험을 했다. 한 DJ는 마리아에서 음악감독을 맡았는데, 경험이 적은 DJ들이 그들의 고객들에게 맞지 않는 음악을 틀어 주는 것에 대해 비슷한 좌절감을 표현했다. 그는 마돈나의 메가 히트인 「Holiday」를 틀었던 새 DJ 이야기를 덧붙였는데, "마리아에서 왜 마돈나를 틀어?"라고 물으며 그 사건에 대한 예민한 혼란을 드러냈다. 다른 술집에서는 유명한 히트곡들을 틀지 모르지만, WLPN처럼 흔히 들을 수 없는 곡을 틀어 주는 것을 이 장소의 정체성으로 삼는 마리아에서는 아니었다. WLPN은 그런 종류의 청취자들과 친숙한 DJ를 직접 선택함으로써, 흔히 들을 수 없는 음악을 틀어 주는 전문적인 경험을 가진 믿을 수 있는 큐레이터들의 명단을 만들었다.

경험이 풍부한 DJ들도 라이브 관객과의 경험을 통해 무언가를 들을 수 있도록 만드는 방법을 이해했다. 또 다른 WLPN DJ는 라이브 DJ로서의 역할을 조각가에 비유하면서, 물리적 물체가 하는 것과 같은 방식으로 소리가 공간을 만든다고 설명했다. 그녀는 DJ를 할 때 다양한 음악을 가져와서 관중의 마음을 읽고 거기에 반응할 수 있다. 그녀는 그들이 몇 살이고 어떻게 움직이는지 관찰함으로써 그들이 무엇을 좋아하는지에 대한 단서들을 찾아내려 한다. 그녀는 종종 (항상 그렇지는 않지만) "조금의 잡음"이 있는 트랙을 가져와 그들이 예상하는 반응까지 바꾸기 위해 먼저 방의 분위기를 안정되게 유지하려고 노력한다. 그녀는 파티에서 친구의 메탈 밴드인 싸이어나이드(Cyanide)를 데리고 J. 가일즈 밴드(J. Geils Band)¹⁶의 노래에 맞춰 춤을 추게 했을 때의 예를 제시했다. 그들은 클래식 록 팬이나 심지

---

15 시카고의 유명한 술집.

16 1967년 결성된 미국의 록 밴드. 이들의 노래 「Centerfold」가 큰 인기를 얻었는데, 송대관의 노래 「해뜰날」과 유사한 것으로 알려졌다.

어 댄서들도 아니었을지 모르지만, 올바른 트랙과 적절한 타이밍이 그들을 플로어로 불러들였다. 가끔 관중의 관심을 끌기 위해 그녀는 톰 페티(Tom Petty)의 「Refugee」를 '칩멍크 펑크(Chipmunk Punk)'가 부른 버전을 사용한다. 록 팬들 중 가장 무심한 사람들도 대개 기억해서 부를 수 있는 메가 히트 곡의 이상하고 생소한 커버 버전은 몇몇 사람들이 고개를 들게 만든다. 라이브 대중은 춤이나, 고개의 끄덕임이나, (바라건대) 음료를 주문하는 등의 방법으로 DJ에게 즉각적인 반응을 보인다. 관객들을 방해하는 음악을 트는 DJ들은 유료 공연에 다시 초대받지 못할 위험을 감수해야 한다. 그러나 마리아를 관리했던 그 DJ는 관객들을 위해 음악을 트는 것과 그들의 취향에 따라 트는 것은 다르다는 것을 분명히 했다. 그는 먼저 "나는 청중이 뭘 원하는지 전혀 관심 없어"라며 농담을 던지지만, 곧바로 그의 직업은 모두가 알고 이미 사랑하는 곡을 트는 것이 아니라고 설명하고, 대화나 다른 활동들과 경쟁해야 하는 주말 밤에는 좀 더 이해하기 쉬운 음악을 우선순위에 놓을 때도 있다고 말한다. 금요일에는 좀 더 실험적인 음악을 들려줄 수도 있지만 오후 10시쯤에는 그 음악이 대화와 함께 이해될 필요가 있었다. "음악에는 리듬이 있고 DJ는 적절한 리듬을 찾아야 한다"라고 그는 말한다.

하지만 라디오 청취자들은 눈에 보이지 않는다. DJ들은 방송국의 기대와 프로그램 철학에 부합하는 그들의 특정 청취자에 대한 이미지를 만들어야 했다. 몇몇 DJ들은 그들의 취향과 WLPN에 맞는 소리를 내는 것 사이의 균형을 맞춤으로써 상업방송국의 음악학자 같은 편성 기획자들과 비슷한 접근법을 취했다. 그와 같은 결정으로 이끄는 엄격한 구조가 없으면, DJ들은 예상치 못했던 것을 청취자와 공유하기 위해 다른 접근법을 취했다.

라디오 프로그램들은 그것이 어떻게 들릴지에 대한 청취자들의 기대치를 높이기 위한 장르에 초점을 맞췄다. 한 DJ는 자신의 쇼에 "컨트리 마이 웨이"라는 이름을 붙이고 주로 1940년대 중반에 활동했었던, 완전한 음반을 내기에는 너무 작은 규모였던 아티스트들을 선보이며, 컨트리 음악에 대한 청취자들의 생각을 확장하려고 노력했다. 또 다른 쇼는 주제별로 구성된 "빈티지 라틴 사운드"를 다뤘는데, DJ는 라틴 음악 스타일의 다양성을 강조하기 위해 국가별 분류에 집중하지 않음을 분명히 했다. 예를 들어, 2월에 방송된 쇼는 미국 흑인 역사의 달을 기념하여 12개국 이상의 중남미 국가 음악에서 아프리카의 유산을 표현하는 것에 초점을 맞췄다. 다른 DJ들은 1960년대의 프리폼 록 DJ들이 앨범에서 딥 컷[17]을 방송하거나 소리를 바꾸기 위해 다른 속도로 인기 있는 히트곡을 방송했던 것과 같이 많이 알려지지 않은 아티스트들의 트랙을 강조했다. DJ들은 친숙한 아티스트나 친숙한 트랙을 방송할 때도 뭔가 새로운 것을 소개하며 관객들의 취향을 실험했다.

다른 DJ들은 넓은 장르에 걸친 쇼를 만들기 위해 프리폼의 유연성을 이용했다. 2명의 DJ가 그들의 쇼가 음악적인 경계선을 넘도록 계획했다. 그들 중 한 명은 상상 속의 청취자를 염두에 두고 음악을 골랐는데, 그녀는 오후 4시에서 6시 시간대에 늦게까지 일에 붙잡혀 있는 청취자들을 떠올리며 템포 높은 음악을 방송했다. 다른 한 명은 저녁 시간대의 감각적 경험에 따라서, 그녀가 여름에는 틀지 않겠다고 다짐했던 미니멀리스트와 추운 겨울밤의 마이너 키 노래들을 골랐다. 그녀는 음악이 날씨와 시간에 어떻게 맞는지에 대한 분명한 생각을 가지고 지역 청취자들을 위해 음악을 선택했다. 한 DJ는 거의 매주 쇼의 테마를 바꿨다. 그의 첫 번째 쇼인 'Thrift Score'[18]는 할인 코너에서 흔히 발견되는 오래된 음반의 트랙에 초

---

17 아티스트의 진정한 팬들이 즐기는 노래. 숨은 명곡.

점을 맞췄지만, 다음 주에는 의도적으로 사이키델릭 소울, 블루스, 프리 재즈를 섞어 다르게 방송했다. 그러고 나서 그는 좀 더 넓은 의미의 'Eclectic Ladyland'[19]로 쇼를 옮겨 갔는데, 청취자들에게 "뜻밖의 것을 기대하라"라고 경고했다. Eclectic Ladyland는 그 날 관객들이 듣기를 원하는 어떤 것이든 될 수 있었다. 특정 장르에 국한되지 않음으로써, 이 DJ들은 더 많은 개인적 프로그래밍 철학을 가진 쇼를 만들 수 있다.

쇼를 둘러싼 다양성은 WLPN의 방송 정체성에 대한 DJ 각자의 해석에서 비롯되었다. 이렇게 넓게 주어진 자율성은 라이브 세트에 맞지 않는 트랙들이나 다른 방송국에서는 틀지 않을 노래들로 실험하면서 청취자들을 위해, 그리고 청취자들과 함께 방송할 수 있는 충분한 공간을 남겼다. DJ들은 이러한 기회에 대한 열정을 감추지 않았다. 한 DJ는 WLPN에서 그녀의 쇼를 하는 것에 대해 "영예"라고 표현했다. 또 다른 사람은 라이브로 디제잉을 하는 것과 WLPN에서 디제잉을 하는 것이 '역대 최고의 버전 2가지'였지만, 음악에 대한 깊은 사랑을 새로운 청취자들과 나눌 수 있는 WLPN이 "똥 속의 돼지(pig in shit)[20]"였다고 말했다. DJ들은 음악 팬으로서의 열정을 가지고 청취자들에게 생소한 사람들을 어떻게 소개해야 할지 알고 있는 경험 많은 음악 큐레이터들로서 자신들의 쇼에 임했다.

WLPN의 구체적인 접근 방식은 프리폼 라디오 프로그래밍의 핵심적인 역설을 강조한다. DJ들은 어떤 것을 선택하든 "자유"지만, 그것이 무엇을 의미하는지에 대한 방송국의 기대치 내에서만 가능했다. 그 균형은 어려울 수 있다. 그렇게 많은 음악을 가지고 적절히 이상해지라는 명령을 하

18 벼룩시장이나 가게 등에서 가치에 비해 싸게 파는 물건을 찾는 것.
19 지미 헨드릭스의 세 번째이자 마지막 스튜디오 앨범. 그가 1970년 사망하기 전에 마지막으로 발표한 스튜디오 앨범이기도 하다.
20 가장 행복한 상태. 'happy as a pig in shit'이라는 표현에서 나온 말이다.

게 되면 오히려 실수하거나 잘못 가기 쉽다. 프리폼 방송국들은 DJ들에게 정확히 무엇을 방송해야 하는지를 말하지 않은 채 그들이 생각하는 청취자가 누구인지 결정하고 프로그램을 만들어야 한다. 모든 프리폼 방송국들이 같은 조건을 설정하는 것은 아니다. WFMU의 플레이 리스트 역사를 빠르게 검색해 보면, DJ들이 머즈보우의 트랙을 222회 방송했을 뿐 아니라, 마돈나의 노래 역시 「Holiday」 6회와 그녀의 초창기 펑크 밴드인 the Breakfast Club 4회를 포함해 총 124번 방송한 것으로 나타났다. WLPN은 DJ들이 메가 히트와 메가 아티스트를 피하면서도 들을 만한 음악을 방송하기를 기대했지만, 경험이 풍부한 DJ들은 이를 한계로 받아들이지 않았다. DJ들은 이것이 청취자들에게 그들의 취향을 실험할 수 있는 무대를 제공하는 방송국을 도와주는 길이라고 생각했다.

결론

프리폼 라디오는 설계를 가지고 예측할 수 없다. 프리폼 라디오는 DJ의 전문성을 살려 청취자들이 좋아할 만한 음악을 찾고, 포맷 라디오는 산업 데이터를 바탕으로 청취자들의 취향을 예측한다. "차트(또는 청취자 데이터)에 따른 포맷과 프로그래밍이 나쁘다고 생각하고 싶은 유혹"에 저항하는 것이 중요하다(Kruse, 2003: 74). 사람들이 무엇을 좋아하는지에 대한 데이터를 이용함으로써, 포맷 라디오는 들을 수 있는 음악의 수가 제한적일 수는 있지만 더 많은 사람들이 원하는 것을 쉽게 찾을 수 있도록 안내한다(Hesmondhalgh, 2008). 프리폼 라디오 DJ와 방송국은 서로 다른 데이터를 사용한다. 방송국들은 먼저 경험이 풍부한 DJ를 선발하고, 방송국이 바라는 것이 무엇인지에 대해 그들과 소통함으로써 지금 그들의 틈새 청취자들이 무엇을 위해 청취할 것인지에 대한 해석을 끌어내는 방법으로 프로그램을 구성한다. 개별 DJ들은 자신들의 경험과 음악적 전문성, 방송국의 청취자에 대한 자신의 해석을 활용했다. 또한 프리폼 라디오 방송국의 목표는 청취자들에게 그들이 기대하는 것을 제공하는 것이 아니라 그들이 즐길 무언가로 안내하는 것이다.

틈새 청취자들은 그 어느 때보다도 많은 선택권을 가지고 있지만, 프리폼 접근법은 이렇게 늘어난 선택권이 청취자들의 취향에 어떻게 부합하는지에 대한 중요하지만 낯익은 질문을 제기한다. 판도라나 스포티파이와 같은 스트리밍 서비스는 비슷한 청취자의 데이터를 사용해 머무르기 쉬운 음악을 선보임으로써 청취자들에게 기존의 취향을 바탕으로 음악 프로그램을 들을 수 있는 기회를 제공한다. 개인의 청취 데이터를 이용함으로써 스트리밍 서비스는 매우 구체적인 포맷을 반복해 준다. 그러나 다른 온라인 플랫폼도 프리폼 접근법을 위한 기회를 갖는다. 사운드클라우드(SoundCloud)와 다른 사이트들은 개인이 그들의 취향을 공유하기 위해 큐레이션된 연속곡과 재생 목록을 업로드할 수 있도록 허용하고, oWOW 라디오와 같은 일부 프리폼 방송국은 전적으로 온라인에만 존재하며 지상파 프리폼 방송국의 인터넷 스트리밍과 경쟁한다. 이러한 새로운 틈새 프로그래밍은 청취자들 스스로가 자신의 취향을 잘 모르는 상황에서 그 취향을 확장하는 데 관심을 가지고 있을 때 이들을 어떻게 끌어모을 수 있을 것인가 하는 문제를 남겨 두고 있다.

3부 사회적 이슈: 현재 진행형 주제들

9장 왕국에 방송하라: 종교와 라디오의 정신

10장 "더 포괄적인 공공 서비스": NPR이 미국 전체에 서비스할 수 있을까?

11장 황색 비의 소리: 팟캐스트의 음향적 백인성에 대한 저항

왕국에 방송하라
종교와 라디오의 정신

마크 워드(MARK WARD SR.)

다이얼에 순수한 종교가 있다는 것은 라디오의 "마음의 극장"이 무수히 많은 경험이 될 수 있도록 해 준다. 미국에서는 종교 형식의 라디오가 방송국 수에서 뉴스/토크와 컨트리 방송 다음으로 많다. (컨템포러리 크리스천, 컨템포러리 어드벤처, 크리스천 어덜트 컨템포러리, 복음성가, 남부 복음성가, 스페인 종교, 스페인 현대 기독교 등의) 종교음악과 스페인어 종교 형식까지 추가하면, AM 및 FM 종교 방송국 수는 뉴스/토크 형식보다 50%, 컨트리 형식보다 70%나 많다. 거의 3천 개에 달하는 이러한 방송국이 이 나라의 전출력[1] 방송 5개 중 1개를 차지하며, 전국의 청취자를 끌어들여 모든 형식 중 5위에 해당하는 청취율을 기록하고 있다(Pew Research Center, 2015). 이것은 스스로를 개신교 신자로 여기는 성인 4명 중 1명(Pew Research Center, 2015)과 매일 종교 매체를 소비하는 5명 중 1명에게 서비스하는 셈이다. 교회에 다니는 성인보다 매달 이

---

[1] 소출력과 대비해 일반 AM/FM 방송을 의미한다.

러한 미디어에 접속하는 사람이 더 많고, 특히 종교 라디오는 종교 텔레비전, 정기간행물, 또는 웹사이트보다 더 많은 소비자들을 끌어들인다(Barna Group, 2005).

라디오가 지난 한 세기를 되돌아보고 다음 세기를 앞두고 있는 가운데, 종교 라디오에 대한 여러 관찰들이 눈에 띈다. 첫째, 종교적인 라디오는 천상의 메시지를 전할 수 있지만, 동시에 이 장르는 라디오의 경제, 기술, 규제에서의 세속적인 변화에 대한 전조, 즉 라디오의 정신에 대한 거울이 되어 왔다(Ward, 2013: 2017). 둘째, 1990년대 이후 종교 라디오에서의 소유권 집중은 지역성을 죽이고(Ward, 2009, 2012), 그 장르의 목소리를 균질화하며, 방송과 경영진에서 백인 남성 우위성을 고착화했다(Ward, 2018a). 셋째, 통합은 종교 매체 대기업을 만들어 개신교 교파의 역사를 모방한 듯한 종교와 교육 자원에 대한 통제를 이뤘다(Ward, 2019). 넷째, 대기업과 연합체들은 상상할 수 있는 모든 형태의 새로운 디지털 미디어 기술을 이용했다(Ward, 2018b). 다섯째, 전국의 수용자를 분열시키는 미디어 플랫폼 변화가 확산되며(Ward, 2016a) 복음주의 운동이 종교 텔레비전에 끌리는 오순절[2]-카리스마파[3]의 공동체와 종교 라디오에 끌리는 반오순절 공동체로 나뉘었다(Ward, 2016b).

이 장은 종교 라디오의 과거와 현재를 살펴보고 이를 바탕으로 장르의 미래를 투사한다. 앞으로 살펴보게 될 것처럼 종교 라디오는 경제, 기술, 규제의 변화뿐만 아니라 개신교 대중문화의 사회역사적 연속성(Ward, 2014)에 대해서도 성과를 기준으로 분석되는데, 이는 홈즈(Holmes, 2005)의 방송 통합 개념과 린들로프(Lindlof, 1988, 2002)의 '해석적 공동체' 개념에 이론적 토

---

2 성령의 힘을 강조하는 기독교 교파.
3 하나님으로부터 특별한 능력을 부여받았다고 믿는 기독교 교파.

대를 두고 있다. 홈즈는 미디어 장르의 수용자들이 그 장르와 관련된 미디어 의식을 공유하고 관심사를 공유하는 사람들이 보고 듣는 것을 지켜보면서 직접적인 상호작용 없이도 사회적으로 통합될 수 있는 방법을 보여 주었다. 린들로프는 미디어 콘텐츠에 대한 공유된 해석이 시간이 지남에 따라 공통적으로 검증되고 공동체 내에서 구성원들의 행동을 유도하기 때문에, 이러한 방법으로 미디어 장르 수용자들이 공동체를 형성할 수 있다고 주장했다. 1980년대 이후 미디어와 종교의 결합에 대한 분석은 기술적 결정론(기술 가치가 필연적으로 종교 매체의 가치를 압도한다는 주장, 예: Christians, 1990; Postman, 1985)이나 문화 연구(종교 매체는 사회의 더 큰 구조적 경향의 한 증상일 뿐이라는 주장, 예: Hoover, 1988; Schultze, 1991)를 따라왔다. 그러나 이러한 접근법은 오늘날 디지털 미디어 환경의 복잡성에 대해 충분히 설명하지 못하는 것 같다. 따라서 이 연구는 '수용자들이 공동체를 형성하기 위해 어떻게 미디어 콘텐츠에 대한 이해를 공유하는지'를 핵심 질문으로 하는 최근 미디어와 종교 연구의 "실증적 전환"에서 힌트를 얻는다(Stout, 2016). 아래에 언급된 역사가 변화로 가득 차 있는 반면에, 종교 라디오는 오늘날에도 미국인 4명 중 1명꼴로 확인되는 거대한 복음주의 하위문화에 필수적인 것으로 남아 있는데, 이는 이 장르가 라디오의 다음 세기에도 안전한 거처를 가지고 있음을 시사한다.

종교 라디오: 과거

종교 라디오의 첫 번째 세기는 5개의 시대로 나눌 수 있다(Ward, 2013). 1920년대의 비규제적인 "야생" 시대와 1930년대와 1940년대의 "황금" 네트워크 시대를 시작으로, 그 후 텔레비전의 등장에 이은 1950년대와 1960

년대의 황야 시대와 1970년대와 1980년대에 틈새 형식으로 그 장르가 부흥했던 것, 마지막으로, 개신교 미디어 재벌이 통합된 라디오 콘텐츠를 지상파 및 위성 라디오, 개인용 컴퓨터, 태블릿, 스마트폰, 게임 콘솔, 스트리밍 텔레비전, 소셜 미디어 등 수직적으로 통합된 여러 미디어 플랫폼에 배포하는 라디오 규제 완화와 산업 통합의 현시대다.

1906년 크리스마스 이브에 레지널드 페슨든(Reginald Fessenden)의 첫 무선 음성 전송에 성경 읽기가 포함되기는 했지만, 진정한 종교 방송의 시초는 피츠버그의 칼바리 성공회 교회 KDKA에 의해 1921년 1월 2일에 방송된 주일 저녁 기도 서비스였다(Armstrong, 1979; Sedell, 1971; Ward, 1994). 일부 신자들은 성경에서 사탄을 "공중 권세의 왕자"(에베소서 2:2)로 묘사했다는 점 때문에 라디오를 악마의 도구로 규정하기도 했다. 그러나 1927년까지 전국의 600개가 넘는 방송국 가운데 약 10%가 종교 단체의 소유였다(Sterling and Kitross, 2002). 상당수는 지역 교회 소속으로 일요일에만 방송되었지만 일부 방송국은 에이미 셈플 맥퍼슨 포스퀘어 복음 교회(Aimee Semple McPherson's Churson's Church of the Foursquare Castle)가 운영하는 로스앤젤레스 KFSG, 무디 성서 연구소가 운영하는 시카고 WMBI 등의 경우처럼 전국적 기구의 후원을 받았다. 50년 동안 도시 전역의 훌륭한 십자군은 대중 복음화를 위한 입증된 수단이었다. 라디오를 통해 들리는 목소리가 길 잃은 사람들을 바꿀 수 있었을까? 한 설교자는 말했다. "기름 부음이 전송될 수 있을까?" (Ward, 1994: 31).

그 질문에 대답하는 데 가장 큰 영향을 미친 사람은 복음주의자 폴 레이더(Paul Rader)였는데, 그는 1927년 라디오를 위한 종교 프로그램으로 시카고 WJBT를 시작했다. 설교가 아니라 대화하는 방식으로 이야기하는 것과 현대적인 스타일로 잘 만들어진 음악이 특징이었으며, 식료품부터 여름 캠프에 이르는 다양한 기업들과 함께 광범위한 조직을 만들기 위해 라디오를 사용했다. 공중파가 방송이 비교적 잘 정돈되었기 때문에, 레이더와 다른 초기 라디오 전도사들은 놀랍고 기쁘게도 전국의 청취자들로부터 큰 반응을 이끌어 냈다. 라디오의 십자군 전도는 이 새로운 매체가 사람들의 여가 시간을 위해 경쟁하고 더 높은 수준의 오락이 일반화되면서 점차 쇠퇴하게 되었다(Kerr, 1939). 예를 들어 유명한 십자군 전도사 빌리 선데이(Billy Sunday)는 1921년 이후로는 주요 도시에 초청되지 않았다(Dorsett, 1990). 반면 "공중파의 빌리 선데이"로 알려지게 된 로버트 브라운(Robert Roger Brown)은 1923년 오마하로부터 시작해 그의 주간 라디오 채플 서비스에 50만 명의 청취자를 모으게 되는데, 이들 중 다수는 그의 "Worldwide Radio Congress" 회원 가입 카드에 서명했다(Armstrong, 1978; Ward, 1994).

그러나 라디오의 인기는 거의 원점으로 돌아갔다. 값비싼 라디오를 구입한 사람들은 규제받지 않은 방송사들이 신호 강도와 방향, 방송 시간, 심지어 주파수까지도 마음대로 바꾸기 때문에 명확한 신호를 받을 수 없다고 불평했다. 1927년에 의회는 방송국이 전문 장비와 운영자를 갖추고 할당된 주파수, 신호 및 시간을 준수하도록 요구하는 연방라디오위원회(Federal Radio Commission)를 만들었다. 몇 달 만에 전국 732개 방송국 중 150개가 면허를 포기했다(Hilliard and Keith, 2001). 교회가 소유한 여러 방송국들은 이 규정에 따를 수 있는 여력이 없었다. 1927년에서 1933년 사이, 종교 단체에 허가된 방송국 수는 약 60개에서 30개 미만으로 감소했다(Ward, 1994). 그러나 신자들이 주장하듯 하나님은 한 문을 닫고 다른 문을 열어 주셨다. "체인 방송", 즉 여러 라디오 방송국을 통해 동시에 송출되는 방송이 1921년 초에 시연되었다. 1920년대 동안, 수백만 명이 주요 뉴스와 스포츠 이벤트의 체인 방송에 다이얼을 맞췄다. 1927년 NBC와 CBS 방송의 데뷔는 라디오 전도사들에게 방송국 운영의 노력과 비용 없이 네트워크상에서 시간을 구입하고 즉시 전국 청취자를 확보하는 새로운 가능성을 제공했다. 1928년 필라델피아의 도널드 그레이 반하우스(Donald Grey Barnhouse)는 전국 네트워크에 시간대를 구입해 '성경 공부 시간'을 마련한 최초의 전도사였다. 2년 후, 전도사 월터 마이어(Walter Maier)가 CBS에서 시간대를 샀을 때, 그의 〈루터란 아워(Lutheran Hour)〉는 매주 500만 명의 청취자를 끌어모았고, 아모스 앤 앤디[4]보다 더 많은 팬레터를 받았으며, 주당 평균 2천 달러의 기부금을 모았다(Ward, 2017).

그러나 방송에서의 기금 모금이 논란이 되었기 때문에, 1931년까지 NBC와 CBS 모두 종교 프로그램을 위한 방송 시간 판매를 중단하고 대신 신학적으로 자유주의적인 연방교회위원회(Federal Council of Churches)에 개신교 방송을 위한 시간을 기부했다(Hangen, 2002). 복음 방송들은 MBS[5]가 등장한 1934년까지 문을 닫았지만, MBS는 더 큰 두 라이벌과 경쟁하기 위해 수입이 필요했기 때문에, 유료 종교 프로그램을 받아들였다. 개신교 라디오는 청년방송교회, 루터란 아워, 라디오 성경 교실, 백 투 더 바이블, 빛과 생명의 시간, 생명 시간의 말 등을 MBS를 통해 전국적으로 방송함으로써 나름의 황금기에 접어들었다. 〈찰스 풀러와 함께하는 전통적 부흥의 시간 (The Old Fashioned Revival Hour with Charles Fuller)〉은 1943년에 매주 2천만 명의 청취자를 끌어모으고 종교와 세속을 통틀어 가장 많은 금액인 150만 달러를 그 해의 MBS 방송 시간에 지출하는 등 그 속도를 높였다(Fuller, 1972). 이러한 방송의 팬 문화가 도시 전역의 집회, 하계 컨퍼런스, 잡지, 책, 음반, 노래책까지 퍼져 나가면서, 개신교인들은 처음으로 종파의 선을 넘나들며 똑같은 유명 설교자와 음악을 듣기 시작했고, 응집력 있는 대중 하위문화

---

4 라디오와 텔레비전으로 방송된 시트콤. 뉴욕의 흑인 문화의 중심인 할렘을 배경으로 했다. 라디오는 1928년부터 1960년까지 방송되었다.
5 뮤추얼 브로드캐스팅 시스템(Mutual Broadcasting System). 미국의 상업 라디오 방송 네트워크. 1934년부터 1999년까지 운영되었다.

를 발전시켰다.

1944년경에는 MBS가 더 많이 설립되었는데, 종교적인 네트워크로 여겨지는 것이 두려워졌고, 종교 프로그램과 인접한 시간대의 프로그램들이 청취자 물갈이로 피해를 입었다는 광고주들의 불만에도 민감해졌다. 그 해에 MBS는 NBC, CBS와 함께 공중파 시간대 판매를 금지했다. 그보다 2년 전인 1942년, MBS가 흔들린다는 소식이 전해지면서 전국복음주의협회(National Association of Evangelicals)가 결성되었는데, 이는 역사적으로 각 교단들의 독립성을 높이 평가해 온 이들 단체 사이에서는 전례가 없는 움직임이었다. 그들은 1949년 신생 네트워크인 ABC가 정책을 번복하고 유료종교 프로그램을 받아들이면서 진전을 이루었다. 몇 년 안에 다른 네트워크들이 뒤를 이었다. 그러나 그때쯤 네트워크 텔레비전이 등장하면서 네트워크 라디오의 시대를 종식시켰다.

그럼에도 불구하고 종교 라디오는 1946년 연방통신위원회(FCC)가 전시허가 동결을 끝내고 수백 개의 새 라디오 방송국의 허가를 시작했을 때 또 다른 발전에 고무되었다. 1950년대에 종교 방송국의 수는 매년 10개 정도 증가했고, 몇몇 개신교 단체들은 작은 네트워크를 모으기 시작했다. 라디오 설교자들은 그들이 주류 방송국에 대한 불확실한 접근을 하지 않으면서도 안정적으로 지지를 보내는 청취자들을 가질 수 있다는 사실을 발견했고, 설교자들에게 방송 시간을 판매한 종교 방송국은 주류 라디오와의 시청률 경쟁에서 벗어날 수 있는 안정적인 수입을 얻었다. 종교 방송국은 1950년에 12개 미만에서 1970년에는 300개 이상으로 늘었다(Ward, 1994). 종교 라디오의 미래는 지역적 방송 소유 쪽으로 다시 옮겨 갔고, 네트워크 라디오가 가졌던 사업 모델은 한때 사라졌었다. 그러나 네트워크 시대는 복음주의 운동에 지속적인 영향을 미쳤다. 네트워크 라디오에 노출되면서 주류를 맛본 개신교 지도자들은 문화적 분리주의에 대한 불만이 커지면서 점차 미국 사회에 대한 참여의 폭을 넓혔다. 이 논의는 풀러가 진보적인 신학교(Marsden, 1995)를 설립한 1947년에 시작되었고, 1957년에 사실상 결정되었는데, 1943년에 처음으로 라디오에 출연하여 ABC 라디오 방송망을 통해 전국적으로 〈결정의 시간〉을 방송했던 유명한 전도사 빌리 그레이엄(Billy Graham)이 뉴욕 시 십자군의 주요 교회의 후원을 수락하던 때였다(Carpenter, 1997). 분리주의적인 "근본주의자"와 참여주의적인 "복음주의자" 사이의 논쟁은 오늘날까지 계속되고 있지만, 전후에는 후자가 이 운동을 주도해 왔다.

대법원이 1969년 레드 라이온(Red Lion) 판결6에서 FCC의 공정성 원칙을 종교 라디오 방송국에 적용했을 때, 개신교 방송사들은 이제 그들의 메시지를 침묵시키든지 라디오 설교에 동의하지 않는 모든 사람에게 무료 방송 시간을 줌으로써 재정적인 파멸에 이르게 될 것이라고 우려했다. 그러나 종교 라디오의 사업 모델을 보면, 설교자들은 그들을 지지하는 청취자들에게 안정적으로 접근할 수 있고 방송국은 방송 시간대를 팔아 안정적인 수입을 거둘 수 있다는 점에서 강한 회복력을 입증했다. 1970년대에는 종교 방송국의 수가 3배 이상 증가해 1천여 개에 이른다(Ward, 1995). 라디오 설교자와 종교 방송국이 함께 성장하면서, 방송국이 종교 형식을 풀타임으로 방송할 수 있을 만큼 충분한 개신교 프로그램이 가능해졌다(그리고 그들은 기꺼이 돈을 지불할 용의가 있었다). 〈Focus on the Family〉의 제임스 돕슨(James Dobson), 〈Insight for Living〉의 척 스윈돌(Chuck Swindoll), 〈In Touch〉의 찰스 스탠리(Charles Stanley), 〈Truths That Transform〉의 D. 케네디(D. James Ken

---

6 모든 사람의 사회적·정치적·종교적·도덕적 생각과 경험이 차별 없이 적절한 방송 접근권을 가져야 한다는 판결. 충돌하는 이슈가 있을 때 양쪽의 목소리가 공평하게 방송될 수 있도록 '동등한 방송 시간' 등을 제공해야 한다는 원칙이 제시되었다.

nedy), 〈Grace to You〉의 존 맥아더(John MacArthur) 등 새로운 유명 인사들이 등장했다. 텔레비전의 복음 방송이 대중의 관심을 끌었다면, "크리스천 라디오"는 신자들의 일상생활을 보조했다. 첫째, 방송국의 수가 증가함에 따라 현대 기독교 음악(CCM)과 남부 복음성가 차트가 가능해져 라디오와 음반 판매점의 연결 고리를 형성하게 되었다. 여기에 더해, 설교자들이 개신교 매체를 통해 복음을 전파하고 신자들을 동원할 수 있다는 것을 발견했다. 전국종교방송연합(The National Religious Broadcasters Association)이 종교적 권리의 핵심 조직이 되었고, 그 워싱턴 집회에는 포드, 카터, 레이건, 부시 등의 대통령이 연설을 했다. 제리 팔웰(Jerry Falwell)의 〈Old Time Gospel Hour〉(풀러의 '전통적 부흥 시간'에 대한 오마주)는 텔레비전에서는 매주 방영되었고 종교 라디오에서는 매일 방송되었는데, 그는 1979년 '도덕적 다수(Moral Majority)'를 설립했다. 이 단체는 개신교 유권자들의 군단을 만들어 1980년 대선의 분수령에서 로널드 레이건(Ronald Reagan)을 1위로 올려놓는 데 기여했다. 7년 후 개신교 방송사들은 FCC가 방송에 대한 전통적인 신탁통치 모델을 버리고 시장의 힘이 공공의 이익을 가장 잘 결정할 수 있다고 선언하는 움직임의 일환으로서 공정성 원칙을 폐지했을 때 가장 큰 소망을 얻었다. 같은 해, 유명 텔레비전 전도사였던 오럴 로버츠(Oral Roberts), 짐 배커(Jim Bakker), 지미 스웨거트(Jimmy Swaggart)와 관련된 일련의 금융 및 성 추문이 방송 교회를 뒤흔들었다. 그러나 결국 레이건 시대의 FCC에 의해 촉발된 시장 세력이 보다 결정적인 발전을 이뤄 냈고, "사람이 더 적게 지배하고 기업이 더 많이 지배하는 새로운 시대"를 맞이했다(Ward, 2013: 111).

종교 라디오 : 현재

새로운 시대는 1990년대에 라디오 산업의 규제 완화에 대한 압력이 고조되면서 시작되었고, 1996년 전기통신법으로 절정에 달했는데, 이 법은 한 방송사가 전국적으로 얼마나 많은 방송국을 소유할 수 있는지에 대한 국가 제한을 없앴다. 그 해에만 2157개의 방송국의 주인이 바뀌었다(Fratrik, 2002). 1992년에는 상위 50개 시장의 82%가 집중되지 않았었지만, 5년 후에는 86%가 매우 또는 다소 집중된 것으로 집계되었다(Drushel, 1998). 2002년까지 미국 라디오 방송국의 40% 이상이 새로운 소유권 아래 놓였고 (Sterling, 2004), 총 방송국 소유자의 수는 3분의 1로 감소했다(Williams and Roberts, 2002). 4개의 종교 방송을 포함한 21개의 라디오 그룹이 미국 라디오 방송국의 5분의 1을 소유했다(DiCola and Thomson, 2002). 전국 50대 미디어 시장에서 그룹 소유 방송국의 수가 증가함에 따라 종교 라디오에서 통합의 영향도 곧 느낄 수 있게 되었다(Ward, 2009). 덜 알려진 라디오 전도사들은 방송사들이 가격 인상과 높은 생산 가치를 요구함에 따라 이들 시장에서 밀려났고, 매일 15분에서 매일 30분으로 업계 표준이 바뀌었다(Ward, 2012).

오늘날 통합된 산업에서 대형 기업들은 데이비드 제레미야(David Jeremiah)의 〈Turning Point〉, 애드리안 로저스(Adrian Rogers)의 〈Love Worth Finding〉, 토니 에반스(Tony Evans)의 〈The Alternative〉를 포함해 돕슨(Dobson), 스윈돌 (Swindoll), 스탠리(Stanley), 케네디(Kennedy), 맥아더(MacArthur) 등과 함께 번창했고, 새로운 세대의 성공적인 일일 30분 설교 프로그램들은 그렉 로리(Greg Laurie)의 〈A New Beginning〉, 마이클 유세프(Michael Youssef)의 〈Leading the Way〉, 앨리스테어 베그(Alistair Begg)의 〈Truth for Life〉, 라비 자차리아스 (Ravi Zacharias)의 〈Let My People Think〉 등과 함께 청취자를 확보했다. 그러나 1970년대와 1980년대의 종교 라디오 청취자들이 비교적 약한 AM

신호를 가진 지역의 방송사들에서 "한 번 외치는 데 1달러" 식으로 15분짜리 프로그램들이 혼합된 다양한 내용을 들었던 것에 비해, 오늘날 청취자들은 전국적으로 2천 개의 라디오 방송국에서 통합 방송되는 비용을 감당할 수 있는 유명 전도사들의 대체로 획일화된 메뉴를 듣는다. 그들의 목소리와 생산 가치는 그 네트워크의 소리에 잘 맞으며, 강력한 FM과 AM 신호를 가진 네트워크 소유 방송국을 통해 주요 미디어 시장에 도달한다. '기독교 라디오'에서 지역성은 지역 교회가 공중파에 접근할 수 있다는 것을 의미했는데, 이제는 신호가 약하고 방송 청취율이 낮은 나머지 독립 방송국, 즉 더 작고 순위가 낮은 미디어 시장에 사실상 국한된다.

오늘날 종교 라디오는 소수의 대형 네트워크가 장악하고 있다. 여기에는 살렘 미디어 그룹(Salem Media Group, 대부분 상위 50개 미디어 시장에 속해 있는 118개 방송국을 소유 및 운영, 300개 시장에서 2700개의 뉴스/토크 및 음악 프로그램과 제휴), 아메리칸 패밀리 라디오(American Family Radio, 30개 주에서 200개의 방송국, 1200개의 뉴스/토크 제휴사), USA 라디오(500개의 뉴스/토크 제휴), 무디 라디오(25개 주에서 80개 방송국과 중계소, 49개 주에 900개 교육/토크 제휴사), 크리스천 위성 네트워크(Christian Satellite Network, 50개 모든 주에 430개 방송국과 중계소), K-LOVE(47개 주에 450개 방송국과 중계소), 에어리(Airi, 41개 주에 200개 방송국과 중계소) 등이 포함된다. 상업적으로 허가된 (그리고 공개적으로 거래된) 살렘, 비상업적인 아메리칸 패밀리와 무디는 교육과 토크 프로그램 쪽으로 속도를 높이고 있으며, 살렘, 아메리칸 패밀리, USA 등이 '이 시각 주요 뉴스'를 장악하고 있다. 통합에 의해 획일화된 "기독교적 관점에서"(Ward, 언론 보도에서) 전달되는 이들 방송사의 교육과 뉴스/토크는 복음주의 운동에 중요한 의제 설정 기능을 한다(Wrench, 2016). 한편, 비상업적인 크리스천 위성, K-LOVE, 에어리[뒤의 2곳은 교육미디어재단(Educational Media Foundation) 소유]는 CCM(Contemporary Christian Music, 현대 기독교 음악) 프로그램의 표준을 정립했다. 음악과 라디오 산업의 경제학에 의해 움직이는 이러한 전국적 기독교 음악 라디오 네트워크들은 테스트 결과가 좋았던 '눈에 띄는 찬양(catchy "praise" songs)'의 협소한 재생 목록만을 사용한다. 결과적으로, 이런 네트워크가 교회에서 어떤 노래가 불리게 될지에 큰 영향을 주고, 사실상 현대 개신교의 "찬송"이 되었다(Smith and Seignious, 2016).

산업 통합을 지지하는 사람들은 오늘날의 종교 라디오가 향상된 가청 취권, 더 나은 음질, 더 큰 재정 건전성을 누리고 있다고 주장할 수 있지만, 반대자들은 다양성의 축소를 지적할 수 있다. 앞서 설명했듯이 덜 알려진 신디케이터7나 지역 교회들은 공중파에 대한 접근성이 낮다. 또한, 대기업은 네트워크 경영진의 백인 남성 우위에 갇혀 있다. 한 연구(Ward, 2018a)는 2016년 살렘 미디어 그룹의 설립자, 이사, 고위 임원, 부서장, 토크 쇼 진행자가 모두 백인이라는 사실을 밝혀 냈다. 아메리칸 패밀리 라디오는 흑인 1명을 법무 자문 위원으로 유지하기는 했지만, 백인 남성 5명이 주도했고, 매일 방송되는 8개의 토크 쇼는 백인 남성 8명과 백인 여성 3명이 진행 또는 공동 진행했다. 교육미디어재단의 설립자와 이사 8명은 모두 백인 남성이었고, 백인 남성 5명과 백인 여성 2명으로 구성된 집행위원회의 지원을 받았다. K-LOVE와 에어리 네트워크의 DJ는 백인 남성 7명과 백인 여성 7명으로 구성되었다. 마찬가지로 크리스천 위성 네트워크의 간부들도 모두 백인이었다. 무디 라디오의 최고 경영자 4명은 백인 남성이었고, 무디의 14개 교육 및 토크 프로그램은 14명의 백인 남성과 5명의 백인 여성, 흑인 남성 2명이 진행 또는 공동 진행했다. 전국종교방송협회의 90인 봉사단에는 흑인이 단 3명만 포함되었다. 10명으로 구성된 집행위원회는 백인 남성 8명, 백인 여성 1명, 흑인 여성 1명으로 구

---

7 여러 방송국에 동시에 방송되는 통합 프로그램의 출연자, 또는 그런 방송국을 거느린 연합체.

성되었으며, 7개 상임위원회는 백인 남성 5명, 백인 여성 1명, 아시아 남성 1명이 위원장을 맡았다.

최근 한 미디어 민족학자[8]는 10대 미디어 시장에서 1년 동안 살렘 방송국이 하는 방송을 들으며 이 방송의 담론이 "가난하다고 추정되는 사람들을 자주 객관화"하고 "부를 추구하는 대화를 종종"하며, "광고는 청취자들이 대부분 교양 있고 유복하거나 중산층이라고 칭"하고, "스팟은 선교사들을 멀리 떨어진 곳과 정글로 보내기 위해 도와 달라고 청취자들에게 강요하며 인종차별의 냄새를 풍긴다"라고 지적했다(Vance, 2016: 27~28, 44). 그 장르의 성 관념에 대해 반스는 이렇게 말한다.

근본적인 성 역할의 개념을 지지하고 여성과 남성의 행동이 그들의 생물학적 특성에 의해 만들어진다고 주장하는데 성경이 사용된다… 남성 출연자와 통화자들은 '우두머리 자리'에서 겪는 고군분투나 가족의 가장으로서의 역할을 현명하게 해내는 모습을 일상적으로 묘사했다. 남편들에게는 여성은 감정적이고 "강하고 부드러운 남자"를 원하기 때문에 현명한 가장이라면 아내의 말을 경청하고 그들의 욕구를 고려해야 한다고 말했다. 여성 출연자와 통화자들은 남성 지도자를 존중해야 한다는 데 동의했다. (그리고) '다르지만 평등한' 역할에서 만족을 찾을 수 있도록 여성과 남성을 창조하신 하나님의 지혜를 어떻게 발견하게 되었는지 증언했다(Vance, 2016: 39~40).

1990년대의 언론 규제 완화에 의해 촉발된 종교 매체 대기업들은 분명히 새로운 형태의 교회 조직을 구성하고 있는데, 그 조직은 종교적 헌신과

---

8 데보라 클락 반스(Deborah Clark Vance): 라디오 다큐멘터리와 텔레비전 어린이 프로그램에서 활동한 작가이자 번역가. 대표작은 소설 *Sylvie Denied*. 하워드 대학교 박사.

교육을 위한 방송과 인쇄 자원의 연동적 관리를 통해 미국의 교인들에게 다른 개신교인들이 각자의 교파에서 제공받는 것과 같은 기능들을 제공하고 있다(Ward, 2019). 예를 들어, 살렘 미디어 그룹은 국내 최고의 미디어 시장에서 방송국 소유권을 가지고 상업 개신교 라디오를 지배하고 있으며, 네트워크가 생산한 뉴스/토크 및 음악 프로그램을 수천 개의 계열사를 통해 거의 모든 미디어 시장에 배포하고 있다. 살렘 웹 네트워크(Salem Web Network)는 다른 살렘 신앙 기반 사이트를 포함한 자체 웹 포털을 통해 전국적인 통합 개신교 라디오 및 텔레비전 프로그램을 모아 놓고, 월간 1억 700만 건의 모바일 앱 세션(이용량), 월간 3100만 건의 컴퓨터 세션, 4200만 명의 페이스북 팬, 1300만 명의 이메일 가입자를 만들어 내고 있다(Salem Web Network, 2017). 또 3개의 라디오 음악 프로그래밍 서비스를 운영하며 CCM과 남부 복음성가 장르 최고의 팬 매거진도 인수했다. 인쇄 매체에서 살렘은 목회자와 청년 사역자를 위한 전문 잡지를 비롯해 기독교 서적의 팬들을 위한 인기 잡지를 발행하고, 신앙에 기초한 작가들을 위한 자비 출판 서비스를 제공하고 있다. 목회자는 살렘에서 설교 준비물을 비롯해 그래픽과 영상을 내려 받아 자신의 메시지를 보완할 수 있고, 예배 지도자는 노래 음원과 예배 영상을 다운로드 받을 수 있으며, 청년 사역자는 어린이들을 위한 영상 레슨을 받을 수 있다. 살렘 검색 엔진은 지역 개신교 교회, 학교, 서점 등에서 교회와 선교사 일자리를 찾는 데 도움을 준다. 신자들은 또한 살렘의 웰니스 상품 라인과 매달 발행되는 금융 투자 소식지와 주간 거래 서비스를 통해 그들의 삶을 개선할 수 있다. 이 회사는 일반 시장에서 7개의 보수 라디오 토크 쇼를 제작하고 주요 보수 웹사이트, 뉴스 서비스, 블로그와 함께 대표적인 보수 도서 출판사를 인수하는 등 정치 쪽으로도 진출했다.

살렘 미디어 그룹의 사례에서 알 수 있듯이 종교 라디오는 통합될 뿐만 아니라 새로운 디지털 미디어 플랫폼과 융합 가능해졌다. 한 가지 예만 들자면, 살렘은 대표적인 개신교 출판사와 팀을 이뤄서 전국 130개 방송국과 살렘 시리우스XM 위성 라디오 채널에서 통합 방송되는 데일리 라디오 프로그램 〈Salem's Mike Gallagher Show〉를 제작했는데, 이것은 가장 많이 팔리는 일일 묵상 책 『지저스 콜링(Jejus Calling)』을 바탕으로 한 것이었다(Young, 2004). 2012년 30만 권이 팔렸던 이 책은 아이패드와 아이폰 앱으로 재발간되었는데 9.99달러에 2014년까지 20만 건의 다운로드를 기록했고(HarperCollins, 2014), 오늘날 자체 웹사이트를 통해 이메일 뉴스레터, 블로그 커뮤니티, 스트리밍 비디오 시리즈, 팟캐스트 시리즈를 제공하고 있다. 그 팟캐스트는 50만 명의 구독자를 자랑하며 컨트리와 복음성가의 아티스트들인 리바 매킨타이어(Reba McEntire), 찰리 대니얼스(Charlie Daniels), 돌리 파튼(Dolly Parton), 캐시 리 지포드(Kathie Lee Gifford), 조시 터너(Josh Turner), 에이미 그랜트(Amy Grant)와의 인터뷰를 다뤘다(HarperCollins, 2017). 『지저스 콜링』은 페이스북, 트위터, 핀터레스트, 인스타그램 등을 통해 약 2천만 명에게 인쇄, 라디오, 웹을 통해 "경험"되어 왔다(Jesus Calling, 2017). 모든 주요 개신교 라디오 네트워크와 신디케이트 기업들은 이제 컴퓨터, 태블릿, 모바일 앱 사용자들을 위해 그들의 프로그램을 스트리밍한다(Ward, 2018b). 대표적인 신디케이트 기업인 포커스 온 더 패밀리(Focus on the Family)는 11개의 라디오와 2개의 텔레비전 프로그램, 6개의 라디오 프로그램 팟캐스트, 4개의 오리지널 팟캐스트, 4개의 웹사이트, 4개의 블로그, 8개의 이메일 뉴스레터, 페이스북과 트위터 계정, 유튜브 채널, 소그룹 DVD 커리큘럼, 4개의 인쇄 잡지를 통해 개신교 시청자들에게 도달한다(Mesaros-Winckles and Winckles, 2016). 한편, 약 1600개의 지역 종교 라디오 방송국이 인터넷을 통해 그들의 가르침, 대화 또는 음악을 스트리밍한다(Rodrigues et al., 2013).

그러나 전례 없는 종교 매체들의 활동에도 불구하고, 그들의 공개적인 인지도는 한 세대 전보다 낮아졌다. 소비자들의 미디어 선택 폭이 상대적으로 적었던 1980년대, 선도적인 텔레비전과 라디오 설교자들은 전국의 시청자들에게 도달했고 국가의 정치 이슈에 대해 말하는 대중적 인물이 되었다. 그러나 오늘날에는 미디어 선택지가 확장되어 전국의 시청자들을 나누었고 종교 방송을 틈새 매체로 격하시켜서 텔레비전과 라디오 설교자들이 이제는 고립된 하위문화권 내에서만 유명 인사가 될 뿐이다 (Ward, 2016a). 30년 전 텔레비전 전도사였던 짐 배커와 관련된 섹스 스캔들은 주요 뉴스 매체에 의해 집중적으로 보도되었다. 하지만 2010년 텔레비전 전도사인 마커스 램(Marcus Lamb)과 관련된 섹스 스캔들은 거의 주목받지 못했다. 그의 데이스타 텔레비전 네트워크(Daystar Television Network)는 2014년에 자산이 2억 3300만 달러이고 시청자 기부금이 연간 3500만 달러에 이른다고 신고했다(Burnett, 2014).

2017년 《워싱턴포스트》가 크리스천 변호사이자 종교 라디오 신디케이터 제이 세쿨로(Jay Sekulow)[9]에 대해 조사하면서 전자 교회의 구름 뒤에 있던 봉우리가 드러났다. 그 보도는 세쿨로의 연계 조직인 "자선 제국(charity empire)"이 2011년에서 2015년 사이에 2억 3천만 달러 가까운 기부금을 받아 이 중 550만 달러를 세쿨로 가족 6명에게 급여나 기타 보상금으로 지급했으며, 추가로 2350만 달러를 세클로 가족이 전부 혹은 일부를 소유한 3개의 사기업에 지급했음을 밝혀 냈다(Davis and Boburg, 2017). 하지만 세쿨로는 도널드 트럼프 대통령의 법률 팀 대변인으로 등장했을 때만 관심을 모았다. 그렇지 않으면 종교 방송사와 대기업은 대중의 감시나 책임감이 거의 없이 운영된다. 윈젠버그는 종교 방송의 재정 '성적표'를 주기

---

9 〈Jay Sekulow Live talk show〉는 매일 850개 방송국에서 방영되며 제이 세쿨로를 개신교인들 사이에서 "종교적 자유"의 대표적인 옹호자로 알려지도록 만들었다.

적으로 발표해 1980년대와 1990년대 세계적으로 헤드라인을 장식했었지만, 2005년에 "기독교 출판사조차 더 이상 결과 보고에 관심이 없을 정도로 관심이 떨어졌다"라고 한탄했다(Winzenburg, 2005: 9).

미디어 선택지의 확장과 그에 따른 시청자의 분화에서 발견할 수 있는 더 심한 모순은 복음주의 운동 그 자체의 분열이다. 1970년대와 1980년대에 종교 방송사들은 "세속적인 휴머니즘"과 싸우기 위해 모호한 "기독교 세계관"을 내세우며 운동을 통합했다(Ward, 언론 보도에서; Worthen, 2013). 그 미사여구는 신앙을 경험으로 보는 오순절-카리스마파 신자와 복음을 명제적 진리의 집합으로 보는 반오순절주의파 사이의 역사적인 차이점을 얼버무리고 넘어갔다. 30년이 지난 지금 수사적인 허울은 닳아 없어졌다. 종교 텔레비전은 현재 영상 매체가 수행할 수 있는 가능성에 주목한 오순절-카리스마파의 영역이 되어 신앙을 통한 물질적·정신적 축복이라는 "번영 복음"[10]을 설파하고 있다(Bowler, 2013). 반면 종교 라디오의 포맷은 성서적 진실을 드러내고 설명하는데 있어 대화 속성의 장점에 주목한 반오순절주의파 신디케이터들의 차지가 되었다(Ward, 2016b).

종교 라디오: 미래

종교 라디오의 미래를 투영하는 열쇠는 개신교 대중문화의 사회역사적 연속성에 있다(Steiner, 2016). 베빙턴(Bebbington, 1989)의 4면체라고 알려진 정의가 가장 널리 받아들여지고 있는데, 이에 따르면 복음주의는 전환주의, 행동주의, 성경주의, 십자가 중심주의를 특징으로 한다. 필자(Ward, 2014)는 다

---

10 믿음을 통해 신의 은총을 입어 부, 건강, 권력 등을 얻을 수 있다는 생각.

른 곳에서 미국 복음주의의 역사를 개략적으로 설명했는데, 이는 홈즈 (Holmes, 2005)의 방송 통합과 린드로프(Lindlof, 1988, 2002)의 해석적 공동체를 이론적 틀로 하여 전환주의, 행동주의, 성서주의, 십자가 중심주의가 사회 행동에 대한 공동체적 가치와 기준점으로서 안정적인 상태를 유지해 온 환경에서 19세기 대중 정기간행물과 20세기 라디오는 어떻게 하위문화 매체를 만들고 유지했는지를 보여 주었다.

모든 매체를 메시지 전달 도구로 보고 대면 커뮤니케이션에 비교하는 미디어 이론에 대한 사회적 상호작용 접근법과 달리, 홈즈와 린드로프의 이론은 모든 매체를 사용자가 의식을 공유하고 공동체를 형성하는 환경으로 보는 사회 통합 접근법을 따른다. 홈즈가 관찰한 바와 같이, 사회적 통합이 일어나는 것은 미디어 수용자가 단순히 "불특정한 범위의 수신자" 가 아니라 "특정 장르와 시대에 특유하며, 현저하게 높은 수준의 연대를 구성"하기 때문이다. 홈즈는 또 "이러한 연대는 등장인물, 발표자, 진행자, 언론 종사자 등 '미디어 에이전트'를 통해 미신처럼 종교적으로 연결된다… 매체의 개별 수용자들이 서로 '상호작용'을 하는 것은 이러한 에이전트들을 통해서다. 다른 사람과 직접 수평적 의사소통 관계를 맺지 않고 미디어 에이전트를 통해 우회하는 것이다"라고 덧붙였다(Holmes, 2005: 147). 이러한 방송 통합은 "수용자가 미디어 출연자를 강하게 인식해" 시청자와 매체 제작자 사이에 "인지 수준을 높인다". 후자에게는 "자신에 대해 의식이 집중되는 것에 대한 반작용으로서 카리스마가 부여된다". 그러나 방송 출연자들은 방송 매체가 "다른 시청자들이 소비하는 것을 유연하게 모니터할 수 있도록" 해 준다는 점에서 "다른 시청자들, 청취자들, 독자들과 연대가 이뤄지는 통로일 뿐"이다. 이와 같이 "방송 매체는 상호주의 형태를 가능하게 한다. 개인이 직접 상호 작용하지 않더라도 소속감, 보안감, 공동체 의식을 촉진할 수 있다"(Holmes, 2005: 148).

린들로프도 수용자들이 해석의 규칙을 공유하는 공동체에 속하기 때문에 미디어 콘텐츠에 주어진 의미는 순수하게 특이하고 개인적인 구성만이 아니라고 언급했다. 결국 이러한 해석은 공동의 검증을 통해 구체화된다. 따라서 해석적 공동체는 친족이나 계급과 같은 전통적인 사회적 준거를 중심으로 형성되는 것이 아니라, "소통의 전형적 의례에 따라서 또는 규범을 제정하면서 형성되며, 그 소통에서 상대에 대한 감각이 바로 미디어 기술, 콘텐츠… 상황들의 공유다"(Lindlof, 1988: 92). 일단 미디어 장르에 대한 구성원들의 해석을 통해 공동체가 생겨나면, 그 해석은 공동체를 안정시키는 "역사적" 타당성을 얻고 구성원들의 사회적 행동에 대한 규칙을 부과한다. 시간이 지남에 따라, 이 해석은 이익과 목적을 통합시키고, 핵심적인 공동체의 가치를 지시하는 도덕적 의무, 상징, 서사의 공유된 코드를 생산하며, 멤버십을 관장하는 의사소통적 기회를 확립한다.

방금 설명한 이론적 틀을 이용하면, 19세기 후반부터 이 운동의 미디어 생태계에서 복음주의에는 전환주의, 적극주의, 성경주의, 십자가 중심주의 등의 사회역사적 연속성이 뚜렷이 나타나게 된다. 초기 미국의 종교와 시민 활동은 복음주의 개신교가 지배했지만(Noll, 2002), 남북전쟁의 충격과 더 높은 성경적 비판과 다윈 과학의 대두가 복음주의자들을 방어적 위치에 던져 버렸다. 1870년대까지 그들은 옛 진리를 찾는 일에 동원되었는데, 이것은 드와이트 무디(Dwight L. Moody)가 이끌었던 운동이다. 시카고에 기반을 둔 이 전도사는 기술적으로 신문과 정기간행물을 대량 발행할 수 있도록 하는 "값싼 인쇄술의 혁명"이 불러온 새로운 문화 현상인 "페니 프레스(penny press)"[11]에 기꺼이 협력했다(Starr, 2004). 무디는 언론 보도가 그의

---

11 1830년대부터 미국에서 대량 생산된 값싼 타블로이드 형태의 신문. 수작업에서 증기 인쇄로 전환한 후 저렴한 신문을 대량 생산할 수 있게 되었다.

도시 전역의 십자군 중 핵심이 될 것이라는 것을 깨달았고, 편집자들은 이 전도사와 그의 사건을 부풀리는 것이 선순환을 형성할 것이라는 점을 발견했다(Evensen, 2003). 값싼 인쇄물은 이 전도사를 국제적인 유명 인사로 만들었을 뿐 아니라, 무디가 쓰고, 무디에 관해 쓰고, 무디의 영향을 받아 쓴 방대한 저술들이 신자들 사이에 널리 퍼지고, 전환주의, 행동주의, 성경주의, 십자가 중심주의 선교를 중심으로 만들어진 해석적 공동체를 건설하도록 했다. 1899년에 그가 사망했을 때, "무디는 근본주의의 창시자 중 한 명이었다. 심지어 그가 가장 주요한 창시자라고 주장하는 것도 가능하다"(Marsden, 1980: 33). 무디와 그의 사상은 값싼 대량 순환 인쇄물이라는 매체를 통해 "폭넓은 공명과 문화적 수용"을 누렸고, 문화적 아이콘으로서 무디는 복음주의 운동의 출현에 따른 역사적 배경을 볼 수 있는 창문 역할을 할 수 있었다(Metzger, 2007: 17).

그러나 인쇄물은 사적으로 소비되며 동시간적으로 소비되지 않는다. "이러한 대중을 더 널리 응집하는 문화로 통합하는 수단이 부족했다. 부족한 것은 바로 라디오였다"(Ward, 2014: 122). 라디오 황금시대의 인기 네트워크 설교자들은 "구 무디스의 부흥회, 음악, 간증, 메시지 등을 문자 그대로 옮겨 와서 공중파에 맞게 바꾸는 방법으로"(Ward, 2014: 115) 복음주의적 해석 공동체를 통합했다. 예를 들어 〈Old Fashioned Revival Hour〉를 매주 들었던 2천만 청취자들은 매주 일요일 저녁에 오프닝 테마(큰 소리로 부르짖으라! 예수가 구원하신다! 예수가 구원하신다!)부터 주간 음악 프로그램, 그레이스 풀러 부인(Mrs. Grace Fuller)이 읽는 청취자 편지, 찰스 풀러(Charles Fuller)의 짧고 서민적인 설교 등에 이르는 미디어 예배에 참여하며 소통의 장을 공유했다. "갑자기 개신교인들이, 심지어 전통적인 교파의 경계를 넘어서면서, 같은 유명 인사를 언급하고 같은 음악을 듣고 같은 책을 구입하고 같은 캐치프레이즈를 사용하고, 서로의 대화를 해석하기 위한 같은 규칙을 공유하고 있었다"(Ward, 2014: 124). 심지어 그 시대에 인기 있는 방송들 – ⟨Old Fashioned Revival Hour⟩, ⟨Radio Revival Hour⟩, ⟨Revivaltime⟩, ⟨Hour of Decision⟩, ⟨Radio Chapel Service⟩, ⟨Chapel of the Air⟩, ⟨Young People's Church of the Air⟩, ⟨Bible Fellowship Hour⟩, ⟨Back to the Bible⟩, ⟨Radio Bible Study⟩, ⟨Radio Bible Class⟩, ⟨Word of Truth⟩, ⟨Word of Life Hour⟩, ⟨Light and Life Hour⟩ – 은 전환주의, 행동주의, 성경주의 등의 주제를 공유된 광범위한 전략과 공동체적으로 검증된 사회적 행동으로 함께 반영한다.

1960년대의 성 혁명에 대응해, 전환주의, 행동주의, 성경주의, 십자가 중심주의를 직접적으로 강조했던 낡고 "종교적으로 들리는" 라디오 프로그램 타이틀이 1970년대 후반에 이르러 새로운 전술적 명칭에 자리를 내주기 시작했다. 3가지 새로운 프로그램이 이를 가속화했다. 제임스 돕슨의 ⟨Focus on the Family⟩, 척 스윈돌의 ⟨Insight for Living⟩, 찰스 스탠리의 ⟨In Touch⟩ 등이 그것이다. 이 세 혁신자들에 이어, "복음주의의 제3의 물결을 담은 프로그램들이 내용을 다시 썼다. 부활은 이제 '관계, 삶, 감동과 같은 여성적인 관점'을 통해 해석되었다"(Ward, 2014: 125).

⟨Focus on the Family⟩, ⟨Insight for Living and In Touch⟩뿐 아니라, 1970년 대부터 1990년대까지 ⟨Grace To You⟩, ⟨Turning Point⟩, ⟨Love Worth Find-ing⟩, ⟨Somebody Loves You⟩, ⟨A New Beginning⟩, ⟨Matters of the Heart⟩, ⟨Family Life Today⟩, ⟨The Living Way⟩, ⟨Leading the Way⟩, ⟨Winning Walk⟩, ⟨Truth for Life⟩, ⟨Truths That Transform⟩, ⟨Renewing Your Mind⟩, ⟨Let My People Think⟩ 등 주요 신디케이트 프로그램들이 문을 열었다. 전환주의 ("turning", "finding", "beginning", "transform"), 행동주의("you", "life", "love", "renewing"), 성경주의("truth")…가 여전히 두드러졌지만… 양육, 돌봄, 개인적 발전의 "여성적" 가치도 전술적으로 반영했다(Ward, 2014: 125~126).

라디오의 첫 번째 세기 전반에 걸쳐 미국의 복음주의를 형성하고 반영해 왔다는 점에서, 종교 프로그램은 라디오의 두 번째 세기에도 개신교 사회에서 필수적인 역할을 유지하며 번창할 것으로 보인다. 개신교 사회 시스템에서 전자 교회의 역할을 이해한다면 더 큰 자신감을 가질 수 있다. 거시적 수준에는 개신교 기관과 규범적 가치와 해석을 전달하는 대중매체의 대표자들이 있고, 중간 수준에는 주일 설교와 조합 교회 단계에서 공동 심의와 행동을 구성하는 그 밖의 조직적 담론들이 있으며, 미시적 수준에서는 자발적으로 이뤄지는 자연스러운 대화와 사적인 역할 제정이 있다(Ward, 2010).

이 시스템의 연동 역학 관계는 최근의 현장 연구에서 설명되었다(Ward, 2018c). 2016년 9월, 빌리 그레이엄 복음전도 협회(Billy Graham Evangelistic Association)는 월간 ≪디시전(Decision)≫의 온라인 특별판을 발간했다. "2016년 대통령 선거 가이드"에는 인기 종교 라디오 신디케이터의 기사와 논평, 인터뷰, 인용문이 실렸다. 여기에는 애드리안 로저스(Adrian Rogers, Love Worth Finding, 2700개 방송국), 데이비드 제레미아(David Jeremiah, Turning Point, 2000개 방송국), 에릭 메탁사스(Eric Metaxas, Breakpoint, 1400개 방송국), 제임스 돕슨(James Dobson, Family Talk, 900개 방송국), 토니 퍼킨스(Tony Perkins, Washington Watch, 280개 방송국), 매트 스태버(Mat Staver, Freedom's Call, 170개 방송국) 등이 포함된다. 공동의 규범과 해석에 대한 이러한 거시적 수준의 미디어 표현이 중간 수준에서는 한 지역 교회 목사의 10월 설교에 사용되었는데, 필자가 듣기로는 그 잡지에서 공화당과 민주당의 정강을 비교한 것을 재평가하고 성경, 세계관, 결혼, 인생 같은 장황한 복음주의적 연설 코드를 반복했다고 한다. 이러한 해석들이 교인들의 미시적 사회 행동에 대한 참조점으로서 기능했다는 것은 백인 복음주의 개신교 신자들의 81%가 트럼프에게 투표했다는 사실에서 확인된다(Smith and Martinez, 2016).

종교 라디오는 미국의 복음주의 구조와 너무 맞물려 있어서 텔레비전의 등장과 네트워크 라디오의 종말, 전문화된 포맷의 틈새 매체로서 라디오의 출현, 스트리밍 미디어의 출현, 디지털 플랫폼의 확산 등으로부터 지금까지 살아남았다. 복음주의자들과 그들의 미디어 대기업들은 그들이 수십 년 동안 발전시켜 온 인프라를 포기하기에는 라디오와 청각 매체, 그리고 언어와 음악 콘텐츠를 배포하기 위한 채널에 너무 많이 투자했다. 오히려, 종교 라디오의 "구식" 방송 매체는 독특하게도 "새로운" 디지털 플랫폼의 이동성에 그 자신을 싣는다. 콘텐츠는 여전히 오늘날 디지털 미디어 세계의 원동력이며, 라디오에는 대기업과 신디케이터들이 매력적인 규모의 경제와 낮은 유통비용을 바탕으로 디지털 플랫폼용으로 재포장할 수 있는 콘텐츠가 많다.

더 넓게 보면 종교 라디오의 경험은 라디오 방송의 정신에 대해 던지는 경고성 우화다. 그 우화는 "사람들의 매체", 즉 역사적으로 다양한 목소리들에게 매체에 접근할 가장 큰 기회를 제공했던 매체인 라디오의 핵심에서 하나의 질문을 조명하기 때문이다. 청취율이 가장 높은 라디오 형식이 살아남을 것이다. 그러나 고전적 측면에서 교육적 측면에 이르기까지 미국 생활의 중요한 부문에 목소리를 내주었던 상대적으로 청취율이 낮은 틈새 라디오 형식에는 산업 통합이 어떻게 영향을 미칠까? 종교 라디오의 이야기는 통합이 도달 범위, 음질, 수익성 면에서 이득을 가져올 수는 있지만, 방송사들에게 그들의 영혼을 팔도록 요구할 수도 있다는 것을 암시한다.

"더 포괄적인 공공 서비스"

NPR이 미국 전체에 서비스할 수 있을까?

존 마크 뎀프시(JOHN MARK DEMPSEY)

NPR(National Public Radio)은 2016년 가을에 청취율 상승을 발표했다. NPR의 〈Morning Edition〉 청취율은 26% 상승했으며, 주간 청취자는 1350만 명에 달했다. 오후 프로그램 〈All Things Seeked〉의 청취율은 43% 상승했는데, 25세에서 54세 청취자가 1330만 명이었다. 도널드 트럼프가 힐러리 클린턴에 맞서 치열하고 씁쓸한 대선 유세 중이라는 사실을 감안하더라도 이는 예외적인 성과였다. 2016년 가을 모든 상업적 뉴스 라디오의 청취율이 15% 증가한 반면, NPR의 아침 시청률은 26% 증가했으며, 상업적 뉴스 라디오의 오후 청취율이 19% 증가하는 동안 NPR의 청취율은 43% 증가했다("NPR Sees Large," 2016).

하지만 NPR은 정말로 자신의 프로그램으로 전 국민에게 서비스를 제공하는가? 1967년 공영방송법은 공영방송을 위한 법인을 만들어 NPR과 공영 텔레비전 방송망인 PBS(Public Broadcasting Service)에 연방의 자금을 지원했다. 그 법안은 그 목적이 소외되거나 서비스를 받지 못하는 시청자, 특히 어린이와 소수자들의 필요를 충족하는 데 있다고 명시하고 있다(Public Broadcasting Act, 1967: a6번째 단락).

NPR은 그 역사 중 상당 부분 동안 엘리트주의로 비난을 받았다. 한 라틴계 젊은 수용자는 이미지 문제를 연구한 결과 "NPR은 중산층 이상의 교육을 받은 성인들을 위한 것이라고 생각한다. 그게 내 인상이다"라고 말했다(Everhart, 2010: 5번째 단락). 2010년 무슬림 관련 발언을 했다가 NPR에서 해고된 ≪워싱턴포스트≫와 폭스뉴스의 정치 칼럼니스트 겸 시사평론가 후안 윌리엄스(Juan Williams)는 "매우 엘리트주의적이며, 이 경우 미국 사회의 인구구성 변화에 발버둥치고 있는 백인의 기관이라고 생각한다"라고 말했다(Hagey, 2011: 4번째 단락). NPR의 청취율은 2018년 초까지 높은 수준을 유지했다. 닐슨 오디오(Nielsen Audio)는 2017년 가을에 역대 최고 청취율, 3770만 명의 청취자를 기록했다고 보도했다("NPR maintains," 2018).

2015년 기준, NPR 청취자 중 약 87%가 백인으로 전국 평균보다 10% 많았다. 아프리카계 미국인(흑인)은 성인 인구의 12%를 차지하지만, NPR 청취자의 5%만 차지하고 있다(Hushock, 2016; Powell, 2015; Schumacher-Matos, 2012). NPR의 자체 홍보 자료는 다음과 같이 선언한다. "플랫폼을 넘어, NPR은 국내 최고이자 가장 빛나는 위치에 도달한다. 방송과 온라인에서 NPR 청취자는 영향력이 있고, 부유하며, 호기심이 많다. NPR 청취자는 최고 경영자가 될 가능성이 133% 더 높고 C-suite[1] 임원이 될 가능성이 148% 더 높다. NPR을 듣는 사람들은 박사 학위를 받을 가능성이 380% 더 높다" ("Audience: Cultural", 2018: 1, 3). NPR의 인구구성 보고서는 NPR 청취자의 평균 가계소득이 8만 5675달러라고 말한다("NPR Audience Profile", 2018: 1). 2012년 퓨리서치 센터(Pew Research Center)의 연구에서 NPR 청취자 중 43%가 연간 7만

---

1 고위 경영진, 고위 간부, CEO/CFO 등 직함에 C(chief)가 들어가는 사람들.

5천 달러 이상을 버는 것으로 나타났으며, 이는 영국의 고급 뉴스 잡지 ≪이코노미스트≫의 독자("In Changing", 2012)에 이어 두 번째다. 더 나아가면, NPR이 진정으로 전국의 청취자에게 서비스하는지 의문이 들 수 있다. NPR의 최고 청취율 방송국 열 곳 중 단 한 곳만이 남부 방송국인데 노스캐롤라이나 롤리의 WUNC이다(Hushock, 2016).

이 장에서는 NPR 프로그래밍의 역사와 내용을 살펴보고, 이 네트워크를 위해 청취자의 폭을 넓히기 위한 기존 제안을 검토하며, 보다 넓고, 보다 포괄적인 청취자에게 도달하기 위한 독창적인 방법을 제시한다.

"목소리와 관점의 다양성 강화"

NPR은 충성스럽고 열정적인 청취자층을 자랑하지만, 미국의 평균 라디오 청취자들보다 훨씬 부유하고 교육을 잘 받은 청취자들에게 주로 호소하기 때문에, 청취자층의 크기, 말하자면 NPR에 대한 지지는 미국 인구의 더 넓은 면에 호소할 때보다 적다.

2010년 공영방송공사 보고서는 이 연구에서 주장하는 것과 동일한 내용을 발전시켰다. "더 포괄적인 공공 서비스를 위한 제안: 공영 라디오의 주요 뉴스 및 음악 프로그램에서 다양한 목소리와 관점을 강화하고, 더 넓은 범위의 청취자에게 도달하는 다양하고 차별화된 서비스를 장려함으로써 모든 청취자에게 공영 라디오의 가치를 심화시킨다("Grow the Audience", 2010: 2). 2015년 닐슨 오디오 연구에서는 대부분의 NPR 방송국이 속하는 뉴스-토크 형식이 아프리카계 미국인과 히스패닉계 사람들의 어떤 연령층에서도 가장 선호하는 5가지 포맷 안에 들지 못한다고 밝혔는데, 이는 라디오 뉴스와 토크를 가장 많이 듣는 노년층에서도 마찬가지였다.

미디어 기자 폭스는 "NPR을 비롯한 다른 뉴스 방송사들에게 그것이 가장 큰 이슈인 것 같다. 라디오 청취자들 중에 점점 많은 수가 뉴스를 듣는 데 관심이 없거나 적어도 현재 제공되는 뉴스에는 관심이 없다"(Fox, 2015: 10 번째 단락)라고 말했다.

NPR 역사의 기록자인 맥컬리는 "대학 교육을 받은 미국인에 대한 서비스"를 제공하는 데 있어 이 네트워크의 성공에 주목했다. "NPR은 현재의 청취자들이 더 많은 정보를 얻을 수 있도록 돕고 있으므로, 과거에 듣지 않았던 사람들을 끌어모으기 위해 더 많은 일을 해야 하는지에 대한 의문에 자연스레 직면하게 될 것이다"(McCauley, 2005: 124).

공영 라디오의 시작

공영(또는 "교육적") 라디오 방송은 NPR보다 훨씬 이전부터 있었다. 20세기 초의 20년에 걸쳐 미국 대학에서는 물리학 교수들과 엔지니어들이 오디오 전송을 실험하고 있었다. 1920년대, 라디오 방송이 시작된 후 연방정부는 200개가 넘는 대학 소유의 라디오 방송국에 교육 방송 허가를 내주었다. 1925년 대학라디오방송국협회(후에 전국교육방송협회가 된다)의 조직에도 불구하고, 그 방송국들은 완전히 지역 기반으로 운영되었고, 교수들의 강의, 공익 프로그램, 음악 및 오락, 농장 보도 등을 내용으로 했다. 점차 상업용 라디오가 미국 공중파에서 교육용 라디오 방송을 열기 시작했다.

1950년대, 텔레비전과 FM 라디오가 등장하기 시작하면서 강력한 록펠러와 포드 재단이 공영방송에 관심을 갖게 되었고, 그 결과 교육 방송에 대한 관심이 되살아났다. 몇 개의 작은 교육 방송 네트워크가 만들어졌고, 그 후 1960년대 중반, 린든 존슨(Lyndon Johnson) 대통령의 '위대한 사회'의 일환으로 카네기위원회가 지명되고 공영방송공사의 설립이 권고되면서 공영 라디오와 텔레비전의 운명적인 순간이 왔다(McCauley, 2005).

1967년 공영방송법에 따라 공영방송공사가 설립되어 비상업적 텔레비전과 라디오의 발전을 촉진했다. 그 후 공영방송(Public Broadcasting System)과 전국 공영 라디오(National Public Radio)가 등장했다. 라디오에 대한 고려는 상당히 뒷전이었다. "그리고 라디오"라는 문구가 본문에서 "텔레비전"을 언급할 때마다 사실상 "스카치테이프로 붙여졌다." 역사학자 미첼은 "라디오는 최종 안에 셀로판테이프로 삽입되어 복사되었다. 라디오는 야근자와 스카치테이프 덕분에 그때까지도 '공영 텔레비전 공사를 만드는 공공 텔레비전 법안'이었던 대통령의 초안에 들어갈 수 있었다"(Mitchell, 2005: 36).

이 법안의 문구는 "고품질, 다양성, 창의성, 우수성 및 혁신"을 장려하는 프로그래밍의 유형에 대해 광범위하게 기술하고 있다. 특정 지역과 미국 전역 모두에서 그렇다(Public Broadcasting Act, 1967: 1, 4).

NPR은 1970년에 미네소타에서 온 지역 공영 라디오 방송국 매니저인 빌 시머링(Bill Siemering)과 함께 시작되었는데, 그는 첫 프로그램 감독으로 기록되었다. NPR의 오랜 기자였던 베르티머는 "(그는) 라디오 다이얼의 많은 곳에서 찾을 수 없었던, 지금도 찾을 수 없는 뭔가를 원했다. 그는 조용함을 원했다. 그는 침착한 대화, 분석, 설명을 원했다"라고 기술했다(Werthei mer, 1995: 19).

NPR은 1971년 4월 20일 미국 상원의 베트남전 청문회를 방송했고, 그 상징적인 오후/저녁 시간대 뉴스 프로그램인 〈All Things Considered〉가 1971년 5월 3일 처음으로 방송되었는데, 워싱턴 D.C. 거리에서 일어난 대규모 반전 시위에 대한 보도를 했다. 한 시위자가 경찰 오토바이에 치인 것으로 알려지자 NPR 기자 제프 케이먼(Jeff Kamen)은 경찰관에게 묻는다. "실례합니다, 경사님. 그게 기술인가요? 시위대 안에서 오토바이를 어디로 몰고 가려고 하는 거예요?" 아연실색한 경찰이 대답했다. "아니, 기술이 아닙니다. 우리는 길을 내려가려 하는데, 사람들이 당신 앞에 도착합니다. 어떻게 하겠어요?"(Stamberg, 2010: 13).

청취자의 증가

NPR 청취자들의 인구통계는 인상적이지만, 그것은 또한 어떤 이유에서든 아직 고정 청취를 하지 않는 사람들이 많음을 보여 준다. 대학 교육을 받지 않은 평균 가계소득 정도에 근접하는 사람들은 NPR의 서비스를 받지 못하고 있다고 말할 수 있다.

학자들은 공영 라디오가 최고 품질의 공공 서비스 프로그램을 제공한다는 가치를 지키면서도 더 많은 청취자들에게 서비스를 제공할 수 있는 방법을 연구해 왔다. 지오반노니와 베일리는 "공영 라디오가 청취자를 크게 늘리려면 음악 프로그램을 다시 고려해야 한다"라는 것에 주목했다(Giovannoni and Bailey, 1988: 1). 후에 지오반노니는 공영 라디오가 더 많은 청취자를 끌어들이기 위해 그것의 가치를 타협해야 한다는 생각에 대해 "청취자의 크기와 가치들이 반비례 관계에 있다는 생각, 하나가 커지려면 다른 것들이 작아져야만 한다는 생각은 잘못된 추정이다"라고 말했다(Giovannoni, 1994: 5). 맥컬리(McCauley, 2002)는 경제적 현실의 결과로서 NPR의 프로그래밍이 어떻게 발전해 왔는지에 대한 연구에서 인터넷과 위성 라디오의 발달로 NPR이 복수의 프로그램 서비스를 개발할 수 있을 것이라고 제안했다.

2012년의 한 기사는 NPR과 다른 공영 라디오 방송국들이 "청취자 증가"에 있어 마주치는 도전을 강조했다. 음악 교수 커트 엘렌버거(Kurt Ellenberger)의 기사는 특히 재즈 청취자를 다뤘지만, 이 기사는 공영 라디오가 선호하는 다른 장르, 뮤지컬 등에도 적용될 수 있다. 엘렌버거는 재즈가 "의식적으로 요구되고 있다"라고 말했고, 이는 "주류 대중문화"에서 시장, 패키지2, 프로그램에 대한 도전이라고 말했다. "그것은 극복할 수 없을 것 같은 무리한 주문이다. 솔직히 말해서, 적어도 청취자들을 모으기 위한 사전 준비된 '전략'이 될 수는 없다"(Ellenberger, 2012: 6, 7번째 단락).

NPR 뉴스를 제공하는 것 외에, 공영 라디오의 주요 품목은 클래식 음악이다. 영국의 저널리스트 윈체스터는 공영 라디오가 "전혀 '공적'이지 않다"라고 주장했다. "(그것은) 지역사회에서 가장 작으면서도 가장 특권을 가진 집단에게만 호소한다"(Winchester, 1981: 25). 몇 년 전의 청취자 감소에 대해서, NPR의 대응은 "스카이다이빙을 하는 대수학 선생님… 스도쿠 게임을 하는 바리스타" 같은 "괴짜" 청취자들을 대상으로 하는 광고 캠페인을 시작하는 것이었다"(Jensen, 2012: 첫 단락).

NPR이 뉴스에 중점을 두는 것은 장점인 동시에 단점이다. 2012년 퓨 리서치 센터의 연구는 뉴스/토크/정보가 12.1%의 점유율로 청취자에게 두 번째로 인기 있는 형식이라는 것을 보여 준다. 하지만, 이것은 라디오 청취자의 대다수가 한 가지 또는 다른 음악 형식을 듣고 있다는 의미다. 또한, 이 연구는 뉴스/토크/정보 청취자의 57%가 55세 이상이라는 것을 발견했다("The State of the News Media", 2012).

미국 라디오 청취의 대부분은 음악 형식에서 이뤄진다. 뉴스/토크가 총 청취자 수에서 전반적으로 상위 형식이기는 하지만, 상위 10개 형식 중 8개는 음악을 기반으로 한다. 25세에서 55세 청취자의 최상위 4가지 형식은 음악이고, 18세에서 34세 청취자의 최상위 9개 형식도 음악 기반이다("Tops of 2015", 2015).

---

2   보통 총액을 정하고 광고주나 방송망에 팔리는 패키지 프로그램.

NPR의 제한적인 대중음악 프로그램은 대중의 선호에서 거의 끝자락에 있는 음악을 강조하는 경향이 있다. 〈World Café〉와 〈All Songs Considered〉는 AAA(성인 대안 앨범) 상업방송국 스타일에서 중요한 프로그램이다. 그러나 AAA 형식은 어떤 인구 그룹에서도 상위 10개 형식에 포함되지 않는다("Tops of 2015", 2015). 상위 10개 라디오 시장 중 4곳에는 AAA 방송국이 없으며, 상위 10개 시장의 AAA 방송국 중 3개는 NPR 계열 방송국인 필라델피아 WXPN, 댈러스의 KKXT, 뉴욕의 WFUV이다("Nielsen Audio Ratings", 2017).

NPR 방송국에서는 수년에 걸쳐 음악 프로그램이 뉴스에 방송 시간을 내주었지만, 혁신자들은 음악을 위한 다른 수단을 개발했다. 밥 보일렌(Bob Boilen)은 2000년에 웹 전용 프로그램인 〈All Songs Considered〉를 만들었다. 새로운 시대, 디지털 시대가 열리고 있었다. NPR 뮤직 부문의 〈All Songs Considered〉와 다른 프로그램들은 공중파 방송이 아니라 스트리밍 형식으로 들을 수 있도록 만들어졌다. 최근 몇 년간, 이것은 NPR의 익숙한 프로그래밍 전략이었다(Roberts et al., 2010).

최근의 프로그래밍 노력

NPR의 최근 청취율 증가는 더 광범위한 인종, 소득수준, 인구 그룹 등에 도달하려는 시도보다는 젊은 청취자에게 다가가려는 노력과 맞물려 있는데, 주로 팟캐스트나 NPR One 같은 스마트폰 앱 등의 디지털 서비스를 통해 이뤄졌다. 또한, 디지털 온디맨드 오디오/비디오 콘텐츠는 1967년 공영방송법에서 구체적으로 언급했던 무료 공중파를 사용하지 않는데, 공영방송공사에 의해 만들어진 자금은 실제 방송을 위해 여전히 제공되고 있다(Public Broadcasting Act, 1967).

2016년에 NPR 방송국의 청취율이 상승했지만, 몇 년 전에는 그렇지 않았다. NPR 프로그램 청취율에 온라인 청취자는 포함되지 않지만, 2011년에 전년 대비 약 1% 하락해 2720만 명에서 2680만 명으로 줄었다(Phelps, 2012; "The State of the News Media", 2012). NPR의 〈Morning Edition〉의 청취율은 2011년 봄부터 2012년 봄까지 1300만 명에서 1230만 명으로 5% 감소했고, 〈All Things Considered〉의 청취자는 1230만 명에서 1180만 명으로 4% 감소했다(Jensen, 2013).

2015년, NPR 프로그래밍의 오랜 수장인 에릭 누즈움(Eric Nuzum)은 NPR 이사들과 이야기를 나눴다. 그는 그들에게 젊은 여성의 사진을 보여 주며 "이 사람은 라라입니다. 라라는 NPR의 미래입니다. NPR의 임무는 우리가 그녀의 부모님에게 서비스했던 방식으로 그녀에게 서비스하는 것이어야 합니다. 다른 건 중요하지 않습니다"라고 말했다. NPR 청취자의 평균 연령은 1990년대 중반 45세에서 2015년 54세로 높아졌다(Neyfakh, 2016: 1~2 번째 단락).

아이러니하게도, 누즈움은 이렇게 말하고도 NPR을 떠나 오디오북 회사인 오더블(Audible)에 자리를 잡기로 결정했다. 보도에 따르면 누즈움을 비롯한 NPR의 프로그램 제작자들은 NPR이 지역 방송국들의 이익을 저하시킬까 봐 새로운 온디맨드 기능을 공중파에서 공격적으로 홍보하지 못하는 것에 좌절했다고 한다. 오더블의 CEO인 돈 카츠(Don Katz)는 "당신이 항상 하고 싶었지만 결코 할 수 없었던 아이디어에 대해 이야기하자"라고 누즈움을 설득했다(Ragusea, 2015: 첫 단락). NPR과 10년 정도 함께했던 누즈움은 NPR에서 자신의 비전을 달성할 수 없다고 판단한 것으로 보인다. 게다가 온라인 잡지 《슬레이트(Slate)》가 지적했듯이, 그는 NPR의 대표 프로그램인 〈Morning Edition〉과 〈All Things Considered〉의 장기적 생존 가능성에 대해 의문을 가졌을지도 모른다. "지상파 청취자들은 나이가 들고, 젊은 청취자들은 중독성 있고 격의 없고 재미있는 팟캐스트를 뉴스보다 선호하는 것처럼 보이는 시대에?"(Neyfakh, 2016: 9번째 단락).

누즈움이 떠나기도 전에, NPR은 "사상, 신념, 가정, 감정과 같이 인간의 행동을 형성하는 보이지 않는 힘"을 탐구하는 매우 인기 있는 프로그램인 〈Invisibilia〉를 시작했다(Neyfakh, 2016: 첫 단락). 이 쇼는 2015년 1월에 시작되어 약 350개의 NPR 방송국에서 방송되는 것 외에도 매주 90만 명에 달하는 팟캐스트 청취자에 도달하고 있다("About 'Invisibilia'", 2014; "NPR's 'Invisibilia' Returns", 2017).

오랫동안 NPR 뮤직의 감독이었던 애냐 그룬드만(Anya Grundmann)이 누즈움의 뒤를 이어 NPR의 수석 프로그램 제작자가 되었다. 그녀는 라이브 재즈 콘서트를 여는 〈Jazz Night in America〉, 〈All Songs Considered〉의 진행자인 밥 보일렌의 책상에서 인디 록 공연을 하는 〈Tiny Desk Concerts〉, 힙합 인터뷰 프로그램 〈Microphone Check〉 등의 새로운, 주로 온라인으로 방송되는 오디오/비디오 프로그램을 개발하는 데 기여했다("Anya Grundmann Named", 2016).

그룬드만이 프로그래밍 조정에 참여하면서 NPR은 온디맨드 프로그램을 계속 확장했다. 예를 들어, NPR은 2017년 중반, 〈Wait, Wait Don't Tell Me〉[3]에서 인기 패널로 활동 중인 코미디언 폴라 파운드스톤(Paula Poundstone)의 새로운 팟캐스트를 만들 계획을 발표했다. 파운드스톤 연구소의 라이브에서 그녀는 고양이들이 어떤 음악을 좋아하는지, 유동 역학으로부터 커피를 엎지르는 것에 대해 우리가 무엇을 배울 수 있는지 등의 발견들을 이야기한다("Introducing a New Comedy", 2017). 또 다른 새로운 팟캐스트인 〈Stretch & Bobbito〉는 뉴욕 베테랑 힙합 DJ인 아드리안 바토스(Adrian Bar

---

3 주말 퀴즈 쇼.

tos)와 로버트 가르시아(Robert Garcia)가 2017년 7월에 시작했다. "우리는 꽤 많이 성장했다"라고 바토스는 말했다. "만약 당신이 1990년대에만 우리를 알았다면, 나는 당신이 스트레치와 보비토를 NPR과 관련된 어떤 것에 넣든 두 번씩 생각할 것이라고 본다"("Hip-Hop Radio DJs", 2017: 20번째 단락).

젊은 청취자를 끌어모으는 것이 팟캐스팅과 동일하다면, NPR은 약진한 것이 분명하다. 이 네트워크는 2016년 중반 월간 팟캐스트 청취자 수가 750만 명에 달해 미국에서 가장 인기 있는 팟캐스트 제작사가 되고 있다. 잘 몬(Jarl Mohn) NPR 회장은 "우리는 이전에 듣지 않았던 젊은 사람들이 NPR에 들어오고 있다는 매우 고무적인 징후를 보고 있다"라고 말했다 (Battaglio, 2016: E8).

팟캐스트와 기타 온디맨드 청취에 관한 통계는 확실히 주목할 만하다. Podtrac.com에 따르면 NPR은 거의 1700만 명에 달하는 청취자와 Top 10 팟캐스트 중 4개[4]를 보유해 미국 팟캐스트의 최고 공급원이 되고 있다 ("Podcast Industry", 2018). 그러나 웹 기반 스트리밍 오디오를 듣는 것이 전통적인 라디오를 약화시킨다고 간주하는 것은 적절하지 않다. 이것은 토론에서 다룰 것이다.

"E" Word[5]

≪뉴욕타임스≫의 미디어 평론가 데이비드 카(David Carr)는 NPR을 "침묵

---

4 Up First, TED Radio Hour, Fresh Air, Planet Money(2018년 중반 기준).
5 진화(evoltion)를 뜻하는 단어. 진화가 사실임을 믿고 있는 사람들이 근본주의자들은 "S" Word(Shit 등)를 듣지도 않으려고 하는 것을 지적하고 그들이 얼마나 바보스러운지 보여주기 위해 쓴다.

하는 좌파의 까다롭고 단단한 요새"라고 묘사했는데, 그것은 허리케인 카트리나에 대한 방송국의 보도를 극찬하는 칼럼에 실린 표현이다(Roberts et al., 2010: 267).

젊은 청취자들에게 어필하는 것도 중요하지만 NPR이 '상류층, 고학력, 주로 백인'이 아닌 청취자들에게 어필하는 것은 또 다른 숙제다. 최근에 〈Microphone Check〉, 〈What's Good with Stretch and Bobbito〉 등의 대중문화 친화적인 팟캐스팅 노력에도 불구하고 NPR 비평가들은 이 네트워크에 "엘리트주의자"라는 수식어를 종종 붙인다.

한때 NPR 최고 경영자였던 비비안 실러(Vivian Schiller)는 NPR이 엘리트주의적인가라는 질문에 이렇게 말했다. "아니, 우리는 그렇지 않다. 하지만 나는 일부 듣지도 않는 사람들이 우리를 엘리트주의자로 생각할 수도 있는 이유가 우리 소리의 특성과 관계가 있다고 생각한다… 우리는 우리가 말하는 방식에 매우 유념해야 한다." 그녀는 특정 NPR 진행자들의 목소리와 말투에 대해 "종종 딱딱한데, 우리는 그것으로부터 매우 성공적으로 멀어지고 있다"라고 덧붙였다(Friedman, 2010: 4~5번째 단락). 이 말은 NPR이 의뢰한 연구에 따른 것인데, 그 연구는 NPR과 다른 공영방송들이 그들의 프로그램에 대한 "엘리트주의적이고 딱딱하다"라는 인식을 없애기 위해 노력한다면 청취자가 더 많을 것임을 발견했다. 로스앤젤레스의 컨설팅 회사인 스미스 가이거(Smith Geiger)는 제작자들이 좀 더 생동감 있고 대화체의 쇼를 만들어야 하고 홍보 담당자들은 공영 라디오를 '지적이고 심각한 것'으로 묘사하는 데 있어 더 많은 주의를 기울여야 할 것이라고 설명했다("Audience Opportunity Study", 2010: 첫 단락). 이 연구는 NPR의 주요 인구 통계학적 범위를 벗어난 청취자들이 배제되었다고 느낀다고 말했다. NPR의 마가렛 스미스(Margaret L. Smith) 프로그램 담당 부사장은 "사람들이 프로그래밍에서 자신들의 이야기를 듣는 것이 정말 중요하다. 우리는 모두가 포함되는 파티에 대비되는 사적인 파티에 대해 이야기하고 있다"(Everhart, 2010: 2~4).

이례적인 NPR 프로그램으로 1987년 보스턴의 WBUR에서 시작한 톰과 레이 마글리오지 형제(Tom and Ray Magliozzi)가 진행하는 〈Car Talk〉이 있는 데, 1987년부터 2012년까지 NPR에서 새로운 에피소드들을 들을 수 있었다. 〈Car Talk〉은 형제가 은퇴한 뒤에도, 심지어 2014년 톰이 세상을 떠난 뒤에도 재방송이 계속될 정도로 인기였다. "Click and Clack, the Tappet Brothers"로 알려진 마글리오지 형제는 자동차에 대한 조언뿐 아니라 재미있는 블루칼라 보스턴 농담으로 많이 알려져 있었다. 그들의 프로듀서였던 버먼은 "그들은 '딱딱한 공영 라디오 아나운서'를 하는 법 같은 건 결코 배운 적이 없었다"라고 말했다(Berman, 2010: 172).

NPR이 잠재적 인수자에게 어필하기 위해 인용하는 인구통계는 이 네트워크가 주로 사회의 경제적·교육적 상위 계층에 어필한다는 인상을 준다. 앞서 언급한 사례 외에도 NPR은 청취자들이 자기 사업체의 소유자 또는 파트너일 가능성이 19%, 최고 경영자가 될 가능성이 22%, 1천 달러 이상의 기업 간 거래(B2B) 구매에 관여하는 의사 결정자가 될 가능성이 88% 더 높다고 밝혔다("National Public Media: Audience", 2017).

이 모든 것들 덕분에 NPR은 '그렇게 교육 수준이 높고 돈이 많은 청취자를 가진 미디어는 1967년 공영방송법에 규정된 정부 자금 없이도 성공할 수 있다'라고 주장하는 비평가들에게 매력적인 표적이 되고 있다. 보수적인 정치 평론가 조지 윌(George Will)은 공영방송이 부유한 시청자들에게 성공적으로 어필하고 있으며 특히 디지털 온디맨드 미디어의 등장으로 NPR과 PBS에 대한 공적 자금 지원이 불필요해졌다고 종종 주장해 왔다. 심지어 윌은 미국 국민의 이익을 위해 공영 라디오와 텔레비전이 필요하다는 생각이 처음부터 심각하게 잘못 이해되었다고 말한다. "공영방송은 요즘 진보주의자들이 말하는 '시장 실패'에 대한 대응으로 시작되었다. 이는 보통 '대중이 아직 요구하지 않았지만 그게 진짜 이익이 된다는 것을 이해한다면 분명히 요구하게 될 것'을 시장이 공급하는 데 실패했음을 의미한다"(Will, 2017: 7번째 단락).

비비안 실러 최고 경영자가 2010년에 말했듯이, 자사의 프로그램이 "딱딱한 소리"(Friedman, 2010: 1~3번째 단락)라는 청취자의 인식을 성공적으로 바꿨는지 여부를 떠나서, NPR은 의식적으로 그렇게 하려고 노력해 왔고, 특히 팟캐스트 프로그램에서 그랬다. 일부 NPR 방송국에서도 들을 수 있지만 주로 팟캐스트에서 악명 높은 인기 프로그램 〈Invisibilia〉가 그 예다. 미디어 기자 라슨은 《뉴요커》에서 "〈Invisibilia〉 스타일의 또 다른 특징이자, 그 선조들의 특징으로는 가볍고 재미있고 기발한 장면과 순간들이 있는데, 그것은 즐거울 수도 있고 조금 귀여울 수도 있다"라고 평했다(Larson, 2015: 14번째 단락). NPR이 폴라 파운드스톤이 출연하는 새로운 팟캐스트의 개발을 발표했을 때, 그녀는 "우리는 매주 계속해서 지식을 찾을 것이다. 왜냐하면 지식을 어딘가에 두고 왔다는 것을 알기 때문이다"라고 씁쓸하게 말했다("Introducing a New Comedy", 2017: 2번째 단락). 앞에서 설명한 바와 같이, 다른 음악 프로그래밍과 팟캐스트의 발전은 젊은 청취자들을 염두에 두고 설계되었다. 그러나 NPR 지역 방송국 매니저들이 자주 지적했듯이, 팟캐스트는 방송이 아니다(Jensen, 2016). 공영 라디오는 연방통신위원회(FCC)와 1967년 공영방송법의 요건에 따라 무료이며 공공의 이익을 위한 서비스를 제공하는 반면, 팟캐스트는 무료가 아니며 공익에 대한 의무도 없다.

보다 광범위한 미국 시민에게 어필하기 위해 덜 "지적"이고 덜 "심각"하게 들리려는 노력은 NPR 청취자들의 상당수로부터 격렬한 저항에 부딪힐 것이다.

《슬레이트》의 작가 나주(Farhad Najoo)는 자신이 매일 NPR을 듣는 청취자라고 말하면서도, 그 방송의 청취자에 대해 가차 없이 논평했다. "NPR

에 편지를 보내는 사람들이 역사상 가장 답답하고, 가장 불평이 많고, 가장 자기중심적인, 참을 수 없이 저속한 사람들이라는 증거를 찾으려면, 그저 방송국의 기록 보관소를 뒤져라… 청취자들이 NPR에서 금기시된다고 여기는 많고 많은 주제들 중에는, 블로그(한때 교육을 잘 받았던 우리 사회가 천천히 쇠퇴하고 있다는 또 다른 예)… 트위터(우리 시대의 CB 라디오[6] – 광고글도 많고, 지속적인 영향도 크고)… 그리고 영원히 스포츠까지 있다." 예를 들어, NPR 스포츠 통신원 마이크 페스카(Mike Pesca)는 "왜 스포츠를 취재하는 거야? 그건 그저 네안데르탈인 무리일 뿐이야, 단지 파시스트 무리일 뿐이야!"라는 말을 듣지 않고는 스포츠를 언급할 수 없었다고 말하기도 했다(Najoo, 2011: 4번째 단락).

자신을 NPR을 매일 듣는 청취자로 소개하고, 때로는 한 번에 몇 시간씩 듣기도 하고, 지난 10년간 1만 달러 이상을 공영 라디오에 기부한 작가 레스니코프는 이렇게 말했다. "완고한 진보주의자라도 NPR 보도의 거의 매초를 고루한 자유주의가 채우고 있다는 것을 부인할 수 없다. 잘난 척하는 억양, 어처구니없는 발음, 주제 선정, 이런 게 모두 섞여 있다"(Resnikoff, 2017: 8번째 단락).

지역의 공영 라디오

NPR의 원래 모델, 특히 〈All Things Considered〉는 지역 방송국의 빈번한 기부를 활용하는 것이었다(McCauley, 2005; McCourt, 1999). 역사학자 엥겔만은 "NPR의 프로그램 감독이었던 빌 시머링이 국가의 다양성을 반영하는 분권화된 시스템을 고안했다. 지역 오디오 연구소에서 라디오 제작자

---

6   시민 밴드 라디오.

를 훈련시키고, 제휴사들이 네트워크에 프로그램을 제출하고, 방송국 사이에 자원을 상호 교환하는 시스템이었다"라고 말했다(Engelman, 1996: 91). 공영 라디오의 뿌리는 1920년대부터 1950년대까지 정부 지원 대학에서 운영되었던 실험적이고 비상업적인 라디오 방송국에 있었는데, 시머링은 "초창기 정부 지원 라디오의 소탈함으로 돌아가려고 했다"라고 말했다. 초기 NPR 제작자인 아트 실버맨(Art Silverman)은 "사람들은 동유럽이나 제3 세계에 대한 보도를 두 번 더 들어야 하는 것만큼이나, 파이를 만들기 위해 대황을 따는 법도 들어야 한다"라고 말했다(McCourt, 1999: 45). 공공방송협회(CPB: Corporation for Public Broadcasting)는 공영 라디오 방송국들(대다수는 NPR 계열사)이 전체 프로그램의 약 40%를 지역에서 생산하고 있다고 보고한다("About Public Media", 2018).

1980년대 초, 영국 언론인 사이먼 윈체스터는 NPR의 청취자들이 고학력이고 경제적으로 상류층인 경우가 많으며 그 사실과 NPR의 본래 임무 사이에 모순을 보였다고 말했다. 윈체스터는 NPR과 회원 방송국 모두에서 지역적인 풀뿌리 프로그래밍에 더 중점을 두는 것이 하나의 해답이라고 보았다. 그는 미시간 주 그랜드래피스에서 KAXE-FM의 사례 연구를 했다. 윈체스터는 "재즈, 지적 정보, 토론과 유머, 농사일 뉴스와 달콤한 음악, 다시 말해 상업용 프로그램 제작자들에게 수익성 있는 광고료를 위한 큰 시장을 제공하지 않는 온갖 자질구레한 것들이 오직 KAXE에서만 나온다"라고 썼다. 윈체스터는 이 소규모 지역 방송국과 대형 시장의 NPR 방송국 사이에 공통점이 많지 않아 보이지만, 각각 방송 시간의 40%를 워싱턴 D.C. 기반 네트워크에 할애한다고 말했다. 그는 〈Morning Edition〉, 〈All Things Considered〉, 그리고 기타 NPR 뉴스 프로그램들이 원래 계획대로 지역 회원 방송국에서 생산하고 보내 온 상당한 양의 자료를 방송해야 한다고 주장했다. 윈체스터는 NPR과 그 방송국들이 "더 포퓰리즘적이고 더 대중적인 라디오 접근 방식, 또는 더 엘리트주의적인 라디오 우수성 추구", 둘 중 한 방향으로 나아가야 한다고 썼다. 윈체스터는 KAXE와 그 청취자들 사이의 긴밀한 관계를 묘사했다. 기술적인 문제로 하루 동안 방송이 중단되자 청취자들은 당황했다. 그는 "도대체 뭐가 잘못되었는지, 사람들이 내게 묻고는 했다. 마치 하루 동안 귀 하나를 잃은 것 같았다"라고 말했다(Winchester, 1981: 29). 윈체스터는 KAXE-FM이 없다면 그랜드래피스 지역의 삶이 "엄청나게 축소될 것"이라고 관측했다(Winchester, 1981: 26).

지난 몇 년간, KAXE는 프로그램에 있어서 확실한 지역성을 유지하며 대체로 자급자족하고 있고, NPR에는 상대적으로 작은 부분만을 의지한다. 방송국의 일일 프로그램 대부분이 현지에서 제작된다. KAXE와 계열사인 KBXE(미네소타 베미지에서 허가되었다)는 아메리카나 음악7을 포함해 예술, 자연, 스포츠, 날씨 등 현지 콘텐츠들로 구성된 자체 아침 프로그램을 방송했다. 정규 프로그램으로는 청취자와 친근한 전화 대화를 나누는 〈Have You Had Your Breakfast Yet?〉가 있다. 한낮 프로그램인 〈On the River〉는 "포크, 록, 블루스, 재즈, 월드 뮤직 등이 섞여 있다". 이 방송국은 〈All Things Considered〉와 캐나다 방송공사의 뉴스 프로그램인 〈As It Happens〉를 방송하고 있지만, NPR 음악 프로그램 〈World Café〉를 제외하면 다른 프로그램들은 지역 특화적이고 음악 중심적이다("KAXE Weekly", 2018). 이 방송국의 트위터 페이지는 대단히 활발하다. 팔로워가 1900명이 넘는다("KAXE-KBXE Radio", 2018).

이 두 방송국은 자신들을 '북부 공동체 라디오'라고 부른다. 그들의 웹

---

7 미국의 포크에 미국의 음악 정신과 음악 전통이 혼합된 양식의 음악 장르. 포크송, 컨트리 음악, 블루스, 리듬 앤 블루스, 록 앤 롤 등의 여러 음악과 미국의 민속음악이 혼합된 형식이 특징이다.

사이트는 이렇게 말한다. "NCR에 채널을 맞추면 미네소타 북부를 듣는다… 그 사람들, 공동체들, 그리고 태도… 최초의 농촌 공영 라디오 방송국인 NCR은 지역 농촌 공영 라디오의 전국적 모델이다"("About us", 2017: 4~5번째 단락).

대안적 프로그램의 기회

이 부분에서는 NPR에 대한 몇 가지 대안적인 현실을 재구성해 본다. 만약 몇 가지가 공상적으로 보인다면, 독자들은 NPR 자체가 한때 공상적이었음을 떠올리게 될 것이다. 이 장은 더 광범위하고 더 젊은 청취자들에게 다가가기 위한 NPR의 노력을 묘사했다. NPR은 영국 공영 라디오의 사촌인 BBC로부터 배울 수 있을지도 모른다.

많은 면에서, NPR을 BBC와 비교하는 것은 사과와 오렌지를 비교하는 것과 같다. 가장 주목할 만한 것은, NPR과 회원 방송국들은 공영방송공사를 통한 연방 기금을 적은 양만 받는 반면, BBC는 영국의 모든 텔레비전과 라디오에 부과되는 면허료로 완전히 자금을 지원받는다는 것이다. NPR은 독립된 지역 방송국에 특정 프로그램을 제공하는 네트워크인 반면 BBC는 수많은 전국 및 지역 라디오 방송국을 운영하고 있다. 그럼에도 불구하고, 그들은 둘 다 매우 유사한 문화에서 활동하는 비상업적 방송 조직이다. NPR이 존경받는 사촌으로부터 배울 수 있는 교훈이 있는가? 그리고 NPR과 영국 및 캐나다의 공영 라디오 매체의 프로그래밍 차이는 자금이나 철학의 차이 때문에 생긴 것일까?

NPR과 BBC의 프로그램 철학에 대한 불완전한 비교는 NPR의 초기부터 이뤄졌다. 윈체스터는 "BBC의 대용품"이라는 제목의 기사에서 "체비 체이스(Chevy Chase), 셰이커 하이츠(Shaker Heights), 그로스 포인트(Grosse Pointe)에 사는 볼보 운전자들뿐 아니라, 시골의 대중, 지적인 도심 대중, 소수자, 약자들 역시 서비스될 필요가 있다"라고 말했다(Winchester, 1981: 29).

작가 미첼(Mitchell, 2001)도 NPR이 더 많은 청취자를 위해 봉사해야 한다는 요구에 대해 BBC와 비교해서 논평했다. BBC는 (BBC 설립자인) 존 리스(John Reith)가 들려주고 싶은 것이 아니라 대중이 듣고 싶은 것을 듣겠다는 요구에 결국 굴복했다. 미국에서는 공영 라디오가 NPR의 설립 목적이 기대했던 만큼 다양한 시청자를 끌어들이지 못했다. 공영 라디오는 진심으로 모두를 환영했지만, 듣기를 선택한 이들의 유형은 너무나 협소해서 'NPR 청취자'라는 말이 의미 있는 용어가 되어 버렸다.

수년간 영국에서 가장 인기 있는 라디오 방송국은 BBC 라디오 2였다 (Cridland, 2016). 그것은 강력한 상업 라디오 시장과의 경쟁, 다른 BBC 방송국과의 경쟁, 그리고 최근 몇 년 동안 "새로운" 매체의 등장에도 불구하고 인기를 얻었다. 그것은 25세에서 54세 사이의 주류 성인 청취자를 대상으로 한다. 여전히, 라디오 2는 "정보를 주고, 교육하고, 즐겁게 해 주는 프로그램과 서비스로 사람들의 삶을 풍요롭게 하는 것"이라는 BBC의 명시적인 임무에 따라 운영된다("Inside the BBC: Values", 2018: 2번째 단락). 한 작가는 라디어 2에 대해 아델(Adele), 날스 바클리(Gnarls Barkley), 제임스 테일러(James Taylor) 같은 성인 현대 음악과 예전 히트곡들에 뉴스, 인터뷰 프로그램, 특별 주제의 쇼, 진행자 중심의 프로그램과 같은 형식을 결합해 "쉬운 청취와 수다를 반복하는 것"이라고 묘사한다(Bell, 2010: 86).

대중음악과 광범위한 청취자들의 관심 주제가 혼합된 영국 BBC 라디오 2 데일리 프로그램의 대표작은 〈Jeremy Vine Show〉이다. 이 프로그램은 대학 시절 "전국에서 가장 유행에 맞지 않는 펑크 밴드"에서 드럼을 연주했던 박식하지만 친근한 진행자가 출연해(Sleigh, 2012: 2번째 단락) 전문가 및 전화 참여자들과 함께 그 날의 이슈를 다루고, 라디오 2의 넓은 선곡 범위에서 고른 인기 있는 노래를 들려준다. 이 프로그램의 주제에는 파트너를 잃은 뒤 외로움에 대처하기, 현금 자동 입출금기 등장 50주년, 어린이들에게 테러에 대해 설명하는 방법, 군에서 아들을 잃은 엄마들과의 대화, 젊은 층에게 의미 있는 노래들을 다루는 "내 아들이 사랑했던 노래" 등이 포함된다(The Jeremy Vine Show, 2018: 1).

⟨Jeremy Vine Show⟩는 하루 24시간 자금이 전액 지원되는 국영방송국의 일일 프로그램이다. NPR이 유사한 프로그램을 만들기로 결정했든 아니든 간에, 그동안 덜 "심각하게" 들리려고 노력했음에도 불구하고, 이 네트워크도 라디오 2의 상냥하고 겸손한 어조와 그것의 광범위한 주제(정보를 주지만 반드시 심각하거나 정치 지향적일 필요는 없다)를 차용하는 것을 고려할 수 있다. 그러나 미국의 주말 라디오 방송 역사를 보면 시청자를 확대하기 위한 노력에 있어 NPR의 모델이 될 수도 있는 사례가 있다.

⟨Monitor⟩는 1955년부터 1975년까지 토/일요일에 방송한 전설적인 NBC 라디오 프로그램이었다. NBC-TV의 ⟨Today and Tonight shows⟩를 구상하기도 했던 비전 있는 프로그래밍 책임자 실베스터 "팻" 위버(Sylvester L. "Pat" Weaver)가 만든 ⟨Monitor⟩는 텔레비전의 급속한 출현에 따른 네트워크 라디오의 새로운 방향을 보여 줬다. 『마지막 위대한 라디오 쇼, Monitor』의 저자 하트(Hart, 2002)는 이렇게 썼다. "그것은 뉴스, 스포츠, 코미디, 인터뷰, 세계 각국의 원격 픽업[8] 등 모든 것을 담고 있었다." 매주 주말, ⟨Monitor⟩는 청취자들에게 '어떤 장소에 가서 뭔가를 할 것'이라고 약속했고, 그 후 그것을 실현시켰다. ⟨Monitor⟩가 방송되는 주말마다, 청취자들은 세계에서 가장 큰 도시나 가장 작은 마을로 이동해서 주변의 가장 중

---

8 대사나 현장음, 음향효과 등을 현장에서 녹음하는 일.

요한 사람들, 또는 몇몇 이상한 사람들을 만날 수 있었다(Hart, 2002: xiv~xv). 〈Monitor〉는 원래 토요일 오전 8시부터 일요일 자정까지 40시간 연속 방송되었는데, 이후 몇 년 동안에는 시간이 좀 더 제한되었다.

오랫동안 〈Monitor〉의 작가였던 찰스 가먼트(Charles Garment)는 〈Monitor〉를 NPR의 가장 오래되고 아마도 가장 잘 알려진 프로그램과 비교했다. "그들은 〈All Things Considered〉라고 부르지만, 그것은 우리가 모든 것이라고 생각하는 모든 것을 가지고 있지는 않다. 반면 우리는 음악도 있고, 모든 것이 있었다"(Hart, 2002: 205).

하트는 〈Monitor〉와 같은 프로그램이 공영 라디오에서 다시 성공할 수 있다고 믿는다. 그는 이렇게 말했다. "이런 말을 하는 게 놀랍지만, 40년이나 방송이 중단되었음에도 불구하고 〈Monitor〉가 1960년대, 1970년대와 같은 형식으로 돌아온다면 지금도 신선하고 새롭게 들릴 수 있다. 그 좋았던 시절로 돌아가 보면, 〈Monitor〉는 라디오계의 인터넷으로서 어디든 즉시 달려가서 주말 동안 세계의 모든 흥미로운 것을 다뤘다. 오락, 정보, '해프닝'까지"(D. Hart, personal communication, July 27, 2017).

이어서 그는 "지금도 같은 일을 할 수 있다"라고 하면서 "뉴스, 스포츠, 코미디, 버라이어티, 전국과 세계의 라이브 원격 장면, 날씨까지 포함하는 〈Monitor〉가 다뤘던 모든 것들을 이메일, 페이스북에 반응하고 교류하는 진행자와 함께 그들이 우리를 데려가듯이 다룰 수 있다"라고 말했다(D. Hart, personal communication, July 27, 2017).

하트가 가리키는 "빅네임 진행자"는 데이브 개러웨이(Dave Garroway), 휴 다운스(Hugh Downs), 몬티 홀(Monty Hall), 에드 맥마흔(Ed McMahon) 등 당대의 텔레비전 출연자들을 포함한다. 이런 이유로, 그는 현대식 〈Monitor〉는 생산하는 데 비용이 많이 들 것이라고 말한다. 후반의 〈Monitor〉가 유명 인사들을 출연시킨 것이 필요했었는지는 논쟁의 여지가 있다. 〈Monitor〉와 유사한 마라톤 방송으로 만드는 것도 필수적이지는 않을 것이다. 2시간에서 3시간짜리 프로그램은 합리적인 출발이 될 수 있다. NPR은 기존 콘텐츠의 상당 부분을 용도 변경해서 이 프로그램에 넣을 수 있을 것이다.

NBC는 AM 라디오 청취자가 감소하고 지역 방송국들이 전국 네트워크 프로그램에서 지역에서 만든 (방송국들이 광고 수익 전체를 가져갈 수 있는) 음악 프로그램으로 옮겨 가는 긴 흐름으로 인해 20년 만에 〈Monitor〉를 폐지했다. 그럼에도 불구하고, 팻 위버는 NBC가 실수를 했다고 믿었다. "안타깝게도 이 경우에 NBC 경영진은 대부분의 경우처럼 광고, 프로그램, 심지어 방송국의 현실에 대한 기본적인 지식이 없는 상태였다. 〈Monitor〉는 폐지 대신 재구성될 수도 있었다"(Hart, 2002: 204).

어떤 경우든, NPR 방송국은 무거운 네트워크 프로그래밍 일정을 수행하는 데 익숙하며, 대부분의 경우 〈Monitor〉와 같은 스타일의 프로그램은 지역의 스케줄을 방해하지 않는다. 그러한 프로그램을 주말에 배치함으로써 NPR 데일리 프로그램의 정규 일정에 지장을 주지 않을 것이며, 더 많은 청취자들에게 NPR을 홍보할 수 있을 것이다. 사실, NPR 방송국들은 주말 오후 시간대에 "공영 라디오 스케줄의 말랑말랑한 지점"으로 특징되는 것을 강화하려고 오랫동안 노력해 왔다(McCauley, 2005: 106).

NPR이 영감을 얻을 수 있는 또 다른 공영 라디오 조직으로 RTE(Radio Telefis Éireann; Radio Television Ireland) 라디오 1이 있는데, 이곳은 뉴스, 토크, 라이브 스포츠, 드라마, 다큐멘터리, 음악(팝, 록, 아일랜드 전통음악)을 포함하는 프로그램의 블록 포맷을 유지하며 영어와 아일랜드어로 방송한다.

RTE는 자신의 비전이 "아일랜드인의 삶을 풍요롭게 하고, 정보와 오락과 도전을 주고, 모든 사람들의 삶을 연결하는 것"이라고 말한다. 그것의 강령에는 부분적으로 "모든 연령, 모든 관심사, 모든 공동체를 위해 가장 광범위한 금전적 가치, 양질의 콘텐츠 및 서비스를 제공하라"라고 쓰여 있다

("RTE: Today", 2012: 2번째 단락, 4번째 단락, 강조는 추가).

BBC와 같이(그리고 NPR과는 달리), RTE는 몇 가지 형식을 다루는 여러 전국 방송국을 유지하고 있으며, 라디오 및 텔레비전 수신기 면허료("Inside the BBC: License Fees", 2018)로부터 공공 기금을 받는다. BBC 라디오 2와 마찬가지로, RTE 라디오 1은 상업방송국 및 다른 RTE 방송국과의 경쟁 속에서도 매주 100만 명 이상의 청취자가 몰리는 전국 최고 청취율 방송국이다. BBC나 NPR과 달리 RTE는 한정된 광고("RTE About", 2017; "RTE's Weekly Reach", 2017)로 수익을 창출하기도 한다. 물론 NPR은 광고를 받아들이는 것이 금지되어 있다.

논의할 점

NPR은 항상 대부분의 미디어 조직보다 더 까다로운 과제를 안고 있다. 작가인 맥코트는 공영방송을 겨냥해 "이 시스템은 시장에서 배제된 이들을 향해 목소리를 내면서 하나의 국가적 정체성을 만들자는 모순된 사명감으로 인해 시작부터 갈라졌다"라고 평했다(McCourt, 1999: 1). 따라서, 연방정부로부터 제한된 자금 지원을 받고, 그 외에는 광고 없이 스스로 버텨야 한다는 점을 감안할 때, 네트워크가 왜 그 방향을 선택했는지 이해할 수 있다. 즉, 상업방송의 전통적인 접근에 대한 대안으로서 개인이나 기업 차원에서 재정적으로 기여할 능력과 의사가 있는, 상류층의 교육받은 코스모폴리탄 청취자들에게 어필하는 것이다.

NPR의 역사학자 맥컬리는 약 10년간 방송 후 NPR의 경영진이 청취자들을 더욱 충분히 이해하게 되었음을 발견했다. 그는 "청취자 조사는 공영 라디오가 그 프로그램들을 방송을 가장 자주 듣는 (그리고 재정 지원을 약속한)

사람들의 가치, 신념, 태도에 더 편안하게 융합하는 데 도움을 주었다"라
고 썼다(McCauley, 2005: 6).

맥코트는 "카네기위원회가 다른 지역사회에서는 들을 수 없는 목소리
를 낼 것을 요구하면서 공영방송은 점점 더 프로그램, 후원, 그것의 존재
자체를 훼손하는 기업가적 활동을 통해 시장을 수용하고 있다"라고 지적
했다(McCourt, 1999: 4).

문제는 NPR이 1967년 공영방송법에 명시된 "특히 어린이와 소수자, 소
외된 시청자의 필요성"에 더 잘 부합할 것으로 기대할 수 있는가이다. 아
니면, 아무리 제한적이더라도, 세금을 사용해 (NPR의 마케팅 문구를 인용하자면)
"국내 최고이자 가장 밝게 빛나는… 영향력 있고 부유한" 사람들을 위한
프로그램을 제공하는 것으로 충분한가? 1967년 공영방송법의 표현은 비
상업적 텔레비전과 라디오의 책임자가 항상 새로운 접근 방식에 열려 있
어야 한다고 제안한다. "(CPB) 이사회는… 정기적으로 전국 공영방송 프로
그램을 검토해 품질, 다양성, 창의성, 우수성, 혁신, 객관성, 균형뿐만 아
니라 그러한 프로그램에 의해 충족되지 않는 필요성까지 살펴봐야 한다"
(Public Broadcasting Act, 1967: 23).

NPR의 홍보 표현("최고이자 가장 빛나는")은 그들이 탈피하려고 노력했던 "엘
리트주의자" 이미지를 강화한다. 맥컬리는 NPR의 대변인은 아니지만,
"대학 교육 ― 그리고 그와 함께 오는 성숙한 가치관이 어떤 사람이 공영
라디오를 들을지 예측하는 주요 변수다"라는 문구를 통해 질문을 던진다
(McCauley, 2005: 127).

NPR은 주로 팟캐스트의 목록(그중 일부는 NPR 방송을 통해서도 방송된다)을 늘림으
로써 더 많은 수의 젊은 청취자들에게 다가가려고 시도했다는 점에서 인
정받을 만하다. 그러나 팟캐스팅은 미래가 밝을지는 몰라도 방송이라고
할 수는 없다. 흔히 방송 라디오가 막바지에 이르렀다는 인상을 받기도

하지만, 미국 인구의 93%가 여전히 매주 라디오를 듣고 있으므로("Tops of 2016", 2016) 아직 배를 버리기에는 이르다. 이에 비해 2016년 기준으로 미국 인구의 약 21%가 보통 한 달에 한 번 이상 팟캐스트를 청취했다(The Podcast Consumer, 2016). 게다가 결정적으로, 방송 라디오는 자동차에 있든 집에 있든 AM/FM 수신기를 가진 사람이라면 누구나 무료로 이용할 수 있지만, 이는 팟캐스트와 같은 온라인 디지털 콘텐츠에는 해당되지 않는다.

BBC 라디오 2는 영국에서 가장 많이 청취되는 라디오 방송국으로 남아 있다(Cridland, 2016). 다시 말하지만, NPR과 BBC의 매우 중요한 차이점을 인정하더라도, 대중의 지지를 받고 있는 비상업적 라디오 방송국이 소수의 틈새 청취자들에게 어필하기보다는 광범위한 주류 청취자들을 목표로 삼았고 청취자층을 성공적으로 획득했다는 점은 여전히 남아 있다. 이는 자금 지원뿐 아니라 방송사의 철학과 접근법 때문일 수도 있다. BBC의 강령에 "예능"이라는 단어가 포함되어 있는 반면 NPR은 그렇지 않다는 점은 주목할 만하다("Inside the BBC: Values", 2018; "Our Mission", 2017).

맥컬리는 라디오 프로그래밍의 "풀 서비스" 접근 방식을 언급하며, NPR의 비평가들이 수년간 사라졌던 라디오 형식에 대해 "향수를 불러일으킬 수 있다"라고 논평했다(McCauley, 2005: 5). 그러나 BBC 라디오 2의 현재 성공 배경에는 향수 이상의 것이 있는 것 같다. 상업용 라디오의 변화하는 현실이 궁극적으로 〈Monitor〉로 대표되는 라디오 방송에 대한 광범위하고 포괄적인 접근 방식의 종말을 초래했다면, 아마도 그것은 수십 년이 지난 후에라도 공영 라디오가 명시된 목적을 달성할 수 있는 기회를 제공할 것이다.

소수 청취자들에게 전달되도록 보다 폭넓게 호소하는 문제는 일반 성인 청취자들을 대상으로 한 주말 대중음악 중심 프로그램에 의해 부분적으로 도움을 받을 수 있지만, 그것만으로는 이 문제를 적절하게 다루지 못할 것이다. 맥컬리는 "성공 가능성을 극대화하기 위해 NPR은 우선 아프리카계 미국인과 히스패닉계 청취자들에게 주로 어필하는 프로그램으로 대체 네트워크를 구축할 필요가 있을 것"이라고 말했다(McCauley, 2005: 126). 이것은 비용이 많이 드는 제안일 것이다.

물론 공영방송에서 금기시되는 것이 광고의 문제다. NPR과 PBS(및 그들의 방송사)는 "기금 지원"을 받아들이지만, 이와 같은 광고는 금지된다. 그러나 아일랜드의 RTE 라디오가 설명하듯이, "RTE의 활동의 대부분은 공익적 성격의 것이다. 그러나 이러한 서비스를 제공하는 비용은 RTE가 받는 라이선스 수수료 수익의 양을 초과한다. 이에 따라 RTE는 자금 격차를 해소하기 위한 상업적 활동을 전개하고 있다"("How RTE", 2017: 4).

지역 라디오의 역할과 관련해 ≪컬럼비아 저널리즘 리뷰≫(Walker, 2017)의 한 기사에서는 ⟨Takeaway⟩나 ⟨Indivisible America⟩와 같은 공영 라디오 프로그램들이 뉴스를 보다 '지역적'으로 보는 관점을 취했다고 칭찬했지만, 그들은 미국 전역의 도시와 마을 지역 청취자의 이익을 대변할 것으로 기대할 수 없는 프로그램도 전국적으로 제작해 배포하고 있다. 아이러니하게도 "지역의 공영 라디오: 미국의 마지막 공영 광장"이라는 기사 자체가 지역의 문제를 네트워크 프로그램으로만 다뤄야 하는 것처럼 전국적 쇼만을 참조함으로써 "지역" 라디오의 특성을 잘못 이해한 것 같다. 또한, ⟨The Takeaway⟩와 ⟨Indivisible America⟩는 NPR 프로그램을 중계하는 많은 방송국에서 들을 수 있지만, 그것들은 NPR에 의해 제작되지 않는다.

NPR의 기록자인 맥컬리는 확실히 그 네트워크를 폄하하는 사람은 아닌데, NPR이 1967년 공영방송법에서 정의한 "더 포괄적인 공공 서비스"를 제공해야 한다고 주장하는 사람들의 견해를 효과적으로 요약했다. "지난 몇 년간, 많은 사람들이 그 네트워크의 프로그램은 상류층 베이비 붐 세대의 청취자들만을 대상으로 한다고 비난해 왔다. 이러한 입장에 있는 사람들은 대신에, 지배적인 상업방송 체계에서 소외된 모든 사회경제적·문화적 그룹의 사람들에게 의미 있는 프로그램을 제공할 수 있는 전국적 방송사를 갈망하는 것으로 보인다"(McCauley, 2005: 5).

황색 비의 소리
팟캐스트의 음향적 백인성1에 대한 저항

안줄리 조시 브레키(ANJULI JOSHI BREKKE)

콘텐츠 제작과 방송 측면에서 상대적으로 저렴한 매체인 팟캐스트가 2005년경 처음 붐을 일으키기 시작했을 때, 미디어 학자들은 그것이 새로운 목소리와 청취 방식에 음악적 지경을 열어 주기를 바랐다(Berry, 2006; Madsen and Potts, 2010). 일찍이 팟캐스트를 "파괴 기술"2(Berry, 2006: 144)이라고 주장했음에도 불구하고, 스턴, 모리스, 베이커, 프리어(Sterne, Morris, Baker and Freire, 2008)는 "주요 미디어 회사들이 팟캐스트 도입에 쉽게 적응했다"라고 지적했다(Podcasting vs. Broadcasting sec., 첫 단락). 미국 내의 청취는 전통적인 미디어 조직에서 뻗어 나온 상대적으로 적은 수의 프로그램들에 집중되어 있는데, 전통적 미디어는 높은 생산 품질과 빠른 생산성을 위한 자원을 가지고 있으며 주로 백인이고 남성인 진행자와 제작자가 있다(Locke, 2015; PodTrac,

---

1 백인 중심적·백인 지향적인 성향.
2 기존의 체계를 파괴하는 혁신적인 기술.

2017). 팟캐스팅 내의 서술적 사운드 디자인 규범들은 대부분 백인 남성 창작자들의 청각적 선호를 영구화한다. 오디오 스토리텔링 내에서 "음향적 백인성"을 중심으로 하는 관행에 도전하기 위해서, 학자들은 이러한 관행이 어떻게 생겨났는지, 그리고 그것이 인종을 둘러싼 더 큰 담론 구조 내에서 어떻게 작동하는지 이해할 필요가 있다. 제니퍼 스토에버(Jennifer Stoever)는 최근 몇 년간 소리에 대한 연구가 성장했지만 전통적으로 백인 남성 목소리가 지배해 온 분야에서 소리와 인종의 교차점을 다루는 작업은 한계가 있었다고 주장한다. 따라서 이 에세이는 지금의 디지털 시대에서 인종화된 제작과 청취 관행 사이의 관계와 오디오 스토리텔링의 새로운 모드를 분석하는 틀을 발전시킨다.

2012년 9월 24일 WNYC가 제작한 팟캐스트 ⟨Radiolab⟩은 "사안의 사실(The Fact of the Matter)"이라는 제목의 에피소드를 방송했다. 이 에피소드의 두 번째 이야기인 "황색 비"는 냉전 기간에 자신들의 지역사회를 상대로 화학전이 벌어졌다는 흐몽(Hmong)3 집단 학살 생존자들의 주장에 의문을 제기해 논란을 일으켰다. "황색 비"는 오디오 스토리텔링에서 인종적 이념과 서술적 사운드 디자인 기법의 상호작용을 분석하는 유용한 사례 연구를 제공한다. 그것은 흐몽 증언에 대한 과학적 합리성에 흠집을 내는 "음향적 백인성"을 중심으로 한다. 서사적 사운드 디자인에서 백인성에 특혜를 주는 문제는 "황색 비"만의 문제가 아니라 더 큰 오디오 생태계 내의 더 큰 이슈를 지적하고 있다. 인종과 음향 문화에 대한 현재의 연구를 확장해, 이 연구는 "음향적 백인성"이라는 말을 '백인성을 합리성과 동등한 것으로 경솔하게 틀 짓는 음향적 지경'을 설명하기 위해 사용한다. 음향적 백인성은 "음향적 오리엔탈리즘"과의 대칭을 통해 강화되는데, 이

---

3   베트남, 라오스의 소수민족인 몽족(중국 묘족의 한 갈래)이 스스로를 칭하는 말.

용어는 일탈적이고, 과도하고, 히스테릭하고, 이국적이라는 식으로 인종화된 신체를 구성하는 음향적 관행을 묘사하는 데 사용된다. 라디오에서 백인성을 중심으로 하는 음향은 오랜 역사를 가지고 있는데, 이 연구는 팟캐스트 청취의 이동성과 온라인에서 쉽게 공유되는 특성이 '음향적 백인성이 청취자에게 어떻게 경험되고 받아들여지는지'에 영향을 미친다고 주장한다.

"황색 비"의 경우, 팟캐스트 제작자들은 미디어의 여력을 십분 활용해 과거의 이야기를 구성했는데, 고유의 플랫폼 안에서 〈Radiolab〉이 마지막 말을 하고 흐몽 집단 학살 생존자들은 반박할 수 있는 수단이 제한되었다. "황색 비"에서 구성된 소리가 음향적 백인성에 바탕을 두고 있지만, 다른 청취 집단에서는 이 부분을 해석하고 소셜 미디어에서 여기에 대해 뚜렷한 방식으로 반응했다. 청취 대중은 언제나 오디오 스토리의 의미를 함께 만드는 적극적인 참여자였지만, 디지털 기술은 광범위한 대중에게 증폭되는 반-헤게모니적인 청취 관행을 가능하게 했다. 이 분석은 소외된 지역사회가 연결되어 음향적 백인성의 헤게모니를 집단적으로 방해할 수 있는 공간을 제공하기 위해 온라인 네트워크 문화가 제공하는 기회를 보여 준다. 디지털 시대는 미디어 지형의 유토피아적 민주화로 이어지지는 않았지만 저항의 새로운 길을 제시해 왔다.

이 연구는 다음 페이지에서 음향적 백인성을 정의하고 라디오와 팟캐스팅에서 음향적 백인성의 역사를 추적하는 것으로 시작한다. 이어서 "황색 비" 부분의 간략한 개요와 그에 따른 논란을 다룬 후, 이 글은 〈Radiolab〉이 어떻게 전략적인 사운드 디자인을 채택해 흐몽 서술과 대립되는 "사실"을 배치하는 음향적 백인성을 중심에 두었는지 점검한다. 마지막으로, 이 글은 소셜 미디어가 어떻게 다른 인종화되고 젠더화된 커뮤니티에서 다양한 청취 관행을 가시적으로 만들고 이러한 커뮤니티들이 〈Radio lab)의 음향적 백인성을 불러내는 공간을 제공하는지에 대한 토론으로 마무리된다.

음향적 백인성

음향적 백인성을 개념화하는 데 있어, 로사나크 케슈티(Roshanak Kheshti)의 "청각적 상상" 이론과 마리 톰슨(Marie Thompson)의 "백인적 청각" 개념을 가져왔다. 듣는 것은 보편적인 것이 아니라 물질과 사회의 교차점에서 일어나는 것이다. 그 과정은 공간과 시간 안에서, 동시에 성별과 인종으로 구분되는 신체 안에서 일어난다. 케슈티는 세계 음악 산업의 민족적 연장 연구에서 이 장르의 팬들이 종종 "청각적 상상", 즉 "소리, 듣는 사람의 신체, 탈출, 그리고 다른 신체와 접촉하는 가상의 장소를 만들기 위해 서로 이중으로 작용하는 음향적 환상"에 관여한다는 것을 발견했다(Kheshti, 2012: 268). 음악, 라디오, 팟캐스트를 소비하는 것은 종종 듣는 사람과 상상된 상대방 사이에 감정적인 환상을 불러일으킨다. 케슈티가 세계 음악 산업을 통해 구축된 청각적 상상에 인종과 성별이 중요한 역할을 한다는 것을 발견한 것처럼, 이 글은 팟캐스트의 사운드 디자인이 다른 사람의 이국적인 소비를 장려하는 방향으로 인종화되고 성별화될 수 있다고 주장한다.

종종 이국적이고 매혹적인 것으로 마케팅되는 인종화된 사운드 지형과는 대조적으로, 음향적 백인성은 그것의 부재로 특징지어진다. 톰슨은 소리를 해석하는 물질적 실천이 담론 안에서 신체가 위치하는 방식에 따라 달라진다는 것에 주의를 기울이지 못하는 소리 연구자들을 비난한다. 소리와 관련된 영향과 중요성을 이해하는 것은 중요하지만, 의미와 표현의 과정으로부터 분리될 수는 없다고 그녀는 주장한다. 소리의 물질적 본질에 대한 너무 많은 연구들이 이름 없는 백인의 귀를 상정하고 있다. 톰슨은 백인적 청취는 "반역사적이거나 변하지 않는 개념적 형태가 아니"라며, "무엇보다도 유럽 중심의 역사, 관행, 존재론, 인식론 및 음향, 음악, 청취의 기술과 함께 공동 구성 요소로서 이해되어야 한다"라고 강조했다(Thompson, 2017: 274). 라디오와 팟캐스트 왕국에서 음향적 백인성의 대부분은 이름 없이 진행된다.

미국의 서술적 사운드 디자인과 인종적 이데올로기에 관한 현재의 문헌은 백인과 흑인의 분리에 초점을 맞추고 있다. "황색 비"의 사례는 미국의 오디오 스토리텔링에서 음향적 백인성과 음향적 오리엔탈리즘 사이의 관계가 어떻게 전개되는지를 보여 줌으로써 이러한 연구 작업을 보강한다. 작곡가 겸 연주자 분누는 소리가 "이국적인 차이를 나타내기 위해 색인적(indexically)[4]으로 그리고 무분별하게 사용되는 과정"으로 음향적 오리엔탈리즘을 이론화한다(Bhunnoo, 2011: 221). 〈Radiolab〉의 "황색 비"에서 사운드 디자인은 흐몽 증언을 이국적이고 매혹적이지만 궁극적으로 신뢰할 수 없는 것으로 경솔하게 배치함으로써 음향적 오리엔탈리즘을 구성한다. 이 음향적 오리엔탈리즘은 음향적 백인성을 구체화하는데, 이는 결국 작품 안에서 백인 과학자와 과학 저널리스트가 갖는 권위와 합리성을 구조화한다. 그 방법을 이해하기 위해, 이 글은 먼저 음향적 백인성의 역사를 살펴본다.

---

4 마치 색인처럼 전형적으로 인식되는 소리들이 있다고 여기고 그것을 사용하는 것을 의미한다.

라디오, 팟캐스팅, 그리고 음향적 백인성의 역사

역사를 통틀어 미국의 라디오는 지배적인 인종 이데올로기를 반영하고 재생산해 왔다. 스토에버는 그녀의 저서『음향적 컬러 라인: 인종과 청취의 문화적 정치』에서 라디오가 "진리, 자유, 인종적 색맹5의 매체"라는 1940년대의 낙관적 희망에도 불구하고 실제로는 백인 중산층의 음향적 규범을 제도화하고 음향적으로 인종 차이의 계층을 만드는 데 기여했다고 쓰고 있다(Stoever, 2016: 234). 따라서 스토에버는 백인 엘리트들의 청각적 취향을 "보편적이고 객관적인 진실"이고 "미국 정체성의 핵심"이라고 규정한 미국의 규범적 청취 관행에 대한 역사를 추적한다(Stoever, 2016: 10~12). 마찬가지로, 슐만은 미국에서 "라디오가 인종에 따른 청취를 구별하는 것을 강요하고 신중하게 조절했다"라고 지적한다(Shulman, 2016: 465). "백인 목소리"로 구성된 소리가 라디오를 통해 방송되어 일반화되었다. 그것은 "국가의 규범적인 말투"를 만들었다. 이러한 청각적 백인성은 "흑인 목소리"와 대조적으로 형성되었다. 1940년대 백인 감독들이 아프리카계 미국인 라디오 연주자들에게 제대로 "검은" 소리 내는 법을 가르친 것과 같이, 문화적으로 구성된 이러한 청취는 "음향적 컬러 라인"을 더욱 강화하게 되었다(Shulman, 2016: 464). 스토에버는 "백인이 인정하는 흑인 방언"에 따르는 것과 같은 "백인 목소리"의 구성 패턴에 자신들의 말을 동화시키는 것을 거부해야 한다고 동료들을 설득했던 아프리카계 미국인 연주자 몇 명을 기록했다(Stoever, 2016: 244).

현재, 미국의 공영 라디오에서 일하는 유색인종들은 차이점이 청각적으로 드러나지 않는 방식으로 말하도록 압력을 받고 있다(Kumanyika, 2015).

---

5   피부색에 관심을 두지 않음.

이 관행은 "흑인 목소리"라는 틀에 박힌 구조에 저항하는 것일 수도 있지만, 그것은 국가의 목소리로서 백인성이 갖는 특권을 영구화한다. 첸제라이 쿠마니카(Chenjerai Kumanyika)는 공영 라디오에서 유색인종이 과소 대표되고, 이들의 목소리가 나올 때는 구성된 기준에서 벗어나는 목소리의 힘과 질감을 떨어뜨리는 방식으로 편집되는 경우가 많다고 지적한다. 팟캐스팅이 소외된 지역사회에 전통적인 미디어 조직의 제약에서 벗어나 풀뿌리 콘텐츠를 만들 수 있는 도구를 제공할 것이라는 희망에도 불구하고, 새로운 유색 팟캐스트 제작자들은 종종 팟캐스팅이 "모든 개방성에도 불구하고, 여전히 유색 진행자와 그 관련 주제에 대한 장벽을 제시한다"라는 것을 깨닫는다(Friess, 2017: 4번째 단락). 백인이 아닌 팟캐스트 청취자의 전체 비율이 증가하더라도, 아이튠즈 Top 100 차트는 백인 진행자들이 장악하고 있다(Friess, 2017; Locke, 2015).

주류 라디오와 팟캐스트가 음향적 백인성을 계속 중심에 두고 있는 반면, 마이너리티 그룹들은 오래전부터 커뮤니티 라디오 방송국과 더 최근에는 미국 백인 청취자들의 "레이더 아래에서" 번창하고 있는 팟캐스트 네트워크를 만들어 왔다(Casillas, 2014; Di Leonardo, 2012: 663). 예를 들어 사라 플로리니(Sarah Florini)는 흑인 팟캐스팅 네트워크의 출현을 기록했다. 그녀는 이러한 쇼들이 아이튠즈 Top 100 차트에 있는 것과 같이 많은 양의 다운로드를 기록하지는 않지만, 그 청취는 충성도가 높고 네트워크 전체에 걸쳐 중복된다는 점에 주목한다. 플로리니는 이것이 팟캐스트 제작자들에게 "주류 시선"의 침입으로부터 안전한 음향적 블랙 소셜 공간을 만들 수 있게 해 주었다고 주장한다(Florini, 2015: 214). 듣는 것은 곧 저항의 행위가 되고, 청각적 상상이 머리를 깨워서 흑인 사회성의 공간을 떠올리게 하며, 청취자들이 헤게모니적인 백인의 공간에서 물러날 수 있는 음향적 "보호막"을 제공한다. 비록 음향적 백인성이 전파에 만연하지만, 유색 공동체는 이 음향적 지경을 전복시키기 위한 다양한 전략을 개발했다. "황색 비"의 경우 이 글의 뒷부분에서 논의되겠지만, 소셜 미디어가 유색 청취자들에게 〈Radiolab〉의 음향적 백인성을 외칠 수 있는 공간을 제공했다.

"황색 비"와 논란

"황색 비" 부분에서 〈Radiolab〉의 진행자 자드 아붐라드(Jad Abumrad)와 로버트 크룰리치(Robert Krulwich)는 베트남전 이후 동남아시아 지역에 내렸던 황색 비로 알려진 물질에 관한 냉전 시기의 미스터리를 풀려 한다. 전쟁 기간 중에 CIA는 흐몽의 남자들을 모집하고 훈련시켜서 북베트남에 맞서 싸우도록 했다. 미군이 동남아시아를 떠나자 파테 라오(Pathet Lao)라는 공산주의 단체가 라오스를 장악했다. 파테 라오는 민간인을 포함해 미국인들을 도왔다고 생각하는 사람들을 목표로 삼았다.

〈Radiolab〉도입부에서 언급하고 있는 바와 같이, 이것은 황색 비에 대한 첫 번째 설명이 수면에 올라왔을 때다. "그리고 그때 그들은 하늘에서 떨어져 그 지역에 흩어지는 노란 물방울들을 보기 시작했다. 식물과 동물들의 죽음이 잇따랐으며, 결국 배탈로 죽어 가는 친구들과 가족들이 2배로 늘어났다"(Abumrad and Krulwich, 2012: 2번째 단락). 레이건 행정부는 동남아시아의 공산주의 정부들을 지원해 온 소련을 향해 이런 주장들을 재빨리 무기로 삼았다. 이것은 그 이야기에 엄청난 정치적 함의를 준다. 〈Radiolab〉진행자인 크룰리치는 "세계에서 가장 영향력 있는 인물인 로널드 레이건이 20년 만에 처음으로 화학무기 제조를 명령하기 위해 이 이야기를 사용했다는 사실은, 내 말은, 그냥 중요한 게 아니라, 엄청나게 중요하다"라고 말한다(Abumrad and Krulwich, 2012, 21:47-22:10).

이 코너(〈Radiolab〉의 에피소드 중 '황색 비' 부분)는 논란이 되고 있는 2가지 과학적 발견을 제시한다. 황색 비는 화학전쟁의 결과라는 주장을 뒷받침하는 초기 연구와, 그것이 하늘에서 떨어지는 벌의 배설물에 불과하다고 주장하는 나중의 연구였다. 그러나 〈Radiolab〉이 흐몽 공동체의 엥 양(Eng Yang)을 인터뷰하기로 결정함에 따라 이야기는 복잡해진다. 태국 정부가 양씨에게 흐몽에 대한 만행을 진술해 달라고 요청했다. 이 코너에서 양씨는 화학무기로서 황색 비의 참상을 직접 체험한 경험을 이야기하는데, 이는 이 코너에서 제시된 과학적 발견과는 상반되는 관점이다.

양씨는 그의 조카이자 작가인 카오 양(Kao K. Yang)의 통역으로 인터뷰했다. 팟캐스트 방송 후 올린 글에서 카오 양은 자신과 삼촌이 이 인터뷰를 통해 마침내 흐몽 이야기를 함으로써 그동안 방치되었던 흐몽의 트라우마 경험이 대중적 목소리를 낼 수 있는 기회를 갖게 될 것이라 믿었다고 말한다(Yang, 2012). 그러나 시작은 인터뷰였지만, 곧 과거의 2가지 상반된 이야기가 충돌하면서 눈물과 분노의 말들로 전환되고, 양씨 주장의 진실성에 대한 심문으로 변한다. 이 코너는 두 진행자와 프로듀서인 팻 월터(Pat Walter)의 토론으로 끝나는데, 크룰리치는 〈Radiolab〉이 이 코너를 구성한 방식을 옹호하고, 월터와 아붐라드는 〈Radiolab〉이 뭔가 중요한 것을 놓친 것은 아닌지 의문을 제기한다. 이 에피소드가 방송된 후에 카오 양은 하이픈 매거진에 〈Radiolab〉이 흐몽의 경험을 깎아 내렸다고 고발하고 이 에피소드가 "토착민의 지식보다 서구 교육에 특권을 주는 것"이라고 비난했다(Yang, 2012: 18번째 단락).

레이건 행정부의 공식 설명과 〈Radiolab〉의 반대 서사는 둘 다 '황색 비'를 주로 세계 강대국들 사이의 정치적 긴장을 고조시키는 역할로서 기억했다. 〈Radiolab〉은 검증되지 않은 증거로 레이건 행정부의 이야기를 지지하고 있다는 관점에서 양씨의 증언이 갖는 위치를 정했고, 따라서 화학무기 프로그램을 재가동하려는 레이건 행정부의 행동과 흐몽의 경험을 떼어 놓고 생각하기 어렵게 만들었다. 이 코너는 황색 비를 화학전으로 간주하고 비난하는 것이 레이건 행정부가 화학무기 프로그램을 재가동하는 결정을 내리는 결정적인 요인이라고 보고 있다. 데빈(Devine, 1990)에 따르면 황색 비 사건은 정부가 소련의 화학무기 능력에 대해 품고 있던 누적된 공포의 한 조각에 불과했다. 〈Radiolab〉에서 흐몽이 실제 공격을 받았다는 사실을 인정한다 하더라도, 미국이 화학무기 프로그램을 재가동하는 데 있어서 흐몽 증언이 중요하게 작용했다는 점을 지나치게 강조함으로써, 흐몽 집단 학살의 경험은 가장자리로 밀려난다.

초창기 청취자들의 분노가 폭발한 후, 〈Radiolab〉은 다시 편집실로 들어가 원래의 "황색 비"에 작지만 결정적인 수정을 했다. 에크슈타인은 〈Radiolab〉이 "팟캐스트의 온디맨드 방송 모델을 악용해 '황색 비'를 수정하고 청취자의 기대에 따라 전략적으로 조작한다"라고 주장한다(Eckstein, 2014: 50). 그는 원래의 팟캐스트를 수정해 청취자들의 반발을 해결하고 후속 청취자들로부터의 유사한 비판을 막기로 한 〈Radiolab〉의 결정을 추적한다. 하지만 그의 분석은 '방송 후 수정'의 윤리적 측면을 이해하는 데는 통찰력이 있지만, 원래의 방송 내내 음악과 편집이 어떻게 음향적 백인성을 구성했는지는 놓치고 있다. 양씨의 신뢰도를 떨어뜨리기 위한 전술적 사운드 디자인의 사용은 최종 편집된 방송에도 남아 있다. 에크슈타인의 평가와 반대로, 이 연구는 팟캐스트가 청취자의 반발을 해결하기 위해 재작업된 후에도 흐몽 증언에 대한 수사적 비하가 남아 있다고 주장한다. 또한, 에크슈타인은 서로 다른 청취 커뮤니티들 사이에서 팟캐스트의 다각적인 해석을 설명하지 않는다.

"황색 비" 분석

"황색 비"는 팟캐스트 매체 안에서 음향적 백인성의 실체화가 어떻게 구성되고 도전받는지를 추적할 수 있는 기회를 제공한다. 이를 위해 이 절에서는 팟캐스트 제작자들이 매체의 구체성을 활용해 진행자와 청취자 사이의 친밀감을 형성하는지 논하고, 〈Radiolab〉이 어떻게 소리와 음성의 편집을 사용해 황색 비의 유산에 대한 자신의 이야기를 권위 있는 것으로 만들었는지 알아본다.

＊ 친밀한 공간의 형성

라디오와 팟캐스트 제작자들은 음향 기술을 이용해 진행자와 청취자 사이의 친밀감과 감정적인 연결을 형성한다. 매드슨과 포츠는 라디오와 마찬가지로 팟캐스트가 "인간의 목소리의 본질적인 특성, 목소리의 바람직한 측면에 근거해 진행자와 청취자 사이의 관계를 형성하는 점"을 이용한다고 지적했다(Madsen and Potts, 2010: 45). 팟캐스트 〈On the Media〉와의 인터뷰에서 〈Radiolab〉 진행자 자드 아붐라드는 진행자가 마이크 쪽으로 몸을 기울일 때 발생하는 근접 효과에 대해 설명한다. 이는 더 무거운 베이스를 만들어 내는데, 마치 사회자가 특권적 지식을 각각의 청취자 귀에 직접 속삭이는 것과 같다. 〈On the Media〉의 진행자 글래드스톤은 아붐라드가 "이건 마치, 내가 정말 네 머릿속에 있는 것과 같다"라고 말하자 "내가 팟캐스트에서 원하는 게 그것이고, 라디오에서 원하는 게 그것이다. 난 누군가 내 안에서 말하는 사람이 있으면 좋겠다"라고 답했다(Gladstone, 2018, 15:26-15:48). 진행자는 그냥 청취자에게 말하는 사람일 뿐 아니라, 청취자 안에서 말하는 사람이다. 진행자와 청취자 사이의 경계는 선명하지 않다. "황색 비" 코너에서는 〈Radiolab〉 제작자들이 진행자와 청취자 사이의 이러한 친밀감을 가지고 "진실"을 흐몽 생존자가 아니라 '그들이 구성한 합리성의 소리' 쪽에 놓는다.

전문적으로 만들어진 사운드 디자인과 짝을 이루는 사회자의 목소리의 질감은 〈Radiolab〉 스타일의 특징이다. 케슈티는 듣는 것이 "단순한 청각적 과정이라기보다는 형체를 가진 어떤 것"이라고 주장한다(Kheshti, 2012: 269). 음향적 지경은 신체에 작용해 장소와 형상에 대한 독특한 느낌을 만들어 낸다. 팟캐스트 청취의 방식과 이동성은 경험을 변화시킨다. 녹음된 목소리의 사운드 디자인과 질감은 헤드폰의 편안함, 주변 대화로부터의 잡음, 공간에서 움직이는 신체의 느낌과 어우러진다. 많은 청취자들에게 전화기가 자신의 연장선이 되었기 때문에, 팟캐스트와 앱을 통해 듣는 것은 "매체와 콘텐츠, 소스와 채널, 송신자와 수신자의 구별"을 흐리게 하고, 따라서 맥두걸은 "청취자는 일종의 사이보그로서 일부는 매체고, 일부는 메시지다"라고 단언한다(MacDougall, 2011: 731). 〈Radiolab〉 진행자가 마이크에 몸을 기울일 때 나는 깊은 목소리가 청취자들에게 친밀감과 믿음을 주는 동안, 제작자들은 사운드 디자인을 통해 흐몽 생존자와 같은 지나가다 마주치는 다른 목소리에 의혹을 던진다.

＊ 서사적인 사운드 디자인과 라이트모티브6의 사용

작품의 전반부 동안 〈Radiolab〉은 음악과 편집을 채용해 레이건 행정부의 공식 설명과 더 나아가 흐몽 서사까지를 과학적 연구의 사실에 의해

---

6   오페라나 다른 작품들에서 특정 인물, 물건, 사상과 관련되어 반복되는 곡조, 주제, 중심 사상을 의미한다.

노출된 음모론으로서 전략적으로 포지셔닝하고 있다. 음모론에 가까운 공작의 느낌을 만드는 것은 미끼와 스위치로서 수사적으로 기능한다. 단계적 확대는 나중에 교묘한 속임수였음이 드러난다. 아붐라드는 design ingsound.org의 에즈니스와의 인터뷰에서 〈Radiolab〉의 사운드 디자인 과정에 대해 이렇게 설명한다. "당신은 그 소리가 친숙하고 유혹적이면서도 약간은 방해가 되기를 원하며, 사람들을 유혹해서 어떻게 보면 그들을 방해할 수 있다. 그게 당신이 겪는 과정이다. 당신은 '이리 와, 이리 와, 이리 와… 야! 이리 와, 이리 와, 이리 와… 우와!' 하기를 원한다. 그것이 스토리텔러로서 당신이 하는 일이다"라고 말했다(Ejnes, 2013: 6번째 단락). 아붐라드는 설명하고 있는 사건 속으로 청취자들을 안내하는 데 있어서, 즉 서사적인 반전과 함께하는 극적인 여행으로 청취자를 데려가는 과정에서 사운드 디자인이 얼마나 중요한지 강조한다. "황색 비" 코너의 전반부는 이러한 패턴을 따르고 있다. 그것은 음악과 편집을 통해 점점 더 복잡해지고 혼란스러운 줄거리 속으로 청취자들을 인도해 그들이 범인을 알고 있다고 생각하게 만든다. 그러나 그들의 긴장감은 결국 잘못된 것으로 드러난다. 황색 비는 벌의 똥에 지나지 않는 것으로 비쳐진다. 청취자들은 믿을 수 없는 흐몽 증언만으로 뒷받침되는 매혹적인 레이건 행정부의 서사가 지닌 모순을 깨닫도록 되어 있다.

"황색 비"의 서술적 여정은 부분적으로 사운드 디자인에 라이트모티브를 사용함으로써 구성된다. 라이트모티브는 짧고 반복되는 멜로디로 드라마 속에서 주인공들을 청취자에게 알려주는 서사적 장치 역할을 한다. "SoundWorks Collection"과의 인터뷰에서 〈Radiolab〉의 사운드 디자인 감독인 키프는 청취자에게 등장인물들의 배역을 안내하는 데 있어 음악의 중요성을 강조했다. "스토리라인을 말하고, 음악을 표면 아래에 있는 거품으로서, 항상 이야기를 지탱하고 그 안에 있는 캐릭터들을 받쳐 주도록 사용하는 진정한 예술이 있다"(Keefe, 2016, 2:03-2:11). 등장인물들을 떠받치는 데 사용되는 음악적 주제들은 관객들에게 누구를 믿어야 할지에 대한 느낌을 준다. 〈Radiolab〉은 감정적인 청취 경험을 인도하기 위해 "황색비" 사운드 디자인에 3가지 주요 라이트모티브를 사용한다. 이 연구는 그들을 "부기맨 종소리", "이성의 소리", "전쟁의 북소리"라고 부른다.

코너가 시작되면서 프로듀서 팻 월터스(Pat Walters)가 1981년 라오스에 주둔했던 은퇴한 CIA 장교 멀레 프레브베노우(Merle Prebbenow)를 소개한다. 프레브베노우는 "스틱스"와 "부니스"에서 자신의 임무를 이야기한다(Abumrad and Krulwich, 2012, 0:52-0:53). 월터스는 이렇게 덧붙인다 "이 작고 후미진 곳이 냉전 시대 가장 이상한 이야기의 그라운드 제로7로 밝혀진다"(Abumrad and Krulwich, 2012, 1:25-1:27). 월터스가 말할 때 "부기맨 벨소리" 라이트모티브가 처음 나타난다. 그 선율은 하늘에서 떨어지는 신비한 물질을 모방하고 C# 마이너 5음계를 통해 하강한다. 각각의 음이 울려 퍼지며, 폭포처럼 쏟아지는 배경음들 사이에서 경쟁이 일어나며, 그 결과 모호한 절반의 화음을 갖게 된다. 이 운율은 해결되지 않은 긴장감에 영향을 주며, 날카로운 크레센도에 의해 강조된다. 반향 후에 잠시 침묵이 이어지며 불안감을 자아낸다. 양씨가 전쟁 후 어떻게 흐몽이 파테 라오의 표적이 되었는지를 이야기할 때, 조용하지만 감지할 수 있는 음악이 그들의 목소리 아래 연주된다. 음악이 D장조에서 B단조로 바뀌면서 양씨가 어떻게 자기 민족이 살해당했는지를 논의하고, 긴장감이 조성된다. 프레브베노우가 다시 소개되고 말하기 시작할 때는 음악이 없다. "황색 비"에 대한 첫 언급인 그의 마지막 대사에만 "부기맨 벨소리"가 다시 등장한다. 그 소리들의 전체적

---

7   핵폭탄이 터지는 지점. 2001년 9월 11일 알카에다의 테러로 초토화된 뉴욕 세계무역센터 자리.

인 윤곽은 약간 올라가지만 팟캐스트 목소리들 아래에서는 사라진다.

엥 양이 카오 양의 통역과 함께 그의 이야기를 하면서 그들의 목소리 아래 G톤이 30초 동안 유지된다. 이 거의 들리지 않는 높은 소리, 폭풍우 경보기 소리와 동일한 높은 소리가 불편한 느낌을 만든다. 이 제작사는 이 고정된 G톤을 잠재의식적인 배경으로 사용하며 그 위에 그들이 스크래치 활주법과 다른 확장된 테크닉의 소리를 만들어 문장을 끝낸다. G톤은 "부기맨 벨소리"를 양씨의 목소리에 묶어, 듣는 사람에게 위험이 가까이 다가왔다는 느낌을 준다.

그러나 이 음악은 이 팀이 전문가들과 이야기를 나눌 때는 멈추거나 줄어들어서 그들의 증언을 음모의 긴장감으로부터 떼어 놓는다. 예를 들어 프레브베노우가 "그런 상황에서, 그리고 동남아시아에서는 일반적으로 수많은 루머가 떠돌고 있는데, 무엇을 믿고 무엇을 믿지 않을지에 대해 주의를 기울여야 한다"라고 말할 때는 음악이 멈춘다(Abumrad and Krulwich, 2012, 5:50-5:57). 음악의 부재는 양씨가 제시하는 불안하고 신비로운 이야기와 프레브베노우의 설명을 구별한다. 이 구별은 청취자들에게 아마도 그들이 음모와 조작의 유혹적인 호소에 속아서는 안 되며, 어쩌면 그들이 진실로 받아들이는 것에 주의해야 할지도 모른다는 신호를 보낸다.

또 다른 라이트모티브인 "이성의 소리"는 월터스가 황색 비의 샘플에 대한 초기의 과학적 증거를 이야기할 때 처음 등장한다. 이 모티브는 장음계, 조성, 규칙적인 리듬으로 표시된다. 그것은 흐몽 생존자들의 직접적 설명에서 벗어나 백인 과학자들에 의한 진실성 평가로 나아가는 것을 의미한다. 그 음악은 화학무기 전문가인 매트 메셀슨(Matt Meselson)이 "첫 번째 발견은 이것이 정말로 화학전이었다는 것을 암시했다"라고 말할 때 잠시 멈추게 된다. 그의 말에 곧바로 제3의 라이트모티브, 즉 "전쟁의 북소리"가 뒤따른다. 이 격렬하고 지속적인 타악기는 예전 미디어 보도의 오디오

몽타주[8]와 소련의 지원을 받는 화학전쟁의 새로운 증거를 경고하는 정부 관계자들의 목소리 조각들 아래에서 연주된다. 단순한 베이스라인이 타악기 위에 나타나지만 그 위에 정렬하지는 않는다. 다른 음악적 "목소리들"이 뉴스 매체의 소리에 오버랩되어 들뜬 불협화음을 만들어 낸다. 한 매체가 "소련이 생물학 전쟁을 하고 있을지도 모른다"라고 외치자, "부기맨 벨소리"가 광란의 음향 지경에 겹친다(Abumrad and Krulwich, 2012, 8:04-8:06). 로널드 레이건은 다음 컷에서 "소련 정부가 라오스와 캄푸체아에서 사용하기 위해 독소를 공급해 왔다는 결정적인 증거가 있다"라고 말한다(Abumrad and Krulwich, 2012, 8:27-8:33). 그러자 월터스는 이 소식이 전해진 후 미국이 20년 만에 처음으로 화학무기를 생산하기 시작했다고 설명한다. 월터스가 "이 모든 것이, 사실상, 황색 비 때문에"라고 결론지으면서, 음향은 울려 퍼지는 데크레셴도(decrescendo)[9]를 통해 사라진다(Abumrad and Krulwich, 2012, 9:03-9:06). 그 장면 전체가 혼란과 공포뿐 아니라 충동과 흥분을 만들어 낸다.

그리고 나서 월터스는 메셀슨에게 (음악 없이 말하며) 돌아가는데, 메셀슨은 의심되는 음모가 한 겹 더 있음을 설명한다. 월터스는 말한다. "그리고 이것이 정말 이상해지기 시작하는 순간이다"(Abumrad and Krulwich, 2012, 9:19-9:21). 샘플에는 고농도의 꽃가루가 들어 있었는데, 이는 소련이 꽃가루를 매개로 사용하는 화학물질 제작 방법을 찾았을 것이라는 의미다. 메셀슨이 이 이론을 이야기할 때 "부기맨 벨소리"가 잠깐 연주되지만 그가 이 이론이 "완전히 정신 나간 것"이라고 선언할 때 갑자기 중단된다(Abumrad and Krulwich, 2012, 10:17). 표본들이 벌의 배설물에 지나지 않는다는 것을 보여 주는 큰 폭로는 마치 하!라고 말하는 것처럼 크고 날카로운 호른의 펑 터지는 소리로

---

8   여러 짧은 소리 클립들을 이어 붙인 부분.
9   점점 여리게.

마무리된다. "벌똥"(방송용으로 편집된)이라는 놀라운 발견을 말하는 부분이 반복되는데, 호른이 매번 마침표를 찍으면서 그 발견을 희극적으로 만드는 효과를 지나치게 강조한다(Abumrad and Krulwich, 2012, 10:59). 쿵쾅거리는 타악기 소리, 섬뜩한 벨소리, 머나먼 땅의 미스터리에 대한 반복적인 언급을 통해 유혹에 빠진 청취자들에게도 똑같이 묘한 "사실"이 제시된다. 그 혐오스러운 소련의 음모는 벌의 배설물에 지나지 않는 것으로 드러났다.

쓸쓸한 음향적 음모는 과학자들이 황색 비의 가면을 벗기기 시작하면서 활발하고 경쾌한 B 메이저 코드의 아르페지오에 자리를 양보한다. 그들이 벌들의 청소 비행을 묘사할 때, "부기맨 벨소리"가 연주된다. 벌똥 이론으로 과학적 증거를 짓누르려는 미국 정부의 시도를 설명하는 월터스의 내레이션 밑으로는 "전쟁의 북소리" 모티브가 울린다. 과학자들이 정부의 반대에 맞서 싸우고 증거의 중요성을 다시 강조할 때는, 내레이션 밑으로 "이성의 소리"가 흐르고 있다. 과학자들이 라오스 열대우림에서 과학적인 임무를 수행하며 벌의 배설물로 뒤덮인 것을 묘사하면서 "부기맨 벨소리"가 마지막으로 울린다. 생물학자 톰 실리(Tom Seeley)의 들뜬 웃음과 함께 폭포처럼 쏟아지는 음이 끊기면서 그 벨소리와 관련된 이전의 공포와 긴장감은 코미디로 변한다.

라이트모티브의 수사적 사용과 위에서 기술한 음악 및 편집을 통해 ⟨Radiolab⟩은 황색 비에 관한 공식적인 설명의 음모에 휩쓸리지 말라고 경고하는데, 그 공식적인 설명은 '단 한 번의 부실하게 수행된 실험, 검증되지 않고 신뢰할 수 없는 흐몽 증언'에 의해서만 뒷받침된다.

＊ 음향적 합리성

분누는 "동양" 음악의 유로-아메리카 숭배에 대한 논의에서, 음향적 오리엔탈리즘을 '민족'을 잡아 귀를 식민지화하는 "음향적 관광"의 일종으로 그린다(Bhunnoo, 2011: 255). 〈Radiolab〉은 양씨의 목소리를 고립시키고 그들의 이야기를 극동 지역의 경각심과 모험심을 알리는 음색과 짝지어 준다. 이는 청취자들에게 양씨의 목소리가 흥미진진한 서사를 제시하기는 하지만, 그들의 말은 궁극적으로 신뢰할 수 없다는 신호를 보낸다.

월터스와 전 CIA 요원 프레브베노우는 확언하는 대화를 주고받는 반면, 양씨의 목소리는 고립되어 있었고, 그 경험을 재확인해 주는 목소리는 나오지 않는다. 양씨의 목소리는 섬뜩한 음악과 멀리서 들리는 경보음으로 장식된 반면 프레브베노우의 목소리는 배경음악에서 자유롭다. 따라서 프레브베노우가 동남아시아를 교육받지 못한 현지인들 사이에서 믿을 수 없는 소문이 떠도는 미개한 '오지'로 묘사한 것은 권위적인 설명으로 제시된다(Abumrad and Krulwich, 2012, 1:08-1:09). 수사적 효과를 위해 음악과 편집을 이용해 흐몽 증언을 깎아 내린 것은 과학적 사실들이 레이건의 공식적인 설명을 논박하고 그에 따라 음향적 합리성을 주장하기 위해 필요한 것으로 여겨져 암묵적으로 정당화된다. 이 합리성은 흐몽의 목소리들을 교육받지 못했지만 매력적이고 이국적인 다른 것으로 구성하면서, 백인 남성 과학자들과 그들의 관점을 이야기의 중심에 놓음으로써 무심코 음향적 오리엔탈리즘으로 작용한다.

과학적 제도와 관습의 발전은 식민주의와 인종차별주의의 유산과 얽혀 있다(Smith, 2012). 도나 해러웨이(Donna Haraway)는 구체화되지 않은 객관성에 대한 실증주의 인식론적 편애를 비판하고 실제적 지식의 중요성을 강조한다. 해러웨이는 이와 유사하게 구체화를 중심에 놓지 않는 상대주의에 양보하기보다는 "정교한 특이성과 차이점에 대한" 근본적이고 다각적인 지식을 제안하며 "다른 사람의 관점에서 충실하게 보는 방법을 배우기 위해 사람들이 취할 수 있는 애정 어린 돌봄"에 내재된 잠재력을 강조한다

(Haraway, 1988: 583). 보고 듣는 모든 방법이 비판적 검사에 열려 있지만, 예속된 사람들의 관점은 현실에서 유리된 객관성의 "신의 속임수"를 추궁해 눈에 보이는 "억압과 망각, 사라지는 행위를 통한 부정의 방법"을 가시적으로 만들 가능성이 더 높다(Haraway, 1998: 584). 〈Radiolab〉의 편집과 사운드 디자인은 흐몽의 경험에 반하는 과학적 사실을 구조화하는 데 도움을 주고, 그리하여 그들의 목소리, 그들의 실제 지식을 기억의 가장자리로 밀어넣는 데 일조한다. 그 사운드 디자인은 양씨의 목소리를 고립시키면서 모두 백인인 과학자와 과학 저널리스트의 목소리에 권위적인 무게를 실어준다.

＊ 대화와 합리성의 붕괴

비록 크룰리치가 〈Radiolab〉 웹사이트에 있는 그 에피소드의 후속 편에서 그가 엥 양과 인터뷰한 것은 "과학자들이 모든 증거를 고려했는지를 이해하기 위해서"였다고 선언하고 있지만, 인터뷰 내내 그의 회의적인 어조는 그들의 경험에 대한 어떠한 설명도 그가 그 코너의 앞부분에서 다룬 과학자들의 관점을 진지하게 재고하게 만들 충분한 증거가 되지 못함을 암시하는 것처럼 보인다(Krulwich, 2012: 8번째 단락). 카오 양이 고통으로 긴장된 삼촌의 목소리를 통역할 때, "나는 내가 본 것을 말하며, 내 마음속에는 그 죽음이 기아, 이질 때문에 일어난 것이 아니라는 생각은 조금도 없다. 거기에는 내 사람들을 죽인 화학물질이 있었다(Yang, 2012, 15:56-16:01)"라는 말에 대해 크룰리치는 회의적이고 의문스러운 어조로 대답한다.

크룰리치 : 항상 비행기가 있고 그다음에 황색 비가 왔습니까? 비행기 한 대에 비 한 번? 아니면 가끔 비행기 없이 비가 왔습니까?

양씨 : [수긍하며] 우리는 그것이 무엇인지 정확히 보지 못했습니다. 그들은 항상 그것이 자신들에게 떨어진다고 말했습니다. 그리고 그것은 언제나 흐몽족이 집중되어 있는 곳에 투하되고 있었습니다. 그게 우리가 알고 있는 사실입니다.

크룰리치: [경멸의 어조로] 당신은 그걸 야기하는 비행기가 있었는지 모르는 겁니까? 아니면 그냥 먼지만 봤던 건가요?

양씨 : … [카오 양이 통역] 비행기 소리를 들으면 모두가 달립니다. 그래서 흐몽 사람들은 폭탄이 떨어지는 것을 보지 못했습니다. 나와서 슬그머니 머리를 내밀고 그 결과로 무슨 일이 일어났는지 지켜봅니다. 부러진 나무를 봤고, 폭격을 당한 여파로 노란색을 봤습니다. (목소리가 갈라지며, 카오 양이 계속한다.) 내 자신의 눈으로, 풀을 죽이고, 잎을 죽이고, 나무를 죽이는 꽃가루를 봤습니다.

크룰리치: [거의 짜증내며] 하지만 그게 벌의 분비물인지 아니면 다른 것인지 확실하지 않잖아요. 왜냐하면 하늘에서 내려오는 것들이 아주 많으니까요.

(Abumrad and Krulwich, 2012, 16:11-17:30)

크룰리치의 입장에서 볼 때, 과거의 흐몽 경험을 받아들이는 것은 과학적 사실들을 제쳐두고 따라서 레이건 행정부의 공식적인 서술이 대중의 기억력에 대한 헤게모니를 유지할 수 있게 할 위험이 있는 것이다. 크룰리치는 엥 양을 적대적인 증인으로 취급하는데, 이는 인터뷰이들의 목소리에 담긴 고통을 듣기 싫거나 듣지 못하는 것으로 보인다. 그의 인터뷰는 심문, 즉 증거를 모으기 위한 시도로 변질되고, 따라서 그들의 진술은 "이 모든 것은 소문"이라는 크룰리치의 평가와 함께 기각된다(Abumrad and Krulwich, 2012, 18:14-18:15).

〈Radiolab〉의 세심하게 구성된 음향적 합리성은 그녀와 그녀의 삼촌이 크룰리치의 심문에 저항하고 집단 학살을 겪으며 살아가야 하는 익숙한 공포를 다시 강조하려 하면서 카오 양의 목소리에서 고조되는 열기와 타는 듯한 고통에 의해 불안정해진다. 그녀의 음성은 높아져 가고, 말의 흐름은 숨을 헐떡이면서 뒤죽박죽이 된다. 흐느껴 울면서 그녀는 말한다.

그가 인터뷰에 응한 이유는 이것이다. 흐몽의 가슴은 무너지고 우리 지도자들은 침묵해 왔으며, 우리가 알고 있는 것은 계속해서 의심을 받아 왔다… 나도 같은 이유로 인터뷰에 동의했다. 〈Radiolab〉이 흐몽 이야기에 관심이 있다는 것, 그들에게 벌어진 죽음을 기록하는 데 관심이 있었다는 점 때문에. 아직 이야기하지 못한 것이 너무 많다. 모든 사람이 화학무기가 사용된 것을 알고 있다. 화학약품이 없다면 어떻게 폭탄을 만들겠는가? 의미론을 가지고 게임을 할 수도 있다. 정말 할 수 있다. 하지만 난 관심 없고, 삼촌도 관심 없다. 우리는 너무 많은 마음들을 잃었고, 그 과정에서 너무 많은 사람들을 잃었다. 나는, 나는 이 인터뷰를 끝내겠다(Abumrad and Krulwich, 2012, 18:53-19:37).

이 짧지만 강력한 파열은 고도로 편집된 사운드스케이프와는 극명한 대조를 이루며 청취자들을 일반적인 〈Radiolab〉 청취 경험에서 끌어낸다. 카오 양의 갈라진 목소리가 이야기를 잘라 낸 이후, 15초의 침묵이 이어지며 이 파열의 깊이를 강조한다. 〈Radiolab〉의 신뢰성에 비춰 볼 때, 그들은 이 감정적인 탄원을 편집해 잘라 버릴 수 있음에도 그렇게 하지 않았다. 만약 그렇게 했다면, 듣는 수용자의 대다수는 그들의 편안한 청취 경험으로부터 결코 방해받지 않았을 것이다. 그들은 〈Radiolab〉의 서술적 틀에 결코 의문을 제기하지 않았을 것이고 의견 게시판에 몰려들어 이러한 우려를 공개적으로 표하지도 않았을 것이다. 〈Radiolab〉은 양씨와의 충돌을 완전히 편집하지는 않았지만, 그들은 또한 양씨가 대응할 수 있는 공간도 허용하지 않아 이번 파열의 중요한 부분을 문맥화했다.

비록 원래의 플랫폼에서는 더 이상의 논쟁이 차단되었지만, 카오 양은 ≪하이픈 매거진(Hyphen Magazine)≫에 답변을 보내 그녀의 경험을 기술함으로써 원래 청취자들 중 일부에 다시 접근할 수 있었다. 에크슈타인이 언급했듯이, "디지털 주장은 특정 사이트 안에 머물기를 거부한다"(Eckstein, 2014: 52).

〈Radiolab〉의 "황색 비" 코너 웹페이지에는 황색 비와 관련된 이야기에 대한 여러 링크가 제공되지만 카오 양의 답변에는 연결되지 않는다. 그러나 청취자 의견에서는 여러 게시자가 그 답변을 언급하고 ≪하이픈 매거진≫ 기사에 대한 링크를 제공한다. 청취자들은 또한 〈Radiolab〉의 페이스북 페이지와 트위터 등 다른 소셜 미디어 페이지를 통해 기사에 대한 링크를 제공한다. 카오 양의 대응은 이 이야기를 정치적으로 고착된 신화를 밀어제치는 과학의 목소리에서 흐몽 생존자들의 상처받은 심장으로 이동시킨다. 그 답변에서 카오 양은 "시간, 계급, 대중적 지위의 안전에 바탕을 둔 백인 권력자"라고 그녀가 묘사한 크룰리치가 "화학전쟁의 경험은 무지에 근거한 것"으로 이름 붙여 버렸다고 비난했다(Yang, 2012: 18번째 단락). 카오 양이 설명한 것처럼, 그녀의 커뮤니티에게 전쟁은 정치사의 멀리 떨어진 사건이 아니라 과거와 현재의 경계를 불분명하게 하는 트라우마 같은 기억이다.

방송 후: 수용

에크슈타인은 수정된 팟캐스트가 업로드된 후 "사이트에 올라온 댓글의 흐름이 분노에서 찬사로 바뀌었다"(Eckstein, 2014: 52)라고 말한다. 그러나

이 말은 내용과 매체를 동일한 방식으로 해석하고 반응하는 단일하고 동질적인 수용자를 가정한다. 〈Radiolab〉 페이스북에 올라온 "황색 비" 관련 120여 개의 댓글을 보면 청취자들의 반응이 일치된 것이 아니라 서로 다른 청취 커뮤니티에 따라 나뉘어 있었음이 분명해진다.

청취자들은 의미 생성 과정에서 능동적인 대리인이다. 케슈티는 "듣기 기능은 그것이 청각적으로 상상하는 것을 실체 없는 물질주의로 규정하기 위해 수행된다"라고 언급한다(Kheshti, 2012: 282). 〈Radiolab〉 제작자들은 각 청취자의 청각적 상상에서 재구성될 음향적 템플릿을 만든다. 비록 사람의 위치가 듣는 방식을 형성하지만, 정체성의 어떤 측면도 듣는 사람이 어떻게 그림을 완성할지 결정하지 못한다. 정체성은 복잡하고 변화하는 차이점의 연결이다.

"황색 비"의 경우 인종과 성별을 기준으로 청취자 반응의 추세를 파악할 수 있는데, 3가지 중요한 주의 사항이 있다. 이러한 흐름은 인과관계가 아닌 상관관계를 나타내고, 윤리적 디지털 연구 관행에 따라 작성자를 보호하기 위해 댓글은 익명으로 작성되며, 화면의 정체성이 항상 지갑의 정체성과 일치하는 것은 아니다. 이 마지막 포인트에서, 이 절은 인종과 성별 면에서 개인이 어떻게 자신(또는 자기 정체성)을 나타내는지는 무시한다.

사용자들은 2012년 9월 24일에 원래 에피소드가 방영된 후 페이스북에 56개의 댓글을 게시했다. 로버트 크룰리치가 〈Radiolab〉에서 자신의 어투를 사과하면서도 코너 전체의 내용은 옹호하는 반응을 페이스북 페이지에 추가하자 61개의 댓글이 더 달렸다. 게시판에서 이 코너에 대한 청취자들의 반응은 3가지 경향으로 나뉘었는데 각각 다른 정체성 그룹(백인 남성, 백인 여성, 모든 성별의 유색인종)과 관련된 것이었다.

대다수의 댓글은 백인 남성으로 보이는 응답자들로부터 나왔다. 이들의 반응은 원래 방송에 대한 댓글과 사과/재방송 후 댓글 사이에서 일정하게 유지되는 것으로 보인다. 대다수의 백인 남성들은 〈Radiolab〉이 감정적 호소보다 과학적 진실에 대한 의무를 더 중요시한다고 칭찬했다. 크룰리치가 사과문을 올린 후, 이 청취자들의 반응은 도대체 왜 사과가 필요한지에 대해 큰 의문을 제기하는 것이었다. 원래 방송에 대한 댓글 중 하나는 다음과 같다. "라오스 코너에 대해 불평하는 사람들은 신경 쓰지 말라. 그 사람들에게 일어난 일은 정말 끔찍했지만, 이번 에피소드는 동정심이 아니라 진실에 관한 것이었고, 당신들은 옳은 일을 한 것이다"(Radiolab Podcast, 2012a). 크룰리치의 사과문에 달린 또 다른 댓글은 다음과 같다. "당신이 시청자나 양씨 가족에게 사과할 이유가 전혀 없다. 당신은 인내심이 강하고 합리적이었다. 그들의 가족과 동남아시아의 수천의 다른 가족에게 일어났던 잔학 행위는 헤아릴 수 없지만, 거짓말이 잠재적으로 세계적인 핵전쟁으로 이어질 수 있을 때, 비록 눈물 몇 방울을 희생하더라도 진상을 규명하는 것이 바람직하다. 그렇지 않다고 생각하는 사람은 그저 불합리하게 행동하고 있는 것이다"(Radiolab Podcast, 2012b). 이러한 논객들은 〈Radiolab〉이 이성을 기꺼이 받아들이고 연민에 대한 비방자들의 호소에 저항하는 데 박수를 보낸다. 이 논객들에게는 코너 끝 부분의 카오 양의 외침은 페미니즘과 인종주의를 야기하는 비명처럼 히스테릭하고 비이성적이며 진실에 대한 공격으로 들리는 듯하다(Thompson, 2013: 151). 그들은 그 멘트가 만든 음향적 백인성에 대해 듣지도 의심하지도 않는 듯하다.

청취자 반응의 두 번째 경향은 에크슈타인이 제시한 반응 패턴을 따른 주로 백인 여성으로 보이는 청취자들로부터 나온 것인데, 말하자면 "분노에서 찬사"로 전환한 것이다(Eckstein, 2014: 52). 이 청취자들의 83%가 원래 방송에 어떤 형태로든 분노를 표출한 반면, 크룰리치가 사과문을 게시한 후에는 불만을 표시하는 응답자가 17%로 떨어졌다. 원래 방송 아래의 게시물들은 주로 그 코너를 들을 때의 분노나 불편함을 표현했지만, 크룰리치의 사과문 아래에 달린 게시물들은 대체로 긍정적이어서 초반의 불편함을 다양한 시각을 평가하는 생산적인 순간으로 재조명하고 있다. 한 응답자는 이런 글을 게시했다. "물러서지 않고, 진실(또는 모든 진실들)을 계속 밀어붙이는 사람이 노련한 기자라는 점이 흥미롭고 사색적이었다. 가족과의 인터뷰는 듣기 힘들었지만, 그에 이어지는 로버트, 자드, 팻의 토론은 매력적이었다고 생각했다. 요즘 기자들은 늘 그렇게 밀어붙이는 것 같지는 않은데, 그렇게 하는 것이 대중에 대한 서비스라고 생각한다"(Radiolab Podcast, 2012b). 카오 양 목소리의 불안정한 감정은 순간적으로 이 청취자들을 그 외의 다른 빽빽하게 조작된 음향적 백인성에서 끌어냈다. 이러한 언급은, 카오 양의 떨리는 목소리를 듣는 것이 "듣기 어려웠고" 일부 청취자들에게 짧은 파열을 만들어 냈음에도 불구하고, 이 균열이 주로 〈Radiolab〉의 방송 후 재편집과 크룰리치의 사과로 연결된다는 것을 보여 준다.

끝으로 성별을 불문하고 유색인종으로 보이는 응답자들의 경우 팟캐스트에 대한 불만은 원래 방송 이후 거의 만장일치였고 편집된 재방송과 크룰리치의 사과 후에도 그대로였다. 몇 사람은 이 에피소드가 흐몽 트라우마를 이용한 것이라고 표현했다. 여러 사람들이 편집과 사운드 디자인이 교활하다고 말했다. 한 게시자는 이렇게 썼다. "황색 비 코너는 오랜만에 듣는 가장 화나는 라디오 단편이다. 인터뷰이들에 대한 대우가 냉담했을 뿐만 아니라, 오만함과 속임수가 최상급이다. 편집 참 잘했다. 왜냐하면 많은 사람들이 당신의 교묘한 컷이 '정직하고 진실에 집중한다'라고 믿었으니까. 그 후의 블로그는 완전히 허튼소리로 가득하고 후회하는 기색이 전혀 없다. 나는 팬이었다"(Radiolab Podcast, 2012b). 이러한 반응들 중 일부는 그 에피소드를 장황하게 질책하지만, 많은 사람들은 간단하게 《하이픈 매거진》에 실린 카오 양의 답변을 링크한다.

사운드 디자인과 편집의 힘을 통해, 그리고 매체로서 팟캐스트에 내재된 친밀감을 통해, 〈Radiolab〉은 과학적 "합리성"의 소리를 중심에 두고 자 했다. 이 소리는 소셜 미디어에서 이 단편에 반응한 대다수의 백인 청취자들에게 공명하는 것처럼 보였지만, 〈Radiolab〉의 큐레이션된 음향적 백인성이 유색 청취자들에게는 같은 효과를 주지 못하는 것 같았다. 이러한 청취자들은 한 청취자 반응에서 "제국주의적인 왕따에 지나지 않는다" 라고 말한 것처럼 객관적이고 합리적인 진실 조사보다는 팟캐스트를 해독하는 경향이 더 높았다(Radiolab Podcast, 2012b). 〈Radiolab〉 제작자들은 사운드 디자인과 편집을 통해 다수의 청취자를 마음대로 흔들었지만, 더 큰 온라인 생태계에서 양씨처럼 반대하는 목소리는 완전히 편집될 수 없다. "황색 비" 코너에 대한 이러한 분석은, 디지털 시대에 엘리트들 사이에서 수용자에 대한 권력이 집중되어 있음에도 불구하고, 소외된 커뮤니티들이 그들의 목소리를 증폭시키고 음향적 백인성을 교란시킬 새로운 길을 찾고 있음을 보여 준다.

결론

"황색 비" 코너는 과학 연구자들과 과학 저널리스트들이 강력한 정치적 이해관계에 따라 전파되는 신화에 대해 진실을 말하려고 하다가 경술하게 집단 학살 생존자들의 목소리를 훼손한 사례를 제시한다. 이 서술적 사운드 디자인은 냉전 광풍을 모방한 음악적 분노와 함께, 1980년대 미국인들이 경험했던 것처럼, '레이건 행정부가 제시한 소련 음모'를 믿도록 청취자를 유도하기 위해 수사적으로 기능한다. 그 음모는 결국 백인 과학자들의 신뢰할 수 있는 목소리에 의해 저지된다. 이 감정적인 롤러코스터는 청취자들에게 이국적인 타인과 관여하는 흥분을 주기 위해 구성된 음향적 백인성과 음향적 오리엔탈리즘에 바탕을 두면서, 궁극적으로 이 목소리들을 무시하고 과학적인 "진실"로 포지셔닝된 것을 지지하게 된다.

팟캐스팅의 참여 가능성에 대한 초기의 약속에도 불구하고, 누가 최고의 쇼를 제작하고 있는가의 관점에서는 성별과 인종의 불평등이 계속되고 있다. 제작 수단에 대한 접근성의 확대도 중요하지만, 누가 어떻게 듣고 있는지 고려하는 것도 그만큼 중요하다. 대부분의 청취자들은 프로그램이 음향적 백인성을 영구화하는 주류 미디어 조직에 계속 몰리고 있다. 그러나 이것은 청취자들이 수동적으로 이 콘텐츠를 소비하고 있음을 의미하지는 않는다. "황색 비"에 대한 저항은 네트워크화된 문화가 어떻게 음향적 백인성의 헤게모니를 붕괴시키는 데 이용될 수 있는지를 잘 보여준다.

4부 국제적 관점: 현대적 패러다임

캐나다 커뮤니티/캠퍼스 라디오
변화의 중심에서 투쟁하고 대처하기

안네 F. 마클레난(ANNE F. MACLENNAN)

    지난 세기 동안, 캐나다의 라디오 방송국은 상당수가 소규모 독립 방송사로서 전국에 흩어져 있었다. 캐나다 소규모 라디오 방송국의 지속적인 도전은 오리지널 프로그래밍, 연방 규제, 재정, 그리고 커뮤니티/캠퍼스 라디오의 경우 자원봉사자를 만들어 내고 있다. 초창기 상업방송사와 현대 커뮤니티/캠퍼스 라디오 방송들이 함께 겪었던 이러한 고난과 시련은 지역사회에 대한 라디오의 중요성을 보여 준다. 성공 가능성이 낮은 가운데서도 이들이 살아남은 것은 방송사와 청취자들의 열정을 방증한다.

    역사적으로 "혼합 또는 하이브리드" 구성으로 묘사되는 캐나다 방송 환경은 단계적으로 성장해서 이제 국가, 공공 네트워크, 상업방송 및 커뮤니티/캠퍼스 라디오를 포괄한다(MacLennan, 2001: Raboy, 1990; Skinner, 2005; Vipond, 1994). 3개의 분리된 라디오 방송 시스템은 의도적으로 등장하거나 동시에 등장하지 않았다. 1920년대에는 공영방송이나 상업방송을 연결하는 전국망 없이 독자적으로 라디오 방송국이 운영되어 지역 방송에 대한 기대를 확립하는 데 도움이 되었다(MacLennan, 2013). 10여 년간의 민영방송 시대 다음에, 1932년 캐나다 라디오방송위원회(Canadian Radio Broadcasting Commission)로, 그 후 1936년 캐나다 방송공사(Canadian Broadcasting Corporation)로 국가 공영방송망이 구축되었으나, 미국 상업방송망인 NBC, CBS, Mutual이 캐나다 내에 독자적인 계열사를 설립한 뒤였다(MacLennan, 2001, 2016, 2018).

1920년대와 1930년대에 라디오 방송사들은 현대 커뮤니티/캠퍼스 라디오의 많은 과제를 공유했다. 무선 항공 뉴스(Wireless and Aviation News)에 따르면, 1922년 최초의 라디오 면허 소지자는 신문사, 라디오 제조 업체 또는 판매 관련자였으며, 최초의 캐나다 라디오 방송 면허를 구입한 것은 한 전화 회사였다. 다음 10년 동안, 이 그룹이 확장되어 방송인, 종교적 이익, 교육적 이익, 방송 협회, 방송 회사, 철도 및 기타 그룹이 포함되었다(Vipond, 1992: 21쪽에서 인용). 라디오 방송국 운영에 드는 엄청난 비용 때문에 종교 단체와 같은 많은 소규모 단체들은 방송을 할 수 없었다(Johnston, 1994). 1927년의 미국 라디오법, 1928년의 일반 명령 제40호에 따른 북미 무선 주파수의 재할당은 미국 상업 네트워크의 지배를 초래했는데, 이때 CBS와 NBC가 대다수의 잡음 없는 채널들을 배정받았다(McChesney, 1993). 주파수 재할당이 있자마자 4개의 캐나다 방송국이 CBS와 NBS의 캐나다 계열사가 되어 6개의 잡음 없는 채널에 자리 잡았다(MacLennan, 2018). 주파수 재할당이 캐나다에서는 미국과 같은 영향을 미치지 않았다. 더 높은 기술 수준과 생방송에 대한 더 큰 압력이 미국에서는 상업적으로 성공한 방송국들에게 유리했다. 그러나 캐나다에서는, 초창기에 네트워크나 국가 혹은 상업적 네트워크가 부족했기 때문에 지역 및 공동체 프로그램들이 번창하지는 않더라도 계속될 수 있었다.

초기의 몇몇 방송국들은 배에서 떼어 낸 '선박 대 육상 송신기'와 같은 매우 기본적인 장비로 운용되고 있었다. 대부분의 도시들은 하나의 주파수를 공유했고, 몇몇 방송국은 사실상 하루 몇 시간으로 제한되었다. 데니스 더피(Dennis Duffy)는 부활절 일요일 방송을 위해 승인 없이 브리티시컬럼비아 주 빅토리아로 이동했던, 하지만 장비와 방법의 실패로 문제가 더 악화되고 말았던, CFCT의 황당한 사례를 이야기한다. CFCT 기술자인 딕 베이티(Dick Batey)는 이렇게 기억한다. "그것은 완전히 엉망이 되고 뒤죽박죽이 된 작업이었다. 우리는 제대로 작동되는 33 1/3 rpm 턴테이블이 없어서 … 손가락으로 적당한 속도로 돌리는 것에 (비교적) 능숙하게 되었다"(Duffy, 1983: 25). 소규모 방송국에 대한 기술 표준 규제의 부재 덕분에 그들은 지속할 수 있었다. 따라서, 캐나다의 초기 라디오 역사는 네트워크가 제공하는 프로그램과 연합체에 대한 의존 없이 한정된 자원을 가지고 전국의 크고 작은 지역사회에 서비스를 제공하는 소규모 독립 방송국이라는 특징을 가지고 있었다. 캐나다의 남쪽 국경 가까이에 모여 있는 더 큰 도시와 지역사회는 전국적인 네트워크와 대부분의 라디오 방송국을 위한 자연스러운 틀을 만들었다.

인구가 적은 여러 소외된 지역들은 라디오의 확장을 더 오래 기다려야 했고, 지금도 라디오 방송국의 수가 더 적다. 초창기 북부의 전신 연결은 1923년 왕립 캐나다 신호단(Royal Canadian Corps of Signals)에 의해 시작되었고, CBC(Capital Broadcast Center)[1]가 1958년 북부 서비스를 제공하기 시작하면서 대체되었다. FM 방송국의 도입은 방송국의 수를 증가시켜 1960년대와 1970년대에 더 많은 방송국의 가능성을 열었다. 특히 1972년에 ANIK 위성[2]이 발사되면서 북부를 중심으로 훨씬 더 많은 방송국이 등장할 수 있

---

1   캐나다의 공영방송이자 국가 기간 방송.
2   캐나다가 국내 통신위성망을 구축하기 위해 발사한 인공위성. 1972년에 ANIK 1호가 발사되어 1973년 초 운용을 개시했다. 그 후 ANIK 위성을 계속 발사해 캐나다는 세계 최초의 국내 통신위성망을 확립했다. 이 위성망은 텔레샛 캐나다(Telesat Canada)에서 운용

게 되었다(Fauteux, 2015; MacLennan, 2011). 1968년 규제 기관으로 캐나다 라디오 텔레비전 위원회(CRTC, 후에 캐나다 라디오 텔레비전 통신 위원회로 바뀌었다)가 만들어진 직후, 커뮤니티 라디오 방송들이 성장했다. 커뮤니티 방송국들은 1970년 대 초에 실험적으로 처음 허가되었고, 1975년에 광고 제한을 받다가, 1984 년에 상업방송국들이 이들 방송국의 경쟁력에 의문을 제기하면서 재검토 되었다. 현재 캐나다 방송 환경의 이러한 느린 진화는 그것을 특별하게 만들었고, CRTC는 커뮤니티/캠퍼스 방송국에 문화적 다양성의 제공을 요 구함으로써, 국가 및 상업 방송사들이 남겨 놓은 공백을 메울 수 있게 했 다(Fauteux, 2015).

루이스와 부스는 커뮤니티 라디오에 관한 국제적 연구에서 커뮤니티 라디오가 확장해서 북부에 서비스를 제공하는 139개의 "네이티브 라디오" 방송국, 대학 캠퍼스에 있는 15개의 "학생 라디오" 방송국, 23개의 더 광 범위하게 정의된 커뮤니티 라디오 방송국이 되었으며, 이 중 2곳을 제외 하면 모두 퀘벡에 있다고 보고했다. 이들 방송국은 1990년에 1363개 캐나 다 라디오 방송국 중 약 9%를 차지했다(Lewis and Booth, 1990). 퀘벡은 커뮤니 티 라디오의 성장을 위한 비옥한 토양임을 입증했다. 퀘벡자유전선(FLQ: Front de Libération du Québeck)의 폭력으로 막을 내린 조용한 혁명은 사회와 국가 가 새로운 언론 매체를 필요로 하기 때문에 대안적인 비전이 필요하다는 점을 보여 주었다(Fauteux, 2008, 2015; Raboy, 1990). 덜 정치적인 커뮤니티, 캠퍼 스, 원주민 라디오가 전국적으로 확산되어 다양한 소규모 지역에 서비스 를 제공했다.

디지털 및 글로벌 미디어가 다른 미디어뿐만 아니라 라디오에 미치는 영향이 점점 커짐에 따라 캐나다 커뮤니티 라디오에 대한 연구가 활발해

하고 있다.

졌지만, 연구들은 주로 캐나다의 정책이나 권리에 대한 전통적으로 크고 중요한 영역에 초점을 맞추고 있다(Armstrong, 2016; O'Neill, 2007, 2008; Raboy, 1990; Raboy and Shtern, 2010). 보다 최근에 포튜는 "점점 세계화되고 디지털화되는 사회에서 캠퍼스 라디오 분야는 점점 집중되고 획일화되는 상업 라디오에 대한 강력한 도전을 제기한다"라고 주장했다(Fauteux, 2015: 193). 코졸란카, 마제파, 스키너(Kozolanka, Mazepa and Skinner, 2012)는 상업적 매체에 대항할 대안적 미디어의 중요성을 조명한다. 최근의 연구 문헌에서는 글로벌 및 디지털 상업 미디어가 주요 관심사지만, 캐나다의 대안적 미디어에 대한 연구의 일환으로 민족, 토착, 퀘벡 등의 분야에서 살펴보는 라디오에 관한 연구도 증가하고 있다(Bredin, 2012; Karim, 2012; Light, 2012). 라이트(Light, 2012), 포튜(Fauteux, 2015), 마스트로콜라(Mastrocola, 2016)는 방송국의 운영에 관한 제한된 경험적 연구를 제공한다. 최근 연구의 대다수는 자원봉사자들과 제한된 예산을 기반으로 일하는 지역사회, 캠퍼스, 문화적 단체들이 겪는 매일의 도전들에 대해 질문하는 연구 문헌들의 역사적 초점에서 출발한다. 캐나다의 커뮤니티와 캠퍼스 라디오는 방송법 3장 (1), (d), (iii)에 따라 CRTC에 의해 윤곽이 잡혔다(Government of Canada, 1991).

캐나다 방송 체계는 캐나다 사회의 언어적 이중성과 다문화적·다민족적 특성과 원주민 민족의 특별한 위치를 반영해야 한다. 캐나다의 여러 공동체가 제시하는 문화적 다양성은 캠퍼스와 커뮤니티 방송국을… 문화적 다양성에 큰 기여를 할 수 있는 자리에 위치시키며… 민족적 소수집단, 원주민들, 장애인들과 같은 소외된 문화 그룹에서 새롭게 떠오르는 예술가들을 노출시킨다. (그것들은) 언어적 소수집단을 포함한 다양한 문화 그룹의 관점과 우려를 반영한 구어 프로그래밍을 제공한다. 위원회는 (그들이) 프로그램 편성, 자원봉사 참여 및 취업 실무에서 이들 분야에 대한 노력을 유지하고 강화할 것으로 기대하고 있다(CRTC, 2010: 5).

CRTC의 2016~2019년 3개년 계획에서 잠재적으로 구상하고 있는 것과 같은 전면적인 변경은 1970년대 초 ANIK 위성의 설치로 인한 변화 이후 한 번도 없었다고 할 수 있다. 공동체의 필요는 작은 지역 방송국에 의해 충족되고 있었고, 위성통신이라는 전면적인 변화의 도입은 무엇보다도 북부의 목소리들이 CBC와 남부의 문화(이 경우에는 그것이 바로 CBC이다)에 압도당하는 것을 두려워한다는 것을 의미했다(MacLennan, 2011). 라디오는 CBC의 의무 사항의 일부로서뿐 아니라, 원주민 공동체, 소규모 문화, 지역 공동체, 또는 광대역 통신에 쉽게 접근할 수 없는 노인층과 같은 독특한 요구를 가진 대중에게 서비스를 제공한다는 점에서 공동체에서 갖는 중요성이 여전하다(MacLennan and Knezevic, 2012). CRTC의 조사는 캐나다의 커뮤니티/캠퍼스 라디오에 긍정적인 영향을 미칠 수 있음에도 불구하고, 그 커뮤니티가 다양한 유형의 공동체에 서비스를 제공하기 때문에 CRTC의 규제와 통합된 비전은 복잡해진다. 풀뿌리처럼 사회참여적 성격을 가진 수많은 프로그램이 반드시 존재해야 한다.

공청회를 통해 방송 규제 정책을 정기적으로 검토한 결과, 콘텐츠 제작, 자금 조달, 기술, 자원봉사자, 그리고 그 밖에 커뮤니티, 캠퍼스, 원주민 방송의 중심에 있는 다른 우려들에 대한 사고의 발전이 이뤄졌다. 2010년 1월 방송 정책 공청회에서는 이런 이야기가 나왔다. "일부 정당들은 캠퍼스와 커뮤니티 방송국에 대한 (캐나다 콘텐츠 개발) 자금 지원이… 오래된 장비, 전문 지식 및 타워 임대료와 같은 기술적 지원 형태로… 기술적인 내용의 발전에 자금을 댈 수 있다고 제안했다. (추가적으로, 그것은) 온라인상의 존재감을 증가시키고, 프로그래밍을 강화하며, 자원봉사자들을 훈련시키는 데 사용될 수 있다"(CRTC, 2010). 교육, 기술, 프로그램 개발, 자원봉사자 및 온라인에 관한 고려 사항은 CRTC에 의해 계속 검토되고 있다.

CRTC가 2016~2019년 3개년 계획을 시행함에 따라 캐나다 커뮤니티/캠퍼스 라디오는 변화의 중심에 서 있다. 캐나다 커뮤니티/캠퍼스 라디오는 종종 지역사회를 위한 풀뿌리 사회참여 활동과 정보로 채워진다. 캐나다의 커뮤니티/캠퍼스 라디오는 지역 또는 권역 청취자, 문화적 다양성, 토착 라디오, 공식 언어 프로그램, 다문화 라디오, 그리고 그 밖에 캐나다 방송공사와 상업방송들이 다루지 않는 프로그램을 제공해야 한다는 문제에 직면해 있다. 이 분석은 면허 갱신 신청서에 수반되는 보고서로부터 수집된 데이터에 기초한다. 방송사들은 보통 7년마다 면허 갱신을 신청해야 하는데, 이러한 보고서는 제한된 자금과 고상한 목표를 가지고 지역사회 내에서 일하는 어려움과 부담에 대한 상세한 설명을 제공한다. CBC의 의무 사항의 일부로서뿐 아니라, 실제로 이 방송국들이 최종적으로 영향을 미치는 것은 원주민 공동체, 소규모 문화, 지역 공동체, 또는 광대역 통신에 쉽게 접근할 수 없는 노인층과 같은 독특한 요구를 가진 공동체에게 서비스를 제공하는 커뮤니티 자체다(MacLennan and Knezevic, 2012).

CRTC의 2016~2019년 3개년 계획은 "CRTC의 공공 프로세스를 준비하고 참여할 수 있는 중요한 정보를 캐나다 국민, 업계, 기타 이해관계자 및 그룹에 제공하기 위한 것이다. 통신 환경은 끊임없이 진화한다"(CRTC, 2016d: 1). 이 계획은 〈Let's Talk TV: A Conversation with Canadians〉 보고서로 이어진 캐나다 텔레비전의 성공적인 다년 평가의 패턴을 따른다(CRTC, 2018). CRTC의 2016~2019 3개년 계획은 프로그램, 제작, 규제, 시청자에 대한 것이다. 이 계획의 초점은 주로 텔레비전, 음악, 공용어, 문화적 다양성에 맞춰져 있지만, 특히 원주민 라디오 정책과 다문화 라디오 허가에도 초점을 맞추고 있다. 디지털·지상파 라디오와 경쟁하는 스트리밍 서비스 등 기술 변화의 자리에 정책과 기획에 대한 존중이 고려되어야 하는 상황에

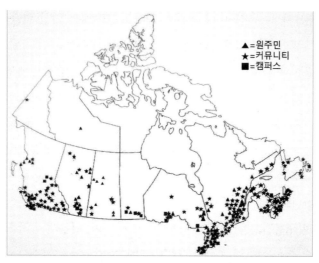

〈그림 12.1〉 2017년 캐나다의 지역사회, 캠퍼스, 원주민(A와 B) 방송 면허 분포(라디오 방송국들은 이 연구의 한 부분으로서 구분됨).

서 이 계획에는 라디오가 중요하게 포함된다.

커뮤니티/캠퍼스 라디오에 대한 초기 열망에는 소외된 공동체와 지역에 대한 커버리지가 포함되었지만, 〈그림 12.1〉은 방송국의 분포가 상업적 라디오 방송국과 유사하고 확실히 캐나다 인구 분포에 따른 것임을 보여 준다. 방송국들은 대부분 인구가 더 많은 지역에 위치하고 있으며, 그곳에는 상업방송과 네트워크 방송들 역시 위치해 있다(CRTC, 2016d: 1).

샘플로서, CRTC에 제출된 2007년부터 2017년까지 239건의 면허 신청서와 갱신 신청서는 캐나다 지역사회/캠퍼스 라디오의 일일 운영에 관한 풍부한 정보를 제공한다. 방송국들은 문화 또는 민족적 다양성, 다국어 방송, 종교 프로그램, 지역 제작과 자체 프로그램의 의무를 충족하는 다른 프로그램들뿐만 아니라 그들의 지역사회에도 초점을 맞춘다. 면허 신청서와 갱신 신청서는 "할 수 있는 최선을 다하는 것"의 예시지만, 재정, 프로그래밍, 자원봉사자 등 필요한 주제에 대한 세부 사항도 제공한다.

자원봉사자들은 커뮤니티/캠퍼스 라디오 분야에서 핵심 역할을 한다. 위원회는 캠퍼스 및 커뮤니티 라디오가 공동체 내에서 자신의 위치, 공동체의 필요성과 가치의 반영, 프로그래밍 및 방송국 운영 측면에서의 자원봉사자에 대한 다른 요구 등에 의해 차별화된다고 보았다(CRTC, 2010). 재정적 측면, 그리고 지역사회와의 연결 측면에서 자원봉사자들은 방송의 운영에 필수적이다. CRTC는 "캠퍼스 및 커뮤니티 라디오 방송국에 제공되는 CCD(캐나다 콘텐츠 개발 지원)가 주로 프로그래밍과 자원봉사 교육 강화에 맞춰져야 한다고 생각한다"라고 밝혔다(CRTC, 2010: 21). 이 분야의 프로그래밍은 주로 자원봉사자들에 의해 개발되고 생산되며, 일부 방송국에서는 거의 전적으로 이들에 의해 제작되기 때문에, 자원봉사자와 방송국은 매우 상호 의존적이다.

2011년 지역사회와 캠퍼스 라디오 방송국에 대한 CRTC의 간이 조사는 방송국당 평균 73명의 자원봉사자가 있었으며, 평균 52명이 평균 52시간의 프로그램에 참여하고 있음을 밝혔다. 특히 캠퍼스 방송국은 평균 2배 이상으로, 방송국당 125명의 자원봉사자가 있는 반면, 지역사회 방송국의 평균은 61명이었다. 이 보고서는 이 차이를 대학 캠퍼스에 있는 자원봉사자들의 풀에 기인한 것으로 해석했다. 이 보고서는 또한 자원봉사자들이 라디오 방송국의 프로그래밍을 넘어 매우 활동적이며, 이들이 관리, 기금모금, 교육, 홍보 및 지역사회 참여, 방송국 행정, 프로그래밍 지원, 유지보수, 공익사업 발표 및 기타 활동에 두루 참여했음을 보여 주었다. 또 영어 방송국의 평균 자원봉사자는 118명, 프랑스어 방송국은 75명, 자신들이 소수인 지역에서 영어나 프랑스어를 사용하는 언어적 소수집단 방송국은 30명으로 조사되었다(CRTC, 2011). 자원봉사자들의 역할이 매우 중요하고 광범위하기 때문에 이러한 차이점들은 방송국의 일상적인 운영에 큰 영향을 미친다.

대부분의 방송국들은 면허 신청서나 갱신 신청서에 자원봉사자들을 훈련시키고 모집하려는 계획을 언급한다. 이 표준을 약속한 많은 곳들 중에는 퀘벡 생로랑에 있는 유기체 공동체의 CHIL FM, 브리티시컬럼비아 살몬암의 'Voice of the Shuswap Broadcast Society', 뉴펀들랜드 래브라도 노리스 포인트에 있는 'Bonne Bay Cottage Hospital Heritage Corporation', 'Prince George Community Radio Society' 등이 포함된다(CRTC, 2009a, 2012, 2013a, 2016a). 더 나아가 뉴펀들랜드 래브라도에 있는 'Bay of Island Radio Inc.'는 이 라디오가 자원봉사자들만으로 운영될 것이라고 말했다(CRTC, 2016b). 'Radio Communautaire Cornwall-Alexandria Inc.'는 졸업하기 위해 자원봉사 시간을 이수해야 하는 학생, 특히 고등학생들을 적극적으로 모집했다(Conseil de la Radiodiffusion et des Télécommunications Canadiennes, 2006).

2011년 CRTC 조사 결과처럼, 대학들의 면허 신청서를 통해 자원봉사 모집에 대한 상세한 설명을 얻을 수 있다. 2014년 'Radio Ryerson Inc.'의 AM 방송국 신청서를 보면, "면허를 받은 첫해에 최소 150명의 자원봉사자를 유치할 계획이며, 두 번의 연례 자원봉사 회의 중 적어도 한 번의 의무적인 참석, 특별한 교육이 뒤따르는 의무적인 오리엔테이션 세션이 언급되고 있다"(CRTC, 2014e). CRTC 방송 결정 2011-56은 규정 비준수를 이유로 CKLN FM의 면허를 취소했다. 이 결정의 영향은 Ryerson의 AM 면허 신청서에 분명히 나타나 있다. 즉, 관리와 준수가 신청서에 신중하게 약속되어 있는 것이다. 대학 캠퍼스에서는 자원봉사자들을 더 쉽게 이용할 수 있는 반면, 다른 요소들보다도 자원봉사자들의 단기적인 참여 때문에 관리와 규제의 틀이 더 중요하다. 마찬가지로, 몬트리올의 CKUT, 킹스턴의 CFRC, 토론토의 CHRY는 모두 자원봉사자의 역할, 훈련, 채용, 경험, 규제, 기여에 대한 상세하고 광범위한 설명을 제공한다(CRTC, 2013b). CHRY는 자원봉사자의 접근과 참여를 촉진하기 위한 노력에 대한 설명을 시작하면서, 다음과 같이 말한다.

CHRY 105.5FM은 자원봉사자들을 미디어 창조의 심장이자 중심지로 만드는 자원봉사 주도적 기관이다. 매달 우리는 새로운 사람들이 우리 조직에 참여하도록 유도하기 위해 채용 오리엔테이션을 한다. 서로 다른 기술과 능력을 가진 사람들이 접근하도록 하기 위해 우리는 참여 시간, 과업의 어려움, 실행, 기술 등의 기준에 따라 3단계의 자원봉사 참여 등급을 만들었다. 이것은 우리가 우리 공간에 있는 모든 자원봉사자들의 노력을 공정하게 인식하고 보상할 수 있게 해 준다. 장기간의 경험에서부터 행사별 경험에 이르기까지 매우 다양한 자원봉사 경험을 제공하기 때문에, 자원봉사자들의 모든 노력이 인정받는 것은 대단히 중요하다(CRTC, 2013c: 3).

전직 직원인 마스트로콜라는 "자원봉사자들 중 일부는 방송국이 시작될 때부터 프로그램 제작자였는데, 그들에게 새로운 회계연도가 시작될 때 누구의 프로그램 계약도 갱신되지 않을 것이라고 말하고, 2015년 5월 1일 CHRY 커뮤니티 라디오의 새로운 방송 부서인 'VIBE105'의 깃발 아래 새로운 프로그래밍 사이클이 시작되면서"(Mastrocola, 2016: 2) CHRY에서 자원봉사자들에 대한 접근성이 급격히 변화했다고 주장한다. 이 방송국이 캠퍼스/커뮤니티 방송국이라는 정체성에서 벗어나 "새로운 도시의 대안적 포맷"으로 옮겨 갔다는 게 마스트로콜라의 설명이다. CHRY의 갱신 신청은 요크 대학교 및 그 학생들과의 연관성뿐 아니라 계획 준수와 품질에 대한 우려까지도 반영한다. 2015년 5월 1일, 모든 자원봉사 계약을 끝내고 선별적으로 자원봉사자가 복귀할 수 있도록 한 결정은 이 방송국의 자원봉사 환경에서 일하는 현실을 반영한다. 캠퍼스 방송국은 그것이 변함없는 과정이기 때문에 자원봉사 훈련과 모집에 대한 더 자세한 내용을 제출한다. 브록 대학교의 학생 라디오는 유사한 어려움에 대해 설명한다. "학생들이 너무 바빠서 미디어를 생산하기는커녕 소비할 시간도 없기 때문에, 학생들이 자원봉사 방식으로 참여하기를 기대하기는 어렵다. 학생들이 참여할 때 직면하게 되는 실제적인 장벽들은 명백하다. 시간, 재정, 동기 부족, 보유한 기술, 쉽게 변하는 성격까지. 학생 매체에 학생 참여가 부족하다면 이런 장벽을 없애는 방안을 모색해야 하며, 학생 조합은 이러한 현실을 인식하고 이를 해소하는 데도 도움을 주어야 한다"("Defund Brock University", 2013: 58~59번째 단락). 학생의 참여 기간이 제한된다는 것은 훈련받을 새로운 자원봉사자들이 항상 있다는 것을 의미할 것이다. 이것은 모집할 풀은 제한되어 있지만 자원봉사자들을 더 오랜 기간 유지할 수 있는 커뮤니티 또는 원주민 방송국과 대조를 이룰 수 있다.

원주민, 커뮤니티, 캠퍼스 라디오는 모두 지역적이고 독창적인 콘텐츠를 제작하도록 의무화되어 있지만, 이러한 노력을 뒷받침하는 자원에서 진정한 차이점이 나타난다. 2009년 3월부터 4월까지 열린 CRTC 캠퍼스/커뮤니티 라디오 부문 정보 이해관계자 회의에서 "위원회 간부들은 방송 사이기 전에 각자가 지역 콘텐츠의 제작자로서 지역 공동체의 역점 역할도 한다는 점을 상기시켰다". 회의에서는 또한 "자원봉사자의 참여는 유급 직원이 갖는 의미를 훨씬 능가하며… (상업용 라디오처럼) 경제적 이익에 대한 요구를 가지기보다는, 모든 경제활동이 의무를 더 잘 이행하기 위해 수행된다"라고 언급했다(CRTC, 2009a: 12번째 단락). 캠퍼스 및 지역사회 라디오를 지원하기 위한 다양한 노력들에는 트릴리움 재단(Trillium Foundation)의 보조금으로 지원되는 캐나다 전국 캠퍼스 및 커뮤니티 라디오 협회(National Campus and Community Radio Association of Canada)가 포함되는데, 이것은 아스트랄 미디어(Astral Media)의 기부금 140만 달러로 시작되었다(Skinner, 2012).

전국 캠퍼스 및 커뮤니티 라디오 협회(National Campus and Community Radio Association), 캐나다 지역사회 라디오 기금(Community Radio Fund of Canada), 트릴리움 재단과 같은 다양한 출처에서 지원받는 보조금과 기금을 통해 가장 필요한 지원의 일부를 제공받을 수 있지만, 지속적인 지원은 소수의 정규 출처로부터 이뤄지는 경우가 많다. 캠퍼스 라디오의 경우, 학생 부담금이 대개 예산의 '가장 큰 몫'을 제공하지만 전국적 광고주, 지역 광고주, 기금 조성, 보조금 등이 나머지를 보완할 수 있다. 원주민 방송국의 경우, 밴드위원회3가 때때로 "토착" 방송국에 필요한 지원을 제공한다. 종교적인 요소가 있는 지역 방송국은 종종 그들의 종교 단체의 지속적인 지원을 받아 일부 초기 라디오 방송국의 전통을 이어받지만, 그들은 보통 다른 지역 방송국과 마찬가지로 광고, 기금 모금, 보조금 등으로 자금을 보충할 필요가 있다.

원주민, 커뮤니티, 캠퍼스 라디오의 프로그래밍과 운영은 자원봉사의 지원으로 한계를 확장할 수 있기는 하지만, 예산과 능력의 범위에 따라 불가분의 구속을 받는다. 장비, 유지 보수 및 기타 정해진 수수료의 책정 비용이 예산의 기준을 결정한다. 추가 자금으로 직원에게 급여를 제공할 수 있으며, 나머지 운영은 자원봉사자에 의존한다. 자원봉사자들과 함께 일하면 그들이 권한 내에서 효과적으로 일하면서 방송국 바깥의 지역 활동 또한 공고히 하게 된다. 원주민, 커뮤니티 또는 캠퍼스 방송국이 면허를 포기하거나 CRTC에 의해 면허가 취소되는 이유의 대부분이 재정 문제와 라디오 규제 불이행이다. 갱신 신청서에서 자주 언급되는 자원봉사 직원(또는 관리자)에 대한 의존 때문에 규제 준수가 꽤나 복잡하다.

커뮤니티, 캠퍼스, 원주민 라디오 방송국은 다이얼상의 공간을 두고 CBC, 상업용 라디오 방송국뿐만 아니라 서로 간에도 경쟁한다. 한 방송국

---

3   캐나다 원주민 지역 의회. 선출직 추장과 의원들로 이뤄진다.

의 필요 위에 다른 방송국의 필요를 저글링하는 것은 면허 갱신과 신청에서도 볼 수 있다. 한 예로, 코베키드 라디오(Cobequid Radio)와 허브바즈 라디오(Hubbards Radio)는 핼리팩스 바로 외곽의 로어 삭빌에 위치한 지역 라디오 방송국을 설립하기 위해 신청했다. 그러나 달호지 대학교 캠퍼스 방송국인 CKDU-FM 핼리팩스는 88.1과 비슷할 뿐만 아니라 다이얼(88.7)에서도 가까워질 것이라는 우려를 나타냈다. CRTC는 두 방송국이 동일한 시장에서 운영될 수 있다고 결론지었다(CRTC, 2014c). 크라이스트 복음 전도자 국제 추수꾼 협회(International Harvesters for Christ Evangelistic Association Inc)의 경우, 뉴브런즈윅 몬크톤의 CITA-FM, 뉴브런즈윅 서섹스의 CITA-FM-1, 노바스코샤 암허스트의 CITA-FM-2의 면허 기간을 바꾸고 상업적 메시지를 방송하기 위해 신청서를 제출했다. CRTC는 변경을 승인했지만 광고가 진정으로 필요한지 여부 및 시장의 다른 방송국에 방해가 되는지를 평가할 필요가 있었다(CRTC, 2015).

캐나다 "원주민" 방송에 대한 규제 틀은 1960년대부터 시작되었으나 1983년 북부 원주민 방송 접근 프로그램(NNBAP: Northern Native Broadcast Access Program)이 설립되면서 발전을 가속화했다(CRTC, 1990). 이 프로그램이 만들어짐에 따라 네트워크, 직원, 방송국의 확대가 뒤따랐다. CRTC는 공공 및 커뮤니티/캠퍼스 방송은 물론 캐나다 방송협회까지 만족시킬 수 있는 "원주민 프로그램"의 틀과 정의의 개발에 고심했다. CRTC는 원주민 프로그램을 "특징적으로 구별되는 원주민 시청자를 대상으로 하는 어떤 언어로든 된 프로그램 또는 캐나다 원주민의 삶, 관심 또는 문화의 어떤 측면에 관한 프로그램"으로 정의했다(CRTC, 1990: 2). 1988년 초에 100개 이상의 지역 라디오 방송국이 NNBAP 지원 네트워크에 의해 생산된 토착 언어 프로그램을 송출하고 있었다(CRTC, 1990: 89).

토착 프로그램들은 원주민 방송국들이 전달하는 문화 보존에 많은 영향을 끼친다. 토착 문화를 보존하는 전통은 기존 방송국들에 의해 계속 유지되고 있다. 2013년 신청서에서, 온타리오 주 오슈웨켄의 애로우 라디오(Arrow Radio)는 방송국의 프로그래밍에 대한 상세한 설명을 제공했다. 음악 프로그램이 주 스케줄을 차지했지만, 주 126시간 중 48시간이 토크 프로그램이었다(CRTC, 2014d: 5번째 단락). 신청서는 또 주간 방송 시간에 모호크어, 세네카어, 카유가어, 투스카로라어, 오논다가어, 오네이다어 등이 포함된다고 언급했다. 6개 부족의 인디언 보호 구역에 위치한 이 방송국은 "생방송 인터뷰, 전화 쇼, 6개 부족의 재능에 대한 스포트라이트 등을 통해 지역의 신흥 원주민 예술가"와 같은 특징적인 지역 콘텐츠를 균형 있게 선보이고 있다(CRTC, 2014d). 비슷하게, 브리티시컬럼비아 프린스루퍼트의 애보리지널 크리스천 보이스 네트워크(Aboriginal Christian Voice Network)는 야심찬 프로그램 스케줄을 특징으로 할 계획이었다. 신청서는 원주민 공동체와의 협력 계획 등 독창적인 프로그램을 제공하는 대신 토크 요구 사항의 감소와 출력의 증가를 요구했다(CRTC, 1994). 그러나 방송국의 요청으로 2016년 면허가 취소되었다(CRTC, 2016). 오리지널 프로그램을 제작하려는 요건과 욕구는 커뮤니티, 캠퍼스, 원주민 방송국이 마찬가지지만, 언제나 이러한 요구는 제한된 재정과 자원을 가진 자원봉사 환경에서 고려할 만하다.

라디오 규제의 요구를 충족시켜야 하는 부담은 모든 라디오 방송국에 영향을 미친다. 애보리지널 보이스의 경우, 2015년 CRTC에 의해 면허가 취소되었는데, 이는 주로 연간 수익률 및 프로그램 의무 미준수와 관련이 있다(Gignac, 2015). CKTP-FM 말리싯 부족 라디오(Maliseet Nation Radio)는 규정 준수 문제로 유사한 어려움을 겪었으나 면허를 유지할 수 있었다(CRTC, 2014b). CRTC는 규정을 일관성 있게 적용하기보다는 각각의 사례를 각자의 장점에 따라 평가하는 방식을 택했다. 규제가 고르지 않게 집행될 수 있지만,

CRTC는 양식 제출 절차를 따라가지 못하는 등 개별적인 결함에도 불구하고 방송국이 생존할 수 있는 추가적인 기회를 제공한다.

CRTC는 "원주민"의 오리지널 토크 및 음악 프로그램 제작을 촉진하며, 1960년대 이후 활발하게 역할을 해 왔다. 높은 수준의 오리지널 콘텐츠를 제공하고, 라디오 규제를 준수하며, 자원봉사자나 재정과 같은 다른 도전에 대처해야 한다는 것은 원주민 방송국의 생존에 가장 큰 장애가 되었다. 라디오 프로그래밍을 통해 원주민 문화를 장려하려는 CRTC의 지속적인 노력은 원주민 프로그램과 원주민 언어 사용자의 증가를 포함하는 화해를 위한 조치 등 캐나다 진실 화해 위원회(Truth and Reconciliation Commission of Canada)의 권고 사항과 일치한다(Truth and Reconciliation Commission of Canada, 2015: 9~10).

커뮤니티, 캠퍼스, 원주민 라디오의 지속적인 도전은 캐나다에 수십 년 동안 존재해 온 소규모 독립 방송국들과도 일치한다. 자원에 대한 제한된 접근으로 인해 로컬 프로그램을 만들기 위한 확장된 권한에 대한 요구가 커지고 있다. CRTC의 2016~2019년 3개년 계획과 개정안에 의해 제시된 기회는 규제 기관이 캐나다 시청자의 변화라는 보다 큰 맥락에서 라디오의 위치와 미디어 이용과 소비의 새로운 기술을 조사할 수 있게 한다. 커뮤니티, 캠퍼스, 원주민 방송국의 자원봉사 약속과 업무는 전국적 공영 라디오와 상업 라디오의 범위 밖에서 지역적이고 독특한 라디오에 대한 추진력을 보여 준다. 제한된 자원으로 라디오 규제를 준수하면서 지역사회 헌신이 높은 라디오를 생산하는 어려움은 CRTC가 평가할 수 있는 과제로서 아마도 그 어려움을 완화하는 방법을 찾을 수 있을 것이다.

끝으로, CRTC의 2016~2019년 3개년 계획은 변화하는 방송 환경의 더 큰 맥락에서 공동체의 역할을 재평가할 수 있는 기회를 만든다. 커뮤니티, 캠퍼스, 원주민 라디오 방송국은 소외된 지역사회 또는 지역에 서비스를 제공할 목적으로 허가된다. 당초 전국에 더 많은 커버리지를 제공할 예정이었던 이들 방송국은 CBC와 상업방송들이 운영되는 곳과 지역이 겹친다. 캠퍼스 방송국은 일부 재정적인 지원의 안정성을 가지고 있지만 대개 학생 부담금을 통해, 지역사회와 원주민 방송국은 적은 예산으로 운영될 수밖에 없지만, 보다 영구적이거나 안정적인 자원봉사자 그룹을 바탕으로 유지된다. 면허에 수반되는 규정과 서류는 일반적으로 부담스러운 것으로 인식되며, 때로는 많은 방송국들이 문을 닫는 주된 이유로 언급되기도 한다. 커뮤니티, 캠퍼스, 원주민 방송국들은 초기 캐나다 방송국들이 그랬던 것처럼 독자적으로 운영되고 있지만, 초기 방송국들이 가지지 않았던 규제 의무를 지고 있다. 향후, CRTC와 헤리티지 캐나다(Heritage Canada)와 같은 일부 정부 부처는 커뮤니티, 캠퍼스 및 원주민 방송국들이 문화적으로 다양한 캐나다 방송 환경에 제공하는 중요한 공헌을 지원하기 위해 필요한 조력과 자금을 제공할 수 있을 것이다.

13장

괴짜의 복수
공영 라디오는 어떻게 팟캐스팅을 지배하고 오디오 청취를 변화시켰는가

브래드 클라크(BRAD CLARK)
아치 맥클린(ARCHIE MCLEAN)

대중문화에서 공영 라디오가 따분하고 유사 지식적인 프로그래밍의 보루로서 자리 잡았음을 가장 잘 묘사한 것은 아마 "슈웨디 볼(Schweddy Balls)"로 알려진 〈Saturday Night Live〉 촌극일 것이다. 그 촌극은 일반 클래식 음악으로 시작되며, NPR이라는 글자가 새겨진 특징 없는 벽돌 건물의 스틸 사진, 그리고 2명의 괴짜 진행자가 완전히 비상업적인 목소리로 "당신은 국립 공영 라디오에서 '맛있는 요리'를 듣고 있다"라고 소개한다. 그들의 보수적인 헤어스타일, 화려한 축제용 스웨터, 크리스마스 소원 리스트(쥐덫, 깔때기, 나무 그릇 등)에 대한 토론은 그들의 '전혀 멋지지 않은' 이미지를 강화한다. 알렉 볼드윈(Alec Baldwin)은 그가 '슈웨디 볼'이라 부르는 크리스마스 사탕을 팔고 다니는 게스트 요리사 피트 슈웨디(Pete Schweddy) 역할로 출연해 유명한 중의적 표현을 가져온다. 말장난이 이 촌극을 이끌며, 그의 라디오 진행자들이 공영 라디오와 관련한 의도적이고, 알맹이가 있는 좋은 유머를 가지고 함께한다. 가짜 NPR 진행자 중 한 명인 애나 개스티어(Ana Gasteyer)는 수년 후 진짜 NPR에서 이 패러디는 실제 공영 라디오의 요리 쇼에 바탕을 두고 있으며 그 장르와 일치한다고 말했다. "그냥 시간을 갖고 사람들이 지루해서 울고 싶을 정도까지 그 주제를 탐구하면 된다" (Rolling Stone, 2014: 2번째 단락).

공영 라디오가 상업적 포맷의 지루한 대안이라는 인식에도 불구하고, 21세기 공영방송들은 전 세계적으로 팟캐스트 차트를 장악하고 있다. 공영방송이 미디어 소비자의 삶에 훨씬 더 큰 역할을 해 온 캐나다에서, 캐나다 방송공사(CBC)는 캐나다 오디오 콘텐츠의 청취자를 사로잡는 데 있어 미국의 상위 팟캐스터들과 어깨를 나란히 하고 있다. 공영방송은 팟캐스트계의 스타이며, 이 장르가 "주류 의식에 도달"함에 따라, 일각에서 "라디오의 새로운 황금시대"라고 부르는 환경을 예고하고 있다(Markman, 2015: 240~241). 이 장에서는 공영방송이 미디어의 완전한 기술적 속성을 개발하고 발전시킬 수 있는 좋은 위치에 있고, 수십 년 동안 만들어 온 라디오적 내러티브의 가장 좋은 특징에 의존하고 있으며, 어떤 경우에는 더욱 심층적인 청취자 참여를 위해 그것들을 "조정"하고 있다는 주장을 소개한다. 동시에, 이 분석은 오디오 포맷 간의 상호 관계 진화의 일환으로 팟캐스트 규범이 점점 더 공영 라디오 프로그래밍으로 옮겨 가고 있다는 것을 보여준다.

지상파 공영방송의 전통으로부터 팟캐스트의 진화를 먼저 기술하고, 이어서 라디오적 특성의 기준선, 즉 청취자를 참여시키고 가장 인기 있는 팟캐스트를 거드는 매개 음향의 중요한 특성을 정의한다. 이러한 특성은 2016~2017년 9개월에 걸쳐 미국의 월간 상위 20개 팟캐스트와 캐나다에서 제작한 상위 10개 팟캐스트의 콘텐츠 분석에서 나타난 코드로 표현된다. 이러한 팟캐스트 무작위 샘플의 오디오는 팟캐스트 청취자들에게 어필하는 특성(코드)의 유행을 상세히 설명하기 위해 검토된다. 분석 결과, 광범위한 청취를 이끌어 내고 '공영 라디오와 관계되는 모든 범위의 라디오적 특성'을 갖추어 이러한 요소들을 진정성과 친밀성의 새로운 높이로 발전시키고 있는 "특권적 팟캐스트"의 상류층이 존재한다. 공영방송은 팟캐스트 구독자 군단이 점점 더 많이 사용하는 소비 방식인 헤드폰이나 이어버드의 "초친밀감"에 잘 맞는 개인 저널리즘과 스토리텔링 서사를 개척했다. 콘텐츠 분석은 또한 공영 라디오의 모든 제작 가치를 가지고 있지는 않지만 라디오적 친밀성의 관행을 똑같이 적용해 청취자를 끌어들이는 독립 제작 프로그램의 종류를 포함한 팟캐스트의 다른 범주(일부는 잘 확립되어 있고, 일부는 새로 생겨나는 범주)를 보다 명확하게 표현하는 데 도움이 된다. 분석 대상인 30개 팟캐스트의 스펙트럼 전체에 걸쳐, 공영 라디오의 가장 좋은 특징들이 다큐멘터리, 라디오 드라마, 친밀한 일대일 인터뷰, 스토리텔링 등의 요소를 갖는 온디맨드 오디오 제품의 토대를 형성한다는 것은 분명하다. 가우커(Gawker)가 헤드라인 기사에서 "라디오를 듣는 것이 다시 멋진 일이 되었다"라고 선언할 정도로, 가장 개인적인 수준에서 수많은 청취자들을 참여시키기 위한 방법으로 훌륭하게 설계된 다양한 콘텐츠가 그 결과다(Evans, 2014).

라디오의 폭넓은 호소와 공영방송

디지털 컨버전스 시대에는 학자들이 라디오의 정의에 대해 고심하지만 (Crisell, 1994; Dubber, 2013 참조), 그들이 동의하는 경향은 기술적 형식과 관계없이 수십 년 동안 청취자들에게 어필해 온 매체의 자질이다. 공영 라디오의 기반과 폭넓은 호소력을 형성하는 것은 이러한 라디오적 특성이다. 레이시는 사진적(photogenic)이라는 말의 어원과 연관시켜 "이미지의 시적·신비적 또는 숭고한 특성"을 시각 매체의 예술성과 연결한다. "같은 방식으로 '라디오적'이라는 말은 소리를 녹음하거나 방송할 때 분명히 드러나는 것, 그리고 어떤 종류의 진실과 만남을 드러내거나 표현하는 측면을 가리킨다"(Lacey, 2013: 90). 1932년 조지 5세가 처음으로 왕실의 크리스마스 메시지를 전파를 통해 전했을 때 영국 백성들 사이에서는 통치자의 목소리와 말을 들었다는 기쁨이 일었다. 라디오 선구자들은 그들이 "인공적 현실"(Lacey, 2013: 91)을 창조하고 있지만 그럼에도 불구하고 그것이 현실이라는 것을 인식했다.

방송이 사전 녹음되든 그렇지 않든, "라이브" 역시 라디오와 연관된 "사실적인 미학"의 한 부분으로 "바로 거기, 바로 지금"이라는 느낌을 전달한다(Lacey, 2013: 97). 크리셀은 라디오가 그 결과를 알 수 없는 경험을 제공하는 "현재의 매개체가 될 것으로 보이며, 라디오는 무슨 일이 일어났는지에 대한 기록이라기보다는 지금 일어나고 있는 일에 대한 설명인 것 같다"라고 주장한다(Crisell, 1994: 9, 원문 강조). 이는 라디오 대본 작성 관습에도 반영되어 현재 시제를 최대한 사용해야 한다는 것을 강조하고 있다(Papper, 2013: 46). 마이크가 스튜디오 환경을 떠나 현실 세계의 목소리와 소음의 "실제"를 녹음할 때는 리얼리즘이 더욱 강화되어 "집중적이고 복잡한 소리 몽타주"를 전달하게 된다(Lacey, 2013: 97). 예를 들어, 아테네의 한 시위에서 외치는 시위자들의 소리는 벤쿠버의 청취자들에게, 비록 그것이 몇 시간 전에 녹음되었을지 모르지만, 마치 그들의 귀 바로 앞에서 펼쳐지는 것처럼 실감나게 그 사건을 느끼게 한다. 오디오가 그저 매개체일 뿐이더라도 청취자들에게는 목소리와 음향, 심지어 감정적인 긴장감조차도 모두 진짜인 것이다.

라디오의 청각적 체험에서 현실감과 실제감은 공영방송과 관련된 토크 기반 콘텐츠에서 더욱 두드러지는 인간의 목소리에 의해 더 잘 전달된다. 라디오 연구 학자들은 일상적으로 음성, 담소, 대화, 친밀감, 개별 청취자와의 유대 관계 형성을 질문한다. 린드그렌은 "목소리는 청취자의 마음을 여는 친밀한 열쇠다. 다른 사람들의 개인적인 경험을 자세히 들음으로써, 청취자들은 이야기를 공유하는 사람들과 연결된다"라고 말한다(Lindgren, 2016: 27). 라디오에서 발표자와 진행자는 "스타일과 어조가 비공식적이고 담소적이다. 그들은 실제 사람들, 또는 우리와 대화를 나누는 친구들처럼 느긋하고 개인적인 이야기를 하는 것처럼 들린다"라고 그녀는 지적한다. 실제로 방송 교과서는 방송 종사자들에게 "누구에게 말하는지"를 가정하고 "시청자 개개인이 당신의 말을 개인적으로 듣는다"라고 생각하라고 말한다(Fleming, 2010: 92). 크리셸이 말한 것처럼 라디오가 "개인적 매체"라면, "우리가 가장 많이 반응하는 것은 발표자와 뉴스 캐스터의 목소리"다 (Crisell, 1994: 85). 1930년대 프랭클린 루스벨트 미국 대통령의 〈노변담화〉는 라디오를 통한 정치적 담론에 소박함, 대화적 친밀감을 가져왔다. 캐나다의 피터 조우스키(Peter Gzowski)와 미국의 이라 글래스(Ira Glass)와 같은 유명한 공중파 라디오 진행자들은 그들이 "실제 사람들처럼 들리거나 우리와 대화를 나누는 친구처럼 들리도록 하는" 격의 없고 개인적인 전달 방식을 통해 청취자들에게 어필했다(Lindgren, 2016: 27).

만약 그 뒤에 있는 텍스트가 서스캐처원(Saskatchewan)[1]의 월간 밀 수출 통계를 감정 없이 읊는 것이라면, 그 말의 친밀성은 의심할 여지 없이 거의 관심을 모으지 않을 것이다. 공영 라디오는 전통적 매력의 일환으로 스토리텔링을 확고히 정착시켰다. 더버가 그것을 잘 설명한다. "실무자들과 라디오 교육자들이 똑같이 반복하는 유용한 클리셰가 있는데, 라디오는 '마음의 극장'이라는 말이다. 말, 음악, 음향효과를 이용해 이야기를 들려줌으로써 라디오는 상상력을 자극해 각각의 청취자가 독특하게 경험하는

---

1 캐나다의 서부에 있는 주. 주도는 중남부에 있는 리자이나.

일종의 서사를 창조하도록 아이디어와 이미지를 전달할 수 있다… 라디오 스토리텔링은 개인적 관계를 형성하고 소리로 그림을 그리고 정말로 다른 맥락에서는 불가능할 장면을 창조하는 능력을 가지고 있다"(Dubber, 2013: 121). 사실, NPR의 한 임원에 따르면, NPR은 "이야기가 어떻게 끝날지 듣고 싶어서 자동차, 주차장, 진입로 또는 길가를 떠날 수 없을 정도로" 강력한 보도나 인터뷰를 담은 스토리텔링을 통해 "드라이브웨이 모멘트"를 만들고 싶어 한다(Kern, 2008: 12). 소셜 미디어에 "셀카" 문화가 도래한 것은 라디오와 현재 팟캐스팅으로 확장되는 추세인 개인 서사의 새로운 인기와도 연관이 있는 것으로 보인다(Lindgren, 2016).

추가적이고 분명한 라디오적 요소는 음악이다. 초창기 라디오 기술을 개발한 방송사들은 "모든 예술 중에서 가장 보편적인" 음악과 "이 보편화된 매체" 라디오 사이의 연결을 인지했다(Lacey, 2013: 92). 음악의 심미적 매력은 라디오 프로그래밍의 큰 비중을 차지하지만, 노래와 음악 공연의 방송을 넘어서는 "그 자체 밖에 있는 부수적 기능을 수행하기도 한다"라는 것이다(Crisell, 1994: 48). 다른 모든 형태의 라디오 콘텐츠에서 음악은 홀로코스트에 관한 다큐멘터리를 위한 침울한 배경, 코미디 쇼의 활기찬 업 템포 테마 등 다양한 의미, 스타일, 분위기, 전환을 형성하는 "틀 짓기" 또는 "경계선 메커니즘"으로서 배치된다(Crisell, 1994: 50). 라디오 제작자들은 자신들이 만든 콘텐츠의 성격을 의도적으로 알리기 위해 음악의 연상적 의미에 의존한다.

이러한 라디오적 특성은 공영방송에만 있는 것이 아니다. 북미의 상업 라디오도 마찬가지로 음악, 목소리, 진행자, 즉시성, 진정성에 의존해 시청자들과 연결된다. 그러나 수익성에 대한 실존적 요구로부터 어느 정도 자유로운 공영방송의 상황은 그들에게 사기업에서 제공하지 않는 것을 제공하도록 요구해 왔다. 미국에서 1967년 공영방송법은 비상업적, 교육 텔레비전과 라디오가 정보성 프로그램에서 더욱 중요한 역할을 할 수 있는 길을 닦아 줬다.

"흔히 재미없고 답답한 것으로 인식"되는(McCauley, 2005: 23) 전국 교육 라디오 네트워크(National Education Radio Network)는 1970년에 NPR로 대체되었다. 이후 몇 년간 상업적 토크 라디오가 등장하면서 NPR은 텔레비전에서 풍자한 묵직한 "슈웨디 볼" 기풍을 뒤로 하고 다른 방향으로 진화하면서 "심각한 교육적 프로그램의 전통적인 정의를 제공하는 것에서 다양하고 심도 있는 대안을 제시하는 것으로 사명을 옮겼다"라고 말했다. 그것은 또한 "상업적인 경쟁자들이 오래전에 포기했던 방식으로" 음향 자체의 미적 분야에 초점을 맞춘 소리 매체로서 라디오를 실험했다(Hilmes, 2011: 342).

캐나다에서는 국경 이남의 훨씬 더 큰 시장2을 의식해 방송 시스템이 정부 지원을 받는 국가 네트워크의 모델로 발전했다. "국가, 아니면 미국"이라는 슬로건은 1932년 의회가 CBC의 전신인 캐나다 라디오방송위원회를 설립하도록 하는 데 도움이 되었다(Thompson and Randall, 2008: 117). 공영방송과 나란히 민영 라디오 방송국들이 생겨났지만, CBC 라디오는 많은 커뮤니티에서 압도적인 청취자를 확보했다. 그러나 1970년대에 이르자 CBC 라디오는 엄청난 속도로 청취자를 잃었다. 전 CBC 집행위원 스터스버그는 공기업(CBC)에 대한 그의 책에서 한 CBC 라디오 진행자가 "답답한, 일종의 방송 대학… 그것은 사람들을 내려다보며 이야기하고 건방지게 지적이었다"라고 묘사할 정도로 "고상한 척하고, 자기중심적이고, 엘리트주의적인 서비스"로 성장했음을 시인했다(Stursberg, 2012: 218). 성공은 결국 청취율의 완연한 반등으로 확인할 수 있다. 그러나 CBC 라디오가 "격식 없고, 포퓰리즘적이며, 관계를 만드는… 매우 개인적인" 접근법을 채택하기

---

2 미국 시장을 가리킨다.

전까지는 어려울 것이다(Stursberg, 2012: 219). 민영방송국과 대조적으로 CBC 는 강력한 저널리즘을 바탕으로 뉴스, 날씨, 교통정보의 지속적인 싸이클 이상의 것을 "지방의 시사, 다큐멘터리, 인터뷰, 심층 취재물" 등의 형태로 제공했다(Stursberg, 2012: 216).

이후 몇 년 동안 공영 라디오의 성공은 목소리, 음악, 음향을 가지고 시 청자들을 끌어들이는 라디오의 능력을 재량껏 수용한 데서 기인한다. 개 인적 서사, 강력한 저널리즘, 지적 생산과 사운드 디자인은 두 나라 모두 에서 공영 라디오를 상업적 경쟁으로부터 확실히 떼어 놓았다. 그 결과 공영방송들은 2000년대 초, 오디오 제작을 위한 자유롭고 새로운 전송 시 스템인 팟캐스트의 등장을 잘 포착할 수 있었다.

라디오에서 팟캐스트로

20세기 말, 음악 산업은 MP3에 의해 야기된 거대한 구조적 변화와 냅 스터와 같은 P2P(peer to peer) 파일 공유 서비스의 부상을 경험했다. 2004년 은 콘텐츠의 제작과 배포에서 라디오가 혁명을 이룰 차례였다. 같은 파일 포맷, 애플 아이팟의 등장, 값싼 편집 소프트웨어, 웹 블로그들 덕분에 제 작자들은 그들 자신의 콘텐츠를 제작/배포할 수 있게 되었다. 저널리스트 인 해머슬리는 ≪가디언≫ 기고문에서 "아마추어 라디오의 새로운 붐을 위한 모든 재료가 거기에 있다"라고 쓰며 이런 추세에 주목했다(Hammersley, 2004). "유일한 질문은 이 새로운 매체를 뭐라고 부르냐 하는 것이었다. 오 디오 블로깅? 팟캐스팅? 게릴라 미디어?"(Hammersley, 2004: 2번째 단락)

다행히 '게릴라 미디어'는 뜨지 못했다. 그 대신, 중의적인 "팟캐스팅"은 널리 사용되었고 스마트폰의 보편성과 함께 이제 그것이 명명된 기기보다도 오래 지속될 것 같다. 해머슬리의 "새로운 붐"과 관련된 트렌드는 조금도 흔들리지 않고 계속되었고, 불과 1년 남짓 후 ≪와이어드≫의 표지는 "라디오의 종말"을 예측하고 있었다. 아이팟의 등장으로 15세에서 25세 사이의 생방송 라디오 청취가 감소했다는 초기 증거가 있었지만, 2008년경 영국의 자료는 팟캐스트가 청취자들을 그들이 이전에 듣지 못했던 프로그램으로 이끌고 전반적인 청취율을 높이고 있음을 보여 줬다(Fleming, 2010: 55). ≪와이어드≫의 표지에도 불구하고, 팟캐스팅은 전통적인 선구자3와 함께 번창해 왔는데, 팟캐스트가 라디오적 특성을 채택하는 동시에 공영방송사들이 변화하는 배급, 제작 및 저널리즘 관습에 적응하도록 만든 것이다.

초기 몇 년간 팟캐스트의 프로그램은 크게 2가지 종류로 나뉜다. 독립적으로 제작된 프로그램, 그리고 "생방송"된 후에 그대로 온라인에 게시된 공영 라디오 프로그램. AOD(주문형 오디오) 독립 제작자들의 출현은 2000년대 초까지 디지털 정보 세계의 붙박이가 되었던 블로그의 등장을 닮았다. 특히 미국 정치에서 말이다. 블로그는 작가들을 인쇄 마감일, 지면 제한, 편집자 등의 압제로부터 해방시켰고, 팟캐스트는 마찬가지로 엄격한 시간 제한과 언어에 관한 규제 등 지상파 라디오의 제약으로부터 제작자들을 해방시켰다. ≪뉴욕타임스≫는 초창기 독립 오디오 제작자들의 에너지와 열정에 대해 쓰면서 '날것'이 매력의 하나라고 지적했다. 직접 영화 리뷰 팟캐스트를 제작한 캘리포니아 보험 영업 사원은 타임스 스토리에서 "전문가는 아니지만 진솔하거나 재미있는 이야깃거리를 가진 사람의 말을 듣는 것이 더 흥미롭다"라고 주장했다(Zernike, 2005: 26번째 단락).

인디 프로듀서들이 그 매체를 실험하는 것과 동시에 공영방송사들도

---

3 라디오를 지칭한다.

그들의 프로그래밍을 위한 플랫폼을 시험적으로 추진하기 시작했다. 캐나다에서는 2005년에 파일럿이 성공한 이후, CBC가 인기 있는 라디오 프로그램들 중 몇 가지(The Current, Dispatches, Definitely Not the Opera, Ideas, Outfront, and As It Happens 등)와 지역 콘텐츠들을 팟캐스트에 제공함으로써 팟캐스트에 대한 첫 번째 공습을 시작했다(Cwynar, 2015). 라디오 복사본 그대로 업로드된 팟캐스트는 독자적인 디지털 콘텐츠가 아닌 원 프로그램의 패러-텍스트로서 존재했다. 실제로 한 임원은 이 발상을 "라디오용 VCR과 같다"라고 묘사하기도 했다(Cwynar, 2015: 192). BBC도 NPR과 마찬가지로(Zernike, 2005) 초기 팟캐스트에 비슷한 방식으로 접근했다(Berry, 2016).

이 시대를 팟캐스팅의 첫 번째 물결로 본다면, 제2의 물결은 2012년 미국의 수많은 공영 라디오 제작자들이 라디오 예산에서 벗어나 청취자 지원을 통해 스스로 자금을 조달하면서 시작되었다(Bonini, 2015). 그중 첫 번째 것은 로만 마르스(Roman Mars)가 샌프란시스코의 KALW 공영 라디오를 위해 제작한 〈99% Invisible〉로, 2012년과 2013년에 킥스타터를 통해 거의 50만 달러를 모금했다. 그러나 이 새로운 시대를 진정으로 예고한 것은 2014년 출시된 〈Serial〉[4]이었다. 공영 라디오의 아이콘인 이라 글래스와 그의 팀이 제작한 살인 미스터리 시리즈 〈This American Life〉는 순식간에 가장 많이 다운로드되고 확실히 가장 많이 언급된 팟캐스트 시리즈가 되었다(Dredge, 2014). 〈Serial〉은 수백만 명의 사람들에게 팟캐스트를 소개했고, 예상외로 공영방송의 잔잔한 세계를 "대중문화의 뜨거운 중심지"로 옮겨 놓았다(Chafin, 2015: 4번째 단락). 대중의 관심이 갑자기 팟캐스트에 집중되면서 업계에 대한 투자가 이어졌고, 팟캐스트 회사들(김렛미디어, 파노폴리, 심지

---

4   사라 코에닉(Sarah Koenig)이 진행하는 탐사 저널리즘 팟캐스트로 논픽션 스토리를 다수의 에피소드에 걸쳐 이야기한다.

어 스포티파이와 아마존까지)은 이 매체에 수익성 있는 미래가 존재한다는 쪽에 베팅하고 있다. 〈This American Life〉의 동료였던 알렉스 블룸버그(Alex Blumberg)와 맷 리버(Matt Lieber)가 설립한 '김렛(Gimlet)'은 최근 1500만 달러의 벤처 캐피털을 모금했는데, 이는 팟캐스트가 여전히 상업적 엔터테인먼트 사업의 작은 부분만을 차지하고 있음에도 이 업계를 신뢰한다는 표시라고 할 수 있다(Kafka, 2017).

팟캐스팅의 제2의 물결과 맞물려, 공영 라디오의 강력한 저널리즘 전통도 변화하는 미디어 지형에 맞춰 발전해 왔다. 칼손은 진실 말하기가 투명성을 더 높이도록 하는 저널리즘 윤리의 변화를 포착하고 있는데, 이런 변화 속에서 언론인들은 "뉴스 수집 방법"을 공개하고 "무대 뒤편"에서 벌어지는 일을 폭로하며 책임감과 정당성을 높이게 된다(Karlsson, 2011: 284). 그의 주장은 어빙 고프만(Erving Goffman)의 극화 이론에 바탕을 두고 있는데, 이 이론은 무대의 앞과 뒤에서 이뤄지는 자기표현에 대한 사회적 상호작용을 분석한다. '앞 무대'는 다른 사람들이 보기를 원하는 이미지이며 '뒷 무대'는 사람들이 경계와 긴장을 풀고 그들의 본성을 보여 주는 것이다. 칼손은 저널리즘의 뒷 무대를 뉴스의 "수집과 처리"로 간주하고, 앞 무대는 "유통/발표"로 표현한다. 전통적인 저널리즘 모델 아래 뉴스를 신속하게 결정하는 지저분한 관행은 무대 뒤에서 "관객들에게 감춰지며" 뉴스 조직의 명백한 권한을 유지한다. 소비자들은 단지 앞 무대만 본다. "텔레비전 뉴스는 뉴스를 읽는 앵커에 의해 주로 발표된다. 시청자들에게 편집실의 모습이나 어떻게 뉴스 자료가 삭제되는지를 보여 주지 않는다"(Goffman, 1990: 282). 그러나 메이로위츠(Meyrowitz, 1985)는 "통신 기술"의 변화가 저널리즘 규범을 교란하고 뉴스 제작자에 대한 대중의 인식을 해쳐 "뉴스가 어떻게 생산되고 있는지 설명하는 등 낡은 뒷 무대 공연을 앞 무대로 옮기는" 결과를 가져온다고 추정한다(Karlsson, 2011: 284에서 인용). CBC 팟캐스트

〈Someone Knows Something〉은 이것을 일상적으로 보여 준다. 예를 들어 시즌 2의 3회에서는 진행자이자 리포터인 데이비드 리젠(David Ridgen)이 자신이 일하는 매장에서 소스와 콜드콜5에 해당하는 오디오를 통합한다.

리젠 : 이게 이상하게 들릴지 모르겠지만, 파멜라 브랜튼 씨인가요?
브랜튼 : 네.
리젠 : 오데트 피셔가 말하길 당신이 여기서 일한다고 했어요. 자기 딸에 대해
　　 이야기하기 좋은 사람이 될 거라고 하더라고요. 네. 연락이 안 되어서 페이
　　 스북 메시지를 보냈어요. 저는 CBC에서 일하는데, 그녀(오데트)는 당신이
　　 그녀의 좋은 친구라고 했어요.　　　　　　　　　　　　　(Rigden, 2016).

공영 라디오 저널리즘의 제작 과정에서 보이는 모습은 팟캐스팅의 제2기 시대와 점점 연관되어 가는 개인 저널리즘에서 명백히 드러난다. 린드그렌은 가장 인기 있는 팟캐스트들 사이에서 "스토리텔링에 대한 개인적이고 주관적인 접근법"이 증가하는 것에 주목한다(Lindgren, 2016: 24). 린드그렌은 특히 공영 라디오 제작자들이 개별 기자들의 도전과 투쟁을 시청자들이 보고 이해할 수 있도록 해 줘서 라디오의 친밀감을 형성할 것을 제안한다. "청취자들이 진짜 사라 코에닉(Sarah Koenig)을 들을 수 있게 하는 것은 〈Serial〉의 특징적인 스타일이 되었다. 그녀는 프로그램 제작의 어려움에 대해 청취자들에게 직접적으로 이야기하며, 그녀의 윤리적 고민, 언론인 개인의 서사 저널리즘, 팟캐스팅 도전 등을 청취자들과 공유함으로써 그들을 12개의 에피소드로 안내했다. 글래스가 제안한 것처럼, 청취자들은 녹음된 그녀의 반응과 그녀의 감정까지 들었다"(Lindgren, 2016: 36~37).

5　미지의 가망 고객에게 투자 또는 상품 구입을 권유하기 위한 전화 접촉 또는 방문.

제작 규범도 느슨해져 실제감의 여지를 더 많이 만들었고, 그래서 과거에는 무대 뒤에서 일어났을 법한 음성 편집이 이제는 완제품에서 하는 말을 보다 친밀하고 정직하게 표현할 수 있도록 해 준다. 라이브 관객들이 있는 무대에서 자신의 이야기를 들려주는 프로그램 〈The Moth Radio Hour〉를 제작하는 제이 앨리슨(Jay Allison)은 불완전한 점이 매력적일 수 있다고 주장한다.

"청취자에 대한 어필의 일부는 실수나 사람들이 멈칫거리며 '나는… 음… 음, 내가… 우리 아버지는…' 할 때다. 그때 사람들이 주의를 기울인다. 그런 부분들은 그대로 남긴다. 난 그걸 삭제하지 않는다. 그게 바로 아름다움이다"(Abel, 2015: 82). 일정상 제한된 방송 시간의 제약에서 벗어나, 팟캐스트 제작자들은 자신들이 녹음한 오디오가 별 편집 없이 그대로 나올 수 있게 한다. 비슷한 맥락에서 팟캐스트 콘텐츠는 노골적인 콘텐츠와 욕설 등에 대한 규제 기준의 적용을 받지 않는다. 이것은 친밀감과 실제감에 대한 또 다른 길을 제공하는 것 같다. 언어심리학자들은 어떤 맥락에서 욕설이 "특히 우리가 직면하고 있는 상황이 우리에게 깊은 영향을 미친다는 것을 강한 감정 표시로 증명하듯이 전달하기 위한 것"이라고 보고 있다(Vingerhoets, Bylsma and de Vlam, 2013: 290). 언론에서 욕설의 사용은 영국의 마지막 연방 선거 캠페인에 관한 기사에서 "토리[6]들이 어떻게 나라를 망쳤는가(fucked)"라는 헤드라인을 달았던 바이스(Vice)와 같은 온라인 뉴스 사이트로 가장 잘 표현될 것이다(Beach, 2017). 바이스의 선거 취재에 대한 리뷰는 "비꼬고 빈정대는, 욕설도 편안하게 하는" 언어를 보여 주는데, 그 취재는 "이미 취해서 들떴을지 모르지만 정보는 많은 친구들과 술집에서 토론하는 것처럼 친숙하다"(Sampaio-Dias and Dennis, 2017: 6번째 단락). 이 모든 것

---

6   보수당을 의미한다.

은 베리가 설명한 것처럼 친밀한 매체인 라디오가 "초친밀함"의 하나로 진화하는 데 기여한다. 그는 청취자들과 많은 팟캐스트들 사이에 더 깊은 유대감이 생겼다고 말한다. "팟캐스트에서 청취자들은 듣는 과정과 그들이 듣는 자료에 깊은 몰입감을 느낀다"(Berry, 2016: 14). 이어지는 분석은 오늘날 가장 인기 있는 많은 팟캐스트들의 제작자들이 공영 라디오가 확립한 친밀감을 어느 정도까지 더 개인적인 것으로 발전시켰는지를 보여 준다.

연구

공영방송들이 북미 지역에서 토크 라디오를 개척해 왔으며 이들의 창작 노력이 팟캐스트를 통해 새로운 방식으로 오디오 제작을 발전시키고 있다는 점은 거의 의심의 여지가 없다. 독립·민영 단체가 점차 가세하고 있는 시점에서, 저자들은 공영 라디오가 팟캐스트 영역을 지배하는 정도, 장르에 미치는 영향, 국영방송(캐나다)과 하이브리드(미국) 모델 간의 잠재적 차이 등을 측정하려고 했다.

분석은 유의 표본 추출 접근법, 즉 이 경우 시청자들이 가장 좋아하는 것으로 보이는 특정 종류의 팟캐스트를 의도적으로 찾는 방식을 취한다. 연구진은 2016년 9월부터 2017년 6월까지 9개월 동안 양국의 순위 차트를 활용해 가장 인기 있는 팟캐스트를 파악했다. 샘플링 기간은 불규칙한 청취 및 여름휴가 일정과 관련된 비정규 프로그래밍을 피하는 다른 미디어 콘텐츠 분석 기간과 일치한다(Hansen, Cottle, Negrine and Newbold, 1998: 103). 어떤 팟캐스트와 제작사가 가장 인기 있는지를 정확히 아는 것은 어렵고 팟캐스트 관련 기자들 사이에서도 자주 논의되는 주제다. 대부분의 데이터는 애플에서 나오고, 다운로드와 실제 청취는 같지 않으며, 차트가 관객수를 증가시키기 위해 "악용"될 가능성도 실제로 존재한다(van Beinum, 2018: 2 번째 단락). 데이터는 훨씬 더 큰 미국 시장에서 더 쉽게 구할 수 있다. 팟트 랙(Podtrac)의 월별 순위가 이 분석의 미국 쪽 구성 요소로 사용된다. 팟트랙 은 "10년 된 팟캐스트 분석 및 광고 회사"로 묘사되는데, 그 방법론이 완 벽하지는 않지만 "네트워크 중심, 애플 대 애플 비교"로 좋은 평가를 받고 있다(Quah, 2016: 4번째 단락). 샘플링 기간 동안 이 회사가 매월 발행한 청취율 이 분석되었다. 〈표 13.1〉은 팟트랙의 차트에 가장 일관되게 나타나는 것 으로 확인된 20개의 미국 팟캐스트를 보여 준다.

〈표 13.1〉 팟트랙 월간 순위 기준 미국 팟캐스트 상위 20위(2016년 9월~2017년 6월)

순위	팟캐스트	제작자
1	This American Life	This American Life/Serial
2	Radiolab	WNYC Studios
3	Ted Radio Hour	NPR
4	Freakonomics Radio	WNYC Studios
5	Stuff You Should Know	How Stuff Works
6	Planet Money	NPR
7	Fresh Air	NPR
8	NPR Politics Podcast	NPR
9	Wait Wait ··· Don't Tell Me!	NPR
10	The Joe Rogan Experience	Joe Rogan
11	99% Invisible	PRX/Radiotopia
12	The Moth Podcast	PRX/Radiotopia
13	Hidden Brain	NPR
14	How I Built This	NPR
15	Serial	This American Life/Serial
16	Stuff You Missed in History Class	HowStuff Works
17	S-Town	This American Life/Serial
18	The Daily	New York Times
19	Pod Save America	Crooked Media
20	Criminal	PRX/Radiotopia

〈표 13.2〉 iTunesCharts.net의 무작위 순위 표본을 바탕으로 한 상위 캐나다 팟캐스트 및 제작사

순위	팟캐스트	제작자
1	Someone knows Something	CBC
2	Vinyl Cafe	CBC
3	Missing and Murdered: Who Killed Alberta Williams?	CBC
4	Canadaland	Canadaland
5	The Current	CBC
6	Under the Influence	CBC
7	The Colour Code	The Globe and Mail
8	Grownups Read Things They Wrote as Kids	Grownups Read Things They Wrote as Kids
9	This Is That	CBC
10	Ideas	CBC

미국 미디어 시청률의 10분의 1 정도 되는 캐나다에서 팟캐스트 소비 데이터는 훨씬 덜 분명하고 팟캐스트 보급률을 측정하려는 기관도 드물다. 공영방송과 CBC는 오랜 전통을 갖고 있지만 "캐나다 팟캐스팅 산업은 걸음마 단계"에 있다(Buck, 2016: 7번째 단락). 캐나다의 한 팟캐스트 회사 설립자가 지적하듯이, 청취자가 많은 프로그램만으로는 온디맨드 오디오 작품의 목록을 길게 채울 수 없다. "팟캐스트를 시작한 지 30일 이내에 500명 이상의 청취자가 있다면, 당신은 아이튠즈 상위 5% 안에 든다"(Swartz, 2016: 12번째 단락). 그럼에도 불구하고, 이러한 분석의 일환으로, 샘플링 기간 동안 캐나다에서 제작된 팟캐스트 상위 10개 목록이 작성되었다. 캐나다에서는 자유롭게 구할 수 있는 월간 순위는 없지만 iTunes Charts.net은 매일 팟캐스트 청취율을 발표했다. 이러한 순위의 무작위 표본을 사용해 차트에 가장 일관되게 나타난 10개의 팟캐스트를 도출했다. 〈표 13.2〉는 이 목록을 구성하는 프로그램을 보여 준다.

이 연구의 두 번째 부분은 상위 팟캐스트를 시리즈별, 에피소드별로 추

가 분석하는 내용 분석이다. 콘텐츠에서 형성되고 부각되는 라디오적 특성, 즉 청취자들에게 가장 어필하는 오디오 제작의 특성을 분류하고 정의하기 위해 기초 이론의 귀납적 접근 방식이 사용되었다. 기초 이론은 "연구 문헌에서 추출한 것이 아니라 데이터에 근거하는" 접근법이다(Leedy and Ormrod, 2010: 144). 이 방법의 2가지 주요 특징은 "데이터를 통한 이론의 개발"과 "반복적 접근"7이다(Bryman and Teevan, 2005: 284). 1차 미시적 분석에서는 청취, 구별되는 오디오 요소의 식별, 검토 ― "분석적 차별성을 확립"하기 위해 "동일성과 차이점"을 찾는 기초 이론과 연관된 "일관적인 비교 방법"을 포함했다(Charmaz, 2006: 54). 이 정도 수준의 분석에서 패턴과 대비가 나타나기 시작했다. 예를 들어, 어떤 프로그램들은 저널리즘 관행의 강한 요소들을 가지고 있는 반면, 다른 프로그램들은 분명히 즐거움을 추구했다. 어떤 프로그램들은 현장에서 녹음된 소리와 장면들을 포함하고 있는 반면, 다른 프로그램들은 전적으로 스튜디오에서 제작되었다. 또한 노골적인 언어의 사용과 같이 지상파 방송 프로그램들에 비해 팟캐스트로만 제공되는 프로그램에서는 더 표면적으로 보이는 요소들이 있었다.

이 초기 분석 후에 "중점 코딩"이 이어지는데, 여기서 데이터는 가장 "중요한" 또는 빈번한 코드에 따라 추가적으로 통합되었다(Charmaz, 2006: 57). 내용 분석이 진행되면서 해당 프로그램이 라디오 방송국에서도 방송되는지 등 분석에서 고려해야 할 추가 특성이 드러났다. 지상파로 방송되는 프로그램들은 시간 제한, 정해진 일정, 노골적 언어에 대한 제한과 같이 팟캐스트 전용 프로그램에는 없는 제약 조건에 직면한다. 그 결과 이러한 변수를 반영하기 위해 "형식" 범주가 추가되었다.

생산 가치, 저널리즘 접근법, 서술 구조, 친밀도 코드, 형식 등 5개 범주

---

7 데이터 수집과 분석이 나란히 진행되며 서로 반복하며 참조하는 방식으로 진행된다.

〈표 13.3〉 코딩 변수 일람표와 설명

코딩 변수	설명
제작 가치	
음향효과	실제성("Wild Sound") 또는 제작된 음향효과
인터뷰 클립	녹음 인터뷰의 편집된 부분
미디어 클립	텔레비전, 라디오, 영화, 디지털 소스, 사적인 녹음, 아카이브 등의 편집된 부분
저널리즘적 접근	
정확성/검증	사실의 입증 노력에 대한 언급
공정함/균형	다른 관점을 찾기 위한 노력의 언급, 편향성에 대한 경계
연구, 탐사	정보를 찾아서 공개하는 노력
서사 구조	
장/행위/부분	계속적인 스토리라인과 명확한 세그먼트에 따라 구성된 내용
구조/캐릭터	이야기와 캐릭터의 발전에 대한 명확한 포커스
전조/이정표	다가올 내용에 대한 언급이나 힌트
친밀도 코드	
1인칭 반영	정규 진행자/출연자가 개인적인 일화, 관찰, 의견이나 감정의 명확한 표현을 제공
노골적 표현을 비편집	아이튠스가 지적한 노골적 표현의 존재
"뒷 무대" 투명성	전통적 라디오 제작과 저널리즘에서 배제했던 세부 사항, 대화, 사건들을 드러냄
포맷	
한정적 운영	해당 팟캐스트가 제한된 횟수만 운영됨. 정규 스케줄에 따라 제작되지 않음
팟캐스트 전용	프로그램이 공중파 라디오로 방송되지 않음

의 코딩 일람표가 만들어질 때까지 범주와 코드는 재검토되고 재정의되었다. 각 범주와 관련된 코딩 변수는 〈표 13.3〉에 설명되어 있다. 공영 라디오의 스토리텔러는 음향과 목소리를 사용해 청취자를 참여시키고 서사를 발전시키기 때문에, 음향/음향효과, 인터뷰 클립, 미디어 또는 아카이브 소스의 오디오라는 변수를 사용하기 위해 제작 가치에 대한 코드가 확인되었다.

공공 서비스와 매우 강하게 연관된 저널리즘 접근법의 코드는 내용의 검증/정확성, 편향성의 맥락에서 공정성과 균형, 내용의 특징으로서 연구/조사 등의 증거를 포함한다. 서술적 구조는 일련의 장이나 행동, 줄거리와 캐릭터 발달의 요소, 듣는 이의 주의를 끌기 위한 장치로의 예시 등에 대한 코드로 나타난다. 친밀도 코드는 공영 라디오의 오디오 스토리텔링이 팟캐스트 장르로 발전하는 것과 가장 밀접한 관련이 있다. 그것들은 쇼의 진행자나 출연자 부분에 대한 개인적인 감상, 지상파 방송에 대한 규제 기준에 부합하지 않는 거친 "노골적" 언어의 사용, 그리고 전통적으로는 최종 방송물에서 편집되었을 법한 형식을 취하는 "뒷 무대"의 투명성(미디어 제작의 "수집 및 처리" 기능에 대한 실제 또는 대본 참조)을 포함한다. 이것들은 뒷이야기, 마이크가 꺼진 상태의 대화, 또는 출연자, 쇼 제작자, 진행자에 대해 무언가를 드러내는 사건의 녹음들로 나타난다. 때로는 현장에서 이뤄지는 제작이나 저널리즘 차원의 결정을 설명하기 위해 대본화된 내용이 현실성에 포함되기도 한다. 형식 코드는 오디오 콘텐츠 밖에 있는 특성을 이해하는 데 도움이 되기도 하지만, 특정 청취자들에게 어필한다.

그 후 연구원들은 〈표 13.1〉과 〈표 13.2〉에 나열된 30개의 개별 팟캐스트 시리즈를 코드화했다. 한정적으로 운영되는 팟캐스트의 경우 모든 에피소드가 코드화되었다. 연속적으로 운영되는 팟캐스트의 경우(일반적으로 매주 또는 매일) 20%의 에피소드를 무작위로 분석했다. 각 변수가 조사 중인 에피소드에 등장했는지 여부를 결정하는 데 코딩 일람표가 사용되었다. 노골적인 언어를 보다 정확히 측정하기 위해 추가적인 단계가 더해졌다. 그 변수의 경우, 노골적인 콘텐츠에 대한 빨간색 "E"[8]가 할당되었는지 확인하기 위해 각 에피소드에 대해 아이튠즈(iTunes) 스토어에 접속했다. 각 팟캐스트 시리즈의 총계가 집계되었다. 데이터를 좀 더 개념화하기 위해

---

8   Explicit의 약자로 아이튠즈 스토어 등급. 19금 가사가 포함되어 있다는 의미다.

모든 팟캐스트 시리즈의 총 점수를 표에 입력했다. 내용(생산 가치, 서술 구조, 저널리즘 접근법, 친밀도)과 관련된 변수에는 다음과 같은 기준 — 코딩된 에피소드의 3분의 1 미만에 변수가 나타나는 경우 1, 사례의 3분의 1에서 3분의 2까지 변수가 나타나는 경우 2, 표본의 3분의 2 이상에서 변수가 발견되는 경우 3으로 체크 표시가 할당되었다. 두 형식 변수의 경우, 하나의 체크 표시는 단순히 팟캐스트 시리즈가 "한정적 운영"이었는지 여부와 "팟캐스트 전용"인지 여부를 나타낸다.

이러한 데이터를 평가하고 패턴을 식별하기 위해 일관적 비교 방법을 다시 적용했다. 서로 다른 팟캐스트와 연관된 유사한 코드의 집합은 연구자들이 '공영방송이 팟캐스트의 인기에 미치는 영향'을 반영하는 범주에 도달하도록 이끌었다. 그러한 범주는 다음 절에 설명되어 있다.

발견

사실상 모든 미디어와 예술 양식(텔레비전, 영화, 잡지, 음악)에서 볼 수 있는 친숙한 패턴으로 미국 콘텐츠는 캐나다의 팟캐스트 청취자들을 지배한다. 거의 예외 없이, 캐나다에서 가장 많이 듣는 팟캐스트는 미국에서 만들어진다. 〈This American Life〉, 〈Freakonomics〉, 〈S-Town〉, 〈The Joe Rogan Experience〉, 〈The Daily〉, 〈Serial〉, 〈Criminal〉 외에도 다수가 있다. 아이튠즈 차트에 가장 꾸준히 등장한 10개의 캐나다 팟캐스트는 거의 모두 CBC가 제작했는데, 주목할 만한 예외 3가지는 〈Colour Code〉(토론토에 기반을 둔 Globe and Mail 제작), 〈Grownups Read Things They Wrote as Kids〉, 미디어 베테랑 제시 브라운(Jesse Brown)이 크라우드 펀딩으로 만든 민영 콘텐츠인 〈Canadaland〉이다. 브라운은 〈Canadaland〉를 출시하기 전 CBC 라디오 프로듀서로 일했고, 〈Grownups Read〉는 CBC 라디오에서 시리즈로 시작했다. 팟캐스트 인기의 척도는 정확하지 않지만, 공영 라디오와 가장 인기 있는 팟캐스트와의 관계는 잘 형성되어 있다.

팟캐스트의 코딩 데이터에서 공공 라디오의 영향은 명백하다. 70%가 넘는, 상위 30개 중 22개 팟캐스트들이 공영 라디오 제작사와 연계되어 있으며, 미국 프로그램 20개 중 15개, 캐나다 프로그램 10개 중 7개가 관련되어 있다. 미국에서는 20개 중 7개가 NPR에서, 3개는 This American Life/Serial에서, 3개는 PRX/Radiotopia에서, 2개는 WNYC 스튜디오에서, 2개는 HSW에서, 3개는 민간 기업에서 만들어진다. 캐나다 샘플에서는 10개 중 7개가 CBC에서 온 것이다.

공영방송의 이상에 대한 그들의 확립된 의지에 부합되게, 표본에 있는 공영 라디오 제작 팟캐스트는 그 내용에 제작 가치와 서술 구조를 포함시킬 가능성이 더 높다. 더욱이 공영 라디오에 기반을 둔 팟캐스트 제작자들은 팟캐스트와 관련된 친밀도 코드를 기반으로 할 가능성이 높으며, 특히 지상파로 방영되지 않는 프로그램들은 더욱 그러하다. 동시에, 독립 팟캐스트 제작사들은 팟캐스트의 깊은 친밀감 특성과 관련될 가능성이 더 높지만, 공영 라디오의 서사와 저널리즘에 관련된 제작 가치는 덜 포함시킬 가능성이 있다.

공영 라디오가 팟캐스트에 미치는 영향을 더 잘 이해하기 위해 30개의 팟캐스트가 라디오적인 코드를 통합하는 정도에 따라 범주로 분류되었다. 〈표 13.4〉는 5가지 카테고리와 코딩 결과를 통한 팟캐스트의 분포를 보여 준다. 카테고리는 고급 팟캐스트, 최상위권 공영 라디오, 친밀한/적당한 제작 가치 팟캐스트, 동시적 팟캐스트, 코미디/엔터테인먼트 등이다. 각 범주는 아래에서 상세히 논한다.

〈표 13.4〉 팟캐스트 코드화 및 분류

팟캐스트	코드					
	제작 가치	서사 구조	저널리즘적 접근	친밀도	한정적 운영	팟캐스트 전용
고급 팟캐스트						
This American Life	✔✔✔	✔✔✔	✔✔✔	✔✔✔		
Serial	✔✔✔	✔✔✔	✔✔✔	✔✔✔	✔	✔
S-Town	✔✔✔	✔✔✔	✔✔✔	✔✔✔	✔	✔
Someone Knows Something	✔✔✔	✔✔✔	✔✔✔	✔✔✔	✔	✔
Missing and Murdered…	✔✔✔	✔✔✔	✔✔✔	✔✔	✔	✔
최상위권 공영 라디오						
Radiolab	✔✔✔	✔✔✔	✔✔✔	✔✔✔		
Criminal	✔✔✔	✔✔✔	✔✔✔	✔✔✔		
Planet Money	✔✔✔	✔✔✔	✔✔✔	✔✔		
Ideas	✔✔✔	✔✔✔	✔✔✔	✔✔		
Freaknomics	✔✔✔	✔✔✔	✔✔✔	✔✔		
How I Built This	✔✔✔	✔✔✔	✔✔✔	✔✔		
Fresh Air	✔✔✔	✔✔✔	✔✔✔	✔		
99% Invisible	✔✔✔	✔✔✔	✔✔✔	✔		
Under the Influence	✔✔✔	✔✔✔	✔✔	✔		
Hidden Brain	✔✔	✔✔✔	✔✔	✔✔		
The Moth	✔✔	✔✔✔	✔✔	✔✔		
The TED Hour	✔✔	✔✔✔	✔✔	✔		
친밀한/적당한 제작 가치 팟캐스트						
Canadaland	✔✔	✔✔✔	✔✔✔	✔✔✔		✔
Pod Save America	✔✔	✔✔	✔✔	✔✔		✔
Colour Code	✔✔	✔✔	✔✔	✔✔	✔	✔
Joe Rogan Experience	✔	✔✔	✔	✔✔✔		✔
Stuff You Should Know	✔✔	✔✔	✔✔	✔		✔
Stuff You Missed In History Class	✔✔	✔✔	✔✔	✔		✔
동시적 팟캐스트						
The Daily	✔✔✔	✔✔✔	✔✔✔	✔✔✔		✔
The Current	✔✔✔	✔✔✔	✔✔✔	✔✔		
NPR Politics	✔✔	✔✔	✔✔✔	✔		✔

코미디/엔터테인먼트						
Wait Wait…	✔✔	✔✔✔	✔✔	✔✔		
This Is That	✔✔✔	✔✔✔				
Vinyl Cafe	✔✔	✔✔✔				

고급 팟캐스트

이 자료는 두 나라에서 가장 인기 있는 팟캐스트들 중 일부는 공공 라디오의 다큐멘터리 전통에서 고품질로 제작되고 친밀하며 강한 저널리즘을 가진 프로그램이라는 것을 보여 준다. 여기서 확인된 5개 중 4개는 팟캐스트 전용으로 제공된다. 이들은 한정적으로 운영되었고 시리즈였다. 즉, 프로그램의 에피소드 수가 정해져 있고, 서사를 발전시키는 한 편마다 한 이야기를 담고 있다. 이 4가지에는 CBC의 〈Missing and Murdered: Who Killed Alberta Williams?〉와 〈Someone Knows Something〉이 포함되어 있는데, 표본에서 아이튠즈 차트 상위에 오른 캐나다 팟캐스트 4개 중 2개다. 2개의 CBC 작품과 함께하는 것은 양국에서 가장 인기 있는 프로그램 중 하나인 〈Serial〉과 〈S-Town〉이다. 지난 회가 샘플링 기간 시작 6개월여 전인 2016년 3월 말에 배포되었음에도 불구하고 차트 상위권에 근접해 있다는 점에서, 〈Serial〉의 지속적인 어필은 특히 주목할 만하다. 〈This American Life〉는 독립 팟캐스트가 아님에도 불구하고 이 범주에 포함된다. 두 CBC 팟캐스트는 모두 〈Serial〉의 첫 시즌과 비슷하게 미해결 사건을 조사하지만 〈Missing and Murdered〉는 범죄의 피해자가 되는 원주민 여성들이라는 광범위한 문제와 캐나다 사회의 무관심에도 초점을 맞추고 있다.

이 범주의 프로그램은 공영방송과 관련된 라디오적 특성과 뚜렷한 미디어 라인으로 팟캐스팅을 개발했다는 점에서 가장 높은 점수를 받는다. 이들은 모두 강하게 저널리즘적이며, 자신이 추구하는 이야기 속에서 더 깊은 의미를 드러내려고 애쓰면서도 윤리에 세심한 주의를 기울인다. 이들은 현장에서 녹음된 소리를 이용해 청취자들의 마음속에 생생한 장면을 연출하고, 서사 구조에 세심한 주의를 기울이며, 관객들을 예감과 긴장감의 요소로 매료시킨다. 〈This American Life〉는 다른 4개처럼 하나의 이야기에 초점을 맞추지는 않지만, 강한 캐릭터 발전과 친밀감에서는 다른 것들 못지않게 많은 부분을 개척해 왔다. 예를 들어, 〈Missing and Murdered〉에는 은퇴한 캐나다 기마경찰대(Royal Canadian Mounted Police, 캐나다 연방경찰) 형사 개리 커(Garry Kerr)가 등장하는데, 그는 1989년 서부 캐나다의 소위 '눈물의 고속도로'에서 발견된 24세 원주민 여성 알버타 윌리엄스 사건에 여전히 사로잡혀 있다(Luke, 2016). 1999년 셰릴 셰퍼드 실종 사건을 파헤치는 〈Someone Knows Something〉 시즌 2에서 여전히 슬픔에 잠겨 있는 셰릴의 어머니 오데트는 기자가 셰릴의 삶에서 뒷이야기와 다채로운 사람들을 취재하도록 돕는다. 〈S-Town〉에서 이야기의 초점은 존 B. 맥레모어(John B. McLemore)인데, 그는 앨라배마 시골에 있는 자신의 작은 마을을 너무 경멸해서 이 시리즈의 제목이 된 "Shit-town"이라고 부르는, 똑똑하고 괴팍한 남자다. "영리하다", "자연스럽지 않게 세련되었다"라는 맥레모어에 대한 인물 평가를 둘러싼 숙련된 스토리텔링(Addley, 2017: 7번째 단락)도 강렬한 개인적 친밀감을 자아낸다.

〈S-Town〉의 이면에 있는 〈This American Life/Serial〉 브랜드가 어떤 면에서는 개인적 저널리즘의 선구자이기 때문에 〈S-Town〉이 새로운 친밀감의 기준에 딱 들어맞는다는 것은 놀랍지 않다. 처음 두 에피소드가 우리에게 비브 카운티의 "존 B."와 근거 없는 살인 음모를 소개한 후, 3편은 기자인 브라이언 리드(Brian Reed)와 맥레모어의 절친한 친구 스카일러

(Skyler)의 전화 통화로 시작된다.

스카일러: 음, 당신에게 이야기해야 할 나쁜 소식이 있어요.

브라이언 리드: 네.

스카일러: 존 B.가 월요일 밤에 스스로 목숨을 끊었어요.

브라이언 리드: 농담하시는 거죠?

스카일러: 아니요.

브라이언 리드: 세상에나.

스카일러: 여러 가지 일들 때문에, 어제 전화를 할 수 없었어요. 그의 시신은
어제 아침에 발견되었고, 어제 새벽에 일어난 일입니다. 지난 월요일 밤부
터 화요일 아침 사이에 일어났어요.

브라이언 리드: 오, 세상에.

스카일러: 네. 그래서 지금은, 그의 어머니는 괜찮으십니다.

브라이언 리드: 오, 스카일러.

스카일러: 지금은 그저 그녀를 돌보고, 요양원으로 가지 않게 하려고 하고 있
어요.

브라이언 리드: 오, 세상에나.

스카일러: 그리고 그가 스스로 목숨을 끊은 방법은 청산가리 음독입니다.

브라이언 리드: 오, 세상에. 오, 죄송합니다. 저는…

(Reed, 2017: 5번째 단락).

이 통화에서 리드의 목소리는 절망으로 갈라진다. 이렇게 개인적인 대
화를 포함시키는 것은 이 연구에서 개인적 반응과 뒷무대의 투명성과 같
은 다른 친밀도 코드와 일치한다. 〈Missing and Murdered〉는 〈S-Town〉
처럼 비속어로 장식되지 않았지만, 언론인 코니 워커(Connie Walker)는 잠복

인터뷰를 비롯해 그녀와 제작자들이 이야기를 추구하면서 내리는 저널리즘적 결정의 많은 부분들에 대한 불편함을 표했다. 워커는 시리즈 내내 자신의 퍼스트 네이션(First Nation)9 정체성을 언급했으며, 자신이 크리10이고 서스캐처원의 보호 구역에서 자랐다고 설명했다. 그리고 그녀는 일곱 번째 에피소드의 이 논평으로 개인적인 경험의 진실성을 더했다. "원주민 여성들이 불균형적으로 더 자주 폭력의 희생자가 된다는 것, 마니토바 주의 보호 구역에 있는 아이들의 76%가 빈곤하다는 것, 전국의 보호 구역에 있는 아이들이 교육을 위한 돈을 덜 받는다는 것 등은 모두 사실이다. 원주민들은 형사 사법제도에서 과잉 대표되고 있고, 유아 사망률은 더 높으며, 기대 수명은 더 낮다"(Walker, 2016).

〈Serial〉의 두 시즌 모두에서 사라 코에닉은 자신의 저널리즘과 스토리텔링에 많은 개인적 통찰력과 성찰을 가져왔다. 시즌 2의 다섯 번째 에피소드인 보우 베르달(Bowe Bergdahl) 하사의 이야기에서 그녀는 위험한 지역에 들어갔다가 납치당하는 사람들에 대한 뉴스에서 보았던 부정적인 온라인 코멘트에 대해 이야기한다. 그녀는 이렇게 고백한다. "나는 이렇게 생각했다. 내 말은, 그들이 집에 있는 게 좋은 거고, 그리고, 그건 그들 자신의 빌어먹을 잘못이기도 하고, 인정한다. 그리고 우리 모두 이렇게 생각했을 것이다. 맞지?"(Koenig, 2016: 114번째 단락)

선정된 5개의 팟캐스트 중 4개가 한정 제작되었다는 것은 〈S-Town〉이 "청취자가 넷플릭스 스타일로 열광할 수 있도록 한다"라고 말하는 것처럼 이들의 매력을 한층 높여 줬을 것으로 보인다(Addley, 2017: 6번째 단락). 샘플링 기간 동안, 연재하는 팟캐스트도 (겨우 6편이었지만) 믿을 수 없을 정도로 인기

---

9 원주민 단체 중 하나.
10 캐나다 중앙부에 살았던 아메리카 원주민.

가 있었다. 〈Missing Richard Simmons〉는 이 카테고리와 관련된 많은 특성들을 가지고 있었지만, 샘플의 다른 프로그램들의 청취율 바로 아래였기 때문에 탈락했다.

최상위권 공영 라디오

이 범주의 12개 팟캐스트는 공영 라디오의 수준을 나타낸다. 디지털 공간에서도 인기가 있지만, 지상파 방송으로도 인기가 있다. 대부분의 경우, 그것들은 단순히 라디오 콘텐츠를 디지털 다운로드에 이용할 수 있게 만든 팟캐스팅의 제1의 물결에 해당한다. 대다수는 깊은 제작 가치와 강력한 인터뷰를 가진 잘 만들어진 라디오 프로그램으로, 이들의 특징은 스토리텔링과 사려 깊은 사운드를 사용하는 것이다. 다큐멘터리가 〈Radiolab〉, 〈Planet Money〉, 〈Freakonomics〉, 〈Fresh Air〉, 〈Ideas〉와 같은 프로그램에 자주 등장한다. 친밀도의 정도는 고급 범주에 있는 팟캐스트들만큼 높지 않을 수 있지만, 내용은 종종 매력적으로 격의 없이 다가오고, 1인칭 경험이 고조되는 경우도 있다. 이것의 가장 좋은 예들 중 하나는 〈Freakonomics〉 진행자인 더브너가 공중화장실의 각 칸에서 들리는 소리에 대한 그 자신의 강렬한 혐오감을 탐색하고 해결책을 모색하는 것이다 (Dubner, 2014). 〈표 13.4〉의 이 카테고리에 수록된 팟캐스트는 샘플링 기간의 데이터에서 나온 것들이지만, 그 밖에도 유사하게 고품질로 제작되고 인기 있는 팟캐스트들도 있다. 그것들은 우리의 기준에 딱 부합하지는 않지만 언급할 만한 가치가 있다. 몇 가지 예를 들자면, WNYC 스튜디오의 〈On the Media and Snap Judgement〉, 오랜 역사를 가진 주간 과학 프로그램인 CBC의 〈Quirks and Quarks〉, 일간 시사 프로그램인 〈As It Happens〉, 평일 아침 대중문화 인터뷰와 토론 프로그램인 〈Q〉 등이 대표적이다. 이러한 캐나다 프로그램들은 미국 전역의 공영 라디오 방송국들의 방송 스케줄에도 자주 등장한다.

이 카테고리에서 매력적인 상호작용은 디지털 청취자를 찾는 잘 만들어진 라디오 프로그램의 존재가 아니라, 팟캐스트나 라디오 프로그램으로 개발된 콘텐츠가 진화하고 둘 사이에서 전환되는 역방향 또는 순환적 경향이다. 〈How I Built This〉는 팟캐스트에서 시작된 작품의 분명한 예이며, 반면 〈Hidden Brain〉과 〈99% Invisible〉은 팟캐스트와 공중파 라디오 방송 모두를 포함하는 더 복잡한 길을 따랐다. 웹사이트에 따르면 〈Hidden Brain〉은 2015년 9월 팟캐스트가 되기 전에 NPR의 〈Morning Edition〉의 한 시리즈로 시작했었고, 2017년 가을에는 1시간짜리 라디오 프로그램으로 재출시된다("About Hidden Brain", 2017). 〈99% Invisible〉의 경우에는, 진행자인 로만 마스(Roman Mars)가 샌프란시스코 공영 라디오 KALW의 디자인 월드에 짧은 컷인(cut-in)을 제작하는 것으로 시작했지만, "공중파 바깥의 팟캐스트 세계에서 이 프로그램은 블록버스터였다"(Kang, 2014: 13번째 단락). 마스는 성공적인 팟캐스트를 풀타임으로 작업하기 위해 그의 공영 라디오 일자리를 포기했고, 또한 팟캐스트 집단인 라디오토피아(Radiotopia)의 설립을 도왔다("99% Invisible", 2017). 하지만 그 프로그램은 여전히 몇몇 독립 라디오 방송국을 통해 공중파로 방송된다.

이 카테고리에서 팟캐스트와 라디오 청취자들 모두에게 중요해 보이는 것은 강렬한 서사와 친밀한 토론, 청중을 사로잡기 위한 소리 활용이다. 간단한 예가 이 점을 보여 준다. 〈99% Invisible〉의 257번째 에피소드인 "Reversing the Grid"에서는 전기 계량기가 어떻게 작동하는지를 설명하는데, 전력 소비량에 따라 점점 더 빨라지는 다이얼 기계 회전 소리가 들린다. 진행자가 말하는 박자도 점점 빨라진다. "5킬로와트시, 10킬로와트

시, 20, 30, 40, 50⋯." 그 부분은 15초 정도에 불과하지만, 제작에 대한 관심은 듣는 사람에게 이미지와 의미를 더하고 팟캐스트 서사에 긴장감을 불어넣는다.

친밀한, 적당한 제작 가치의 팟캐스트

이 카테고리의 6개 팟캐스트는 1인칭 반응, 편집되지 않은 욕설, 뒷무대의 투명성 등 강한 친밀감으로 연결되어 청취자와 직접 대화한다. 〈Canadaland〉, 〈Pod Save America〉, 〈Colour Code〉, 〈Joe Rogan Experience〉, 〈Stuff You Should Know〉, 〈Stuff You Missed in History Class〉와 같은 프로그램의 콘텐츠는 분명히 다양하지만, 이 모든 프로그램은 청취자를 늘리고자 청취자들과의 연결에 의존하는 역동적인 진행자에 의해 구동된다.

소비자에게, 이러한 프로그램들을 들어야 하는지에 대한 질문은 종종 다음과 같다. "나는 쇼가 진행되는 동안 이 사람들과 어울리고 싶은가?" 다운로드하고 들을 수 있는 호스트의 성격과 존재에 대해 충분히 강하게 인식하는 사람들에게, 이 장 전체에 걸쳐 언급된 "초친밀성"에 의한 연결이 강화된다. 허풍 떠는 코미디언이자 종합 격투기 해설가인 조 로건(Joe Rogan)의 목소리를 2시간 이상 듣는 청취자들 중 상당수는 술집 한 켠에서 목소리 큰 사람에게 붙잡힌 기분이 들지도 모른다. 그러나 그의 폭넓은 관심사, 연예인 초대 손님, 반대 의견들은 그를 매주 찾아오는 친구나 똑똑한 지인(적어도 일부 사람들에게는)으로 변모시킨다.

이러한 친밀감과 진행자와의 관계에 크게 의존하는 프로그램들은 가장 핵심적인 제작 가치를 종종 채택한다는 점에서 위에서 언급한 고급 프로그램보다 초창기 독립 팟캐스트에 더 가깝다. 가장 간단한 형식은 진행자들이 서로 이야기하고, 이야기와 정보를 교환하고, 청취자는 일종의 사적 대화를 엿듣는 역할을 하는 것이다. 예를 들어, 〈Stuff You Should Know〉 팟캐스트는 공영 라디오 스타일의 제작을 거의 포함하지 않고 대신 진행자 조시 클라크(Josh Clarke)와 척 브라이언트(Chuck Bryant)의 재능과 상호작용에 의존해 청취자들을 유혹한다. 그러나 진행자가 특별히 매력적이라고 생각하지 않는 청취자들에게는, 이 포맷은 그들이 다운로드해서 들을 수 있도록 하는 데 많은 것을 제공하지 않는다. 마찬가지로, 〈Stuff You Missed in History Class〉의 코믹 라디오 스타 애보트와 코스텔로를 위한 두 에피소드에는 그들의 고전적인 무대에 나온 클립이 하나도 포함되어 있지 않다. 〈Color Code〉, 〈Pod Save America〉, 〈Canadaland〉와 같은 인터뷰 기반의 프로그램들은 또한 교대로 출연하는 초대 손님, 출연자들과 자기주장이 강한 진행자들이 함께하는 것이 특징이다. 초대 손님과 출연자들의 목소리를 통해 중립적인 청취자들에게도 많은 것을 제공하기는 하지만, 이 프로그램이 추구하는 운영 방식은 여전히 진행자 중심이기 때문에 민주당원들은 오바마 전 행정부의 3인방이 설득력이 있다고 생각할 것이다. 반면 공화당원들은 분명히 당파적인 〈Pod Save America〉에서 별로 좋아할 만한 것을 찾지 못할 것이다.

동시적 팟캐스트

이 카테고리는 《뉴욕타임스》의 〈The Daily〉, 〈NPR Politics〉, CBC의 〈The Current〉 등 고도의 신속성을 반영한 프로그램이 특징이다. 이러한 프로그램은 다른 카테고리와 겹치기도 하지만 정확성과 검증 같은 강한 저널리즘적 특성을 유지하면서 시기적절한 이슈와 사건을 다루겠다는 의지에서 서로 연결된다. 예를 들어, 〈The Current〉는 "주요 뉴스가 터지면 우리가 그곳에 있다. 방송과 온라인에서 모두. 우리는 취재한 이야기를 새롭게 조명한다"라고 스스로를 설명한다(CBC, 2017b: 2번째 단락). 이 쇼는 평일 아침 지상파 라디오를 통해 방송되지만 늘 캐나다에서 가장 많이 다운로드되는 팟캐스트 중 하나이며, 매일의 스케줄이자 믿을 수 있는 품질로서 기능한다. 〈NPR Politics〉는 일반적으로 〈The Current〉의 75분보다 훨씬 짧게 방송되지만 비슷한 형식을 따른다. 이 프로그램의 초점은 NPR의 정치 통신원들이 그 날의 주요 전개 상황에 대해 강력한 저널리즘적 분석과 지적인 대화를 하는 것에 있다.

대형 언론사의 일일 팟캐스트는 새로운 것이 아니지만, 〈The Daily〉, ≪슬레이트≫의 〈The Gist〉, NPR의 〈Up First〉 등 샘플에 등장하지 않았던 프로그램들도 명쾌한 최신 뉴스와 정보를 약속하는 수준 높은 제작을 하기 시작했다. 이것들은 뉴스 소비의 새로운 패턴을 기반으로 하는 비교적 새로운 독립형 팟캐스트인데, 글을 쓸 당시에 적어도 하나의 다른 미디어 회사도 매일의 디지털 뉴스를 위해 미국 시장에 진출할 계획을 하고 있다(Quah, 2017). 〈The Gist〉는 동부 해안 오후 통근용으로 업로드되며, 〈The Daily〉의 진행자는 사람들이 아침에 스마트폰을 들고 지하철이나 차에서 프로그램을 듣는다고 가정한다(Johnson, 2017). 매일의 구독자를 꾸준히 모을 수 있는 기회는 엄청나게 매력적이며, 그 노력은 성과를 내고 있는 것으로 보인다. 〈The Daily〉와 〈Up First〉는 출시한 지 1년이 채 되지 않았지만, 그들은 "최소한 현명하고, 철저하게, 그리고 전설적인 뉴스룸의 무게를 가져올 수 있는 그런 오디오 제품을 위한 시장이 있다"라는 점을 분명히 했다(Quah, 2017: 첫 단락).

코메디/엔터테인먼트

코미디 팟캐스트는 이 프로그램 목표의 중심이나 근처에 유머가 있다는 분명한 특징을 공유한다. 물론 코미디라는 것이 주관적이기는 하지만, 이러한 쇼들은 오락을 시도한다는 점과 한 가지 예외를 제외하면 저널리즘적인 기능을 결여하고 있다는 점에서 다른 쇼들과 분명히 다르다. NPR의 〈Wait, Wait Don't Tell Me〉와 CBC의 〈The Vinyl Café〉, 〈This Is That〉은 모두 고품질의 생산 가치와 서술 구조 등 전통적인 라디오 특성에서 좋은 점수를 받았다.

이 프로그램들 중 하나인 〈This Is That〉은 단지 대중적인 라디오 특성을 보여 주는 것이 아니라, 웃음을 위해 그것들을 그대로 베낀다. 예를 들어, 2017년 9월 7일 에피소드는 진행자 피터 올드링(Peter Oldring)의 소개로 시작된다. "우리는 우리 기자들뿐 아니라 모든 캐나다인들에게도 관련이 있는 또 다른 이야기를 1년 더 여러분에게 들려줄 수 있게 되어 매우 기쁘다. 그리고 팻(Pat)이 재미있지만 맛깔나는 카디건을 입고 있고 물론 나도 가장 좋아하는 피아노 건반 모양 넥타이를 하고 있다는 것도 기쁜 소식이다. 우리는 편안한 느낌을 주고 신뢰감을 주기 위해 이런 의상을 세심하게 큐레이션하고 있다"라고 말했다(Kelly and Oldring, 2017). 올드링은 기자가 아니라 즉흥적 코미디언이지만, 그는 라디오 기자들이 보여야 할 특징 — 신뢰도, 친밀감, 뉴스룸 밖에서 울려 퍼지는 이야기를 들려주고 싶은 욕구에 분명히 고개를 끄덕인다. 공영 라디오의 〈Onion〉처럼, 이 프로그램은 가짜 인터뷰와 다큐멘터리를 사용해 뉴스의 부조리와 때로는 지나치게 과장된 CBC 라디오 스타일을 강조한다. 이 프로그램은 이러한 라디오 특성을 매우 효과적으로 사용했기 때문에, 이 쇼가 진짜라고 믿은 청취자들의 당황스럽고 격분한 전화들을 계속해서 받게 되었다.

〈Vinyl Café〉는 스튜어트 매클린(Stuart McLean)이 오랜 시간 진행한 CBC의 스토리텔링과 버라이어티 쇼로 소도시 레코드점 주인 데이브와 그의 아내 몰리, 그들의 가족에 대한 이야기를 담았다. 그 이야기들은 종종 웃기지만, 뉴스와 시사로부터 분리된 그들만의 우주에 존재한다. 한편, 〈Wait, Wait Don't Tell Me〉는 뉴스와 시사 문제를 다룬 주간 퀴즈 쇼다. 진행자로부터 유머가 흘러나오고 참가자들은 헤드라인과 뉴스 클립에 열광한다. 이 카테고리의 다른 두 프로그램과 달리, 이것은 쇼의 질문과 유머에 힘을 실어 주기 위해 진실된 정보에 의존한다. 이런 식으로, 그것은 사람들이 〈Daily Show〉에서 뉴스를 전달받는 방식으로, 청취자들이 한 주의 사건들을 따라잡을 수 있는 기회를 제공한다.

논의점

분석 결과 공영 라디오는 팟캐스팅의 대중적 매력의 기반을 다졌을 뿐만 아니라, 상업적 라디오의 대안으로서 토크 형식의 라디오적 강점을 들려줌으로써 계속해서 새로운 청취자들을 참여시키고 사로잡고 있는 것으로 나타났다. 두 번째 세기를 맞은 오디오 콘텐츠는 재래식 방송의 선형적·시간적·규제적 제약으로부터 해방되었다. 그 결과는 실험, 혁신, 그리고 비평과 상업적인 측면의 성공이다. 북미에서 가장 인기 있는 팟캐스트는 공영방송에 의해 제작되거나 적어도 큰 빚을 지고 있다.

그러나 이 연구는 캐나다와 미국의 온디맨드 오디오의 뚜렷한 디지털 지형을 강조한다. 앞서 지적했듯이 미국의 최상위 프로그램들이 캐나다 차트를 지배한다. 캐나다 시장이 공영과 민영 모두에서 미국 시장의 일부에 불과함에도 불구하고 국영 공영방송으로서 CBC는 모든 플랫폼에서 멀티미디어 콘텐츠를 제공하는 디지털 우선 전략을 약속했다(CBC, 2017a). 더 잘 지원되기는 하지만, 캐나다의 공영방송은 미국의 민간 및 비영리 미디어 제작자들의 생산량과 견줄 수 없다. 미국의 경우, 상위 팟캐스트의 상당수가 서두에서 기부자에 대한 의존을 드러내고 있다. 이 연구의 범위를 벗어나지만, 일부 연방정부의 지원 외에는 기금 모금 운동에 크게 의존하는 미국의 공영방송 모델이 국가 지원 방송망을 가진 국가에서는 볼 수 없는 속도로 새로운 프로그램의 혁신적 발전을 촉진하는 것은 당연할 것이다. 캐나다에서 만든 팟캐스트가 캐나다 청취자들을 끌어모으고 있지만, 현 단계에서는 "국가, 아니면 미국"이라는 슬로건이 국경 이북의 또 다른 문화 산업을 정의하고 있다.

많은 연구자들은 팟캐스트가 주류로 진입한 것을 〈This American Life〉의 스핀 오프로서 〈Serial〉이 데뷔한 것과 연결시켰다. 2014년 말 첫 방송 이후 두 시즌의 다운로드 횟수는 2억 5천만 회가 넘는다(Spangler, 2017). 제작진의 볼티모어 "Hae Min Lee 살인 사건"에 대한 조사와 2000년에 전 남자친구 아드난 시드(Adnan Syed)에 대한 살인 사건 유죄판결이 결정적 계기가 되어 팟캐스트 제작과 성공의 훌륭한 기틀을 마련했다. 사실, 이 프로그램은 대중의 관심을 너무 사로잡아서 〈Saturday Night Live〉가 그 풍자적인 관심을 공영방송의 영역으로 다시 한번 가져왔다. SNL 출연진이 진행한 "Christmas Serial"은 매년 12월 25일 "크리스(Kris)"라는 엘프의 선물들이 마법처럼 신비롭게 어린 소년에게 도착하는 과정을 조사했다. 이 패러디는 친숙하고 두드러진 피아노 테마와 〈Serial〉 진행자인 사라 코에닉 흉내로 시청자들과 친밀감을 갖고 "나 자신에게 물어봐야만 해. 크리스가 정말 이런 일을 할 수 있었을까?"라고 질문을 던지며 그녀가 하는 것처럼 저널리즘적 투명성을 부여했다(Young, 2016). 거의 30년 전에 있었던 "슈웨디 볼" 스케치와는 대조적이다. 〈Serial〉은 수많은 청취자들과의 확실한 친숙함 덕분에 통한다는 점에서, 수십 년 전 NPR의 괴짜 같은 틈새 청취자들과는 대조적이다. 공영 라디오가 괴짜 같은 뿌리를 넘어서서 팟캐스팅을 통해 대중문화에서 인정과 존중을 얻었다는 것은 명백해 보인다.

14장 ──────────────

디지털 라디오 지형에서 아날로그 경험을 재생산하기
그리스의 사례

마이클 네브라다키스(MICHAEL NEVRADAKIS)

그리스에는 "임시보다 영구적인 것은 없다"라는 속담이 있다(Papathanasso poulos, 1989: 37). 이것은 그리스 방송의 경우 확실히 사실이라고 할 수 있다. 공중파 규제 완화는 1980년대 후반 급속하고 무정부적인 방식으로 발생했으며, 그 이후 라디오 방송국에 대한 포괄적이고 전국적인 허가 절차는 한 번도 실시되지 않았다. 그 대신에 대부분의 그리스 라디오 방송국은 "임시적" 허가나 기간이 반복적으로 연장되는 '만료된 면허'라는 황당하고 비논리적인 뒤죽박죽 아래에서 운영되어 왔고, 법적 신분도 없었다. 나아가 방송과 관련된 '법적'인 것과 아닌 것에 대한 정의도 자주 바뀌었다.

과거 그리스에서 미디어 지형을 조사해 본 학자들은 그 발전을 "야만적 규제 완화"(Traquina, 1995)의 사례로 설명했으며, 이 나라의 방송 모델은 할린과 만시니가 제안한 "양극화된 다원론"이나 "지중해" 모델에 적합하다고 표현했다(Hallin and Mancini, 2004: 125; 2016: 159~160). 그러나 그리스 방송이 디지털 환경으로 전환됨에 따라 이러한 전환이 그리스 미디어 지형의 새로운 시작을 의미할 것인지, 아니면 단순히 디지털 및 온라인 환경에서 아날로 그 및 오프라인 미디어 지형의 재생산을 초래할 것인지는 아직 해결되지 않은 문제로 남아 있다.

2012~2017년 그리스에서 수행한 종적 연구(Nevradakis, 2018)를 바탕으로 공공 영역, 시민사회, 공공 담론에 대한 소셜 미디어와 뉴미디어의 잠재적 영향을 조사한 이 장에서는 그리스 라디오 지형의 현황과 최근 발전, 다양 한 형태(방송, 인터넷, 위성)의 디지털 전환을 살펴본다. 논쟁의 여지가 있지만, 상하 관계와 무분별한 규제가 특징인 오프라인과 아날로그 미디어의 지 형이 디지털 영역에서 재현되고 있다. 이것은 적어도 부분적으로는 그리 스 공적 영역과 공공 담론이 정치적 이익에 의해 지배되어 온 오랜 역사에 의해 설명될 수 있다. 여기에는 언론 거물들이 자신의 사업적 이익과 정 치적 의제를 증진시키고 여론에 영향을 미치기 위해 언론을 이용해 온 것 도 포함된다. 더욱이 "디지털 전환"의 흥미로운 측면은 경제 위기 시기에 그리스 대중의 입장에서 주류 언론에 대한 신뢰의 위기가 커지고 있음에 도 불구하고, 뉴스, 정보, 사회적·정치적·경제적 중요성의 이슈에 초점을 맞춘 온라인 전용 라디오 방송국이 부족하다는 것이다. 그 대신 현재 그 리스의 디지털 라디오 지형은 기존 배우들과 음악 집약적인 프로그래밍 에 의해 지배되고 있으며, 공중파 DAB 프로그래밍은 제한적이고 그리스 청중들에게는 대체로 알려지지 않은 채 남아 있다.

이 연구에서는 그리스 미디어 지형의 발달에 대한 역사적·서술적 분석 외에, 반구조적 인터뷰와 같은 정성적 연구 방법이 채택되었다. 실제 사 례로 라디오버블(Radiobubble), ERT Open 등 온라인 방송사 사례를 조사해 그리스 디지털 영역에서 대안적 매체가 직면한 성공과 투쟁을 모두 조명 한다.

야만적 규제 완화?

"임시보다 영구적인 것은 없다"라는 말이 그리스 공공과 정치 생활의 여러 측면에 적용되었지만, 이것은 1980년대 후반 규제 완화 이후 방송 지형이 발전한 방식에 특히 적합한 설명이다. 남유럽 국가들에 만연한 "양극화된 다원론자" 또는 "지중해" 모델을 정의함에 있어서, 할린과 만시니는 저순환적 언론, 경제적으로 소외되고 국고 보조금이 필요한 경향이 있는 언론, 전자 (방송) 매체의 우위성, 직접 국가가 통제하는 경향이 있는 공영방송 시스템 등의 특징을 꼽고 있다(Hallin and Mancini, 2004: 73). 또 다른 특징은 언론기관과 그 반대편에 국가가 빈번하게 개입하고 있다는 것인데, 언론 거물들은 그들의 언론 매체와 정치적 연줄을 이용해 정책과 여론 모두에 영향을 미치며, 강한 정치적 유대를 형성하고 수익성이 있는 국가 계약과 프로젝트에 접근하고 있다(Hallin and Mancini, 2004: 113~115, 134~135).

"양극화된 다원론자" 모델에 걸맞는 국가에서의 미디어 규제에 대한 할린과 만시니의 서술은 그리스에서도 사실이다. 저자들은 그러한 국가들의 일반적인 특징으로 클라이언틀리즘[1]을 포함한다. 따라서, 이러한 국가적 맥락에서 법률규범에 대한 집착은 전형적으로 약하다. 언론계의 영향력 있는 행위자들은 불편한 규제를 피하기 위해서, 또는 그들의 이익에 맞는 정책을 형성하고 맞춤화하기 위해 정치적 유대를 이용한다. 정치권은 선별적인 법 집행으로 언론인을 위협하는 반면 언론 소유주들은 (유명 언론인과 미디어 출연자들까지 포함해서) 부패와 스캔들을 폭로하겠다고 협박해 공무원을 압박하는 악순환이 이어지고 있다(Hallin and Mancini, 2004: 58~59). 그러한 조건들은 "규제 기관이 규제하는 산업의 이익에 영향을 받는다는 견해"로 정

---

1   두목과 부하의 관계에 의존하는 사회.

의되는 정치학의 "포획 이론" 또는 "규제 포획"에서 비롯된 개념을 반영한다(Danesi, 2009: 54; Etzioni, 2009: 319~320).

할린과 만시니는 그리스와 같은 국가의 상업방송 분야의 발전을 '야만적인 규제 완화'의 사례로 특징짓는데, 이 용어는 처음에 트라키나(Traquina, 1995)가 포르투갈의 현상을 설명하기 위해 도입했다. 이러한 조건하에서 민간 소유의 상업방송은 유의미한 공익적 요건이나 다른 규정의 부과 없이, 통제되지 않는 방식으로 도입되었다. 할린과 만시니에 따르면 그리스는 1980년대 후반에 시작된 라디오와 텔레비전 방송국의 급속한 확산으로 이 모델에 가까워졌다(Hallin and Mancini, 2004: 125).

반대로, 보보우(Vovou, 2009)는 그리스의 방송 규제 완화가 곧 야만적인 규제 완화는 아니라고 주장한다. 왜냐하면 그것은 무정부적인 조건하에서가 아니라, 국가의 정치적 불안정과 잦은 정권 교체의 시기인 1980년대 후반 그리스에서 일어난 정치적 싸움의 결과였기 때문이다. 마찬가지로, 코겐(Kogen, 2010)은 그리스와 태국의 방송 규제 완화를 조사한 결과 그리스 사례가 야만적인 규제 완화의 전형적인 예가 되지는 않는다고 주장해 왔다. 그 대신 규제 완화는 기존 국영방송 지형에서 배제되어 이 공백을 메우기 위해 공중파에서 존재감을 추구하는 민간인과 야당 정치인들의 노력으로 이뤄졌다. 포르투갈, 이탈리아 등에서 벌어진 규제 완화와 달리 그리스의 규제 완화는 법적 틀 안에서 이뤄지지 않았다.

실제로 그리스 방송 규제 완화는 처음부터 고도의 정치화가 이뤄진 반면, 통과된 규제의 비효율성은 즉각적으로 드러났다. 1987년에 국가 라디오 독점을 깬 최초의 라디오 방송국은 당시 그리스 주요 도시의 시장들이 제1야당이었던 신민주당(New Democracy party)과 제휴해 출범시켰다(Zaharopoulos, 2003: 234). 이 정치화는 그리스에서 디아플로키(diaploki)라고 일컬어지는데, 그리스어 특유의 단어로서 "누가 여론에 영향을 미치고 정치판에서 압력을 가할 것이지 결정하는… 언론 소유주와 정치인들 사이의 상호작용"으로 정의된다(Sims, 2003: 203). 테살로니키 아리스토텔레스 대학교(Aristotle University of Thessaloniki)의 알렉산드로스 발치스(Alexandros Baltzis) 교수는 디아플로키를 이렇게 묘사했다. "그리스의 미디어에는 2가지 주요 특성이 있다. 하나는 법적 체계와 규제의 불안정성이며, 다른 하나는 건설, 은행, 해운업, 정당과 가장 주류에 있는 언론의 긴밀한 관계다. 이것이 그리스에서 말하는 디아플로키다"(personal communication, February 23, 2013). ≪언팔로우(Unfollow)≫의 편집자인 어거스틴 제나코스(Augustine Zenakos)에게 디아플로키는 권력과 동의어다. "그리스에서 국가는 정치권력이고 사법권이며, 해운·건설·광업·관광 등 경제 분야의 대부분을 지배하는 매우 엄격한 금융 주체 집단이다… 그들은 아마 10명의 손에 있고… 그들이 미디어도 소유하고 있다"(personal communication, July 19, 2013).

아테네 판테온 사회정치대학교(Panteion University of Social and Political Sciences)의 학자인 조르주 콘토게오르기스(Georges Contogeorgis)는 디아플로키를 중앙 국가와 정치체제의 재생산이라고 묘사한다. "의심의 여지 없이, 중앙 체제는 지방정부로부터 언론, 정당, 노조, 단체, 특히 클라이언틀리즘 정치를 생산해 내는 인물 중심적이고 개인주의적인 성격에 이르기까지 모든 단계에서 자신을 재생산한다. (방송은) 정치가 생산되는 공간으로 탈바꿈하고, 정치체제가 구축되고, 현실에서 운영되는 공간… 의제를 결정하고, 누가 대표되고, 누가 말할 것이며, 누가 말하지 않을 것인가를 결정하는 공간이 된다"(personal communication, December 19, 2016).

≪핫닥(Hot Doc)≫ 매거진 발행인인 코스타스 바세바니스(Kostas Vaxevanis)는 디아플로키 시스템을 시행 가능한 방송 규제의 결여와 연결시킨다.

그리스의 대중매체 지형은 무정부적인데, 이것은 의도적이다. 그것은 감시의 결과로 나타나지 않았다. 그리스에서는 키오스크라도 운영하려면 허가가 필요하지만 (방송) 기관은 무면허다. 그들은 불법적이고, 그들의 법적 지위는 매년 (국회에 의해) 갱신된다. 이런 일이 벌어지는 것은 이런 식으로 언론 거물들과 정치 시스템 사이에서 인질 상황이 전개되기 때문이다. 선거 전에는 정부가 면허를 받지 못할 것이라고 방송국을 협박할 것이고, 그리고 향후 4년간⋯ 방송국은 정부에게 지원을 제공할 것인지를 놓고 협박할 것이다(personal communication, March 6, 2013).

규제 완화에 이어 방송 관련 법안이 뒤범벅으로 제정되었다. 그러나 이 법안은 새로운 시립·사립 방송국이 우후죽순으로 생기는 것을 막는 데 효과적이지 못했으며, 국가 라디오 텔레비전 위원회(ESR, The National Council for Radio and Television)는 첫 10년 동안 거의 눈에 띄지 않았다. 분명한 것은 민간 소유의 방송들이 통제되지 않는 무정부 상태가 아니라 오히려 통제된 "무정부 상태"의 조건에서 그리스에 도입되었다는 점이다. 이러한 법적 공백은 기득권층이 명백한 혼란을 이용할 수 있는 여건을 조성하기 위한 의도였던 것으로 보인다. 그러한 환경은 강력한 행위자들이 허가 없이 또는 맞춤형 입법의 결과로 방송을 시작할 수 있도록 했다. 이러한 맥락에서, 그런 행위자들은 잠재적으로 더 자격을 갖춘 신청자들, 하지만 법적 불확실성으로 인해 면허 신청이 좌절될 수 있는 자들과의 경쟁에 직면할 필요가 없을 것이다. 아테네 스카이 100.3FM의 니코스 안드리토스(Nikos Andritsos) 기자가 말한 것처럼, "그리스에서 많은 것들이 그렇듯이, (방송 지형은) 구체적인 맥락 없이 발전했다⋯ 그것은 특정 표준이 설정되기 위한 구체적인 틀의 정의 없이 발전되었다. 이는 공공 담론의 기준에 영향을 미치는 부작용들을 초래했다"(personal communication, April 12, 2013). 공동 소유된 그리스 국영방송사인 스카이 TV의 편집자인 이오아니스 아다미디스(Ioannis Adamidis)

는 이렇게 덧붙였다. "그리스의 대중매체는 역설적이고 비논리적 방식으로 발전했다⋯ 그 과정은 약간 뒤떨어져 있었다. 처음에는 라디오에서 시작되었다. 라디오 방송국이 먼저 개국하고 그다음에 법이 따랐는데, 그때도 완전히 시행되지 않았다"(personal communication, April 10: 2013).

위에서 기술한 바와 같이 라디오 방송국이 방송을 시작하고 그 뒤에 법이 따랐는데, 이는 "규제 포획"의 분명한 예다. 1995년(Nomos 2328/1995, 1995)과 2007년(Nomos 3592/2007, 2007)에 방송을 관장하는 종합적인 법률이 통과되었지만, 1991년, 1999년, 2008년에 발표된 FM 주파수 할당표와 마찬가지로 이들 법률은 부분적으로만 시행되었다(Nevradakis, 2014a). 라디오 면허 입찰의 유일한 두 사례인 2001년과 2002년 아테네 지역 면허 입찰이 완료된 것은 1995년 법률에 따른 것이었는데, 이는 큰 논란을 불러일으켰으며 면허를 받은 방송국의 수를 기술적인 이유로 급격히 그리고 정당하지 않게 감축시켰다. 게다가, 2001년에 발급된 면허증은 2005년에 만료되었고, 2002년에 발급된 면허증은 2004년에 그리스 최고 행정법원인 그리스 국가평의회에 의해 무효화되었다(Nevradakis, 2012: 137).

앞서 언급한 그리스 라디오 지형의 "영구적 임시성"은 아마도 라디오 방송국의 지속적인 확산을 줄이기 위한 노력으로 통과된 1999년의 법률 제2778호에 의해 가장 잘 구현된 것일 것이다(Nomos 2778/1999, 1999). 이 "정밀한" 법안은 1999년 11월 1일 기준 방송 중이고 이전에 방송 면허 신청서를 제출한 방송국들을 합법화했다. 2019년에도 이 법은 아테네 지역을 제외한 전국 대부분의 라디오 방송국이 운영될 수 있는 법적 우산을 계속 제공하고 있다(Nevradakis, 2012: 132). 이 법이 통과된 지 20년이 지난 시점에서도 이 "일시적인" 법에 따라 매년 몇 개의 방송국이 합법화된다. 이와 유사한 2005년의 법률 제3310호(Nomos 3310/2005, 2005)는 방송이 2001년 폐업 명령 이전과 동일한 이름으로 동일한 소유권 아래 운영되고 있는 한,

2004년 12월 31일 아테네에서 무면허로 방송하고 있던 모든 라디오 방송국을 이전에 신청서를 냈을 때와 같은 전제 조건으로 합법화했다(Nevradakis, 2012: 137). 합법화는 ESR의 견해에 따르는데, ESR은 2001년의 헌법 개정에 따라 마침내 어느 정도 가시적인 법적 권한을 얻었다(Kalogirou and Sourpi, 2006: 102).

그럼에도 불구하고, ESR의 공중파 규제 능력은 한동안 심하게 축소되었는데, 2015년과 2016년에는 위원들의 임기 만료로 활동이 중지되었고, 그로 인해 엄청난 사건 지연이 초래되었다. 실제로 일부 위원의 임기는 이미 몇 년 전에 만료되었지만 2015년까지도 그 자리를 지켰고 ESR은 규제 결정을 계속 발표했다. 이것은 이런 관행이 위헌적이라고 판단한 국가평의회의 두 번의 판결에도 불구하고 벌어진 일이며, 이 때문에 일부 위원의 임기가 이미 끝난 기간 동안 ESR이 내린 결정의 타당성에 의문이 제기되었다(Nevradakis, 2014a).

오늘날의 라디오 방송 지형

가장 최근에 시행된 종합방송법 3592/2007의 일부 측면은 거의 효과를 발휘하지 못했지만, 일부분은 그리스 라디오 지형에 큰 영향을 미쳤다. 그러한 영향 중 하나는 소유권 집중의 현저한 증가다. 2007년 법률은 공식적으로 한 기관이 복수의 라디오 방송국을 소유할 수 있도록 허용했는데, 이전에는 소수의 미디어 거물만이 대리인을 통해 행했던 관행이다. 라디오 방송국의 소유권이 소수의 산업 주체에게 옮겨 가는 집중의 과정이 현재까지도 계속되고 있지만, 특히 그리스 경제 위기가 시작되기 바로 직전 해에 매수세가 시작되었다. 현직에 있는 그룹이 이 변화의 수혜자의 큰 부분을 차지하지만 최근 아테네에서 4개 방송국을 인수한 Frontstage, 아테네에 2개 방송국을 둔 24 Media 등 신흥 그룹도 진출했다(Alexandra Das kalopoulou, 2018). 테살로니키와 지방 도시에서는 최근 몇 년 동안 좀 더 작은 미디어 대기업들이 발전해 왔으며, 어떤 경우에는 그리스 라디오 업계 최초로 동일한 포맷과 브랜드로 다른 시장에서 운영되는 지역 "프랜차이즈"를 설립하기도 했다. 그럼에도 불구하고, 앞서 언급한 구매 열풍은 림버리스 미디어 그룹(Lymberis Media Group)과 그것이 아테네에서 운영했던 두 라디오 방송국의 경우처럼 이들 기업 중 대다수를 지속 불가능한 부채로 몰아넣고 결국 파산하게 만들었으며, 그중 한 곳(VFM)은 공중파로 돌아오지 못했다(Nevradakis, 2014b, 2017a).

2007년 제정된 법의 또 다른 주목할 점은 "연예 방송국"과는 반대로 "뉴스 방송국"으로 분류된 라디오와 텔레비전 방송국에 대한 우대 조치다. 방송국들은 그들 자신을 둘 중 하나로 분류하도록 의무화되었고, 그들의 분류에 따라 다른 법적 의무를 가지게 되었다. 예를 들어, "뉴스 방송국"은 최소한의 기자들을 고용해야 한다(Nomos 3592/2007, 2007). 그러나 더 중요한 것은 2014년의 법률이 "뉴스 방송국"은 ESR에 신청서를 제출하는 것만으로 그들의 분류를 "연예"로 바꿀 수 있도록 허용했다는 점이다. 하지만 이 법 아래에서 "연예 방송국"은 그들의 분류를 "뉴스"로 바꾸는 것이 금지되었다. 이 때문에 사실상 폐쇄적인 방송 뉴스 시장이 형성되었고, 뉴스 프로그래밍을 해 온 "연예 방송국"들은 벌금을 선고받았다(Nevradakis, 2014a). 이 법과 새로운 면허를 신청할 기회가 없다는 점으로 인해, 뉴스 프로그램을 방송하고자 하는 잠재적 방송사가 방송에 접근할 수 있는 유일한 방법은 기존 방송국을 인수하고 향후 입찰이 발표될 때 이 방송국이 면허를 받을 수 있는 가능성을 기대하는 것이다. 나아가 "뉴스 방송국"의 수가 한정되었다는 것은 이러한 방송국의 구매 가격이 부풀려질 가능성이 높다는 의미이며, 잠재 구매자의 범위는 가장 큰 주머니를 가진 곳으로 한정된다.

오늘날까지 계속되고 있는 미디어 지형의 만연한 정치화를 반영해, 아마도 그리스에서만 존재할 법률 3592/2007은 국회의원이 있는 정당들이 소유한 라디오와 텔레비전 방송국이 정식 허가 없이 운영될 수 있도록 허용하는 조항을 포함하고 있다. 이 규정에 따라 2개의 방송국이 합법화되었다. 2015년 1월부터 2019년 6월까지 그리스의 연합 정부를 구성했던 시리자(SYRIZA) 정당이 소유한 아테네의 스토 꼬키노(Sto Kokkino) 105.5FM과 대중정교회의(LA.O.S, The Popular Orthodox Rally) 정당의 ART FM이 그것이다. LAOS는 더 이상 그리스 의회와 유럽 의회 중 어느 한 곳에도 의석을 갖지 못하고 있지만, 그럼에도 불구하고 ART FM은 오늘날까지 방송되고 있다(Nevradakis, 2014a).

법률 3592/2007에는 또한 고등교육기관의 일부에 대해 비상업적 방송을 하도록 하는 제한된 조항이 포함되었다. 지역사회나 LPFM[2] 방송에 관한 조항은 라디오를 관장하는 법률이나 다른 법적 규제에 포함되지 않은 반면, 프로그래밍이나 조직 구조로 인해 그리스에서 이와 같이 분류될 수 있는 방송국의 수는 적다(Nevradakis, 2017a). 흥미로운 대조를 이루는 것이 있는데, 비상업적 방송에 대한 일관된 틀은 없지만, 디아플로키 시스템은 많은 상업적 라디오 방송국이 재정적으로 생존 능력이 없거나 그렇게 되기를 바라지 않는다는 점에서 사실상의 "비영리" 기반으로 운영되도록 보장하고, 대신 소유주의 다른 정치적·사업적 이익을 위해 존재한다.

라디오 지형을 관장하는 규제 문제에 더 큰 기여를 하는 것은 이 나라의 음악 저작권 주체를 둘러싼 불확실성이다. 작곡가, 작가, 상속인, 음악 제작사를 대표하는 단체인 AEPI는 조직 내 부적격성 조사를 거쳐 2018년

---

2   소출력 FM 방송.

5월 해체되었다. 새로운 법인은 2020년까지 설립되도록 법적으로 의무화되었다("Anaklisi", 2018; Kanellopoulos and Psara, 2017). 최근 몇 년 동안 음악가와 가수를 대표하는 GEA도 신설되었고, 라디오 방송국들은 저작권이 있는 음악 작품을 합법적으로 방송하기 위해 GEA와 AEPI 모두에 상당한 금액을 지불해야 할 의무가 있었다. 경제 위기와 광고 수입 감소 속에서 이는 라디오 방송국에 큰 재정적 부담을 안겨 주었다. 예를 들어, 2010년 Skai 100.3FM은 높은 음원 사용 비용으로 인해 저작권이 있는 음악 방송을 중단했었다("Skai", 2010). AEPI에 반하는 주장과 그에 따른 해체는 라디오 방송국의 음악 허가 준수와 관련해 불확실한 환경을 조성했고, 이는 법적 분쟁을 초래했다. 예를 들어, 라미아 시의 한 라디오 방송국은 2018년 지방법원 판결로 AEPI에 음악 저작권료를 지불하지 않아도 되었다("Apofasistathmos", 2018).

마지막으로, ESR조차 2016년에 임명된 새로운 회원들에도 불구하고 여전히 위법적으로 운영되는 것으로 보인다. 헌법상 두 번의 임기로 제한되어 있지만, 최근 사망할 때까지, 로돌포스 모로니스(Rodolfos Moronis) 부위원장은 (연속은 아닐지라도) 세 번째 임기에 재직하고 있었다. 그럼에도, ESR에 그가 존재한다는 것에 대해 법적으로 이의가 제기되지 않았고, 이 기간 동안 그 기관에 의해 채택된 결정들에 논쟁의 여지가 생기지도 않았다(Nevradakis, 2017a).

그러한 규제의 경직성은 왜?

그리스의 라디오와 방송을 특징짓는 규제 관성에 대한 설명은 그리스의 정치사회적 역사에서 찾아볼 수 있다. 할린과 만시니에 따르면 "양극화된 다원주의" 미디어 지형의 발전은 남유럽의 자유주의 시장 기관의 발달이 지연되고 그에 따라 후원과 개인적 관계의 중요성이 작용한 결과다 (Hallin and Mancini, 2004: 135~137). 이들 국가는 서유럽에서 자유민주주의로 전환한 마지막 국가였다. 결과적으로, 언론의 자유와 상업적 미디어의 발전이 대개 나중에 도래했다. 할린과 만시니는 이러한 국가에서 자유주의 기관의 늦은 발전은 고도의 클라이언틀리즘과 상대적으로 느린 합리적·법적 권한의 출현이 정치적 유사점을 띠면서 밀접하게 연결되어 있으며, 언론체계가 정당 체제와 병행하는 경향이 있다고 지적한다. 시장 기관의 발전이 늦어지면서 국가가 이처럼 경제의 중요한 행위자가 되기 때문에 언론은 영향력을 행사하고 국가 계약, 보조금, 규제 완화, 기타 이익에 우선적으로 접근하기 위한 전쟁터가 된다(Hallin and Mancini, 2004: 135~136).

콘토게오르기스는 언론 영역에 존재하는 그리스의 클라이언틀리즘이 사회 전체가 아닌 특정 정당 충성파와 이익집단의 이익만을 돕는다고 주장한다. 그는 클라이언트 시스템을 근대 그리스 국가의 초기부터 존재해온 것으로서 현시점에서 예외가 아니라 규범인 현상으로 묘사하고 있으며 정치와 사회관계의 결정적인 특징으로 묘사하고 있다(Contogeorgis, 2013: 55~56, 85). 콘토게오르기스는 더 나아가 그리스의 당파 체제가 정치체제에 대한 소유권을 장악하고 공공 담론을 사적 담론으로 전환시켰다고 주장한다(Contogeorgis, 2012: 53).

언론인 아겔리키 부보우카(Aggeliki Boubouka)에 따르면, "그리스에서 공공담론의 공간은 전통적으로 매우 엄격하게 만들어졌다. 그것은 대부분의 다른 유럽 국가들보다 훨씬 더 많은 정치, 경제, 기업 이익을 의미하는 사회의 헤게모니 세력에 의해 지배되었다"(personal communication, May 31, 2013). 마찬가지로 ≪카티메리니(Kathimerini)≫ 신문기자인 타조스 오이코노무(Tasos Oikonomou)는 이렇게 말했다. "[위기 이전] 일들은 오히려 고착되어 있었다. 공적인 영역은 정당 내에서 행동하고 정당과 동일시하는 시민들… 공공 대화에 정당들의 입장을 반영하거나 정당, 언론, 텔레비전 방송, 라디오 방송국의 입장을 통한 공적 대화에서 대표자로 나서는 사람들로 구성되었다. 공적 영역이 존재했던 2008년 이전에는? 대중매체 바깥에는 없었다"(personal communication, April 10: 2013).

신뢰도 위기는 그러한 환경 내에서 종종 발생한다. 특히 언론인과 언론 매체에 대한 신뢰도가 매우 낮다는 조사 자료와 언론이 정치적·경제적 영향력에서 자유롭지 않다는 극히 강한 인식에서 입증되었듯이, 그리스에서도 이런 경우가 있다고 할 수 있다. 예를 들어, 2016년 로이터통신연구소의 디지털 뉴스 리포트에서 그리스는 조사 대상 26개국 중 주류 뉴스 미디어의 신뢰도가 가장 낮았다. 그리스의 응답자 중 20%만이 언론 매체를 신뢰한다고 답했고, 16%가 대체로 대중매체를 신뢰한다고 답했으며, 11%만이 언론인을 신뢰했다. 응답자 중 7%만이 언론 매체가 정치적 영향으로부터 독립적이라고 느꼈고, 5%만이 언론 매체가 경제적 영향으로부터 자유롭다고 생각했다(Kalogeropoulos, Panagiotou and Dimitrakopoulou, 2016: 35~36). 마찬가지로 유로바로미터(2015) 조사에서도 그리스는 미디어 신뢰도가 전체 중 다섯 번째로 낮았고(신뢰도가 낮거나 아예 없다는 응답이 49%), 라디오에 대해서도 EU에서 가장 낮은 수준의 신뢰도(37%)를 보였다. 2016년 10월 실시한 '카파 리서치(Kapa Research)' 조사에서도 대중매체에 대한 신뢰도가 낮은 것으로 나타났는데, 응답자 중 6.5%만이 대중매체를 신뢰한다고 답해 2003년 이후 22%나 감소했다(Kapa Research, 2016: 6).

이런 정서를 반영해서 파리 카르부노풀로스(Paris Karvounopoulos) 기자는 디아플로키와 그리스 대중매체가 겪는 신뢰의 위기를 연결한다. "엄청난 신뢰의 위기가 있는데, 이것은 시민들이 자신들이 받는 뉴스와 정보가 디아플로키 시스템의 일부라는 것을 수년에 걸쳐 확신하게 되었기 때문이다.

그들은 국가가 처한 상황에 일차적인 책임이 있다고 생각한다"(personal communication, June 28, 2013).

무엇이 바뀌었나?

의심할 여지 없이 최근 몇 년 동안 그리스 방송계의 가장 큰 발전은 국영 공영방송 ERT의 폐쇄(그리고 그에 이어지는 재설립)이다. 2013년 6월 11일 당시 정부에 의해 ERT가 갑자기 폐쇄된 것은 그리스에서 벌어지는 방송에 대한 중압적이고 돌발적인 정부 규제의 상징적인 예다(Psychogiopoulou and Kandyla, 2013: 142). 낮은 시청률, 부패, 낭비, 당파성, 투명성 부족 등을 이유로 폐쇄가 정당화되었다. 이 조치는 ERT의 5개 전국 라디오 서비스, 지역 라디오 방송국, 단파 중계소들, 대부분의 중파 중계소 및 온라인 웹캐스트 방송을 중단시켰다(Nevradakis, 2014c).

ERT는 처음에는 임시 국영방송국이 대신했고, 나중에는 새로 단장된 실체인 NERIT에 의해 대체되었는데, 그럼에도 불구하고 ERT와 동일한 구조 및 운영상의 많은 문제들에 시달렸다(Iosifidis and Katsirea, 2015: 6). 2015년 1월 시리자가 주도하는 연립정부가 들어선 뒤 ERT가 다시 문을 열었지만, NERIT와 마찬가지로 국가로부터의 독립성 결여 등 동일한 비정상들을 다시 반복했다(Papathanassopoulos, 2015: 473). 게다가, 그것의 라디오 서비스는 국내 외국어 서비스가 없어지고, 대부분의 중파 중계소가 복구되지 않았으며, 단파 방송과 지역 프로그램이 축소되어, 완전히 복구되지 못했다. 국내 문화 진흥에 있어 공영방송사의 수많은 역할에도 불구하고 ERT는 그리스 음악 전용 라디오 채널이 없는 반면[그 회사의 코스모스(Kosmos) 방송국은 오로지 월드 뮤직만을 방송하고 있다], "유럽"에 대한 보도는 강조되고 있어, 그 방송 빈도가 그러한 주제에 대한 청취자의 관심에 비해 지나치게 높아 보인다. 이것은 아마도 정부의 간섭을 반영하고 있는 것 같다. 멀티미디어 부문의 수장인 바실리스 바실로풀로스(Vasilis Vasilopoulos)의 견해로는 "ERT는 이상적인 의미에서 공영방송이 될 수는 없지만… 국영방송사는 아니다"(personal communication, August 22: 2017).

앞서 언급했듯이, 최근 몇 년 동안 라디오 지형에서도 소유권 집중도가 증가했다. 집중도 증가와 관련된 발전 중 하나는 24 Media의 디미트리스 마리스(Dimitris Maris)와 같은 새로운 미디어 거물들이 라디오 시장에 진입해(Nevradakis, 2017b) 기존 시스템을 새로운 얼굴로 재생산하는 것이다. 앞서 언급한 법률 3592/2007은 파산하거나 재정적인 어려움에 처한 라디오 방송국에서 보수를 받지 못한 직원이 ESR에 클레임을 걸 수 있도록 했으며, 이는 그 회사의 방송 허가(현재 상황 그대로)를 상속받아 방송국을 자체적으로 관리할 수 있게 한다(Nomos 3592/2007, 2007). 파산한 림베리스 미디어 그룹의 Best 92.6FM, 선도적인 뉴스 방송국이었던 Flash 96FM, 파산한 IMAKO 미디어 그룹의 Nitro Radio 102.5FM, 아노 리오시아(Ano Liosia)의 아테네 지역 자치체였던 Xenios 94.3FM 등 아테네의 여러 방송국 직원들이 성공적으로 자체 관리 신청을 할 수 있었다. 그러나 대부분의 경우, 이러한 방송국은 임대 관리 계약에 따라 더 큰 기업에 흡수되었다. 예를 들어 Nitro Radio는 《아테네 보이스(Athens Voice)》라는 주간 자유 신문에 의해 관리되고 있으며 아테네 보이스 라디오(Athens Voice Radio)로 이름이 바뀌었고, Best 92.6은 Star TV 그룹이 관리한다. 이어서 Flash 96은 방송을 중단한 뒤 그 주파수를 해적 방송국에 빼앗겼으며, Xenios 94.3은 공중파에 복귀한 뒤로 "음악 차트"를 반복하는 포맷에 이름까지 바뀌 운영된다. 현재 그 방송은 Ellada FM으로 운영되고 있으며 심지어 해적 방송국과 협력하기도 했다(Nevradakis, 2017a). 과거 강력한 람브라키스 프레스 그룹(Lambrakis Press Group)

이었던 뉴스 방송 Vima FM 99.5의 직원들은 스스로 파산하고 유력 정치 지도자인 반젤리스 마리나키스(Vangelis Marinakis, Parapolitika 90.1FM의 소유주)에 흡수되었는데, 자체 관리 신청 절차조차 신경 쓰지 않은 것으로 보인다. 마리나키스가 인수한 후, 방송이 중단되었으며 합법성도 박탈되었다("Epistrefei", 2018). 그 주파수는 지금 해적 방송이 차지하고 있다. 2017년에 이전 정부는, 좌파 성향으로 간주되고 있음에도 불구하고, 자체 관리를 허용하는 법적 조항의 폐지를 고려하고 있다고 발표했다("E kivernisi", 2017).

최근 몇 년 동안, 무계획적인 법적 틀은 또한 여러 라디오 방송국에 사후 소급 적용되는 "합법화"를 가져왔는데, 때로는 미심쩍은 상황에서, 그들의 원래의 폐쇄 조치(특히 2001년과 2002년 아테네의 면허 절차의 결과로 폐쇄된 방송국들) 자체가 의심스럽기도 했다. 한 예로, 라디오 방송국 Irodotos FM(현재 Nostos 100.6FM)은 2002년 입찰에서 허가받았던 다른 방송국의 서류를 신청서에 사용했다고 지적되었음에도 불구하고, 2004년 12월 31일을 포함하는 4개월 동안 운영되었다고 주장해 합법화되었다. 또 다른 사례로, 2001년과 2002년에 면허를 받지 못하고 2012년에 폐쇄에 대항하는 소송에서 승소했던 Hristianismos FM이 ESR에 의해 2018년 마침내 FM 주파수를 발급받았다. 그 후 그 방송은 복귀 후 몇 달 동안 같은 주파수로 활동하는 해적 방송의 간섭을 받아야 했다. 앞서 2007년에 법률 3310/2005에 의해 합법화되었던 Hot FM은 아테네 지역 청취율 2위(Nevradakis, 2012: 137)에 도달한 뒤 2010년에 폐쇄되었으나, 주파수가 다른 방송사에 임대될 때까지 3년간 이름도 광고도 없이 방송하며 이 결정에 대해 성공적으로 어필해 2013년 다시 문을 열었다. 2001년에 문을 닫은 또 다른 방송국 Atlantis FM은 2008년에 폐쇄를 취소하는 법원 명령이 있기 전에 해적 방송으로 공중파에 복귀했고, 2005년 법률에 근거해 2018년 마침내 ESR에 의해 합법화되었다("Dikaioma", 2018). 아테네 광역권의 일부인 항구도시 피레우스에 본부를 둔 이 방송국은 몇 년 동안 중국인 소유의 GB Times 뉴스 서비스 소속이었다. 특히 피레우스는 중국의 상당한 금융 이익, 즉 완전히 사유화되어 중국인 소유의 Cosco에 매각된 피레우스 항만이 있는 곳이다. GB Times가 철수한 후, Atlantis FM은 역시 피레우스에 본사를 두고 있는 해적 라디오 방송국 Astro FM으로 이동했다. Astro FM은 2001년에 폐쇄되었으나 이후 허가 없이 다시 문을 연 방송국 중 하나다. 이러한 변화에 따라, 현재 Smooth 99.8로 이름이 바뀐 Astro FM이 '2005년 법률'에 따라 합법화될 것이라는 소문이 돌기도 했다("Kainourios", 2018). 전체적으로 보면, 2001년에 정부는 아테네의 당시 새로운 공항에서 사용된 항공 주파수를 방해하지 않기 위해 오직 20개(이후 28개, 나중에는 35개)의 민간 소유 라디오 방송국만이 아테네에서 운영될 수 있다고 주장했지만, 오늘날 46개의 민간 소유 라디오 방송국이 아테네에서 FM 다이얼로 운영할 수 있는 법적 권리를 얻었다. 여기에 최소한 3개의 인접 지역 방송국들이 임시 합법성 허가를 받았고, 수많은 해적 방송들도 있는데 그중 일부는 언제라도 합법화될 수 있다(Ethniko Symboulio Radiotileorasis, 2018).

아테네를 비롯한 그리스 전역에서 지난 10년간의 경제 위기는 다른 경제 부문과 마찬가지로 라디오 산업에도 타격을 주었다. 지난 몇 년간 그리스 전역에서 수십 개, 수백 개의 라디오 방송국이 방송을 멈췄다. 일부 경우, 이러한 방송국이 보유한 임시 합법성 또는 (만료된) 면허가 ESR에 의해 공식적으로 취소되었다. 이런 일이 발생할 때, 다른 당사자에게 주파수를 주는 법적 조항은 존재하지 않는다. 이에 따라 최근 몇 년간 그리스에서 운영되는 총 라디오 방송국 수가 눈에 띄게 줄어들었다. 다른 방송국들은 종종 장관령으로 발표되었다가 폐지되는, 빈번하고 겉으로 보기에 무의미한 규정 변화들로 불법 상태에서 운영될 위험에 처해 있다. 그러한 한 가지 예는 그리스의 산악 지형과 수많은 섬들을 고려해 많은 방송국이 필요하다고 지정된 지역에서 라디오 방송국이 둘 이상의 중계소를 운영할 수 있도록 허용하는 것과 관련이 있다. 이러한 관행은 2013년까지 공식적으로 금지되었고 그 이후 여러 차례에 걸쳐 합법화, 번복 및 복권되어, 신호 확대를 위해 기반 시설에 투자한 방송국에는 골칫거리가 되었고, 나중에는 결국 법적 테두리 밖에서 다시 운영되고 있다는 이야기가 들린다("Radio Kriti", 2017). 그 결과 그리스의 많은 섬과 시골 지역은 국내 라디오 서비스 없이 방치되었다.

명백하게 밝혀져야 할 것은 그리스의 라디오 분야에서는 합법적인 것과 그렇지 않은 것 사이에 매우 미세한 경계선이 존재한다는 점인데, 그것은 언제라도 아주 사소한 핑계에 따라 바뀔 수 있다. 수많은 방송국들이 불법 운영 후 "합법화"되고 있는 상황에서 해적 방송 운영자들이 방송을 중단할 유인이 없다. 더욱이, 현재 시스템이 제공하는 어느 정도의 합법성에 따라 운용되는 방송국은 여러 가지 이유로 언제라도 폐쇄될 위험에 처해 있다. 많은 사람들이 디지털 방송이 라디오 방송국과 그리스 국가 모두에게 새로운 출발의 기회, 즉 오래된 잘못을 바로잡고 아날로그 전용 시대의 병폐 없이 디지털 라디오를 관장하는 새로운 법적 체계를 개발할 기회를 제공한다고 믿고 있다.

흥미롭게도, 할린과 만시니로 되돌아오면 두 저자는 디지털 시대에 "자유주의" 모델을 향한 융합이 널리 예견되었음에도 불구하고 미디어 시스템의 비교 모델의 지속성을 강조하며 재검토했다. 기존 시스템의 반복이 하나의 가능성으로 논의된 반면, 또 다른 가능성은 국가 온라인 미디어가 글로벌 경제 및 미디어 시스템과 융합되어 국가 미디어 시스템을 저해할 수 있거나, 현재의 국가 미디어 모델과 구별되는 동안 국가적으로 뿌리를 내릴 수 있다는 것이었다(Hallin and Mancini, 2016: 162~165).

그리스의 디지털 라디오

많은 사람들이 디지털 라디오가 비상업적 방송사 및 커뮤니티 방송사의 틀을 제공하는 등 현재의 라디오 지형에 존재하는 공백을 메울 수 있다고 주장하고 있어서인지, 그리스 국가는 아날로그 FM 지형을 명시적으로 규제하는 것을 대체로 포기한 것 같다. 그러나 현실은 다른 이야기를 강조한다. 최근까지 그리스에는 디지털 오디오 방송(DAB)을 위한 법적 틀이 없었고, 그러한 방송도 없었다.

이것은 노력이나 관심이 부족해서가 아니다. 2004년 하계 올림픽 직전, Kiss FM은 아테네에서 실험적인 DAB 전송을 시작했다(Kiss FM 92.9, 2004). 이 방송은 불법 운영으로 당국에 의해 즉각 폐쇄되었다. 2006년, Kiss FM은 피레우스기술교육원(Technical Educational Institute of Piraeus)과 협력하여 실험적인 DAB 신호를 송출했지만, 이러한 시도는 오래가지 못했다("Xekina", 2006). 피레우스기술교육원은 2009년에 후속 실험 방송을 실시했다(Bakogiannis, 2009). 이후 법적 공백으로 인해 2018년까지는 알려진 DAB 방송이 존재하지 않았고 그리스 시장에서 디지털 수신기의 보급은 극히 낮은 수준에 머물러 있다.

그리스 공중파 방송에 디지털 라디오를 다시 도입한 것은 ERT의 재개국이었다. ERT의 모든 전국 라디오 서비스와 의회 텔레비전 방송국의 오디오를 방송하도록 하는 장관 고시 170/2018에 따라 2018년 1월 아테네의 채널 12C에서 실험적인 DAB+ 방송을 도입한 것이다("Dokimastikes", 2018; "Ypourgiki Apofasi", 2018). 방송은 처음에는 아테네 지역의 주 송신 지점인 이미토스 산에서 저전력(300와트)으로 시작되었고, 곧 시의 2차 송신 지점인 파르니타 산(역시 채널 12C)에서, 그리고 아테네 외곽의 제라네이아 산에서 채널 9C와 초저전력(90와트)으로 개시되었다. 2018년 상반기에는 도시 2차 송신 지점(필리페오)을 통해 테살로니키에서 채널 5C, 파나하이코 산을 통해 파트라 시에서 채널 7A, 아씨아 산을 통해 트리폴리 시에서도 채널 10C 등의 ERT DAB 시험 방송이 개시되었다. 보도에 따르면 ERT는 새로운 DAB 송신기에 연결된 아날로그 시대의 해체된 VHF 텔레비전 안테나를 활용했다고 한다. 그러나 ERT는 이러한 디지털 방송을 거의 홍보하지 않았다. 2006년 이후 ERT의 라디오 서비스는 지상파 디지털 텔레비전 멀티플렉스를 통해서도 이용이 가능한데, 그리스 법의 특권은 민간방송사에는 적용되지 않는다.

일부 민영방송도 2018년 상반기에 실험적인 DAB 송신을 시작했다. 가장 눈에 띄는 예는 그리스 최초의 라디오 방송국이자 최초의 텔레비전 방송국이 출범한 도시인 테살로니키에서 나온 것이다. 현지 엔지니어링 회사인 시그마컴 브로드캐스팅(Sigmacom Broadcasting)이 헬레닉통신우편위원회(EETT)로부터 임시 허가를 받아 채널 12B에서 시험 방송을 개시했다. 이들 방송은 2018년 2월부터 5월 사이에 운영되었으며, 테살로니키와 주변 지역의 FM 라디오 방송국들 사이의 교대 라인업을 특징으로 했다. 여기에는 Energy 88.3(인근 도시인 베리아), Rainbow 89FM, Arena 89.4FM, Yellow Radio 92.8, Radio Thessaloniki 94.5, Cosmoradio 95.1FM, Metropolis 95.5, Radio Ekrixi 99.8FM, FM 100(시 소유의 방송), Kalamaria FM 101.7, Plus Radio 102.6, More Radio 103.0, Fly 104.0, Praktoreio 104.9FM, Rock 105.5FM, Libero 107.4FM 등이 포함된다. 온라인 방송국인 City Faces도 라인업의 한 부분이다.

2018년 6월과 7월에는 주요 FM 라디오 방송국과 제휴해 EET로부터 임시 허가를 받은 것으로 알려진 디지털 파워(Digital Power)라는 운영자를 통해 민간 운영 실험 DAB 방송도 아테네에 등장했다. 디지털 파워는 이미토스 산에서 채널 11A로 송출하는 4개의 개별 음악 스트림을 방송했다. 2018

년 초, 파트라 시의 민간 소유 라디오 방송국 그룹도 단기간 실험 DAB 방송을 개시했다.

2018년 1월 그리스 의회는 처음으로 디지털 라디오 방송을 관장하는 법안을 통과시켰다. 2018년 법률 4512/2018은 디지털 송신소의 전국적 네트워크를 구축·운영할 기업의 인허가와 방송사 자체의 인허가에 대한 타임라인을 포함한다("Tmima", 2018). 이 법은 또한 확실한 종료일을 정하지는 않았지만, 향후 완전한 디지털 전환과 아날로그 FM 방송 포기의 가능성을 시사한다("Psifistike", 2018). 법안이 통과된 지 며칠 후, 일부 민간 소유 방송에게 국가 면허를 발급하는 내용을 반영한 전국 주파수 할당표가 공표되었는데, 이는 아날로그 FM 방송에서는 전혀 예상할 수 없었던 일이다. 텔레비전의 경우와 마찬가지로, "광역" 방송에 유리하도록 지역 방송이 삭제되었다("Neos hartis", 2018). 만약 이러한 변화가 결실을 맺게 된다면, 그것은 지역성을 제공하는 라디오의 능력을 무시하게 될 것이고, 아마도 소규모 지역 방송사들은 엄두도 못 낼 수준으로 디지털 채널 임대 비용을 증가시킬 것이다.

오늘날 FM 방송사들 중 얼마나 많은 수가 디지털 방송으로의 전환을 합법적으로 허가받을 것인지 혹은 향후 허가 입찰에서 우대를 받을 것인지, 근본적으로 새로운 디지털 환경에서 기존 FM 방송을 그대로 복제할 것인지는 불분명하다. 그럼에도 불구하고, 역사적 전례와 마찬가지로, 디지털 라디오 허가 절차에서 지연 상황이 이미 지적되고 있으며, 2018년 초에 발표된 허가 입찰에서 디지털 라디오 송신 설비를 운용하기 위한 입찰서를 제출한 기업은 단 2개에 불과했다.

그들의 신청서는 적절하지 않은 것으로 평가되었고 최초 입찰은 취소되었지만, 새로운 입찰이 언제 발표될 것인지에 대한 명확한 발표는 없었다("Kathisterei", 2018). 게다가, 그리스에서 여전히 정치화된 방송과 미디어 규제의 특성을 반영하듯이, 디지털 라디오를 관장하는 새로운 법안은 지자체 소유 라디오 방송국의 반대에 부딪혔다. 이 방송국들은 아테네 언론인 연합(ESIEA)이 지지하고 있는 이 법의 적용에서 자신들을 제외시켜 달라는 요구를 하고 있다("ESIEA", 2018).

위성 라디오도 마찬가지로 그리스에서 거의 날아오르지 못했다. 2개의 가입자 기반 위성 텔레비전 서비스인 Nova와 Cosmote TV가 일부 제한된 라디오 옵션을 제공하지만, 독립형 위성 라디오는 그리스에서 등장하지 못했다. 게다가, 그리스 라디오 방송국 중 무료 위성방송 프로그램을 제공하는 곳은 거의 없다("Free Radio", 2019). 그리스와 키프로스가 공동으로 헬라스 위성의 근거지인 39°E 궤도 위치를 배정받았음에도 불구하고 말이다. 2019년 8월 그리스와 키프로스 공영방송으로 한정된 이 "그리스" 위성을 이용하는 그리스 방송 서비스는 거의 없다("Hellas Sat 2/3", 2019). 실제로 지난 2013년 그리스의 레거시 통신 대기업 OTE(도이체텔레콤 소유)는 헬라스 위성 컨소시엄을 아랍사트(ArabSat)에 매각했다("OTE", 2013).

한편, 온라인 라디오는 그리스에서 붐을 일으켰다고 할 수 있다. 그리스 라디오 방송국의 인터넷 라디오 방송은 적어도 1995년까지 거슬러 올라가고 있으며, 오늘날에는 ERT의 모든 라디오 서비스를 포함한 사실상 모든 FM 라디오 방송국과 수천 개의 온라인 전용 라디오 방송국이 운영되고 있다. e-radio.gr, live24.gr, onradio.gr, media.net.gr[3]과 같은 여러 주요 온라인 라디오 포털들도 운영되고 있다. 스포츠 FM의 웹사이트와 sport24.gr(Sport 24 Radio를 포함)은 이 글 작성 당시 알렉사[4]가 가장 많이 방문

---

3 이 글을 쓴 마이클 네브라다키스가 운영하고 있다.
4 인터넷 사이트별 트래픽 조사 기관. 알렉사 툴바를 사용해 업계에서 가장 큰 표본 집단을 확보하고 있다. 매월 전 세계 인터넷 사이트의 방문 횟수를 조사·분석해 제공하는 웹사이트(www.alexa.com)를 운영하고 있으며 검색 엔진과 웹 전화번호부, 사이트 정보 공

한 그리스 웹사이트 50위 안에 있으며, skai.gr, athensvoice.gr, real.gr (Real FM을 포함), e-radio.gr, live24.gr 포털 등이 알렉사의 가장 방문 빈도가 높은 웹사이트 100위 안에 포함되어 있다("Top Greek Sites", 2019; "Top Sites", 2019). 지난 몇 년 동안 플로리나 타운의 Radio Enigma와 같은 몇몇 라디오 방송 국들이 AEPI에 의해 부과된 음악 저작권료로 인해 스트리밍을 중단했음 에도 불구하고, 온라인 웹캐스팅을 하지 않는 FM 방송사들은 비교적 소 수에 불과하다("To exontotiko", 2007). 아이러니한 운명의 반전으로 Radio Enigma는 2017년 10월 FM 방송을 중단하며 온라인 전용 라디오 방송국 으로 방송을 이어 갔다(Radio Enigma, 2017).

특히 유로스타트5(2018)에 따르면 그리스의 인터넷 보급률은 2018년 EU 회원국 28개국 중 27위인 71%로 상대적으로 낮음에도 불구하고, 그리스 의 온라인 라디오 방송국 이용률은 1위이며, 그리스는 음악 공유 사이트 이용률과 디지털/전자 형식 음악에 대한 접속률에서 EU 평균보다 높은 순위를 기록했다(European Commission, 2016). 그러나 여기서 키워드는 '음악'일 것이다. 온라인 라디오 포털에 대한 리뷰는 뉴스와 토크 프로그램을 제공 하는 온라인 전용 라디오 방송국이 부족하다는 것을 보여 준다. 실제로, 대부분의 온라인 전용 라디오 방송국들은 음악 지향적인 포맷을 특징으 로 한다.

최근 몇 년 동안 이러한 경향의 주목할 만한 예외는 라디오버블로 알려 진 온라인 방송국이었다. 경제 위기가 시작되기 직전인 2007년에 설립되 어 초기에는 설립자 중 한 사람의 거주지에서 운영되었었는데 곧 아테네

급자다. 아마존(Amazon.com)의 계열사로 미국 캘리포니아에 본사를 두고 있다.
5   EU의 공식 통계에 관한 사무를 관장하는 유럽위원회 하부의 총국. EU의 통계청 역할을 담당하며 EU의 여러 기관에 각종 통계 정보를 제공한다.

중심부의 카페로서 2배 확장된 스튜디오 공간으로 알려지게 되었고, 이어서 "대안적인" 뉴스와 토크 프로그래밍, 소셜 미디어, 특히 트위터의 활동으로 인해 유명해졌다.

라디오버블의 자원봉사자인 도라 오이코노미데스(Dora Oikonomides)는 이 방송국을 이렇게 묘사했다.

라디오버블은 그리스에서 매우 이상한 동물이다. 왜냐하면 본질적으로 온라인 커뮤니티이기 때문이다. 전체적으로 라디오버블은 많은 구성 요소를 가지고 있다. 그중 하나는 내가 기여하는 뉴스 요소인데, 음악에 관한 한 부분이 있다… 또 한 부분은 블로그인데, 기본적으로 여기서 그리스 블로거들을 모니터링하고 그들이 흥미롭게 여기는 것을 고르는 팀이 있다. "커뮤니티"라는 섹션이 있는데, 누구나 라디오 쇼나 팟캐스트를 만들어 그 섹션에 올릴 수 있다. 전체적인 아이디어는 사용자가 만든 콘텐츠다(personal communication, December 17, 2012).

라디오버블의 프로듀서인 파나고티스 오이코노무(Panagotis Oikonomou)는 이 방송국을 그리스에서 규제 해제된 FM 라디오가 초기에 그랬던 것처럼 "자유 라디오"로 알려진 것을 만들 수 있는 두 번째 기회라고 묘사했다. 그는 "민간 소유 라디오의 등장으로 주파수가 특정 기업인에 의해 장악되어 '자유 라디오'가 발전하지 못했다. 우리는 뉴미디어가 제공한 기회를 통해 자유 인터넷 라디오 방송국을 설립하려는 시도를 해 왔다"라고 하며 "그리스의 전통적인 라디오는 죽었다"라고 덧붙였다(personal communication, February 13, 2013). 방송국의 프로그래밍에 대해 오이코노미데스는 "기본적인 규칙은 규칙이 없다는 것"이라고 밝혔다. 이 방송국은 편집 정책이나 음악적 제한을 가하지 않았다. 오이코노미데스의 말처럼 "재즈부터 그리스 음악, 록큰롤, 레게까지, 상상할 수 있는 모든 것을 가지고 있다". 라디오버블 자원봉사자인 페트로스 파파타나시우(Petros Papathanasiou)는 이렇게 설명한다. "제작자들은 그들이 하고 싶은 일에 대해 완전한 자유를 가지고 있다. 방송국은 의도적으로 아마추어적인 느낌을 유지한다. 전문가인 제작자들도 이런 아마추어리즘을 유지한다"(personal communication, December 17, 2012).

그러나 수년간, 라디오버블 프로그래밍의 중심축은 뉴스 콘텐츠였는데, 이것은 특히 그리스 경제 위기 속에서 주류 뉴스 생산자들에 대한 대안으로 작용했다. 파파타나시우는 라디오버블의 뉴스 철학을 개략적으로 설명했다. "우리 뉴스 부서는 정치인들을 초대하지 않는다. 시스템적으로 우리는 일반인, 행동주의·보건 또는 교육 분야에서 종사하는 사람들을 초청하지만, 심지어 정치에 대한 것이라고 해도 정부 대표보다는 그들에게 말하는 것을 선호한다"(personal communication, December 17, 2012).

오이코노무는 뉴스 프로그래밍 분야에서 라디오버블의 업적을 강조하면서 2012년 버락 오바마의 재선에 대한 완전한 보도를 제공하는 그리스의 유일한 라디오 방송국이라는 점을 이야기했고, "소셜 미디어를 활용해 소셜 라디오를 만들며" 불우 이웃 돕기와 가자 플로티야(Gaza Flotilla)와 같은 뉴스를 주도하며 시민사회와 연결되는 방송국의 특징에 주목했다(personal communication, February 13, 2013). 북부의 스쿠리에스 지역에서 논란이 되고 있는 금 채굴 활동에 반대하는 안티골드 그리스(Antigold Greece) 운동의 창시자인 마리아 카도글루(Maria Kadoglou)는 라디오버블이 그 원인에 대한 관심을 이끌었던 그리스 최초의 언론사 2곳 중 하나라고 말했다(personal communication, July 4, 2013). 오이코노미데스는 이 활동을 언급하며 라디오버블이 뉴스 프로그래밍의 결과로 강한 좌파적 명성을 얻었다고 말하면서도 방송국이 다른 관점들도 환영한다고 주장했다. "우리는 우리가 이미 가지고 있는 것보다 더 다양한 의견을 제시할 수 있기를 원한다"(personal communication, December 17, 2012).

  라디오버블의 뉴스 프로그래밍은 방송국의 소셜 미디어와 밀접한 관련
이 있었다. 파파타나시우에 따르면 2008년 12월 알렉산드로스 그리고로
풀로스(15세)가 경찰관에 의해 사살된 후 아테네에서 일어난 폭동이 한창인
가운데, 방송국의 #rbnews 트위터 해시태그가 탄생하면서 즉각적인 영향
이 일어났다. 파파타나시우는 "이 해시태그를 둘러싼 생태계가 발달했고,
이를 통해 우리 뉴스 부서를 발전시킨 개인들이 나타났다"라고 말했다.
#rbnews 해시태그를 통해 게시되는 뉴스는 방송에 나가기 전에 라디오버
블 뉴스 팀의 교차 검사를 거쳐 선정되었다. 오이코노미데스는 뉴스 부서
의 가장 강력한 도구로 #rbnews를 꼽았다. "그 해시태그의 목적은 거리에
있는 사람들이 그리스에서 일어나고 있는 중요한 일들에 대한 정보를 트
윗할 수 있도록 하기 위함이다. 시위가 있거나, 당신의 이웃에 중요한 사
건이 있다면 말이다. 그 해시태그에 기여한 사람들은 라디오버블에서 온
사람들도 있지만… 그 해시태그를 일 년에 한 번 사용할 사람들도 있다.
그 해시태그는 그리스 트위터에서 비교적 잘 알려져 있고 존경받는 기구
가 되고 있다." #rbnews 피드는 2012년 5월 그리스 투표에서 당선자가 나
오지 않아 정해진 2012년 6월 후속 의회 선거를 앞두고 ≪가디언≫의 관
심까지 사로잡았다. "가장 흥미로운 예는 ≪가디언≫이 우리 영어 트위터
피드를 사서 이틀 동안 라이브 블로그에 담았던 (2012년) 6월 2차 선거 때였
다. 우리를 오랫동안 팔로우한 뒤로 믿을 만한 정보 출처라는 것을 알았
기 때문이다… 우리는 그곳에 있는 모든 것을 검증하는 작업을 이미 끝냈
다"(personal communication, December 17, 2012). 라디오버블 자원봉사자 파노스 쿠
네나키스(Panos Kunenakis)는 #rbnews가 광범위한 "분노" 시위 운동 동안 두
드러지면서 2011년 그리스에서 가장 널리 사용된 해시태그가 되었다고
언급했다(personal communication, June 13, 2017).

아테네 중심부의 라디오버블 카페 공간은 스튜디오가 공개적으로 보이고 대중이 접근할 수 있는 공간이었기 때문에 제작자, 활동가, 청취자들의 허브 역할을 했다. 라디오버블의 프로듀서 겸 관계사(Tutorpool)의 자원봉사자인 크리스티나 라르디쿠(Christina Lardikou)는 이 카페가 라디오버블의 장점이라고 설명했다. "여기서 어슬렁거리고, 공연도 하고, (방송을) 듣기도 할 수 있으며, 원하면 커피도 마시고 여기 있을 수 있다… 인터넷에만 존재하는 것이 아니다." 방송국의 프로그래밍과 물리적 공간에서 몇 가지 시민사회적 동력이 만들어졌는데, 여기에는 소셜 미디어를 활용해 자녀에게 유급 과외를 해 줄 여유가 없는 가정에 자원봉사 과외 교사를 연결해주는 Tutorpool과 라디오 제작과 뉴미디어 이용에 관한 기자 양성 프로그램인 Hackademy 등이 포함된다. 그리스 시민사회와 공공 담론에 대한 라디오버블의 공헌을 강조하면서, 오이코노무는 그리스 공공 영역을 "공공을 대신해서 작동하는… 텔레비전 민주주의"로 특징지었고, '사회'는 라디오버블과 같은 대안 매체에 대해 사용하는 미사여구에 더 가깝다고 덧붙였다 (personal communication, February 13, 2013).

파파타나시우에 따르면, 라디오를 사랑하고 스케줄에 따를 의지가 있는 한, 누구나 프로그램을 제작할 수 있었다(personal communication, December 17, 2012). 쿠네나키스는 그가 어떻게 멀리서 방송국에 합류할 수 있었는지를 이렇게 설명했다. "나는 한국에 있는 동안 내 라디오 쇼를 시작했다… 2009년에 다시 시작해 원격으로 쇼를 업로드했고, 2011년 그리스에 돌아와서 사람들을 알게 되었고, 지역사회에서 더욱더 활발하게 활동하기 시작했다"(personal communication, June 13, 2017). 오이코노미데스에 따르면 2012년 말 이 방송국은 월 평균 4천 명의 청취자를 확보하고 있다. 총 청취 시간은 월 7만~9만 시간이었다(personal communication, December 17, 2012).

이 방송국의 선명성과 그것을 뚜렷하게 만드는 데 도움을 준 뉴스 프로그래밍은 지속되지 않았다. 최근 몇 년간 발생한 2가지 큰 변화는 라디오 버블 카페를 폐쇄하고 극장 안의 잘 보이지 않는 장소로 스튜디오를 이전한 것과 합법적으로 등록된 협동조합으로 방송국을 개편한 것인데, 그 후로 상당수의 직원들이 떠났다. 그 결과, 강조점이 뉴스와 트위터에서 음악과 문화로 이동했다. 쿠네나키스는 비동시적 방송을 위한 믹스클라우드6 적응에 대해 설명했다. "우리는 새로운 방법을 찾고 있다. 믹스클라우드는 우리가 미래라고 생각하는 도구들 중 하나다. 그것은 자유롭고 개방적이다. 언제든지 이용할 수 있는 방송이다"(personal communication, June 13, 2017). 라디오버블 자원봉사자 이오안나 파라스케보풀루(Ioanna Paraskevopoulou)는 "트위터보다는 라디오에 더 중점을 두고 있다"라고 설명하면서 "라디오는 언제나 라디오버블의 심장이었다. 트위터로 널리 알려졌기 때문에 그런 인상을 준다고 하더라도 우리가 소셜 미디어였던 적은 결코 없다"라고 덧붙였다(personal communication, February 2, 2015).

　　뉴스 위주의 온라인 방송의 또 다른 예는 2013년 ERT의 폐쇄에서 시작된 항의성 방송국, ERT Open이다. 아테네와 테살로니키에 있는 ERT 시설에서, 그리고 나중에는 ERT의 행정직원조합 사무실에서 운영되면서, ERT Open은 처음에는 ERT의 중계소 네트워크의 상당 부분을 이용할 수 있었다. 그러나 운영의 핵심은 인터넷이었고, 2015년에 ERT가 다시 시작되기 전까지 계속해서 라디오와 텔레비전 프로그램을 스트리밍했다. ERT Open은 국가의 간섭 없는 생방송 뉴스 방송과 함께 활동가, 블로거, 노동자 운영 집단 대표, 경제학자 등과의 원탁 토론과 같은 공식 ERT에서 결코 방송되지 않았을 것 같은 프로그래밍을 선보이며 긴축에 대한 대안을 제시했다.

6　영국의 온라인 오디오 스트리밍 플랫폼.

오늘날 ERT Open은 ERT의 파르니타 산 중계 시설과 ERT에 할당된 주파수(106.7FM)를 활용해, 비록 방송국의 법적 지위가 의심스럽기는 하지만, 노조가 운영하는 라디오 방송국으로 아테네에서 방송되고 있다. 그러나, 그것의 전파는 아테네의 모든 지역을 효과적으로 커버하지는 못하며, 따라서 온라인 스트리밍이 방송국 운영의 중심이다. 바실로풀로스는 ERT Open이 ERT의 행정 및 기술 직원에 의해 관리되며 "대안적 목소리를 제공한다"라는 점에 주목하지만(personal communication, August 22, 2017), 아리스 톨리오스(Aris Tolios) 민중연합당 정치평의회 의원은 "ERT Open은 좌파 스펙트럼의 거의 모든 정당과 정치조직이 포용하는… 그리고 풀뿌리 운동이 전반적으로 수용하는, (저항 운동의) 최대 성과"라고 설명했다(personal communication, February 22, 2017).

일부 생방송 뉴스와 토크 프로그램, 대형 방송 인력을 갖춘 또 다른 주목할 만한 온라인 전용 방송국은 NGradio.gr(New Generation Radio)로, 이 방송국은 웹사이트에 인터뷰와 시청각 콘텐츠를 담은 심층 아카이브를 가지고 있다. 이 방송국의 방송 인력은 대부분 20대로, 아테네 교외 글리파다에 있는 지하 아파트에서 운영함에도 불구하고 전문적인 겉모습을 유지하고 있다. Potami Web Radio 서비스를 운영하는 예전 의회 정당인 To Potami(The River)부터 e-roi.gr 웹 라디오 방송국을 운영하는 초의회정당(extra-parliamentary)[7] EPAM("United People's Front")에 이르기까지 일부 정당들도 온라인 라디오 방송을 유지하고 있다. 그러나, 라이브 방송의 양과 일관성, 디지털로 보관되는 프로그래밍의 가용성은 다양하다. 매우 전문적인 음악 지향적인 웹 라디오를 위한 노력도 시작되었는데, offradio.gr, joinradio.gr, boemradio.com 등이 이에 포함되며 이들은 온종일 생방송 인력을 유

---

7 선거에 참여하지 않는 정당.

지한다. 그러나 다른 방송국들은 그렇게 성공적이지 못했다. 예를 들어 사회문제와 시민사회를 지향한 생방송 인터뷰와 프로그래밍을 강조했던 방송국 idradio.gr은 운영을 중단했다. 유명한 온라인 음악 방송국 Mango Radio도 보다폰 "CU" 종량제 휴대전화 서비스의 후원에도 불구하고 운영을 중단했다. 심지어 Hot FM은 법적 소동에 직면하기 전에는 한때 아테네에서 최고 청취율을 기록하던 FM 음악 방송국이었지만 FM 방송의 합법성 증명서를 받지 못한 2010~2013년 동안 웹 라디오 방송국으로 운영되었고, FM 주파수가 임대된 2016년부터 다시 운영되었다. 그러나 2018년, 주요 웹 라디오 포털을 통해 방송이 계속 스트리밍되고 있음에도 불구하고 Hot FM의 온라인 웹사이트는 사라졌다. 아테네 국제 라디오(Athens International Radio)는 2004년 올림픽 기간 동안 "임시" 허가를 받고 출범했으며 아테네 시에서 운영했는데, 2010년 당국에 의해 FM 주파수가 금지된 후 온라인으로 옮겨 갔으며 결국 운영을 중단했다. 반대로, 안테나 그룹(Antenna Group)의 Easy 97.2FM과 Rythmos 94.9FM과 같은 일부 지상파 라디오 방송사들은 그들의 FM 콘텐츠 보완격인 틈새 온라인 라디오 방송국의 설립에 투자해 왔으며, 공중파 라디오 방송사와 유사한 브랜드를 가지고 있다. 예를 들어, Easy 97.2는 "Easy Rock," "Easy 80s," "Easy Love Ballads" 등을 시작했다("Web Radios", 2019).

주목할 점은, 팟캐스팅이 그리스에서 특별히 널리 퍼지지 않았다는 것이다. 이것은 수요의 부족 때문은 아니다. 로이터통신연구소의 디지털 뉴스 리포트 2019에 따르면, 여론조사에 참여한 그리스인의 36%가 지난달에 팟캐스트를 청취했다고 답해 표본에 포함된 국가들 중 전체 평균과 비슷한 수치를 보였다(Newman et al., 2019: 61, 88). 그럼에도 불구하고 ERT를 포함한 대부분의 주요 방송사들은 아직 이 기술을 채택하지 않고 있다. 그 대신에, 유튜브는 보관되어 있는 라디오 프로그램을 보급하기 위해 선호되는 방법이다. 2019년 8월 그리스 아이튠즈 스토어의 상위 100개 팟캐스트를 대상으로 한 리뷰에서는 그리스에서 가장 인기 있는 팟캐스트들이 그리스에서 만든 것이 아닌 것으로 나타났다. 눈에 띄는 예외는 Skai 100.3 FM, Real FM 97.8, Easy 97.2FM 등 그리스 주요 방송사와 온라인 라디오 방송국 offradio.gr, 독립 언론인 아리스 챗지스타노우(Aris Chatzistefanou), 조지 파판드레우(George Papandreou) 전 총리 등 정치 인사가 제작하는 팟캐스트들과 독립 제작자들이 만드는 프로그램들이다.

오프라인 미디어의 체제를 온라인에서 반복할까?

최근 개정된 미디어 시스템 비교 모델에서 할린과 만시니는 국가 미디어 체제가 디지털 전환을 지속함에 따라 디지털 세계가 현재의 미디어 시스템을 복제할 가능성이 향후 벌어질 수 있는 3가지 가능성 중 하나라고 경고했다. 이러한 가능성이 지금까지 그리스의 새로운 디지털 환경에서 현실로 떠오르고 있다.

그 주된 이유는 규제 완화 이후 아날로그 방송 환경을 괴롭혔던 것과 같은 문제들, 규제 경직과 무질서, 일관되지 못한 정책 수립과 집행 때문이다. 라디오 방송을 지배하던 그리스의 이전 법적 체계는 디지털 라디오를 수용하지 못했고, 최근에 통과된 법률은 아직 시행되지 않았으며, 그것의 시행을 위한 확실한 시간표도 마련되지 않았다. 그 결과 이 글을 쓰는 시점에서 오직 ERT만이 DAB+ 방송을 공식적으로 시작했으며, 그것도 제한적인 방송이었다.

흥미롭게도, 1980년대 후반 그리스의 아날로그 방송 규제 완화와 차이를 갖는 중요한 부분은 빈 주파수에 대한 무정부적인 "토지 수탈"이 없었다는 것이다. 이는 그리스에서 디지털 라디오 수신기의 보급률이 매우 낮으며, 청취자와 방송사 모두 FM 라디오를 익숙하고 쉽게 사용할 수 있기 때문일 것이다. 따라서 해적 방송이 여전히 널리 퍼져 있지만 그들은 아날로그 FM과 중파 대역에 국한되어 있다.

그럼에도 불구하고 이러한 규제 경직 현상이 그리스에서 방송 라디오의 감소를 재촉하고 있는지도 모른다. 앞에서 보았던 것처럼 그리스의 온라인 라디오는 적어도 음악의 원천으로서는 다른 EU 회원국에 비해 그리스에서 더 인기가 있다. 그러나 온라인 영역에서도 오프라인 세계를 복제하는 경우가 상당히 많다. 웹 전용 음악 방송국이 많음에도 불구하고, 기존 FM 방송사들은 온라인에서 주요 플레이어로 남아 있다. 뉴스, 토크, 기타 유익한 프로그램을 제공하는 온라인 전용 라디오 방송국이 거의 없는 상황 아래 뉴스 프로그래밍 분야에서 그들의 아성은 더욱 확고하다.

동시에, 디지털 라디오 방송국의 인허가가 진행된다면, 새로운 디지털 라디오에 대한 법적 틀은 전국 면허를 예고하는 규정, "뉴스"와 "연예" 라디오 방송국의 지속적인 법적 구분, 디지털 멀티플렉스 채널 임대료, 지역 면허의 철폐 등을 통해 디아플로키 시스템 안에 있는 현재의 주요 방송사들에게 분명한 이점을 제공한다. 이러한 요소들은 개별적으로 또는 결합함으로써 많은 소규모 방송사들이 방송을 중단하게 만들 수 있다. 실제로 이러한 추세가 디지털 방송 텔레비전에서도 두드러져서, 그리스에서는 오늘날 운영되는 방송국의 수가 아날로그 시대보다도 적다. 방송국의 감소나 집중도의 증가는 2001년과 2002년의 아테네 라디오 허가 입찰에서와 마찬가지로 기존 디아플로키 시스템에 있는 동일한 미디어 거물들에게 이익이 될 것이며, 그러한 방송국의 감소는 가시적인 사회적 영향을 만들 수 있다. 그리스 경제가 위기에 빠지자 유력 정치인들이 소유하고 있던 아테네의 모든 방송국들이 대체로 획일적인 친 긴축 보도를 했는데, 그

때 대안적인 시각과 반대 목소리는 습관적으로 배제되었다. 오늘날, 비슷한 과정이 그리스의 신생 디지털 라디오 지형에서 진행되는 징후가 나타나고 있다.

15장 ────────────────────────

지난 1세기 동안 라디오에서 여성의 역할
우리는 어디에 있는가?

사이먼 오더(SIMON ORDER)

여성과 초창기 라디오

라디오의 초창기는 자신의 목소리를 듣고 싶어 하는 여자들에게 몹시 힘든 시절이었다. 맥케이(McKay, 2000)는 여성 아나운서들이 직면할 수 있는 어려움을 기록했다. BBC의 첫 여성 출연자인 자일스 보렛 여사(Mrs. Giles Borrett)는 1933년 3개월간의 도전으로 관리자들로부터 높은 평가를 받았지만 라디오에 여성의 목소리가 적합하지 않다는 청취자들의 불만이 제기되는 가운데 갑자기 자리에서 물러났다. 게다가, 또 한 가지 지적이 눈에 띄었다. 바로 유부녀로서 남자의 직업을 빼앗아 간다는 것이었다(Kamarae, 1984). 마찬가지로, 1935년 대서양 건너편의 미국에서 26명의 남자 사이에서 NBC 첫 여성 아나운서였던 엘시 재니스(Elsie Janis)는 "여성의 목소리가 부적절했다"라는 청취자의 불평을 접했고, 그녀의 고용주는 "그녀가 더 이상 보도 ─ 라디오 뉴스 공지를 읽지 않을 것이다"라고 답했다(Radio

Announcer, 1935: 24).

여성의 방송 목소리에 대한 논쟁은 초기 라디오 마니아들을 위한 북미의 유명 잡지 ≪북미 라디오 방송(North American Radio Broadcast)≫의 페이지에도 등장했다(Brown, 1998: 69). 제니 아이린 믹스(Jennie Irene Mix)는 "청취자의 관점"이라는 제목의 칼럼을 썼다. 축음기 소매 업자인 한 독자의 편지가 소개되었는데, 그는 "대중은 여성의 목소리를 듣는 데 돈을 지불하지 않을 것"이라고 말했다(McKay, 2000: 23). 그러나 믹스는 "보드빌1에서 가장 돈을 많이 받는 여성 중에는 독백(목소리)으로만 등장하는 사람들도 있다"라고 답했다(Mix, 1924a: 332). 토론은 그 잡지에서 계속되었는데, 다양한 방송국 남성 동료들로부터 더 많은 기고를 받았다.

나는 여자가 방송하는 것에 반대하지 않지만, 여성이 "쇼맨의 본능"이라는 자격을 갖추지 않는 한, 정말로 단조로울 수밖에 없다고 믿는다… 여자의 목소리는 남자의 목소리보다 상당히 높으며 때로는 일그러지기도 한다. 어떤 경우에도 여자의 목소리는 남자의 목소리만큼 잘 전달되지 않는다… 여성의 목소리는 평균적인 남성 목소리의 볼륨을 전달하지 못한다. 여성 아나운서들에 관한 한, 우리는 연극 관련 자료를 가끔 방송하는 베르타 브레나드 양(Miss Bertha Brainard)을 제외하고는 한 번도 사용해 본 적이 없다. 여성 방송인은 좀처럼 성공하지 못한다… 그들의 목소리는 호소력이 없다… 뚜렷한 개성을 지닌 목소리를 가진 여자는 거의 없다… 그들의 목소리는 평평하거나 날카로우며, 보통 너무 높아서 주파수에 잘 실리지 않는다… 그들은 청취자에게 친근감을 주어 소속감을 느끼게 만드는 일을 할 수 없을 것 같다(Mix, 1924b: 391~393).

1 노래·춤·만담·곡예 등을 섞은 쇼(variety show), 노래와 춤을 섞은 경(輕)희가극, 풍자적인 유행가.

분명히 라디오 초창기에는 여자들이 남자 동료들로부터 환영을 받지 못했다. 앞서 언급한 여러 가지 이유들은 연구에 근거하기보다는 지나치게 인위적인 것으로 보이며, 여성의 사회적 평등은 겉보기에는 갈 길이 멀었다. 지난 90년간 많은 변화가 있었을까?

뉴스 미디어 내부 및 외부의 양성평등

세계기독교통신협회(WACC)가 운영하는 글로벌미디어감시프로젝트(GMMP: The Global Media Monitoring Project)는 성 평등을 위한 가장 오래되고 규모가 큰 연구 및 지지 운동 단체다. 그 목표는 "지난 20년간 미디어 양성평등에 대한 비전이 어느 정도 달성되었는지 평가하고, 지속되는 과제와 새롭게 대두되는 과제를 파악하는 것"이다(WACC, 2015: 1). 그들은 뉴스 매체에서 전 세계적인 성 평등의 상태를 강조하기 때문에, 그들의 연구 결과 중 일부는 이 장에 적절한 배경 역할을 한다.

여성들은 2010년과 정확히 똑같이 신문, 텔레비전, 라디오 뉴스에서 듣거나, 읽거나, 보았던 사람들의 24%만을 차지한다. 신문, 텔레비전, 라디오 뉴스의 37%만이 여성들에 의해 보도된다. 여성에 초점을 맞춘 이야기의 전체 비율은 2000년 이후 10%로 비교적 꾸준하게 유지되고 있다. 뉴스 리포터로서의 여성은 라디오에 가장 많이 출연해 41% 정도를 차지하고 있으며, 인쇄 매체에서 가장 적어 35%를 차지한다. 전통적인 뉴스 매체에서 여성의 상대적 희소성이 디지털 뉴스 전달 플랫폼으로 넘어왔다. 인터넷 뉴스 스토리와 미디어 뉴스 트윗을 합쳐 전체의 26%만이 여성이었다(WACC, 2015: 1).

GMMP는 1995년에 시작되었는데, 정보의 수용자 및 생산자로서 여성의 미디어 성 평등이 다소 개선되었음에도 불구하고, 주요 조사 결과는 진보율이 "지난 5년 동안 거의 정지 상태로 묶여 있음"을 보여 준다. 라디오의 경우 전체 미디어 상황보다 성 평등이 약간 나은 편이다. 라디오 뉴스의 비율은 2000년부터 2015년까지 41% 내외로 비슷하게 유지되었으나, 여성들이 보도하는 이야기는 2000년 28%에서 2015년 41%로 개선되었다. 뉴스에 나오는 사람들의 경우, 라디오에서는 변화가 있었다. 1995년에는 뉴스 라디오 방송을 하는 사람의 15%가 여성이었지만, 2015년에는 21%였다(WACC, 2015: 1). GMMP는 미디어 생산에 참여하는 사람들과 미디어에 표현된 사람들에 대한 불균형한 성 평등을 보여 준다. 라디오 초창기에 비해 성 평등 상황이 좋아졌지만, 세계적으로는 갈 길이 멀다. 이 장에서는 문헌에 의해 제시된 바와 같이 영국, 호주, 인도에 대한 추가 조사에 초점을 맞추고 있다.

BBC에서 라디오

BBC 라디오는 적어도 1985년에서 1999년 사이에는 세계적인 추세를 거스르고 있었다. 밀링턴이 조사한 BBC 라디오의 여성 고용 개요는 훨씬 나은 성 균형 달성을 보여 준다. 1985년 모니카 심즈(Monica Sims)는 BBC 라디오에서 가장 나이가 많은 여성으로 전무에 이어 이 회사의 "넘버 2"였다(Millington, 2000: 212). 그녀가 자리를 떠나기 전에 해야 할 일은 "심즈 리포트"로 알려지게 된 보고서를 쓰는 것이었다. "심즈 리포트"는 "BBC의 모든 수준에서 더 나은 균형 고용을 달성하고 여성을 동등한 동료로 인정"하는 데 초점을 맞춘 권고안을 제시했다(Sims, 1985: 37, Millington, 2000: 212에서 인용). 밀

〈표 15.1〉 1999년 BBC 라디오의 관리직 여성

구분	제작(%)	방송(%)	뉴스(%)	월드 서비스(%)	자원(%)
고위 임원	31.8	35.4	29.6	26.7	11.5
고위 관리자	41.6	37.5	29.7	39.2	12.9
중간 관리자와 고위 전문가	52.7	43.2	43	34.9	16.1

링턴에 따르면, BBC는 이 권고안을 진지하게 받아들였다고 한다. 그들은 관리자 코스에서 여성 수를 늘렸고, 여성들을 위한 특별 강좌를 제공했다. 이후 1996년 BBC World Service는 여성 개발 이니셔티브(WDI: Women's Development Initiative)를 발족해 BBC 내에서 여성이 관리자 단계에서 남성과 경쟁할 수 있도록 지원하고자 했다(Millington, 2000: 213). "심즈 리포트"의 영향은 컸다. 1985년에는 여성이 고위 임원의 3.6%, 고위 관리자의 10.3%, 중간 관리자의 8%, 하급 관리자의 13%를 구성했다(Sims, 1985: 5, Millington, 2000: 213에서 인용). 1999년 BBC 기업 인적 자원 계획 보고서(BBC, 1999, Millington, 2000: 213~224에서 인용)는 생산, 방송, 뉴스, 세계 서비스 및 자원 전반에 걸쳐 관리 부문 여성들에 대한 분석을 보여 주었다. 〈표 15.1〉의 종합 수치는 남성이 여전히 고위 임원의 자리를 많이 차지하고 있지만, 관리 영역 전반에 걸쳐 여성의 증가가 뚜렷하다는 것을 보여 준다.

BBC 전체에서 최근 논란이 되고 있는 성 이슈는 15만 파운드 이상의 급여를 받는 직원들을 보여 주는 BBC 보수위원회의 공개 보고서에서 시작되었다(BBC, 2017). BBC의 최고 연봉자 중 3분의 1만이 여성이다. 임금 사다리의 모든 계층에서 남녀의 임금 차이는 컸다. ≪가디언≫은 한 가지 특별한 사례로 최고 수입 여성인 클라우디아 윙클맨(Claudia Winkleman)을 비슷한 자리에 있는 최고 연봉자인 크리스 에반스(Chris Evans)와 비교했다. 윙클맨은 에반스에게 지급된 연간 220만 파운드의 5분의 1을 받았다(EllisPetserson and Sweney, 2017). 보고서 발간 후, 40명의 BBC 여성 직원들은 BBC 총

국장인 토니 홀 경(Lord Tony Hall)에게 공개서한을 보내, "불균형을 시정해 이러한 차별을 미래 세대의 여성들이 겪지 않도록 할 수 있는 방법을 토론해 달라"라고 요구했다("Female BBC", 2017: 6번째 단락). 홀은 "나는 다른 곳과 비교할 때 BBC가 최고의 자리에 있기를 바란다… BBC가 성 평등과 다양성의 본보기로 여겨지길 바란다"라고 대답했다(Kirton, 2017: 12번째 단락). 홀은 BBC가 앞으로 이 문제에 대해 협의할 것이라고 시사했다(Kirton, 2017). 여성 직위의 숫자로 보면 BBC가 성 평등의 균형을 개선한 것으로 보이지만, 자체 공개 문서(BBC, 2017)는 보수에 있어서 균형과는 거리가 멀다는 것을 보여준다.

호주의 라디오

호주는 더 나은가? 호주 라디오의 주요 해설자인 색슨(Saxon, 2017)은 호주 라디오에서 성에 대한 더 넓은 그림의 개요를 제공하고 라디오 그룹 이사진에서 성비를 조사했다. 이는 시드니 방송국 2GB에서 마크 레비(Mark Levy, 2GB 진행자)와 엘리자베스 프루스트(Elizabeth Proust) 호주 기업원(AICD: Australian Institute of Company Directors) 원장과의 라디오 인터뷰에 이은 것이다. 그들의 토론은 호주 미디어에서 전형적인 양성평등 논쟁을 그려냈다. 프루스트는 청취자들에게 호주의 대기업들이 이사회에서 여성 30%라는 제시된 목표치를 달성하지 못하고 있다고 말하며, 성별 할당제를 시행할 것을 제안했다. 이에 대해 레비는 이렇게 말하며 "가점" 논의를 휘저었다. "내게 물어본다면, 나는 정치적 헛소리만큼이나 세상이 미쳐 가는 또 다른 사례라고 생각한다. 만약 5~10명의 사람들이 이사진이나 그 직업을 두고 경쟁하고 있다면, 당신은 그것을 그 직책에 가장 적합한 사람에게 준다. 그녀가 여성이기 때문도 아니고, 그가 멍청이기 때문도 아니다. 나는 그런 (할당제) 주장에 낄 수 없다. 이해가 되지 않는다"(Saxon, 2017: 5번째 단락에서 인용).

가점 주장에는 나름의 쟁점이 있다. 색슨은 일반적인 광고 채널을 통해 채용되는 회사 이사들을 볼 수 없는 데는 그럴 만한 이유가 있다고 말한다. 그는 전형적인 과정을 묘사하고 있다. "몇몇 이름들이 이사회에서 링에 오르고, 기회가 주어지면 이사회에 참여할 의향이 있는지 당사자들과 점심을 먹으면서 의향을 '타진'해 보기로 합의한다. 대개는 이사회에 있는 누군가가 그 '친구'와 같은 사립학교(대개는 남학교)에 다녔다고 말하고, '내가 기억하기로는 꽤 건전한 친구이며, (크리켓 팀의) 솜씨 좋은 주전 수비수였다' 라는 얘기를 하곤 한다"(Saxon, 2017: 12번째 단락). 비록 이것이 조금 비하하는 것 같고 유머러스할지 모르지만, 이 과정은 상당히 일반적인 것처럼 보인다. 명성이나 회사 주식, 혹은 자리를 사겠다는 재정적인 약속을 가지고 오는 인지도가 높은 기업 지도자들이라면 자리에 접근하기 쉽다. 동시에 그들은 또한 기존의 이사진과 상호작용을 잘하는 것으로 알려질 필요가 있을 것이다. 색슨이 지적한 바와 같이 위의 모든 경향은 "여성들이 감독직에 등장하는 것에 반대한다"(Saxon, 2017: 14번째 단락).

이 장면에서 라디오는 어디에 있을까? 전국적 벤치마크를 제공하자면, ASX200 기업 이사회의 여성 비율 평균은 25.4%이다. 상업적 라디오 업계에서는 Southern Cross Austereo가 9명의 이사진을 두고 있는데, 이 중 2명이 여성이다. Australian Radio Network의 모기업인 Here, There and Everywhere(HT&E)는 6명의 이사진 중 2명이 여성이다. Macquarie Media Limited는 7명의 이사진 중 3명이 여성이다. Pacific Star Network는 6명의 이사진 중에 여성이 없다. 전체적으로, 28명의 이사진 중 25%인 7명이 여성이다. 이는 전국 평균인 25.4%에 못 미치는 작은 규모일 뿐이다. 호주 상업 라디오의 최고봉인 Commercial Radio Australia는 11명의 이사진을 두고 있으며, 이 중 3명이 여성이다. 이러한 추세에 맞서 호주의 공영 방송인 호주 방송공사(Australian Broadcast Corporation)는 7명의 이사진을 두고 있으며, 이 중 3명이 여성이다(Saxon, 2017).

전반적으로, 위의 자료는 여성들이 라디오 관리자로서 상당히 저평가되어 있다는 것을 보여 준다. 호주의 상업 라디오는 가장 낮은 성 평등을 보이고 있다. 그러나 상황은 일부에서 개선되고 있는데, 특히 BBC와 호주 방송공사의 공영방송사들이 그렇다. 공영 및 상업 라디오 방송사 외에도, 라디오와 성별에 관한 문헌에서 눈에 띄는 점은 여성들이 자신의 성 역할을 강화하기 위한 수단으로 커뮤니티 라디오에 눈을 돌리고 있다는 점이다. 소수민족, 빈곤층, 장애인들은 제한된 미디어 가시성으로 고통받는다(Gallagher, 2001; Malik and Bandelli, 2012: 5). 특히 여성의 시민 생활 참여가 남성에 비해 한참 부족한 국가에서는 여성에 대한 정보 흐름과 여성에 의해 생산되는 정보 흐름이 부족하다.

공적 영역에서 여성을 배제하는 인도에서, 학자들은 여성의 양성평등과 여권신장으로 나아가기 위해 여성의 목소리를 체계적으로 포함시킬 필요가 있다고 지적한다(Connelly, Murray Li, MacDonald and Parpart, 2000; Guijt and Shah, 1998; Pavarala and Malik, 2010; Riano, 1994). 여성들에게 문화적 힘을 실어 주는 기회로서 커뮤니티 라디오를 지지하는 연구들은 공공 영역의 중차대한 이론과 강하게 결부되어 있다. 지역 라디오 이론가들은 이 아이디어에 강하게 공명한다.

커뮤니티 라디오가 양성평등을 향한 진보에 기여할 가능성

"커뮤니티 라디오의 가치"는 오더(Order, 2013, 2015, 2017; Order and O'Mahony,

2017)에 의해 분석되었다. 오더의 연구에서 얻을 수 있는 주요 주제 중 2가지는 사회의 모든 부문에 대한 적절한 표현과 커뮤니티 라디오를 통해 가능한 목소리의 다양성이다. 오더의 연구는 하버마스의 공공 영역 이론과 다른 지역사회 라디오 이론가들에 크게 의존하고 있다. 종합하면 그들은 미디어, 특히 커뮤니티 라디오에서 성 평등을 심화시킬 수 있는 가능성에 초점을 맞춘다.

하버마스(Habermas, 1989)의 공공 영역 이론은 커뮤니티 라디오의 이론적 가치와 미디어 내 성 평등의 기회에 강하게 공명한다. 하버마스는 사회적 환경을 제안하는데, 그 환경은 "지위가 아니라 논쟁을 통해 결정하도록 하는 사적 개인들이 수행하는 공공 문제에 대한 비판적 토론"을 가능하게 한다(Calhoun, 1992: 1~2). 하버마스의 관점에 따르면, 공공 영역은 여성을 포함한 시민들이 개인 또는 단체로서 자신을 공개적으로 표현할 수 있는 기회였고, 따라서 정치적 사건에 어느 정도 영향력을 행사할 수 있는 기회였다. 처음으로 여론이나 "사적인 개인들로 구성된 대중"이 국가 권위에 도전하고 영향을 미칠 수 있는 잠재력을 갖게 되었다(Calhoun, 1992: 7). 현대적 맥락에서 공공 영역은 "민주적" 대중매체에 의해 생명력을 가질 수 있고 시민은 어떤 식으로든 미디어에 의해 대표될 수 있다는 가정이 있다. 공공 영역 이론은 시민들이 소비자뿐만 아니라 생산자로서 대중매체에 접근할 수 있어야 한다는 것을 시사한다(Zhao and Hackett, 2005: 11). 다우니와 펜튼은 하버마스의 후기 연구를 분석해 커뮤니티 라디오, 커뮤니티 텔레비전, 커뮤니티 신문, 제한된 서비스 면허에 대해 논하는데, 그것은 "대중매체 공공 영역에 개입하거나 대항 공중(counterpublic) 영역을 개발하려 한다"(Downey and Fenton, 2003: 187). 이것은 미디어에서 양성평등을 위한 통로로서 여성에게 똑같이 적용된다.

그러나 하버마스는 여성들에게 특별한 관심을 거의 보이지 않는 것에 대해 비판적이었다. 프레이저의 개정된 공공 영역사(史)는 성별에 대한 논의에 초점을 맞추면서 "특히 여성, 근로자, 유색인종, 게이, 레즈비언, 하위적 대항 공중(subaltern counterpublic) 등의 종속적 사회집단"의 구성원에 대한 고려를 포함하고 있다(Fraser, 1992: 123). 이 단체들은 그들 자신의 정체성과 이익을 공식화하기 위해 그들만의 독립적인 포럼을 구성하는데, 이것은 주류 사회에 반대 입장을 제공한다. 남성 중심 매체의 경우, 여성은 성 평등을 향한 움직임에서 잠재적으로 목소리와 관심이 진전될 수 있는 하위적 대항 공중이라 볼 수 있다. 커뮤니티 라디오는 하위적 대항 공중에게 하나의 자연스러운 집이다. 포르드, 메도우스, 폭스웰은 프레이저의 하위적 대항 공중 개념을 확장해 "커뮤니티 라디오는 공동체의 공공 영역 형성에 중심적 역할을 하는 문화 자원으로 생각할 수 있다… 커뮤니티 라디오는 다른 매체와 차별화되는 방식으로 시민권을 촉진하기 위해 사용되는 문화 자원이다… 문화적 배경이 비슷한 참여자들이 자신들에게 중요한 이슈와 관심사에 관한 활동을 하는 평행하고 중복되는 일련의 공공 영역이라는 관점에서 생각해 볼 필요가 있다"라고 제안했다(Forde, Meadows and Foxwell, 2002: 56~57). 이 개념은 로드리게스가 「미디어 지형의 균열: 시민의 매체에 대한 국제적 연구(Fissures in the Mediascape: An International Study of Citizens' Media)」에서 이야기한 시민의 매체 개념에 가깝다. 커뮤니티 미디어에 대한 그녀의 연구는 하버마스와 궤를 같이하며 또한 여성 참여의 중요한 시금석이기도 하다. 참여형 의사소통의 고전적 개념은 일반 대중에게 알리고 영향을 미치는 역할에 집중하는 경향이 있다. 그러나 로드리게스는 대신 미디어 제작 참여가 개인적인 차원에서 사회적 상호작용과 정치적 권한을 증진시켜 대중매체와 더 넓은 사회 내 성 평등을 촉진할 수 있는 소중한 기회라고 제안한다. 로드리게스가 미디어 제작 참여의 가치에 대해 설명하듯이, "그것은 자신과 환경에 대한 자신만의 이미지를 창조할 기회를 갖는 것, 자신이 선택한 부호와 코드로 자신의 정체성을 재조명할 수 있게 되고 따라서 외부에서 부과하는 것에 대한 전통적인 수용을 방해한다는 것, 자기만의 이야기꾼이 되어 자기 목소리를 되찾는다는 것, 자기 공동체와 자기 문화의 자화상을 재구성하는 것 등을 의미한다"(Rodriguez, 2001: 3).

대안적 통신 이론은 제쳐 두고, 운영의 수준과 국제적 수준에서 이러한 종류의 사고를 실현하기 위해 무슨 일이 일어나고 있는가? 커뮤니티 라디오 내에서 성 평등을 개선할 수 있는 어떤 종류의 행동 변화가 있는가? 세계 커뮤니티 라디오 방송 협회(AMARC: World Association for Community Radio Broadcasters)는 여성 국제 네트워크(Women's International Network)와 연계하여 『커뮤니티 라디오를 위한 성 정책』을 발간했다(AMARC WIN, 2008). 저자들은 커뮤니티 라디오가 "불균형을 바로잡고, 모든 수준의 의사 결정과 프로그래밍에서 여성의 참여를 촉진하는 의무를 가지고 있으며, (성 정책은) 방송국의 양성평등을 구현하는 도구로 작용할 것이다"라고 말한다(AMARC WIN, 2008: 2). 이 정책은 여성의 공중파에 대한 접근, 방송에서 여성의 대표성, 소수 여성들의 특별 요구, 방송국 관리자의 모든 등급에서 여성 대표성, 적절한 기술의 사용, 여성의 라디오를 만들기 위한 자금 및 역량 구축 등 6가지 중요 분야를 확인한다(AMARC WIN, 2008: 2~7). AMARC는 커뮤니티 라디오의 국제적 최고 기관으로서 라디오 공간에서 성 평등을 달성하기 위한 이상적인 정책 목표를 제시해 왔다. 그러나 개발도상국의 경우에는 대충 훑어 보기만 해도 라디오에서 접근과 대표성의 성 불균형이 더 깊은 문화적 도전 과제를 안고 있음을 알 수 있다.

커뮤니티 라디오와 성별에 대한 최근 학술적 연구는 인도의 관점에 주목하고 있다. 인도의 관점은 여성의 권한을 강화하는데 있어 커뮤니티 라디오의 역할을 예시하고 있는데 최근의 연구 문헌에서 두드러진다. 인도의 문맥은 또한 라디오에서 여성의 대표성을 증가시키는 데 중요한 역할을 하는 더 깊은 문화적 문제들을 강조한다. 커뮤니티 라디오는 어떻게 미디어에서, 또는 더 넓은 인도의 공공 영역에서 성 평등을 개선시킬 수 있을까? 인도 여성들에게는 자신들의 목소리에 접근하는 것이 첫 번째 과제다.

인도의 관점에서 목소리에 접근한다는 것

* 여성 권한 강화

여성 권한 강화는 자신의 삶에서 성별에 따른 권력의 관계를 인식하게 되고, 그러한 인식을 통해 여성의 사회 발전에 참여하고자 하는 여성들을 위한 과정이다. 여성에게 힘을 실어 주는 것은 가족 가치, 공동체 규범, 카스트 정체성, 종교, 가부장제, 사회 내 장기적 남성 편향 등에 도전하는 것을 의미한다. 가정 수준에서부터 지역사회와 권역, 국가, 국제 수준에 이르기까지 힘을 얻은 인도 여성들은 점차 장기간의 성 불평등에 도전하기 위해 힘과 의식을 강화하고 있다(Kumar and Varghese, 2005: 57). 권한 강화는 개인 또는 집단의 주장, 성 불평등에 대한 집단 저항, 또는 성-권력관계에 대한 도전과 같은 다양한 활동을 가리킬 수 있다. 궁극적으로 여성들은 자신의 삶에 대한 더 많은 통제권을 얻기를 원한다. 그것은 정치적·사회적·문화적·성적·개인적·관리적인 측면을 모두 포함한다. 권한 강화는 성 권력의 재분배일 수 있다(Nirmala, 2015: 43).

조셉과 샤르마에 따르면 인도의 성 불평등 재조정은 "이 나라의 합의된 사회적 목표"라고 한다(Joseph and Sharma, 1994: 17). 빈곤, 특히 농촌 여성들 사이에서 빈곤은 지참금 학대, 가정 폭력, 강간 보편화 등과 관련한 주요 이슈다. 이것들은 영국으로부터 독립한 이래 인도 여성 운동의 주요한 우려 사항이었다. 여성 운동의 노력으로 1983년의 "강간법"(UNFPA, 2009: 17)과 2005년의 "가정 폭력으로부터의 여성 보호"라는 변화가 이뤄졌다(Saxena, 2015). 게다가 판차야트2 의석의 3분의 1은 여성이나 다른 혜택받지 못한 단체들을 위해 남겨졌다(Malik and Bandelli, 2012). 그러나 차별은 여전히 과제로 남아 있다. 양질의 건강관리에 대한 접근 불가능, 영양불량, 성 선택적 낙태, 여성 영아 살해 등으로 연간 4200만 명의 여성이 사망한다고 한다(Kapur, 2010). 샤르마는 또 현재 판차야트에 여성이 있음에도 불구하고 여성의 목소리는 여전히 들리지 않고 있으며(Sharma, 2008) 정치는 남성 권력의 비공식적 네트워크가 지배하고 있다고 지적한다(Kotwal, 2008: 220).

말릭과 반델리(Malik and Bandelli, 2012)가 이야기한 바와 같이 제3세계 미디어 학자들은 여성이 자신의 경험과 요구를 공공연히 표현할 수 있을 때까지는 변하는 것이 거의 없다는 점을 강조한다. 여성들은 말로 표현해야 하고 그들의 목소리 빈곤 상황에서 벗어나야 한다. 이것은 페미니스트 작가 훅스에 의해 표현된 여성 권한 강화의 필수적인 행동이다. "침묵에서 말로 옮겨 가는 것은 억압받는 자, 식민지화된 자, 착취당하는 자, 함께 서서 투쟁하는 자들에게 생명과 새로운 성장을 가능하게 하는 저항의 몸짓이다. 말대꾸를 하는 것은 공허한 말의 단순한 몸짓이 아니다. 그것은 우리가 객관에서 주관으로 움직임을 표현하는 것, 해방된 목소리인 것이다"(Hooks, 1989: 9). 삶에 영향을 미치는 논의에 기여하기 위한 대중적 목소리에 접근할 수 없다면, 사람은 "목소리의 빈곤"을 갖게 된다(Tacchi and Kiran, 2008: 31). 듣는 사람의 관심을 끌 수 있는 효과적인 음성은 "인간 삶의 기본적 차원"이며(Couldry, 2010: 7), 의사소통을 제공하고, 삶을 발전시키는 결과로

---

2 인도의 선거 선출제 마을 회의.

이끈다. 리스터는 "빈곤에 대한 현대 정치에서 가장 두드러진 발전 중 하나는 빈곤을 무기력과 기본권 부정으로 이해해야 한다는 요구와 빈곤에 빠진 사람들의 목소리가 공개 토론에서 들려야 한다는 요구의 증가"라고 주장한다(Lister, 2004: 10). 청취와 콘텐츠 제작을 통한 변화의 가능성은 "양심화"로 이론화된다(Freire, 1972). 대표되지 않거나 소외된 사람들은 그들의 상태를 토론할 수 있고, 의사소통을 통해 그들의 개인 또는 집단의 권한 강화를 위한 발전 과정을 시작할 수 있다(Rodriguez, 2001: 3). 의사소통 경험에서, "목소리가 들리게 하는 것은 자기 가치를 부여하는 경험이 될 수 있다"(Malik and Bandelli, 2012: 4). 지역적이고 다양한 목소리가 더 잘 들릴 가능성이 높은 넓은 인도 사회에서 커뮤니티 라디오는 대중 소통의 한 매개체다. 또한 대화를 위한, 여성을 위한, 여성에 대한 가능성이 된다.

✳ 인도의 커뮤니티 라디오

인도 제3의 미디어 부문은 커뮤니티 라디오 포럼(CRF)의 오랜 요청 이후 2006년에 법률이 제정되었다. 다른 국가의 그룹들과 유사하게(ACMA & CBAA, 2008; AMARC, 2007: 51; Atton, 2007: 18), CRF는 현재 국영 또는 상업용 라디오에서 서비스받지 못하는 청취자/제작자들의 요구를 충족시킬 수 있는 대안의 필요성을 느꼈다(Parthasarathi and Chotani, 2010; Pavarala and Malik, 2007). 커뮤니티 라디오 외에, 인도는 국가 국영 라디오가 개발적 통신 영역에서 활동한 역사를 가지고 있으며, All India Radio가 그들의 지역 방송국 네트워크를 어느 정도 지원하고 있다. 그러나 그들은 거대한 국가 단위로 운영되어 지역사회와 풀뿌리 공동체의 요구를 해결할 수 없다고 비판받아 왔다(Pavarala and Malik, 2007). 따라서 시민들이 전파를 이용하고 대표되는 목소리의 폭을 넓히는 또 다른 길목으로서 커뮤니티 라디오가 필요하다.

인도의 커뮤니티 라디오 분야는 132개의 방송국이 운영되고 267개의 추가 면허 신청이 진행 중으로 상당히 번창하고 있다. 방송국과 비정부기구(NGO)는 프로그래밍과 의사결정 역할에 여성을 참여시키기 시작하고 있다. 마하라슈트라 주에는 여성이 운영하는 커뮤니티 방송국과 여성을 위한 커뮤니티 방송국이 있다(Malik and Bandelli, 2012: 8). 사타라 지구 102개 마을에서 방송되는 방송국 Mann Deshi Tarang Vahini가 대표적이다. 이 방송국과 사회개발기구인 마안 비카스 사마직 산스타(Maan Vikas Samajik Sanstha)의 설립자인 체트나 신하(Chetna Sinha)는 이렇게 말한다. "우리가 이 여성 자원봉사자들과 협력한 이유는 그들이 마안 데시 공동체 출신으로서 그 공동체가 직면한 문제들을 알고 있기 때문이다. 그들은 우리에게 이러한 문제들을 전달하고 그것은 우리가 라디오에서 그것에 관한 전문가 토론을 조직하는 데 도움을 준다. 라디오 방송국을 출범시킨 바로 그 목적은 창의적인 프로그래밍을 통해 정보에 대한 접근성을 높이고, 지역적 역량을 키우고, 여성들이 자신과 가족의 삶을 개선할 수 있도록 힘을 실어 주는 것이었다"(Poorvi, 2017: 6번째 단락에서 인용). Mann Deshi Tarang Vahini와 같은 방송국은 소외된 시골 여성들과 봉건적·계급적·카스트적 사회구조로 역할이 규정되어 온 여성들이 서서히 목소리를 내는 데 도움을 주고 있다(Malik and Bandelli, 2012: 8). 혼성 방송국에서는 이야기가 약간 다른데, 그곳에서는 기존의 사회규범들이 여성의 참여를 방해하고 있다(Thomas, 1994). 커뮤니티 라디오의 공공 영역에 대한 인도 여성의 참여를 억제하는 차별적·문화적 성 규범은 다양하다.

Radio Namaskar와 Radio Radkan에 대한 반델리의 연구는 라디오 수신기의 통제권을 주로 남성들이 차지하고 있으며, 여성들은 아이들을 돌보고 집안일을 하는 것과 같은 전통적인 성별적·문화적 역할을 수행하도록 기대됨을 밝혀 냈다. 여성은 라디오 출연자나 기자로서 문화적인 이유로 늦은 밤에 일할 수 없고, 다른 기자나 남성 출연자 등 외부 남성들과 함께 일할 것으로 기대되지 않는다. 일단 여성이 결혼하면 그들의 자유는 주로 남편과 시댁에 의해 결정된다. 콘텐츠 제작 참여뿐 아니라 심지어 여성 중심의 콘텐츠를 청취하는 것에도 어려움이 있다(Bandelli, 2012). 파바랄라와 말릭(Pavarala and Malik, 2009)은 자르칸드의 라디오 방송국인 Chala Ho Gaon Mein에 대한 연구에서 비슷한 감정을 표현하고 있다. 여성은 남성만큼 청취할 수 없고, 여성 문제는 남성 청취자와 관련된 이슈에 비해 크게 다뤄지지 않으며, 여성의 콘텐츠 제작 참여는 미미하다. 사회문화적 규범이 여성은 보호받아야 한다고 규정하고 있기 때문에 여성 기자의 수는 남자에 비해 적다. 인터뷰를 하러 가고, 낯선 사람들과 어울리고, 여성이 독립적으로 일하는 것은 여성의 안전이라는 개념에 반하는 것으로 보인다. 흥미롭게도, 말릭과 반델리는 이것을 인도 커뮤니티 라디오에서 "NGO 방송국"(Malik and Bandelli, 2012: 9)의 전형으로 설명해 왔는데, 지역 문화 규범들이 NGO의 프로그래밍/참여라는 양성평등 의제와 여성의 발전적 의사소통이라는 목표와 충돌하고 있다. 인도의 성 불평등에 대한 재조정은 "이 나라의 합의된 사회적 목표"(Joseph and Sharma, 1994: 17)로 설명되지만, 풀뿌리라 할 수 있는 마을 수준의 커뮤니티 라디오에서 여성에 대한 권한 강화는 더디게 진전하고 있다.

권한 강화에 대한 니르말라의 접근은 인도에서 여성의 역할을 고정관념으로 만드는 주요 행위자로서 대중매체에 초점을 맞추고 있다. 대부분의 여성들은 전통적인 역할로 묘사되며 광고에서 장식물로 등장하는 빈도가 더 높다. 매체의 관리직에 있는 여성들이 이러한 고정관념에 도전할 수 있을 것이라는 것이 그녀의 생각이다. 국영방송사인 All India Radio는 여성의 이익을 위해 봉사하고, 여성의 복지와 발전을 도모하는 것을 포함하는 정책 목표를 가지고 있다. 마찬가지로, 인도에서 제3의 부문으로서 공식적으로 커뮤니티 라디오가 보급된 2006년부터, 그 주된 목표는 공동체의 발전과 간접적으로 공동체 내 여성의 발전이었다(Nirmala, 2015: 43).

인도에는 커뮤니티 라디오와 관련된 몇 가지 성공 사례들이 있다. 카르나타카의 Namma Dhwani(우리의 목소리) 방송국은 2003년 유네스코(UNESCO)로부터 자금을 지원받아 인도 최초의 케이블 커뮤니티 라디오 방송국으로 출발했다. 부디코테 마을은 지역사회의 힘을 빌려 평소에는 정보를 접할 수 없는 이 지역의 많은 문맹 여성들을 위한 프로그램을 제작했다. 이 방송국은 지역민들을 위한 멀티미디어 센터 역할을 하며, 재정적으로 자급자족하는 한편, 여성들에게 상당한 지원을 제공하고 있다. 보건, 위생, 교육, 재정, 식품 건강, 가족에 관한 정보가 방송되고, 그 인식이 농촌 여성들의 삶을 향상시키고 있다(Singh, Kumar, Yadav, Dan and Singh, 2010).

또 다른 지역 라디오 성공 사례는 달릿 카스트의 지역 라디오 방송국에 대한 것이다. 인도 남부 텔랑가나 주의 Sangham Radio는 달릿 카스트(계급)의 가장 가난한 여성들과 함께 일하는 데칸개발협회에 의해 2008년에 출범했다. 달릿은 산스크리트어로 "압박"을 의미하고 힌디어로 "파괴/파쇄"를 의미한다. 그들은 인도 문화에서 "불가촉천민"이다(Gorringe, 2005). Sangham은 달릿 카스트의 소외된 농촌 여성들만을 위해 방송국을 운영하는 여성 마을 집단을 가리킨다. 그들은 반경 25킬로미터에 있는 100개 이상의 마을 5만 명의 사람들을 포함한다(Nirmala, 2015: 44).

타밀 나두에 있는 안나 대학교의 Anna FM은 카에 의해 기록되었다. 그것은 인도에서 가장 오래된 커뮤니티 방송국으로 지역, 도시, 하층과 중산층을 대상으로 방송한다. 카의 연구는 라디오 방송국이 여성 청취자들의 사회적·정치적 힘을 강화시키는 데 중요한 역할을 했고, 지역 문제를 토론하고 정보에 입각한 투표를 할 수 있게 만들었음을 보여 주었다. 그들은 새로운 기술을 배웠고, 고용 가능성이 높아졌으며, 결과적으로 돈을 쓸 수 있는 자유를 찾았다. 카는 현재 Anna FM을 통해 소외된 여성들이 이용할 수 있는 목소리와 권한이 매우 크다고 주장한다(Kar, 2010).

타밀 나두의 Holy Cross Community Radio는 2006년 12월에 방송을 시작했는데 트리치 시의 빈민 지역인 다마나타푸람과 제바나가르의 여성들을 구체적인 대상으로 삼았다. 그들은 하루에 8시간 방송한다. 연구원들은 170명의 청취자들을 대상으로 그 방송국에 대해 조사했다. 이 청취자들 중 27%는 프로그래밍이 자신감을 향상시켰고 그들의 성격 발달 및 공해와 건강에 대한 인식에 도움을 주었다고 말했다. 약 44%는 프로그래밍이 아동 건강과 전염병에 대한 인식을 높였다고 답했으며, 22%는 에이즈와 암에 대해 더 잘 알게 되었다고 답했다(Ankit, 2008).

폰디체리(Pondicherry) 대학교의 커뮤니티 라디오인 Puduvai Vaani는 "공동체의 목소리를 전달하기 위한 이데올로기적 틀"로서 2008년에 출범했다. 그 대학교 학생들은 참여형 커뮤니케이션을 활용해 목소리를 높일 수 있다. 여성과 아이들에 초점을 맞추고, 방송국은 "그들의 기술과 경제적 지위 향상"을 위한 훈련 과정을 제공한다(Balan Siva and Norman, 2012: 20). K. C. 시바 발란(K. C. Siva Balan)과 셀빈 제바라즈 노르만(Selvin Jebaraj Norman)은 이 커뮤니티 라디오가 농촌 여성의 발전에 미치는 영향을 발견하기를 열망했다. 그들은 가까운 필라이차바디 마을을 선택하고 무작위로 100명의 여성에게 말을 걸었다. 그 그룹에서 20%가 교육, 아동, 건강, 영양 관련 프로그램을 듣고 싶어 했고, 12%는 여성과 청소년을 위한 콘텐츠를 듣고 싶어 했다. 67%는 커뮤니티 라디오 방송에 관심을 보였다. 여성 중심 방송에 대한 수요가 있다.

인도 커뮤니티 라디오의 관점에서 본 이러한 성공담들이 성 균형에 대한 큰 희망을 제공하지만, 라디오에서 여성의 성 평준화로 가는 여정은 라디오의 조건에 의존하지 않는다. 그 변화는 여성의 전반적인 평등을 향한 풀뿌리 사회의 진화에서 나와야 한다. 사회 변화는 세대에 걸쳐 일어날 수도 있지만, 커뮤니티 라디오의 여성들은 그들의 참여와 본보기로 잠재적인 속도를 높일 수 있다.

결론

가장 넓은 의미에서, 이 연구는 라디오의 성 평등을 2단계 논의로 지적하는데, 하나는 선진국에, 하나는 개발도상국에 있다. 그러나, 문화적 유산은 두 방송 미디어 세계의 가운데에 있으며, 라디오가 어떤 특별한 위치를 차지하는 것은 아니다.

대표성은 일반적으로 미디어에 반영된다. 국제 수준의 뉴스 매체에서, GMMP는 여성들이 뉴스를 전달하고, 매체를 관리하고, 매체에서 언급되는 것에 있어서 낮은 대표성을 가지고 있음을 보여 준다. 라디오 뉴스는 다른 매체보다 약간 더 나은 성 비율을 보인다. 1995년 이후 성 평등이 소폭 개선되었지만, 최근 5년간은 진전이 정체되었다(WACC, 2015: 1). GMMP 데이터는 방송 주제와 지역별로도 볼 수 있다.

흥미롭게도, 2018 세계 라디오 데이(UNESCO, 2018: 2~3번째 단락) 웹사이트 표지 기사 중 하나인 GMMP 토픽 데이터(WACC, 2015: 49)는 세계 스포츠 방송의 놀라운 상황을 요약하고 있다. 스포츠에 대한 이야기의 12%만이 여성에 의해 보도되고, 등장하는 선수의 7%만이 여성인데, 라디오에서는 그 숫자가 더 나쁘다. 스포츠 방송은 남성과 소년들에게 "여성을 보는 시각뿐만 아니라 자기 자신을 생각하는 시각"이라는 문화적 규범을 형성하는 강력한 매체다(UNESCO, 2018: 6번째 단락). 청년의 가치와 행동에 그 정도로 큰 영향을 미치는 기관은 드물다(UNESCO, 2018: 7번째 단락). 스포츠 방송사들은 문화적 양성평등 규범을 재정비할 수 있는 중요한 기회를 가지고 있다. 순수하게 재정적인 관점에서, 스포츠 방송이 더 큰 양성평등을 보여 준다면 광고주들은 여성들의 평가에서 더 좋은 점수를 얻을 수 있을 것이다.

GMMP의 권역별 결과(WACC, 2015: 117~120)를 탐색하면 아시아와 아프리카가 종종 성 평등 측정의 스펙트럼에서 가장 낮은 균형을 이루고 있음을 알 수 있다. 라디오에서 성 평등의 균형에 대한 책임을 잘 맡고 있는 BBC와 호주 방송공사는 업계의 모든 단계에서 균형 잡힌 시각에 훨씬 더 가깝다. 그러나 여전히 중대한 쟁점들이 있다.

영국과 호주의 최근 논의에서 두드러진 것은 먼저 남성과 여성 미디어 종사자들 사이에 큰 차이를 보이는 급여, 그리고 미디어 기업 이사회의 성 불균형에 대한 양성평등에 공개적으로 초점을 맞추고 있다는 점이다. 2017년 BBC는 여성 직원들이 비슷한 직위의 남성에 비해 5분의 1 급여를 받고 있다는, 이른바 급여 스캔들에 휘말렸다(Ellis-Petserson and Sweney, 2017: 6번째 단락). 호주의 경우, 상업용 라디오 회사의 여성 이사진 비율은 평균 25%이다. 그러나 호주의 모든 유형의 기업의 전국 평균은 25.4%이다(Saxon, 2017: 17번째 단락). 이러한 통계는 라디오에 특정되는 것이 아니라 문화적으로 성 평등의 불균형을 나타낸다.

성 평준화 논의가 다른 단계에 있는 인도의 라디오에서도 문화적 전통이 성 평등 문제의 핵심에 있다. 선진국의 라디오 초창기에 여성들은 방송인으로 인정받기 위해 고군분투하고 음성학과 문화적 용어를 동원해 여성의 목소리를 폄하하는 남성들과 협상하는 등의 근본적인 도전에 직면했다. 오늘날 인도에서도 여성들은 자신들의 목소리가 들리게 만들기 위한 노력을 하고 있다. 그들의 목소리, 그들의 주제, 그들의 의견은 이제 겨우 인정받기 시작했다. 커뮤니티 라디오는 최근 문헌에서 인도 여성들의 권한 부여를 위한 주요 매체로 부각되고 있다.

인도에서 제작자로서, 그리고 청취자로서 여성들은 그들의 능력과 열망을 성찰하기 시작했다. 라디오는 여성의 리더십 능력을 개발하고, 대중 앞에서 연설하는 데 대한 자신감을 향상시키며, 교육, 건강, 공해, 위생, 여성의 권리, 모성, 폭력, 영양에 대한 인식을 강조하고, 사회적·경제적·정치적 권한 강화를 제공한다. 인도의 커뮤니티 라디오가 지역 여성의 요구를 파악하고 해결할 수 있는 강력한 발전적 커뮤니케이션이라는 중요한 증거가 있다(Nirmala, 2015: 45~46). 라디오는 또한 청취자와 제작자를 위한 대중 소통의 도구로서 쉽게 접근할 수 있다. 그 기술은 숙달하기 쉽고 저렴하며, 읽고 쓰는 것이 장벽이 아니다. 커뮤니티 라디오는 잠재적으로 참여 커뮤니케이션을 통한 풀뿌리 개발의 강력한 도구가 된다(Balan Siva and Norman, 2012).

이 장의 의도는 문헌 검토를 통해 최근 몇 년간 라디오와 성 평등에 대해 쓰여진 것을 발견하고 유의미한 추세를 부각시키는 것이었다. 세계적으로 라디오를 포함한 방송 매체의 제작과 미디어 콘텐츠의 양성평등은 개선되었지만 여전히 갈 길이 멀다. 미디어 내부의 불평등한 보수와 불균형적인 미디어 회사 이사진 문제는 여전히 문화적 과제다. 비슷한 징표로, 커뮤니티 라디오에 대한 인도인의 시각은 우리에게 문화가 어떤 개별적인 매체나 주제보다 훨씬 더 만연해 있다는 것을 분명히 상기시킨다. 라디오나 미디어는 일반적으로 성 평등에 대해 거의 말하지 않는다. 오히려, 그것은 세계적으로 불균형한 성 평등에 대해 문화적으로 받아들여지는 규범을 반영하는 것 같다. 대중 소통의 특권은 책임을 수반한다. 방송 매체의 제작과 내용에서 문화적 성 불평등을 영구화하거나, 또는 미래를 위한 성 균형에 활력을 불어넣을 수 있는 그러한 특권을 우리는 어떻게 사용할 것인가?

감사의 말

편집자는 이 학술 서적에 참여한 모든 사람들의 사려 깊은 연구에 대해, 그리고 편집과 출판 과정의 모든 단계에서 드러난 그들의 도움에 대해 감사를 표한다. 이 책은 21세기 라디오 산업에 대한 그들의 관심과 더 많은 것을 배우고자 하는 열망이 없었다면 완성되지 못했을 것이다.

이 프로젝트를 처음부터 지지한 럿거스 대학교 편집부의 리사 배닝(Lisa Banning)에게 진심으로 감사의 뜻을 전한다. 책의 출간 과정 내내 리사의 인내와 도움이 특히 큰 힘이 되었다. 또한 편집자는 프로젝트에 대한 신중한 의견과 현명한 조언을 제공한 외부 검토자 마이클 브라운(와이오밍 대학교)과 크리스토퍼 스털링(조지워싱턴 대학교)에게도 감사를 표한다.

웨스트체스터 출판국의 안젤라 필리우라스(Angela Piliouras)와 조셉 담(Joseph Dahm)은 이 프로젝트를 마지막 단계까지 이끄는 일을 훌륭하게 해냈다. 웨스트체스터는 이 책의 최종본 편집과 조판을 진행했다. 트윈 오크스 인덱싱(Twin Oaks Indexing)은 시기적절하게 이 책의 색인을 만들었고 그들의 훌륭한 작업도 인정받을 만하다.

텍사스 나코그도치스의 스티븐 F. 오스틴 대학교는 편집자의 연구를 지속적으로 지원해 주었다. 이 대학교는 수업과 연구와 행정적 책임의 건강한 균형을 이해하고 지원했다. 특히 이 책은 SFA 연구 강화 프로그램의 재정 지원을 받았다. 또한 헨드릭스 박사(Dr. Hendricks)는 2명의 대학원 조교인 밀라드 치자리(Milad Chizari)와 멜리사 허친스(Melissa Hutchens)에게 감사를 표한다. 두 사람은 편집 과정 내내 성실하고 세심한 도움을 주었다.

언제나 그렇듯이 편집자는 아내 스테이시 헨드릭스 박사(Dr. Stacy Hendricks)에게 감사하고 있다. 그녀의 격려는 늘 한결같고 그녀의 충고는 언제나 현명하다.

옮긴이의 글 ──────────────────────────────

라디오의 역사는 1세기를 훌쩍 넘어섰으며, 1927년에 대한민국 최초의 라디오 방송이 시작된 후로도 94년이 지났습니다. 오랜 시간이 지나면서 텔레비전과 인터넷, 모바일에 차례로 자리를 내주었지만, 그럼에도 불구하고 라디오는 처음 등장했을 때와 크게 다르지 않은 형태를 유지하며 여전히 '주요 대중매체'로서 영향력을 발휘하고 있습니다. 이것은 소리 매체로서 라디오가 갖는 고유한 장점들 때문이기도 하지만, 한편으로는 자동차에서 라디오의 편의성, 유익함, 재미를 능가할 만한 매체가 없었기 때문이기도 합니다. 그런데 자동차가 스마트폰이나 인터넷과 연결되면서, 심지어 인간이 운전을 하지 않아도 되는 시대가 다가오면서, 이제는 자동차마저도 라디오가 독점할 수 없는 영역이 되고 있습니다. 라디오가 설 자리는 더욱 줄어들고 있습니다.

한국의 라디오는 특히 침체 일로를 걷고 있습니다. 라디오 PD로 지내온 지난 20년을 돌아보면, 우리 라디오는 한 번도 '장밋빛 미래'를 가졌던 적이 없었습니다. 늘 위기였고, 늘 내일을 걱정해야 했습니다. 디지털 라디오의 도입이 계속 미뤄지면서 하드웨어 산업은 더 이상의 비전을 찾지 못하게 되었고, 새로운 매체들이 등장하며 경쟁이 심화되는 가운데 방송 광고와 콘텐츠 시장도 계속 축소되고 있습니다. 신규 청취자의 유입이 폭넓게 이뤄지지 않다 보니 청취층이 계속 고령화되는 것도 라디오 산업의 전망을 어둡게 합니다.

잠깐 해외로 눈을 돌려 봤습니다. 2014년 CBS 창사 60주년 특집 프로그램 '라디오, 날개를 달다'를 기획하여 해외 라디오 현황을 취재했습니다. 미국, 영국 등에서는 라디오의 청취율이 90%를 훌쩍 넘습니다. 디지털 라디오와 위성 라디오를 통해 100개 넘는 채널을 즐길 수 있습니다. 새로운 라디오 프로그램 포맷들이 속속 등장하고, 그것들이 텔레비전이나 영화에 영향을 주고는 합니다. 중국에서는 FM 주파수를 통해 5.1채널 입체 음향을 들을 수 있었습니다. 라디오 전문 프로덕션이 메이저 텔레비전 제작사 못지않은 경쟁력을 갖추고 있는 현장도 보았습니다. 그들에게 라디오는 잊혀지고 사라져가는 '올드 매체'가 아니라 여전히 장점을 뽐내며 함께 숨 쉬고 있는 '필수 매체'였습니다. 우리와 다른 점이 있다면, 그들의 라디오는 AM/FM 전파에 머물지 않고 텔레비전, 게임, 인터넷, 스마트폰, 팟캐스트, 유튜브 등등 가능한 모든 것과 결합하며 '소리 매체'로서 새롭게 살아갈 터전을 만들어 가고 있다는 것이었습니다.

이런 발견을 전하기 위해 노력했고, 기회가 있을 때마다 제가 맡은 프로그램에 접목하려고 시도해 봤습니다. 라디오 업계의 관심도 모았고, 약간의 성과도 있었지만, 우리 라디오가 처한 환경을 바꾸는 것까지는 이르지 못했습니다. 그렇게 몇 년의 시간이 지나가고, 라디오의 미래보다 눈앞에 닥친 나의 현실이 더 크게 느껴질 때쯤 우연히 *Radio's Second Century: Past, Present, and Future*를 만나게 되었습니다.

이 책을 엮은 존 앨런 헨드릭스(John Allen Hendricks) 교수는 오랜 기간 라디오를 연구해 왔으며 다양한 저술 활동을 통해 명성을 얻고 있습니다. The *Radio Station: Broadcasting, Podcasting, and Streaming*라는 저술은 얼마

전 10쇄를 발행했을 정도로 라디오 방송 산업 분야의 베스트셀러이자 교본으로 자리 잡고 있습니다. 헨드릭스 교수가 '라디오 탄생 100주년'을 기념하기 위해 대표적인 학자들과 함께 만든 역작이 바로 *Radio's Second Century*입니다. 이 책을 국내에 소개할 수 있게 된 점을 영광스럽게 생각하며, 재정적 지원을 해 준 '방송문화진흥회 번역지원사업'에 감사의 뜻을 전합니다.

제목처럼 이 책은 라디오의 과거를 돌아보고 현재를 분석하며, 미래를 조망하고 있습니다. 라디오 산업과 관련한 주요 이슈들을 빠짐없이 다루며, 지금 라디오가 가야 할 길을 모색하고 그 길에 숨은 위험을 경고하고 있습니다. 우리와 비교할 수 없을 정도로 탄탄한 산업 기반을 가지고 있는 미국 라디오 업계에서 이런 연구 활동이 계속 이어지고 있다는 것은 대단히 부러우면서도 한편으로 그 성과를 공유할 수 있다는 점에서 설레는 일이 아닐 수 없습니다.

번역을 하면서, 우리 현실과 다소 멀게 느껴질 수 있는 예시와 그 안에 담긴 함의들을 어떻게 전달해야 할지 많은 고민을 했습니다. 다만 그들과 우리의 조건과 상황이 다르다는 것을 인정하고 그 모습 그대로를 보여 주되, 그 안에 담긴 '인사이트'를 충분히 드러내는 데 중점을 두었습니다. 그럼에도 불구하고 혹시라도 어색한 부분이나 의미가 명확히 이해되지 않는 부분이 있다면 그것은 전적으로 역자의 잘못이며, 결코 이 책의 내용이나 가치가 부족하기 때문은 아님을 밝힙니다.

한울엠플러스(주) 편집진의 훌륭한 작업 덕분에 번역의 아쉬움이 조금이나마 상쇄될 수 있었음에 감사합니다. 이 책은 미국과 서구의 라디오뿐 아니라, 가장 깊은 고민에 빠져 있는 대한민국의 라디오 종사자들과 관련 연구자들은 물론, 여전히 라디오에 관심을 가지고 있는 많은 독자들에게 큰 도움이 될 것입니다. 제가 진심으로 사랑해 마지않는 라디오가 지난

100년간 이룩한 성과를 돌아보고 새로운 100년을 계획하는 데 조금이나마 기여할 수 있기를 바랍니다.

끝으로 대한민국 최고의 프로그램 CBS 〈김현정의 뉴스쇼〉, 〈댓꿀쇼〉에서 함께한 동료들, 라디오 PD로 지내 온 지난 20년 동안 변함없는 롤모델이자 버팀목이 되어 준 소병철 CP와 여러 선배들, 언제나 분에 넘치는 칭찬과 응원을 보내 주시는 라디오 청취자와 '꿀단지'들에게 깊은 감사의 마음을 전합니다.

늘 같은 자리에서 믿음과 성원으로 힘이 되어 주는 사랑하는 아내와 가족이 없었다면 이 책의 번역을 마치지 못했을 겁니다. 항상 바쁜 가장으로서 미안함과 감사함, 그리고 특별한 사랑을 담아 이 책을 바칩니다. 그리고 그 무엇보다도, 제 존재의 이유이자 목적이 되시는 하나님께 감사드립니다.

참고문헌 ─────────────────────────────

머리말

Kaempffert, W. (1922). Radio simply explained. In G. Squire (Ed.), *The easy course in home radio* (pp. 1-50). New York: Martin H. Ray and Review of Review Co.

서문

Jacobs Media. (2018). *Tech Survey 2018: Radio navigates the digital revolution*. Retrieved from https://jacobsmedia.com/ts2018-results/

Stuart, D. (2018, December 11). Radio: Revenue, reach, and resilience. TMT predictions 2019. *Deloitte Insights*. Retrieved from www2.deloitte.com/insights/us/en/industry/technology/technology-media-and-telecom-predictions/radio-revenue.html

UNESCO. (2014). UNESCO *office commemorates World Radio Day 2014*. Retrieved from https://en.unesco.org/news/unesco-office-commemorates-world-radio-day-2014

1장

About: Mission Statement. (2019, January). SAG-AFTRA. Retrieved from www.sagaftra.org/about

About RIAA. (2019, January). RIAA.com. Retrieved from www.riaa.com/about-riaa/

About SoundExchange. (2019, January). SoundExchange. Retrieved from www.soundexchange.com/about/

Albiniak, P. (2002, February 25). Web radio rate set. *Broadcasting & Cable*, p.16.

Annual Report. (2017). SiriusXM. Retrieved from http://s2.94cdn.com/835250846/files/doc_fi-
    nancials/annual2017/feffcb79-c5ff-492a-ad94-5fe58fbe6734.pdf

Arbitron. (1999). Arbitron/Edison Media Research internet study III. Retrieved from www.ar-
    bitron.com/studies/internetIII.pdf

Arbitron. (2000). International webcaster, 'net-only sites top July webcast ratings. Retrieved
    from www.Arbitron.com/articlei.htm

ASCAP Music Organization. (n.d.). *Encyclopaedia Britannica*. Retrieved from www.britanni-
    ca.com/topic/ASCAP

Aswad, J. (2017, August 30). Traditional radio faces a grim future, new study says. *Variety*.
    Retrieved from https://variety.com/2017/music/news/traditional-radio-faces-a-grim-fut-
    ure-new-study-says-1202542681/

Audio today 2018: How America listens. (2018). Nielsen.com. Retrieved from www.nielsen.
    com/us/en/insights/reports/2018/state-of-the-media—audio-today-2018.html

Barrett, B. (2018, June 19). Google's new podcast app could turbocharge the industry. *Wired*.
    Retrieved from www.wired.com/story/google-podcasts-app-hands-on/

Berry, R. (2006). Will the iPod kill the radio star? Profiling podcasting as radio. *Convergence*,
    12(2), 143-162. doi:10.1177/1354856506066522

Biagi, S. (2017). *Media/Impact: An introduction to mass media*. Boston: Cengage.

BRS Media. (2000). BRS media's web-radio report strongest growth segment of webcasting in
    radio. Retrieved from www.brsmedia.com/pressoo0920.html

Connolly, B. (2002, March 1). Copyright office panel proposes webcast performance royal-
    ties. R&R, p. 17.

Copyright Law of 1976, 17 U.S.C.§§ 106, 112, 114.

Dennison, C. (2004). Digital satellite radio. In C. H. Sterling (Ed.), *The Museum of Broad
    cast Communications encyclopedia of radio* (Vol. 1, pp. 466-469). New York: Fitzroy
    Dearborn.

Digital Performance Right in Sound Recordings Act of 1995, Pub. L. No. 104-39, 109 Stat. 339.

Edison Research. (2018). *The infinite dial 2018*. Somerville, NJ. Retrieved from www.slide
    share.net/webby2001/infinite-dial-2018

Ely, G. (2018a, March 30). Radio's big challenge: Finding its way forward in this new digital
    world. *Forbes*. Retrieved from www.forbes.com/sites/geneely/2018/03/30/radios-big-

challenge-finding-its-way-forward-in-this-new-digital-world/#4de7552e5a26

Ely, G. (2018b, May 18). For traditional radio, it's all about harnessing the power of digital, *Forbes*. Retrieved from www.forbes.com/sites/geneely/2018/05/18/for-traditional-radio-its-all-about-harnessing-the-power-of-digital/#4454d6b86438

Entercom to exit TuneIn, commits all stations to Radio.com for streaming. (2018, June 26). *RAIN News*. Retrieved from https://rainnews.com/entercom-to-exit-tunein-commits-all-stations-to-radio-com-for-streaming/

Goldthwaite, M. (2018, October 10). Why brands should look to audio. *Ad Age*. Retrieved from www.nielsen.com/us/en/insights/reports/2018/state-of-the-media--audio-today-2018.html

Hammersley, B. (2004, February 11). Audible revolution. *Guardian*. Retrieved from www.theguardian.com/media/2004/feb/12/broadcasting.digitalmedia

Harris, M. (2018, December 17). What is streaming music? *Lifewire*. Retrieved from www.lifewire.com/what-is-streaming-music-2438445

Head, S. W., & Sterling, C. H. (1990). *Broadcasting in America: A survey of electronic media*. 6th ed. Boston: Houghton Mifflin.

Highlights from Jacobs Media Techsurvey 2018. (2018, May 17). *Inside Radio*. Retrieved from www.insideradio.com/free/highlights-from-jacobs-media-techsurvey/article_9d4d2530-5998-11c8-9dbc-6b46c3ac9c3a.html

Is the radio broadcasting industry in the U.S. dying? An analysis. (2018, November 21). *Televisory*. Retrieved from www.televisory.com/blogs/-/blogs/is-radio-broadcasting-industry-in-the-u-s-dying-an-analysis

Johnston, C. (2002, March 27). CARP: What it means to radio. *Radio* World, pp. 77, 80-81.

Kiger, P. J. (2018, November 25). How Spotify and other streaming services broaden our musical horizons. *Fast Company*. Retrieved from www.fastcompany.com/90270574/how-spotify-and-other-streaming-services-broaden-our-musical-horizons

Komando, K. (1999, March 31). What online listeners really want. *Radio World*, p. 103.

Lind, R. A., & Medoff, N. J. (1999). Radio stations and the world wide web. *Journal of Radio Studies*, 6(2), 203-221.

Liptak, A. (2018, February 4). Apple Music is set to surpass Spotify in paid US subscribers this summer: Apple now has 36 million paying subscribers. *The Verge*. Retrieved from www.theverge.com/2018/2/4/16971436/apple-music-surpass-spotify-us-subscribers

McClung, S., Mims, B., & Hong, C. (2003). College radio station managers express attitudes toward streaming in times of legal uncertainty. *Journal of Radio Studies*, 10(2), 155-169.

McIntyre, H. (2018, May 25). The top 10 streaming music services by number of users. *Forbes*. Retrieved from www.forbes.com/sites/hughmcintyre/2018/05/25/the-top-10-streaming-music-services-by-number-of-users/#1981dc605178

Meyer, J. (2018). Letter to stockholders. SiriusXM. Retrieved from www.sec.gov/Archives/edgar/data/908937/000093041318001423/c90033_def14a.htm

Miller, L. S. (2017, August 30). *Paradigm shift: Why radio must adapt to the rise of digital*. Retrieved from http://musonomics.com/musonomics_report_paradigm_ shift_why_radio_must_adapt_to_the_rise_of_digital_08.29.2017.pdf

Oxford Dictionary names "Podcast" 2005 word of the year. (2005, December 6). *Wired*. Retrieved from www.wired.com/2005/12/oxford-dictiona/

Pandora reports Q3 2018 financial results. (2018, November s). Retrieved from http://investor.pandora.com/file/Index?KeyFile=395642778

Podcast playbook: A guide for marketers. (2017, August). Internet Advertising Bureau. Retrieved from www.iab.com/wp-content/uploads/2017/08/IAB_Podcast-Playbook_v8.pdf

Porter, J. (2018, September 24). SiriusXM buys Pandora for $3.5 billion. *The Verge*. Retrieved from www.theverge.com/2018/9/24/17895332/siriusxm-pandora-acquisition-music-streaming

Radio webcasts up 39% over last year. (2000, September 21). *R&R*. Retrieved from www.fronline.com

Raphael, J. (2000, September 4). Radio station leaves earth and enters cyberspace. *New York Times*, p. C.6.

Ryan, E. (2018, October 15). We want to make audio a first-class citizen. *Radio Ink*, 33(12), 18-23.

Sirius completes acquisition of XM Satellite. (2008, July 9). Reuters. Retrieved from www.reuters.com/article/industry-satellite-dc/sirius-completes-acquisition-of-xm-satellite-idUSN2926292520080729?sp=true

The smart audio report, winter 2018. (2018). National Public Media. Retrieved from www.
nationalpublicmedia.com/smart-audio-report/latest-report/

Smith, F. L. (1985). *Perspectives on radio and television: Telecommunication in the United States*. 2nd ed. New York: Harper & Row.

SoundExchange and "PurePlay" webcasters reach unprecedented experimental rate agreement. (2009, July 7). Sound Exchange. Retrieved from www.soundexchange.com/news/soundexchange-and-pureplay-webcasters-reach-unprecedented-experimental-rate-agreement/

Spotify: Quick facts. (2019). Spotify.com. Retrieved from https://investors.spotify.com/home/default.aspx

Sterling, C. H., & Kittross, J. M. (1990). *Stay tuned: A concise history of American broadcasting*. Belmont, CA: Wadsworth.

Taylor, M. R. (2018). *Radio: My life, my passion*. Herndon, VA: Mascot Books.

Tech terms: App. (2018). TechTerms.com. Retrieved from https://techterms.com/definition/app

United States Copyright Office, Library of Congress. (2002a). Appendix A: Summary of royalty rates for section 114(f)(2) and 112(e) statutory licenses. Retrieved from www.copyright.gov/carp/webcasting_rates_a.pdf

United States Copyright Office, Library of Congress. (2002b, February 20). Report of the Copyright Arbitration Royalty Panel (interim public version). Retrieved from www.copyright.gov/carp/webcasting_rates.pdf

Walsh, C. (2011, October 27). The podcast revolution: Two Berkman fellows helped to make it happen. *Harvard Gazette*. Retrieved from https://news.harvard.edu/gazette/story/2011/10/the-podcast-revolution/

Wilson, J. L. (2018, November 17). The best online music streaming services for 2019. *PCMag*. Retrieved from www.pcmag.com/article2/0,2817,2380776,00.asp

2장

Anderson, C. (2011). Between creative and quantified audiences: Web metrics and changing patterns of news work in local US newsrooms. *Journalism*, 12(s), 550-566. doi:10.1177/1464884911402451

Audio Graphics. (2013, August 5). Retrieved from www.audiographics.com/agd/o80513-1. htm

Beam, R. A. (1996). How perceived environmental uncertainty influences the marketing orientation of US daily newspapers. *Journalism and Mass Communication Quarterly*, 73(2), 285-303.

Beam, R. A. (2003). Content differences between daily newspapers with strong and weak market orientations. *Journalism and Mass Communication Quarterly*, 80(2), 368-390.

Beam, R. A. (2006). Organizational goals and priorities and the job satisfaction of US. journalists. *Journalism and Mass Communication Quarterly*, 83(1), 169-185.

Bonini, T. (2014). Doing radio in the age of Facebook. *Radio Journal*, 12(1-2), 73-87.

Borger, M., Van Hoof, A., & Sanders, J. (2016). Expecting reciprocity: Towards a model of the participants' perspective on participatory journalism. *New Media & Society*, 18(s), 708-725.

Chung, D. S., & Nah, S. (2009). The effects of interactive news presentation on perceived user satisfaction of online community newspapers. *Journal of Computer-Mediated Communication*, 14(4), 855-874.

Complete Television, Radio, & Cable Industry Directory. (2015). Amenia, NY: Greyhouse Publishing

Crider, D. (2012). A public sphere in decline: The state of localism in talk radio. *Journal of Broadcasting & Electronic Media*, 56(2), 225-244.

Curtain, P. A., Dougall, E., & Mersey, R. D. (2007). Study compares Yahoo! news story preferences. *Newspaper Research Journal*, 28(4), 22-35.

Daniels, G. L., & Hollifield, C. A. (2002). Times of turmoil: Short and long-term effects of organizational change on newsroom employees. *Journalism and Mass Communication Quarterly*, 79(3), 661-680.

Davis Merscy, R., Malthouse, E.C., & Calder, B.J. (2010). Engagement with online media. *Journal of Media Business Studies*, 7(2), 39-56.

Domingo, D., Quandt, T., Heinonen, A., Paulussen, S., Singer, J., & Vujnovic, M. (2008). Participatory journalism practices in the media and beyond: An international comparative study of initiatives in online newspaper. *Journalism Practice*, 2(3), 326-342.

Ferrucci, P. (2015). Primary differences: How market orientation can influence content.

Journal of Media Practice, 16(3), 195-210.

Flegel, R. C., & Chaffee, S. H. (1971). Influences of editors, readers, and personal opinions on reporters. *Journalism Quarterly*, 48(4), 645-651.

Gamerman, E. (2014, November 14). "Serial" podcast catches fire. *Wall Street Journal*. Retrieved from www.wsj.com/articles/serial-podcast-catches-fire-1415921853

Garner, K. (2009). Special issue of the Radio Journal: BBC listeners online. *Radio Journal*, 7(1), 5-8.

Geddes, J. (2016, January 23). iHeartRadio vs. Pandora: How the top U.S. online radio streaming services compare. *Tech Times*. Retrieved from www.techtimes.com/articles/126887/20160123/iheartradio-vs-pandora-how-the-top-u-s-online-radio-streaming-servic-es compare.htm

Herman, E., & McChesney, R. (1997). *Global Media: The new missionaries of global capitalism*. London: Cassell.

Herrera-Damas, S., & Hermida, A. (2014). Tweeting but not talking: The missing element in talk radio's institutional use of twitter. *Journal of Broadcasting & Electronic Media*, 58(4), 481-500.

Karlsson, M., Bergström, A., Clerwall, C., & Fast, K. (2015). Participatory journalism-The(r)evolution that wasn't. Content and user behavior in Sweden 2007-2013. *Journal of Computer-Mediated Communication*, 20(3), 295-311.

Kormelink, T. G., & Meijer, I. C. (2018). What clicks actually mean: Exploring digital news user practices. *Journalism*, 19(s), 668-683.

Lacy, S. (1992). The financial commitment approach to news media competition. *Journal of Media Economics*, 5(2), 5-21.

Lacy, S., & Blanchard, A. (2003). The impact of public ownership, profits, and competition on number of newsroom employees and starting salaries in mid-sized daily newspapers. *Journalism and Mass Communication Quarterly*, 80(4), 949-968.

Lacy, S., Duffy, M., Riffe, D., Thorson, E., & Fleming, K. (2010). Citizen journalism web sites complement newspapers. *Newspaper Research Journal*, 31(2), 34-46.

Lacy, S., & Fico, F. (1990). Newspaper quality & ownership: Rating the groups. *Newspaper Research Journal*, 11(2), 42-56.

Lacy, S., & Riffe, D. (1994). The impact of competition and group ownership on radio news.

Journalism Quarterly, 71(3), 583-593.

Lacy, S., Riffe, D., Thorson, E., & Duffy, M. (2009). Examining the features, policies and resources of citizen journalism: Citizen news sites and blogs. *Web Journal of Mass Communication Research*, 15(1), 1-20.

Litman, B. R., & Bridges, J. (1986) An economic analysis of daily newspaper performance, *Newspaper Research Journal*, 7(3), 9-26.

Lowrey, W. (2009). Institutional roadblocks: Assessing journalism's response to changing audiences. In Z. Papacharissi (Ed.), *Journalism and citizenship* (pp. 62-86). New York: Routledge.

Lowrey, W. (2012). Journalism innovation and the ecology of news production institutional tendencies. *Journalism & Communication Monographs*, 14(4), 214-287.

Lowrey, W., and Woo, C. W. (2010). The news organization in uncertain times. Business or institution? *Journalism and Mass Communication Quarterly*, 87(1), 41-63.

MacGregor, P. (2007). Tracking the online audience: Metric data start a subtle revolution. *Journalism Studies*, 8(2), 280-298.

McGregor, M. A., Driscoll, P. D., & McDowell, W. (2016). *Head's broadcasting in America: A survey of electronic media*. New York: Routledge.

Napoli, P. M. (2011). *Audience evolution: New technologies and the transformation of media audiences*. New York: Columbia University Press.

Neumark, L. (2006). Different spaces, different times: Exploring possibilities for crossplatform "radio." *Convergence*, 12(2), 213-224.

Nunnally, J. C. (1978). *Psychometric theory* (2nd ed.). New York: McGraw-Hill.

Pluskota, J. P. (2015). The perfect technology: Radio and mobility. *Journal of Radio and Audio Media*, 22(2), 325-336.

Potter, R. F. (2002). Give the people what they want: A content analysis of FM radio station home pages. *Journal of Broadcasting & Electronic Media*, 46(3), 369-384.

Riffc, D., Lacy, S., & Fico, F. (2014). *Analyzing media messages: Using quantitative content analysis in research*. New York: Routledge.

Riffe, D., & Shaw, E. F. (1990). Ownership, operating, staffing and content characteristics of "news radio" stations. *Journalism and Mass Communication Quarterly*, 67(4), 684-691.

Saffran, M. J. (2011). Effects of local-market radio ownership concentration on radio localism, the public interest, and listener opinions and use of local radio. *Journal of Radio and Audio Media*, 18(2), 281-294.

Serbetar, I., & Sedlar, I. (2016). Assessing reliability of a multi-dimensional scale by coefficient alpha. *Revija za Elementarno Izobrazevanje*, 9(1/2), 189.

Shoemaker, P. J., & Reese, S. D. (2014). *Mediating the message in the 21st century: A media sociology perspective*. New York: Routledge.

Stark, B., & Weichselbaum, P. (2013). What attracts listeners to web radio? A case study from Germany. *Radio Journal*, 11(2), 185-202. doi:10.1386/rja0.11.2.185_1

State of the Media: Audio Today 2014. (2014, February). Retrieved from www.nielsen.com/content/dam/corporate/us/en/reports-downloads/2014%20Reports/state-of-the-media-audio-today-feb-2014.pdf

Statista Dossier. (2015). Radio in the U.S.-Facts and statistics on the radio market in the U.S. Retrieved from www.statista.com/study/13621/radio-in-the-us-statista-dossier/

Tabachnick, B. G., Fidell, L. S., & Osterlind, S. J. (1983). *Using multivariate statistics* (2nd ed.). New York: Harper & Row.

Tandoc, E. C., Jr., Hellmueller, L., & Vos, T. P. (2013). Mind the gap: Between journalistic role conception and role enactment. *Journalism Practice*, 7(5), 539-554.

Tuchman, G. (1973). Making news by doing work: Routinizing the unexpected. *American Journal of Sociology*, 79(1), 110-131.

Usher, N. (2016). *Interactive journalism: Hackers, data, and code*. Urbana: University of Illinois Press.

Vogt, N. (2015, April 29), Audio: Fact sheet, *State of the News Media 2015*. Retrieved from www.journalism.org/2015/04/29/audio-fact-sheet

Weaver, D. H., Beam, R, A., Brownlee, B. J., Voakes, P. S., & Wilhoit, G. C. (2009). *The American journalist in the arst century: US news people at the dawn of a new millennium*. New York: Routledge.

3장

Dibble, J. L., Hartmann, T., & Rosaen, S. F. (2016). Parasocial interaction and parasocial relationship: Conceptual clarification and a critical assessment of measures. *Human*

Communication Research, 42(1), 21-44. doi:10.1111/hcre.12063

Hartmann, T., & Goldhoorn, C. (2011). Horton and Wohl revisited: Exploring viewers' experience of parasocial interaction. *Journal of Communication*, 6, 1104-1121.

Horton, D., & Wohl, R. (1956). Mass communication and para-social interaction: Observations on intimacy at a distance. *Psychiatry*, 19, 215-229.

Katz, E., Peters, J. D., Liebes, T., & Orloff, A. (2003). *Canonic texts in media research: Are there any? Should there be? How about these?* Cambridge: Polity.

MacDougall, R. C. (2012). *Digination: Identity, organization, and public life in the age of small digital devices and big digital domains*. Madison, NJ: Fairleigh Dickinson University Press.

Mulder, S., & Shetty, A. (2017). *IAB Podcast Measurement Technical Guidelines Version 2.0* (Guide). New York, NY: IAB Tech Lab Podcast Technical Working Group.

Peters, J. D., & Simonson, P. (2004). *Mass communication and American social thought: Key texts, 1919-1968*. Lanham, MD: Rowman & Littlefield.

Schiappa, E., Allen, M., & Gregg, P. B. (in press). Parasocial relationships and television: A metaanalysis of the effects. In R. Preiss, B. Gayle, N. Burrell, M. Allen, & J. Bryant (Eds.), *Mass media effects: Advances through meta-analysis*. Mahwah, NJ: Lawrence Erlbaum.

Wolfenden, H. (2014). I know exactly who they are: Radio presenters' conceptions of audience. *Radio Journal*, 12(1-2), 5-21. doi:10.1386/rjao.12.1-2.51

4장

Al-Rawi, A. (2016). Understanding the social media of radio stations. *Journal of Radio and Audio Media*, 23, 50-67.

Ashworth, S. (2017, August 31). Report: Digital threats demand that radio evolve. *Radio world.com*. Retrieved from www.radioworld.com/news-and-business/report-digital-threats-demand-that-radio-evolve

Audio today: Radio 2016—Appealing far and wide. (2016, February 2s). *Nielsen.com*. Retrieved from www.nielsen.com/us/en/insights/reports/2016/audio-today-radio-2016-appealing-far-and-wide.html

Fan, W., & Gordon, M. D. (2014). The power of social media analytics. *Communications of the ACM,* 57(6), 74-81.

Final reading on Q2 GDP up 3.1% v. 3% rise expected. (2017, September 28). *CNBC.com.* Retrieved from www.cnbc.com/2017/09/28/final-reading-on-q2-2017-gross-domestic-product.html

Finding new ways to generate revenue. (2007, January 2). *Entrepreneur.com.* www.entrepreneur.com/article/172496

Fowler, F. J. (2013). *Survey research methods.* Thousand Oaks, CA: Sage.

Internet talk radio. (n.d.). *Museum.media.org.* Retrieved from https://museum.media.org/radio/

Kagan: Radio revenues climb 1.1% to $17.8 billion in 2018.(2018, June 28). *Insideradio.com.* Retrieved from www.insideradio.com/kagan-radio-revenues-climb-to-billion-in/article_fasfaeee-7a94-11e8-bo09-07a867dfdbc9.html

Khan, G. F. (2015). *Seven layers of social media analytics: Mining business insights from social media text, actions, networks, hyperlinks, apps, search engine, and location data.* Create Space Independent Publishing Platform.

Radio facts and figures. (2017). *Newsgeneration.com.* Retrieved from www.newsgeneration.com/broadcast-resources/radio-facts-and-figures/

Radio's digital ad revenue grew double digits in 2016. (2017, March 28). *Insideradio.com.* Retrieved from www.insideradio.com/radio-s-digital-ad-revenue-grew-double-digits-in/article_7986db56-1370-11e7-a4d1-875fsob7c499.html

Social media update 2014. (2015, January 9). *Pewinternet.org.* Retrieved from www.pewinternet.org/2015/01/09/social-media-update-2014/

Video killed the radio star. (2017, November 12). Retrieved from museum.media.org/radio/

5장

Alpha Media buys Digity. (2015, August 4). *All Access.* Retrieved from www.allaccess.com/net-news/archive/story/144178/alpha-media-buys-digity

Brooks, A. C., & Collins, G. (2016, November 8). It's better when all politics is local. *New York Times.* Retrieved from www.nytimes.com/2016/11/08/opinion/campaign-stops/its-better-when-all-politics-is-local.html

Bucay, Y., Elliott, V., Kamin, J., & Park, A. (2017, Spring). America's growing news deserts.

Columbia Journalism Review. Retrieved from www.cjr.org/local_news/american-news-deserts-donuts-local.php

CBS Radio merges with Entercom, David Field to lead combined company. (2017, February 2). *All Access*. Retrieved from www.allaccess.com/net-news/archive/story/162276/cbs-corporation-and-entercom-announce-merger-of-cb

Conti, C. (2012). Accepting the mutability of broadcast localism: An analytic position. *Comm Law Conspectus*, 21, 106-150.

Crider, D. (2012). A public sphere in decline: The state of localism in talk radio. *Journal of Broadcasting and Electronic Media*, 56(2), 225-244.

Crider, D. (2016). *Performing personality: On-air radio identities in a changing media landscape*. Lanham, MD: Lexington.

Croteau, D., & Hoynes, W. (2001). *The business of media: Corporate media and the public interest*. Thousand Oaks, CA: Pine Forge Press.

Dunbar-Hester, C. (2013). What's local? Localism as a discursive boundary object in low-power radio policymaking. *Communication, Culture & Critique*, 6, 502-524.

Erickson, D. (2017, January 10). The talent pool: The failure of consolidation. *All Access*. Retrieved from www.allaccess.com/talent-pool/archive/25723/the-failure-of-consolidation

FCC sets stage for main studio & media rules redesign. (2017, April 28). *Inside Radio*. Retrieved from www.insideradio.com/free/fcc-sets-stage-for-main-studio-media-rules-redesign/article_d201da14-2be7-11e7-be42-cf82fibef4a2.html

Frey, L. R., Botan, C. H., Friedman, P. G., & Kreps, G. L. (1992). *Interpreting communication research: A case study approach*. Englewood Cliffs, NJ: Prentice Hall.

Habermas, J. (2006). Political communication in media society: Does democracy still enjoy an cpistemic dimension? The impact of normative theory on empirical research. *Communication Theory*, 16, 411-426.

Hilliard, R. L., & Keith, M. C. (2005). *The quieted voice: The rise and demise of localism in American radio*. Carbondale: Southern Illinois University Press.

iHeart tops industry revenue list with $2.6B—BIA/Kelsey. (2016, July 6). *Inside Radio*. Retrieved from www.insideradio.com/free/iheart-tops-industry-revenue-list-with-b-bia-kelsey/article_20295652-4353-11e6-89ad-af8b4e743d24.html

Jacobs, L. (2015, November 2). Does live & local really matter? *NuVoodoo*. Retrieved from http://blog.nuvoodoo.com/2015/11/02/does-live-local-really-matter

Jacobson, T. (2006). Media development and speech in the public sphere. In Global Forum for Media Development, *Media matters: Perspectives on advancing governance & development from the Global Forum for Media Development* (pp. 27-33). London: Internews Europe.

Kilgore, E. (2017, June 21). Republicans win Georgia's special election, Democrats search for a moral victory. *New York*. Retrieved from http://nymag.com/daily/intelligencer/2017/06/handel-edges-ossoff-in-georgia-special-election-for-the-ages.html

Lacy, S., Wildman, S. S., Fico, F., Bergan, D., Baldwin, T., & Zube, P. (2013). How radio news uses sources to cover local government news and factors affecting source use. *Journalism and Mass Communication Quarterly*, 90(3), 457-477.

Lombard, M., Snyder-Duch, J., & Bracken, C. C. (2002). Content analysis in mass communication: Assessment and reporting of intercoder reliability. *Human Communication Research*, 28(4), 587-604.

Nielsen Audio ratings. (2017). *Radio Online*. Retrieved from http://ratings.radio-online.com/cgi-bin/rol.exe/arb_menu_date

Number of broadcasting jobs has fallen 27% since 1990. (2016, June 10). *All Access*. Retrieved from www.allaccess.com/net-news/archive/story/154483/number-of-broadcasting-jobs-has-fallen-27-since-19

Parmett, H. M. (2016). KVOS in the local, public interest: Early broadcasting and the constitution of the local. *Journal of Radio and Audio Media*, 23(1), 95-108.

Poindexter, M. (2016). Towards a democratic public sphere: A history of Radio FreeDom in Reunion. *Journal of Radio and Audio Media*, 23(1), 109-122.

Simon, P. M. (2016, December 2). The letter: From the island of misfit media. *All Access*. Retrieved from www.allaccess.com/the-letter/archive/25587/defining-ourselves

Walker, L. R. (2017, April 24). Local public radio: America's last public square. *Columbia Journalism Review*. Retrieved from www.cjr.org/opinion/local-public-radio-wnyc.php

6장

Andersen, K., & Carlson, M. (1993). Big mouths. *Time*, 142(18), 60.

Arango, T. (2005, January 26). Satellite chat—Sirius, XM are exploring a possible merger. *New York Post*. Retrieved from http://nypost.com/2005/01/26/satellite-chat-sirius-xm-are-exploring-a-possible-merger/

Brown, A. (2015, 13 July). Meet America's highest-earning radio hosts: Howard Stern, Rush Limbaugh and more. *Forbes*. Retrieved from www.forbes.com/sites/abrambrown/2015/07/13/meet-americas-highest-earning-radio-hosts-howard-stern-rush-limbaugh-and-more/#785814bd4dd7

Carter, B., & Ives, N. (2004, October 11). Where some see just a shock jock, Sirius sees a top pitchman. *New York Times*. Retrieved from www.nytimes.com/2004/10/11/business/media/where-some-see-just-a-shock-jock-sirius-sees-a-top-pitchman.html

Chemi, M., & Fahey, M. (2015, December 16). Howard Stern would be the third-highest-paid CEO in America. *CNBC*. Retrieved from www.cnbc.com/2015/12/16/howard-stern-would-be-the-third-highest-paid-ceo-in-america.html

Colford, P. (1997). The Mel who would be king (CBS Station Group CEO Mel Karmazin). *Mediaweek*, 7(23), 32.

Edmonds, C. (2011, December 15). Why is Howard Stern so hugely popular? [Quora comment]. Retrieved from www.quora.com/Why-is-Howard-Stern-so-hugely-popular

Ellis, D., & La Monica, P. R. (2007). XM, Sirius announce merger. *CNN Money*. Retrieved from http://money.cnn.com/2007/02/19/news/companies/xm_sirius/index.htm

Goldman, D. (2008). XM-Sirius merger approved by DOJ. *CNN Money*. Retrieved from http://money.cnn.com/2008/03/24/news/companies/xm_sirius/index.htm?postv

Grossberg, L. (1992). *Is there a fan in the house? The affective sensibility of fandom* (Vol. 59). London: Routledge.

Hall, J. (1993). Stern Causes Near-Riot at NYC Signing: Radio: The author of the best-selling "Private Parts" becomes caught in traffic himself as thousands of fans jam the bookstore. *Los Angeles Times*. Retrieved from http://articles.latimes.com/1993-10-15/entertainment/ca-45889_1_private-parts

Harrington, C. L., & Bielby, D. D. (1995). *Soap fans: Pursuing pleasure and making meaning in everyday life*. Philadelphia: Temple University Press.

Hawkins, W. (2012). Why I love Howard Stern and you should, too! *Huffington Post*. Retrieved from www.huffingtonpost.com/walt-hawkins/howard-stern_b_1264926.html

Helfat, C. E., & Lieberman, M. B. (2002). *The birth of capabilities: Market entry and the importance of pre-history. Industrial and Corporate Change*, 11(4), 725-760.

Horton, D., & Wohl, R. (1956). Mass communication and para-social interaction: Observations on intimacy at a distance. *Psychiatry*, 19(3), 215-229.

Howard Stern Show. (2016, April 11). Howard Stern leads the way as SiriusXM Radio hits 30 million subscribers. Retrieved from www.howardstern.com/show/2016/4/11/howard-stern-leads-way-siriusxm-radio-hits-30-million-subscribers

McBride, S. (2005, March 30). Battle stations: Two up starts vie for dominance in satellite radio. *Wall Street Journal*, Ai.

Mintzer, R. (2010). *Howard Stern: A biography*. Westport, CT: ABC-CLIO/Greenwood.

Mixon, J. (2013, December 11). Why is Howard Stern so hugely popular? [Quora comment]. Retrieved from www.quora.com/Why-is-Howard-Stern-so-hugely-popular

Navis, C., & Glynn, M. A. (2010). How new market categories emerge: Temporal dynamics of legitimacy, identity, and entrepreneurship in satellite radio, 1990-2005. *Administrative Science Quarterly*, 55(3), 439-471.

Rosenblat, G. (2006). Stern penalties: How the Federal Communications Commission and Congress look to crackdown on indecent broadcasting. *Villanova Sports & Entertainment Law Journal*, 13(1), 167-205.

Segal, D. (2016). Confessor. Feminist. Adult. What the hell happened to Howard Stern? New *York Times*. Retrieved from www.nytimes.com/2016/07/31/arts/howard-stern-sirius.htm

Siklos, R., & Sorkin, A. R. (2007, February 20). Merger would end satellite radio's rivalry. *New York Times*. Retrieved from www.nytimes.com/2007/02/20/business/media/2oradio.html

Sisario, B. (2006, January 10). Howard Stern embarks on world conquest via satellite. *New York Times*. Retrieved from www.nytimes.com/2006/01/10/arts/howard-stern-embarks-on-world-conquest-via-satellite.html

Sisario, B. (2015, December 15). Howard Stern and SiriusXM sign new deal for s years. *New York Times*. Retrieved from www.nytimes.com/2015/12/16/business/media/howard-stern- and-siriusxm-reach-new-deal.html?_r=o

Soley, L. (2007). Sex and shock jocks: An analysis of the Howard Stern and Bob & Tom shows. *Journal of Promotion Management*, 13(1-2), 75-93.

Stern, H. (1993). *Private parts*. New York: Simon & Schuster.

Stevens, H., & Reilly, P. (2018, January 31). SiriusXM reports fourth quarter and full-year 2017 results. Retrieved from http://investor.siriusxm.com/investor-overview/press -releases/ press-release-details/2018/SiriusXM-Reports-Fourth-Quarter-and-Full-Year-2017-Results/ default.aspx

Strauss, N. (2011). The happiest man alive. *Rolling Stone*, 1127, 40-76.

Sullivan, J. (2005, December 14). Love him or hate him, Stern a true pioneer. *Today*. Retrieved from www.today.com/popculture/love-him-or-hate-him-stern-truc-pioneer-wbna10454035

Warren, S. (2004). *Radio*. Abingdon, UK: Taylor & Francis.

Wiley, R. E., & Secrest, L. W. (2004). Recent developments in program content regulation. *Federal Communications Law Journal*, 57, 235-242.

7장

The aftermath: Orson Welles "The War of the Worlds" Halloween press conference, 1938. (2008, October 31). *Wellesnet: The Orson Welles Web Resource*. Retrieved from www.wellesnet.com/the-aftermath-orson-welles-the-war-of-the-worlds-halloween-press -conference-1938/

Ang, J. (1991). *Desperately seeking the audience*. Florence, KY: Routledge.

Barber, J. (2017). Radio art: A (mass) medium becomes an (artistic) medium. *Hyperrhiz: New Media Cultures*, 17. Retrieved from https://doi.org/10.20415/hyp/017

Brady, F. (1989). *Citizen Welles: A biography of Orson Welles*. New York: Scribner.

Briggs, A. (1995). *The history of broadcasting in the United Kingdom*. Oxford: Oxford University Press.

Britain is alarmed by burlesque radio news of revolt in London and bombing of Commons. (1926, January 18). *New York Times*, p. 3.

A broadcast scare. News parody taken seriously. London rising. B.B.C. apology for the alarm caused. (1926, January 18). *Daily News*, p. 7.

Cantril, H., & Allport, G. W. (1935). *The psychology of radio*. New York: Harper and Brothers.

Cantril, H., Gaudet, H., & Herzog, H. (1940). *The invasion from Mars: A study in the psychology of panic*. New York: Harper & Row.

Crisell, A. (2002). *Understanding radio*. Milton Park, UK: Taylor & Francis.

Did the B.B.C. blunder? Theory that nation lacks a sense of humour. A credulous people. Opinion divided on broadcast skit scare. (1926, January 19). *Daily Sketch*, p. 3.

Dolan, J. (2003). Aunties and uncles: The BBC's Children's Hour and liminal concerns in the 1920s. *Historical Journal of Film, Radio & Television*, 23(4), 329-340.

Douglas, S. (1999). *Listening in: Radio and the American imagination*. New York: Random House.

Drakakis, J. (Ed.). (1981). *British radio drama*. Cambridge: Cambridge University Press.

Father Knox on B.B.C. scare. Very sorry but cannot understand it. (1926, January 19). *Evening Standard*, pp. 1, 2.

Father Knox's Saturday night. The revolution of 1926. Had listeners-in excuse for alarm? The skit reproduced. (1926, January 19). *Manchester Guardian*, p. 5.

Geduld, H. M. (1995). Welles or Wells?—A matter of adaptation. In M. Beja (Ed.), *Perspectives on Orson Welles* (pp. 260-272). Boston: G.K. Hall.

George Orson Welles interviewed by journalists after "The War of The Worlds" broadcast [Video file]. (2012). Retrieved from www.youtube.com/watch?v=rsFtgc2WswM

Gross nonsense: Berlin Funkstunde's grotesque tastelessness. (1930, September 26). Astrid Ensslin (Trans.). *Berliner Börsen-Zeitung*, p. 3. Retrieved from http://zefys.staatsbibliothek-berlin.de/index.php?id=dfg-viewer&set%5Bimage%5D=3&set%5Bzoom%5D=default&set%5Bdebug%5D=0&set%5Bdouble%5D=0&set%5Bmets%5D=http%3A%2F%2Fcontent.staatsbibliothek-berlin.de%2Fzefys%2FSNP2436020X-19300926-0-0-0-0.xml

Hand, R. J., & Traynor, M. (2011). *The radio drama handbook: Audio drama in context and practice*. London: Continuum.

Heyer, P. (2005). *The medium and magician: Orson Welles, the radio years, 1934-1952*. Lanham, MD: Rowman & Littlefield.

Houseman, J. (1972). *Run-through: A memoir*. New York: Simon & Schuster.

Hundreds call police to ask of Peter Quill. (1938, October 1). *Chicago Daily Tribune*, p. 1.

Jelavich, P. (2006). *Berlin alexanderplatz: Radio, film, and the death of the Weimar culture*. Berkeley: University of California Press.

Kassner, M. F. (1939). Radio censorship. In S. B. Harrison (Ed.), *Radio censorship* (pp. 80-82, 183-190). New York: H.W. Wilson.

Knox, R. (1928). A forgotten interlude. In *Essays in satire* (pp. 279-287). London: Sheed and Ward.

Knox, R. A. (1929). Introduction. In R. Knox & K. Harrington (Eds.), *The best English detective stories of 1928* (pp. 9-26). New York: Horace Liveright.

Lacey, K. (2013). Assassination, insurrection and alien invasion: Interwar wireless scares in cross-national comparison. In J. Hayes & K. Battles (Eds.), *War of the Worlds to social media: Mediated communication in times of crisis* (pp. 57-82). Bern: Peter Lang.

Leaming, B. (1985). *Orson Welles: A biography*. New York: Viking.

Leonhard, J. F. (1997). *Programmgeschichte des hofunks in der Weimarer Republik*. Munich: Deutscher Taschenbuch Verlag.

Lerg, W. B. (1970). *Die entstehung des rundfuks in Deutchland: Herkunft und entwicklung eines publizistischen mittels*. Frankfurt am Main: Knect Verlag.

London quite safe: B.B.C's news skit that led to a scare. Big Ben blown up! (1926, January 18). *Daily Mirror*, p. 2.

Marshall, E. (1926, January 24). Hoaxes and politics fail to win Britain: Father Knox's radio revolution and Lloyd George's shifts fall flat with public. *New York Times*, p. E1.

Mr. Popplebury's wireless revolution. Father Knox's burlesque. (1926, January 19). *Irish Times*, p. 5.

Murder play on Berlin radio starts assassination rumors. (1930, September 27). *New York Times*, p. 22.

Nervous and Knox. (1926, January 18). *Daily Sketch*, p. 7.

Orson Welles apologizes for *The War of the Worlds* mass panic [Video file]. (2013). Retrieved from www.youtube.com/watch?v=8vbYyDh-BRI)

Orson Welles on War of the Worlds [Video file]. (2010). Retrieved from www.youtube.com/watch?v=gfNsCcOHsNI

Orson Welles Sketchbook—Episode 5: The War of the Worlds [Video file]. (2013). Retrieved from www.youtube.com/watch?v=7VMbFnconTA

Panic! (1938, November 19). *Radio Guide*, 8(s), 2-5.

Pear, T. H. (1931). *Voice and personality as applied to radio broadcasting.* Hoboken, NJ: John Wiley.

Radio skit causes country-wide scare. Obvious joke taken seriously. Father Ronald Knox surprised by mild panic caused by his humorous broadcast of an imaginary mob's activities in London. (1926, January 18). *Daily Sketch*, p. 3.

The riot that never was. (2005, June 16). *Radio Times*, 4237, 131. Retrieved from https://genome.ch.bbc.co.uk/fb6b4764395744758862159631diac3f

Rogers, R. (1937). *Do's and don'ts of radio writing.* Boston: Associated Radio Writers.

Saturday, Jan. 16th. (1926, January 8). *Radio Times*, 120, 100. Retrieved from http://genome.ch.bbc.co.uk/schedules/2lo/1926-01-16

Scannell, P. (2013, April 25). *Live on air: The ontology of voice.* Opening plenary presentation at What Is Radio? Exploring the Past, Present, and Future of Radio conference, University of Oregon, Portland.

Scarborough, K. (n.d.). The Mercury Theatre on the air. Retrieved from www.mercurytheatre.info/

Schadow, K. H. (2004, October). Peter Quill, the Crimson Wizard. Metropolitan Washington Old Time Radio Club. Retrieved from www.mwotrc.com/rr2004_10/quill.htm

Schwartz, A. B. (2015). *Broadcast hysteria: Orson Welles's War of the Worlds and the art of fake news.* New York: Hill & Wang.

Sconce, J. (2000). *Haunted media: Electronic presence from telegraphy to television.* Durham, NC: Duke University Press.

Settel, I. (1967). *A pictorial history of radio.* New York: Grosset & Dunlap.

Slade, P. (2013). Holy terror: The first great radio hoax. *PlanetSlade.* Retrieved from www.planetslade.com/ronald-knox.html

Snoddy, R. (2005, June 13). Show that sparked a riot. *NewsWatch.* Retrieved from http://news.bbc.co.uk/newswatch/ukfs/hi/newsid_408000o/newsid_4081000/4081060.stm

Special Agent. (1938, October 2). The Crimson Wizard. *Chicago Tribune*, Color Graphic sec., pp. 1, 2, 3, 9. Retrieved from https://chicagotribune.newspapers.com/#

Verma, N. (2012). *Theater of the mind: Imagination, aesthetics, and American radio drama.* Chicago, IL: University of Chicago Press.

Walker, D. P. (2011). *The BBC in Scotland: The first so years.* Edinburgh: Luath Press.

Waugh, E. (1959). *Life of the Right Reverend Ronald Knox: Fellow of Trinity College, Oxford and Protonotary Apostolic to his Holiness Pope Pius XII compiled from the original sources*. London: Chapman & Hall.

Waugh, E. (2005). *Two lives: Edmund Campion and Ronald Knox*. London: Continuum.

Weil, M. (1996). Hans Flesch: Rundfunkintendant in Berlin. *Rundfunk und Geschichte*, 22(4), 223-243.

Welles, O., & Bogdanovich, P. (1992). *This is Orson Welles*. New York: HarperCollins.

Welles Interview. Tomorrow. Tom Snyder interviewer. NBC News Archives. (1975, May 1). Retrieved from B. Holmsten & A. Lubertozzi (Eds.), *The War of the Worlds: Mars' invasion of Earth, inciting panic and inspiring terror from H. G. Wells to Orson Welles and beyond* [Audio file] (2001). Sourcebooks.

What does the public want? B.B.C. puzzled at its taste in humour. Scare's effect. (1926, January 19). *Daily Graphic*, p. 2.

What Father Knox said. Spoof news bulletin. The great scare. (1926, January 19). *Daily News*, p. 8.

8장

About us. (2017). Retrieved from www.lumpenradio.com/about.html

About WFMU. (2018). Retrieved from https://wfmu.org/about/

Ahlkvist, J. (2001). Programming philosophies and the rationalization of music radio. *Media, Culture & Society*, 23, 339-358. doi:10.1177/016344301023003004

Azerrad, M. (2001). *Our band could be your life: Scenes from the American indie under ground, 1981-1991*. Boston: Little, Brown.

Barnard, S. (2000). *Studying radio*. London: Arnold.

Barnouw, E. (1966). *A tower in Babel: To 1933*. New York: Oxford University Press.

Barnouw, E. (1968). *The golden web: 1933-1953*. New York: Oxford University Press.

Chapman, R. (1992). *Selling the sixties: The pirates and pop music radio*. London: Routledge.

Elborough, T. (2009). *The vinyl countdown: The album from vinyl to iPod and back again*. Berkeley, CA: Soft Skull Press.

Federal Communications Commission. (1965). *31st annual report: For the fiscal year*

1965. Washington, DC: U.S. Government Printing Office.

Fisher, M. (2007). *Something in the air: Radio, rock, and the revolution that shaped a generation*. New York: Random House.

Hesmondhalgh, D. (2008). Cultural and creative industries. In T. Bennett & J. Frow (Eds.), *The SAGE handbook of cultural analysis* (pp. 552-569). London: Sage.

Keith, M. C. (1997). *Voices in the purple haze: Underground radio and the sixties*. Westport, CT: Praeger.

Kruse, H. (2003). *Site and sound: Understanding independent music scenes*. New York: Peter Lang.

Local Community Radio Act. (n.d.). Retrieved from www.prometheusradio.org

Rodman, R. (2016). Radio formats in the United States: A hyper fragmentation of the imagination. In C. Baade & J. Deaville (Eds.), *Music and the broadcast experience: Performance, production, and audiences* (pp. 235-257). New York: Oxford University Press.

Rothenbuhler, E. W. (1985). Programming decision making in popular music radio. *Communication Research*, 12(2), 209-232.

Simpson, K. (2011). *Early '70s Radio radio: The American format revolution*. New York: Continuum.

Sterling, C. H., & Keith, M. C. (2008). *Sounds of change: A history of FM broadcasting in America*. Chapel Hill: University of North Carolina Press.

Wolcott, H. F. (2008). *Ethnography: A way of seeing*. Lanham, MD: Altamira.

9장

Armstrong, B. (1978). *Religious broadcasting sourcebook*. Morristown, NJ: National Religious Broadcasters.

Armstrong, B. (1979). *The electric church*. Nashville, TN: Thomas Nelson.

Barna Group. (2005). *More people use Christian media than attend church*. Retrieved from www.barna.com/research/more-people-use-christian-media-than-attend-church/

Bebbington, D. W. (1989). *Evangelicalism in modern Britain: A history from the 1730s to the 1980s*. London: Routledge.

Bowler, K. (2013). *Blessed: A history of the American prosperity gospel*. New York: Oxford University Press.

Burnett, J. (2014). *Can a television network be a church? The IRS says yes*. National Public Radio, April 1. Retrieved from www.npr.org/2014/04/01/282496855/can-a-television-network-be-a-church-the-irs-says-yes

Carpenter, J. A. (1997). *Revive us again: The reawakening of American fundamentalism*. New York: Oxford University Press.

Christians, C. G. (1990). Redemptive media as the evangelical's cultural task. In Q. J. Schultze (Ed.), *American evangelicals and the mass media* (pp. 331-356). Grand Rapids, MI: Zondervan.

Davis, A. C., & Boburg, S. (2017). Trump attorney Jay Sekulow's family has been paid millions from charities they control. *Washington Post*, June 27. Retrieved from www.washingtonpost.com/investigations/trump-attorney-jay-sekulows-family-has-been-paid-millions-from-charities-they-control/2017/06/27/6428d988-5852-11e7-bago-f5875b7d1876_story.html

DiCola, P., & Thomson, K. (2002). *Radio deregulation: Has it served citizens and musicians? A report on the effects of radio ownership consolidation following the 1996 Telecommunications Act*. Washington, DC: Future of Music Coalition.

Dorsett, L. W. (1990). *Billy Sunday and the redemption of urban America*. Grand Rapids, MI: Eerdmans.

Drushcl, B. E. (1998). The Telecommunications Act of 1996 and radio market structure. *Journal of Media Economics*, 11(3), 3-20.

Evensen, B. J. (2003). *God's man for the Gilded Age: D. L. Moody and the rise of modern evangelism*. New York: Oxford University Press.

Fratrik, M. (2002). *Radio transactions 2001: Where did all the deals go?* Chantilly, VA: BIA Financial Networks.

Fuller, D. P. (1972). *Give the winds a mighty voice: The story of Charles E. Fuller*. Waco, TX: Word.

Hangen, T. J. (2002). *Redeeming the dial: Radio, religion, and popular culture in America*. Chapel Hill: University of North Carolina Press.

HarperCollins Christian Publishing. (2014). *Bestselling Jesus Calling brand celebrates 10 years and 10 million sold*. Retrieved from www.harpercollinschristian.com/?s=jesus

+calling

HarperCollins Christian Publishing. (2017). *Superstar Dolly Parton appears on the Jesus Calling podcast*. Retrieved from www.harpercollinschristian.com/?s=jesus+calling

Hilliard, R. L., & Keith, M. C. (2001). *The broadcast century and beyond: A biography of American broadcasting* (3rd ed.). Boston: Focal Press.

Holmes, D. (2005). *Communication theory: Media, technology and society*. Thousand Oaks, CA: Sage.

Hoover, S. M. (1988). *Mass media religion: The social sources of the electronic church*. Newbury Park, CA: Sage.

Jesus Calling. (2017). *Over 20 million have experienced Jesus Calling*. Retrieved from www.jesuscalling.com

Kerr, P. (1939). *Music in evangelism*. Glendale, GA: Gospel Music Publishers.

Lindlof, T. R. (1988). Media audiences as interpretive communities. In J. A. Anderson (Ed.), *Communication yearbook 11* (pp. 81-107). Newbury Park, CA: Sage.

Lindlof, T. R. (2002). Interpretive community: An approach to media and religion. *Journal of Media and Religion, 1*, 61-74.

Marsden, G. M. (1980). *Fundamentalism and American culture: The shaping of twentieth-century evangelicalism, 1870-1925*. New York: Oxford University Press.

Marsden, G. M. (1995). *Reforming fundamentalism: Fuller Seminary and the new evangelicalism*. Grand Rapids, MI: Eerdmans.

Mesaros-Winckles, C., & Winckles, A. O. (2016). Focus on the (changing) family: A hot message encounters a cool medium. In M. Ward, Sr. (Ed.), *The electronic church in the digital age: Cultural impacts of evangelical mass media* (Vol. 2, pp. 31-55). Santa Barbara, CA: Praeger.

Metzger, P. L. (2007). *Consuming Jesus: Beyond race and class divisions in a consumer church*. Grand Rapids, MI: Eerdmans.

Noll, M. A. (2002). *America's God: From Jonathan Edwards to Abraham Lincoln*. New York: Oxford University Press.

Pew Research Center. (2015). *America's changing religious landscape*. Washington, DC: Pew Research Center. Retrieved from http://assets.pewresearch.org/wp-content/uploads/sites/11/2015/os/RLS-08-26-full-report.pdf

Postman, N. (1985). *Amusing ourselves to death: Public discourse in the age of television*. New York: Viking.

Rodrigues, R., Green, J., & Virshup, L. (2013). *Radio today: How Americans listen to radio*. Columbia, MD: Arbitron.

Salem Web Network. (2017). *Further your reach*. Retrieved from www.salemwebnetwork.com/

Schultze, Q. J. (1991). *Televangelism and American culture: The business of popular religion*. Grand Rapids, MI: Baker.

Siedell, B. (1971). *Gospel radio*. Lincoln, NE: Good News Broadcasting Association.

Smith, G. A., & Martinez, J. (2016). How the faithful voted: A preliminary 2016 analysis. Pew Research Center. Retrieved from www.pewresearch.org/face-tank/2016/u/09/how-the-faithful-voted-a-preliminary-2016-analysis

Smith, L. R., & Seignious, M. H. (2016). Medium, message, and ministry: How music radio shapes evangelical culture. In M. Ward, Sr. (Ed.), *The electronic church in the digital age: Cultural impacts of evangelical mass media* (Vol. 1, pp. 101-125). Santa Barbara, CA: Praeger.

Starr, P. (2004). *The creation of the media: Political origins of modern communications*. New York: Basic Books.

Steiner, M. A. (2016). A research agenda for the electronic church in the digital age. In M. Ward, Sr. (Ed.), *The electronic church in the digital age: Cultural impacts of evangelical mass media* (Vol. 1, pp. 1-23). Santa Barbara, CA: Pracger.

Sterling, C. H. (2004). The Telecommunications Act of 1996. In C. H. Sterling (Ed.), *Museum of broadcast communications encyclopedia of radio* (Vol. 3, pp. 1382-1384). Chicago: Fitzroy Dearborn.

Sterling, C. H., & Kitross, J. M. (2002). *Stay tuned: A history of American broadcasting*. Mahwah, NJ: Lawrence Erlbaum.

Stout, D. A. (2016). Foreword. In M. Ward, Sr. (Ed.), *The electronic church in the digital age: Cultural impacts of evangelical mass media* (Vol. 1, pp. ix-xiv). Santa Barbara, CA: Praeger.

Vance, D. C. (2016). The flesh and the spirit: Communicating evangelical identity via "Christian radio." In M. Ward, Sr. (Ed.), *The electronic church in the digital age:*

Cultural impacts of evangelical mass media (pp. 27-51). Santa Barbara, CA: Praeger.

Ward, M., Sr. (1994). *Air of salvation: The story of Christian broadcasting.* Grand Rapids, MI: Baker.

Ward, M., Sr. (1995). Radio and retail: What's in the mix? *Christian Retailing,* 41(7), 54-56.

Ward, M., Sr. (2009). Dark preachers: The impact of radio consolidation on independent religious syndicators. *Journal of Media and Religion,* 8, 79-96.

Ward, M., Sr. (2010). "I was saved at an early age": An ethnography of fundamentalist speech and cultural performance. *Journal of Communication and Religion,* 33, 108-144.

Ward, M., Sr. (2012). Consolidating the gospel: The impact of the 1996 Telecommunications Act on religious radio ownership. *Journal of Media and Religion,* 11, 11-30.

Ward, M., Sr. (2013). Air of the King: Evangelicals and radio. In R. H. Woods, Jr. (Ed.), *Evangelicals and popular culture: Pop goes the gospel* (Vol. 1, pp. 101-118). Santa Barbara, CA: Praeger.

Ward, M., Sr. (2014). Give the winds a mighty voice: Evangelical culture as radio ecology. *Journal of Radio and Audio Media,* 21, 115-133.

Ward, M., Sr. (2016a). Televangelism, audience fragmentation, and the changing coverage of scandal. In H. Mandell & G. M. Chen (Eds.), *Scandal in a digital age* (pp. 53-68). New York: Palgrave Macmillan.

Ward, M., Sr. (2016b). In spirit or in truth? The great evangelical divide, from analog to digital. In M. Ward, Sr. (Ed.), *The electronic church in the digital age: Cultural impacts of evangelical mass media* (Vol. 1, pp. 193-218). Santa Barbara, CA: Praeger.

Ward, M., Sr. (2017). *The Lord's radio: Gospel music broadcasting and the making of evangelical culture, 1920-1960.* Jefferson, NC: McFarland.

Ward, M., Sr. (2018a). Segregating the dial: Institutional racism in evangelical radio. In O. O. Banjo & K. M. Williams (Eds.), *Contemporary Christian culture: Messages, missions, and dilemmas* (pp. 45-56). Lanham, MD: Lexington.

Ward, M., Sr. (2018b). Digital religion and media economics: Concentration and convergence in the electronic church. *Journal of Religion, Media, and Digital Culture,* 7(1), 90-120.

Ward, M., Sr. (2018c). The dangers of getting what you wished for: What do you say to evangelicals: In S.-L.S. Chen, N. Allaire & Z. J. Chen (Eds.), *Constructing narratives in response to Trump's election: How various populations make sense of an un-expected victory* (pp. 61-81). Lanham, MD: Lexington.

Ward, M., Sr. (2019). A new kind of church: The religious media conglomerate as a "denomination." *Journal of Media and Religion*, 17(3/4), 117-133.

Ward, M., Sr. (in press). "From a Christian perspective": News/talk in evangelical mass media. In A. M. Nadler & A. J. Bauer (Eds.), *News on the right: Studying conser-vative news cultures*. New York: Oxford University Press.

Williams, G., & Roberts, S. (2002). *Radio industry review 2002: Trends in ownership, for-mat, and finance*. Media ownership working group paper 11. Washington, DC: Fede-ral Communications Commission.

Winzenburg, S. (2005). *TV ministries' use of airtime, Fall 2004*. Retrieved from http://faculty.grandview.edu/swinzenburg/tv_ministries_study.pdf

Worthen, M. (2013). *Apostles of reason: The crisis of authority in American evangelical-ism*. New York: Oxford University Press.

Wrench, J. S. (2016). Setting the evangelical agenda: The role of "Christian radio." In M. Ward, Sr. (Ed.), *The electronic church in the digital age: Cultural impacts of evangelical mass media* (Vol. 1, pp. 173-192). Santa Barbara, CA: Praeger.

Young, S. (2004). *Jesus calling: Enjoying peace in his presence*. Nashville, TN: Thomas Nelson.

10장

About "Invisibilia." (2014, December 18). Retrieved from www.npr.org/templates/story/story.php?storyId=5064

About public media. (2018). Retrieved from www.cpb.org/aboutpb/what-public-media

About us. (2017). Retrieved from http://kaxe.org/about-us

Anya Grundmann named NPR VP of programming & audience development. (2016, January 6). NPR Press Room. Retrieved from www.npr.org/about-npr/462129514/anya-grund-mann-named-npr-vp-of-programming-audience-development

Audience: Cultural, connected, intellectual and influential. (2018). National Public Radio. Re-trieved from http://nationalpublicmedia.com/npr/audience/

Audience opportunity study. (2010). Retrieved from https://current.org/wp-content/uploads/

2013/01/NPR-Aud-Oppty-Study-Smith-Geiger-2010.pdf

Battaglio, S. (2016, July). Podcasts bring younger audience to National Public Radio. *Press of Atlantic City*, E8. Retrieved from www.pressofatlanticcity.com/life/podcasts-bring-younger-audience-to-national-public-radio/article_81576a66-aad3-5530-ase2-36459263df 6o.html

Bell, M. (2010, October 3). Forget radio 2: In five years' time, we'll all be going Smooth. *Independent on Sunday*, pp. 86-87. Retrieved from www.independent.co.uk/news/media/tv-radio/forget-radio-2-in-five-years-time-well-all-be-going-smoooth-2096078.html

Berman, D. (2010). The Origins of Car Talk. In C. Roberts, S. Stamberg, N. Adams, J. Ydstie, R. Montagne, A. Shapiro, & D. Folkenflik (Eds.), *This is NPR* (p. 172). San Francisco: Chronicle Books.

Cridland, J. (2016, October 26). The most popular radio stations in the UK. Retrieved from https://media.info/radio/data/the-most-popular-radio-stations-in-the-uk

Ellenberger, K. (2012, May 23). "It can't be done": The difficulty of growing a jazz audience. Retrieved from www.npr.org/blogs/ablogsupremc/2012/05/23/153461410/it-cant-be-done-the-difficulty-of-growing-a-jazz-audience

Engelman, R. (1996). *Public Radio and television in America: A political history.* Thousand Oaks, CA: Sage.

Everhart, K. (2010, September 20). Study sees growth if NPR loosens up, sounds less elite. Retrieved from https://current.org/2010/09/study-sees-growth-if-npr-loosens-up-sounds-less-clite/

Fox, J. (2015, November 23). Here's who isn't listening to public radio. *Chicago Tribune*. Retrieved from www.chicagotribune.com/news/opinion/commentary/ct-npr-public-radio-listeners-old-20151123-story.html

Friedman, J. (2010, October 20). NPR: Don't give us the "elitist" label. Retrieved from www.marketwatch.com/story/you-can-call-npr-stuffy-but-not-elitist-2010-10-20

Giovannoni, D. (1994, August). Public Service, values and ratings. Washington, DC: Corporation for Public Broadcasting. Retrieved from www.dgio.net/pubs/doc-0058.pdf

Giovannoni, D., & Bailey, G. (1988). Appeal and public radio's music. Washington, DC: Corporation for Public Broadcasting. Retrieved from http://justiceandpeace.net/WFCRdemocracy/news/music.pdf

Grow the audience for public radio: Public radio in the new network age. (2010). Station Resource Group, Walrus Research, Corporation for Public Broadcasting. Retrieved from www.srg.org/GTA/Public_Radio_in_the_New_Network_Age.pdf

Hagey, K. (2011, July 21). Williams on NPR: Elitist and White. *Politico*. Retrieved from www.politico.com/story/2011/07/williams-on-npr-elitist-and-white-059549

Hart, D. (2002). *"Monitor": The Last Great Radio Show*. Lincoln, NE: Writer's Club Press (iUniverse).

Hip-Hop radio DJs Stretch and Bobbito return to the airwaves with NPR podcast. (2017, July 19). *All Things Considered*. Retrieved from www.npr.org/2017/07/19/538148881/hip-hop-radio-djs-stretch-and-bobbito-return-to-the-airwaves-with-nor-podcast

How RTE is run. (2017). *About RTE*. Retrieved from www.rte.ie/about/en/how-rte-is-run/2012/0221/291618-the-license-fee/

Hushock, H. (2016, November 1). To combat the rigging charge, National Public Radio should be more… national. *National Review*. Retrieved from www.manhattan-institute.org/html/combat-rigging-charge-npr-should-be-more-national-9438.html

In changing news landscape, even television is vulnerable: Trends in news consumption: 1991-2012. Section 4: Demographics and political views of news audiences. (2012, September 27). Pew Research Center. Retrieved from www.people-press.org/2012/09/27/section-4-demographics-and-political-views-of-news-audiences/

Inside the BBC: License fees. (2018). Retrieved from www.bbc.co.uk/aboutthebbc/insidethebbc/whoweare/licencefee/

Inside the BBC: Values. (2018). Retrieved from www.bbc.co.uk/aboutthebbc/insidethebbc/whoweare/mission_and_values

Introducing a a new comedy podcast from Paula Poundstone. (2017, July 6). NPR Press Room. Retrieved from www.npr.org/2017/07/06/535660117/introducing-a-new-comedy-podcast-from-paula-poundstone

Jensen, E. (2012, June 18). New hits needed; Apply to NPR. *New York Times*. Retrieved from www.nytimes.com/2012/06/19/arts/npr-looks-to-new-shows-like-ask-me-another.html

Jensen, E. (2013, February 10). NPR campaign seeks the quirky listener. *New York Times*.

Retrieved from http://mediadecoder.blogs.nytimes.com/2013/02/10/npr-campaign-se-eks-the-quirky-listener/

Jensen, E. (2016, March 18). Why NPR changed how it talks about podcasts. *NPR Ombudsmen*. Retrieved from www.npr.org/sections/ombudsman/2016/03/18/470876 553/ why-npr-changed-how-it-talks-about-podcasts

The Jeremy Vine Show. (2018). BBC Radio 2. Retrieved from www.bbc.co.uk/programmes/ boobwr3p

KAXE-KBXE radio. (2018). Retrieved from https://twitter.com/KAXE

KAXE Weekly Schedule. (2018). Retrieved from www.kaxe.org/schedule/week#stream/o

Larson, S. (2015, January 21). "Invisibilia" and the evolving art of radio. *New Yorker*. Retrieved from www.newyorker.com/culture/sarah-larson/invisibilia-evolving-art-radio

McCauley, M. P. (2002, June). Leveraging the NPR brand: Serving the public while boosting the bottom line. *Journal of Radio Studies*, 9(1), 65-91.

McCauley, M. P. (2005). *NPR: The trials and triumphs of National Public Radio*. New York: Columbia University Press.

McCourt, T. (1999). *Conflicting communication interests in America: The case of National Public Radio*. Westport, CT: Praeger.

Mitchell, J. (2001). Lead us not into temptation: American public radio in a world of infinite possibilities. In M. Hilmes & J. Loviglio (Eds.), *Radio reader: Essays in the cultural history of radio* (pp. 405-422). New York: Routledge.

Mitchell, J. (2005). *Listener supported: The culture and history of public radio*. Westport, CT: Praeger.

Najoo, F. (2011, March 2). "We listen to NPR precisely to avoid this sort of stupidity": The tedious, annoying complaints of public radio listeners. *Slate*. Retrieved from www. slate.com/articles/life/a_fine_whine/2011/03/we_listen_to_npr_precisely_to_avoid_ this_sort_of_stupidity.html

National Public Media: Audience. (2017). Retrieved from http://nationalpublicmedia.com/ npr/audience/

Neyfakh, L. (2016, April 11). The fight for the future of NPR—A slow-moving bureaucracy. And antiquated business model. *Slate*. Retrieved from www.slate.com/articles/news_ and_politics/cover_story/2016/04/the_fight_for_the_future_of_npr_can_public_radio_ survive_the_podcast_revolution.html?src=longreads

Nielsen audio ratings. (2017). *Radio-online*. Retrieved from http://ratings.radio-online.com/ cgi-bin/rol.exe/arb_menu_001

NPR audience profile. (2018). Retrieved from https://cache.trustedpartner.com/docs/library1 000316/NPR%20Jazz%20Demographics.pdf

NPR maintains highest ratings ever. (2018, March 28). NPR Press Room. Retrieved from www.npr.org/about-npr/597590072/npr-maintains-highest-ratings-ever

NPR sees large ratings increase. (2016, October 20). NPR Press Room. Retrieved from www. npr.org/2016/10/18/498390457/npr-sees-large-ratings-increase

NPR's "Invisibilia" returns for its third season. (2017, May 18). NPR Press Room. Retrieved from www.npr.org/about-npr/528824118/nprs-invisibilia-returns-for-its-third-season

Our mission and vision. (2017). Retrieved from www.npr.org/about-npr/178659563/our-mission-and-vision

Phelps, A. (2012, March 19). NPR's audience shrank a hair in 2011, pushing public radio further toward a digital future. *Nieman Journalism Lab*. Retrieved from www.nieman lab.org/2012/03/nprs-audience-shrunk-a-hair-in-2011-pushing-public-radio-further-tow ard-a-digital-future/

The podcast consumer. (2016). Edison Research. Retrieved from www.edisonresearch.com/ wp-content/uploads/2016/os/The-Podcast-Consumer-2016.pdf

Podcast Industry Audience Rankings. (2018). Retrieved from https://analytics.podtrac.com/ industry-rankings/

Powell, T. (2015, May 22). Are podcasts the new path to diversifying public radio? *Columbia Journalism Review*. Retrieved from www.cjr.org/analysis/are_podcasts_the_new_pa th_to_diversifying_public_radio.php

Public Broadcasting Act of 1967. (1967). Retrieved from www.cpb.org/aboutpb/act

Ragusea, A. (2015, May 28). The pub, #20: What Eric Nuzum will do at Audible that he couldn't do at NPR. Retrieved from https://current.org/2015/os/the-pub-20-what-eric-nuzum-will-do-at-audible-that-he-couldnt-do-at-npr/

Resnikoff, P. (2017, March 16). Does the world really need NPR? *Digital Music News*. Retrieved from www.digitalmusicnews.com/2017/03/16/world-need-national-public-radio-npr/

Roberts, C., Stamberg, S., Adams, N., Ydstie, J., Montagne, R., Shapiro, A., & FolkenAik, D. (Eds.). (2010). *This is NPR: The first forty years*. San Francisco: Chronicle Books.

RTE: Today, Tomorrow, Together. (2012). Retrieved from https://static.rasset.ie/documents/about /18259-rte-statement-performancecommitment-v2.pdf

RTE About. (2017). Retrieved from www.rte.ie/about/en/information-and-feedback/contact-rte/

RTE's weekly reach on radio is almost 2 million. (2017). Retrieved from www.rte.ie/about/en/press-office/press-releases/2017/0727/893344-rtes-weekly-reach-on-radio-is-almost-2-million/

Schumacher-Matos, F. (2012, April 10). Black, Latino and White: Diversity at NPR. Retrieved from www.npr.org/sections/ombudsman/2012/04/10/150367888/black-latino-asian-and-white-diversity-at-npr

Sleigh, S. (2012, July 5). Jeremy and Tim Vines pop-punk past revealed. Guardian. Retrieved from www.yourlocalguardian.co.uk/news/suttonnews/9798472.display/

Stamberg, S. (2010). Introduction: In the beginning there was sound but no chairs. In Roberts et al. (Eds.), *This is NPR* (pp. 13-15). San Francisco: Chronicle Books.

The State of the news media 2012: An annual report on American journalism. (2012). Pew Research Center. Retrieved from http://stateofthemedia.org/2012/audio-how-far-will-di-gital-go/audio-by-the-numbers/

Tops of 2015: Audio. (2015). *Nielsen Audio*. Retrieved from www.nielsen.com/us/en/in-sights/news/2015/tops-of-2015-audio.html

Tops of 2016: Audio. (2016). *Nielsen Audio*. Retrieved from www.nielsen.com/us/en/in-sights/news/2016/tops-of-2016-audio.html

Walker, L. R. (2017, April 24). Local public radio: America's last public square. *Columbia Journalism Review*. Retrieved from www.cjr.org/opinion/local-public-radio-wnyc.php

Wertheimer, L. (Ed.). (1995). *Listening to America*. Boston: Houghton Mifflin.

Will, G. (2017, June 2). Public broadcasting's immortality defies reason. *Washington Post*. Retrieved from www.washingtonpost.com/opinions/public-broadcastings-immortality-defies-reason/2017/06/02/fsdeo2be-46fe-11e7-a196-a1bb629f64cb_story.html?utm_term =.a7bb7355838b

Winchester, S. (1981, March). Ersatz BBC. *Harper's Magazine*, pp. 24-29.

11장

Abumrad, J., & Krulwich, R. (Hosts). (2012, September 26). *Yellow Rain* [Audio podcast]. Retrieved from www.radiolab.org/story/239549-yellow-rain/

Ayyaz Bhunnoo, S. (2011). Reconfiguring the Islamic sonic-social in the Bird Ghost at the Zaouia by Seth Ayyaz. *Organised Sound*, 16(3), 220-229.

Berry, R. (2006). Will the iPod kill the radio star? Profiling podcasting as radio. *Convergence*, 12(2), 143-162.

Casillas, D. (2014). *Sounds of belonging: U.S. Spanish-language radio and public advocacy* (Critical cultural communication). New York: New York University Press.

Devine, T. (1990). The U.S. decision to produce chemical weapons. *Fletcher Forum of World Affairs*, 14(2), 372-393.

Di Leonardo, M. (2012). Grown folks radio: U.S. election politics and a "hidden" black counterpublic. *American Ethnologist*, 39(4), 661-672.

Eckstein, J. (2014). Yellow Rain: Radiolab and the acoustics of strategic maneuvering. *Journal of Argumentation in Context*, 3(1), 35-56.

Ejnes, S. (2013, August 15). Noise, storytelling with sound, and visuals on the radio with Radiolab's Jad Abumrad. *Designing Sound*. Retrieved from http://designingsound.org/2013/08/noise-storytelling-with-sound-and-visuals-on-the-radio-with-radiolabs-jad-abumrad/

Florini, S. (2015). The podcast "Chitlin' Circuit": Black podcasters, alternative media, and audio enclaves. *Journal of Radio and Audio Media*, 22(2), 209-219.

Friess, S. (2017, March 21). Why are #PodcastsSoWhite? *Columbia Journalism Review*. Retrieved from www.cjr.org/the_feature/podcasts-diversity.php

Gladstone, B. (2018, January 18). Joe Frank: The known-unknown. In *On the Media Podcast* [Audio podcast]. Retrieved from www.wnyc.org/story/joe-frank-known-unknown/

Haraway, D. (1988). Situated knowledges: The science question in feminism and the privilege of partial perspective. *Feminist Studies*, 14(3), 575-599.

Kheshti, R. (2012). Touching listening: The aural imaginary in the world music culture industry. In K. Keeling & J. Kun (Eds.), *Sound clash: Listening to American studies* (pp. 267-285). Baltimore: Johns Hopkins University Press.

Krulwich, R. (2012, September 30). From Robert Krulwich on yellow rain. *Radiolab Blog land*. Retrieved from www.radiolab.org/story/240899-robert-krulwich-yellowrain/?utm _source=sharedUrl&utm_medium=metatag&utm_campaign=sharedUrl

Kumanyika, C. (2015, January 22). Vocal color in public radio. *Transom*. Available at https:// transom.org/2015/chenjerai-kumanyika/

Locke, C. (2015, August 31). Podcasts' biggest problem isn't discovery, it's diversity. *Wired*. Retrieved from www.wired.com/2015/08/podcast-discovery-vs-diversity/

MacDougall, R. (2011). Podcasting and political life. *American Behavioral Scientist, 55*(6), 714-732.

Madsen, V., & Potts, J. (2010). Voice-cast: The distribution of the voice via podcasting. In N. Neumark, R. Gibson, & T. Van Leeuwen (Eds.), *Voice: Vocal aesthetics in digital arts and media* (pp. 33-61). Cambridge, MA: MIT Press.

PodTrac. (2017). *Podcast industry ranking highlights top 10 podcast publishers*. Retrieved from http://analytics.podtrac.com/industry-rankings/

Radiolab Podcast. (2012a, September 25). Brand-new hour! The fact of the matter [Facebook post]. Available at www.facebook.com/Radiolab/

Radiolab Podcast. (2012b, October 1). From Robert Krulwich on Yellow Rain [Facebook post]. Available at www.facebook.com/Radiolab/

Shulman, M. (2016). Tuning the black voice: Colour-deafness and the American Negro Theatre's radio dramas. *Modern Drama, 59*(4), 456-477.

Smith, L. (2012). *Decolonizing methodologies: Research and indigenous peoples* (2nd ed.). London: Zed Books.

Sound Works Collection. (2016, December 5). Jad Abumrad: The sound of radiolab [Video file]. *SoundWorks Collection*. Retrieved from http://soundworkscollection.com/news/ jad-abumrad-the-sound-of-radiolab

Sterne, J., Morris, J. W., Baker, M. B., & Moscote Freire, A. (2008). The politics of podcasting. *Fibreculture Journal, 13*. Retrieved from http://thirteen.fibreculturejournal.org/ fcj-087-the-politics-of-podcasting/

Stoever, J. (2016). *The sonic color line: Race and the cultural politics of listening* (Postmillennial pop). New York: New York University Press.

Thompson, M. (2013). Three screams. In M. Thompson & I. Biddle (Eds.), *Sound, music,* affect: Theorizing sonic experience (pp. 147-162). New York: Bloomsbury Academic.

Thompson, M. (2017). Whiteness and the ontological turn in sound studies. *Parallax*, 23(3), 266-282.

Yang, K. K. (2012, October 22). The science of racism: Radiolab's treatment of Hmong experience. *Hyphen Magazine*. Retrieved from www.hyphenmagazine.com/blog/archive/2012/10/science-racism-radiolabs-treatment-hmong-experience

12장

Armstrong, R. (2016). *Broadcasting policy in Canada* (2nd ed.). Toronto: University of Toronto Press.

Bredin, M. (2012). Indigenous media as alternative media: Participation and cultural production. In K. Kozolanka, P. Mazepa, & D. Skinner (Eds.), *Alternative media in Canada* (pp. 184-204). Vancouver, BC: UBC Press.

Canadian Radio-Television and Telecommunications Commission. (1990). *Public notice: Native broadcasting policy* (CRTC 1990-89). Ottawa, ON: Canadian Radio-Television and Telecommunications Commission. Retrieved from http://crtc.gc.ca

Canadian Radio-Television and Telecommunications Commission. (2009a). *Broadcasting decision: Bonne Bay Cottage Hospital Heritage Corporation* (CRTC 2009-690). Ottawa, ON: Canadian Radio-Television and Telecommunications Commission. Retrieved from http://crtc.gc.ca

Canadian Radio-Television and Telecommunications Commission. (2009b). *Campus and community radio sector-informal stakeholder meetings*. Ottawa, ON: Canadian Radio-Television and Telecommunications Commission. Retrieved from http://crtc.gc.ca

Canadian Radio-Television and Telecommunications Commission. (2010). *Broadcasting Regulatory Policy CRTC 2010-499*. Ottawa, ON: Canadian Radio-Television and Telecommunications Commission. Retrieved from http://crtc.gc.ca

Canadian Radio-Television and Telecommunications Commission. (2011). *A snapshot of volunteerism in Canadian campus & community radio*. Ottawa, ON: Canadian Radio-Television and Telecommunications Commission. Retrieved from http://crtc.gc.ca

Canadian Radio-Television and Telecommunications Commission. (2012). *Broadcasting decision: Low-power community radio station in Salmon Arm* (CRTC 2012-450).

Ottawa, ON: Canadian Radio-Television and Telecommunications Commission. Retrieved from http://crtc.gc.ca

Canadian Radio-Television and Telecommunications Commission. (2013a). *Broadcasting decision* (CRTC 2013-362). Ottawa, ON: Canadian RadioTelevision and Telecommunications Commission. Retrieved from http://crtc.gc.ca

Canadian Radio-Television and Telecommunications Commission. (2013b). *CFRC: Application to renew a broadcasting licence to operate a campus or community radio undertaking (including low-power)—Form 110* (CRTC 2010-499). Ottawa, ON: Canadian Radio-Television and Telecommunications Commission. Retrieved from https://crtc.gc.ca/eng/archive/2014/2014-50.htm

Canadian Radio-Television and Telecommunications Commission. (2013c). *CKUT: Application to renew a broadcasting licence to operate a campus or community radio undertaking (including low-power)—Form 110* (CRTC 2013-1603-4). Ottawa, ON: Canadian Radio-Television and Telecommunications Commission. Retrieved from https://crtc.gc.ca/eng/archive/2014/2014-50.htm

Canadian Radio-Television and Telecommunications Commission. (2014a). *Volunteer Participation CHRY* (CRTC 2013-1498-9). Ottawa, ON: Canadian Radio-Television and Telecommunications Commission. Retrieved from http://crtc.gc.ca

Canadian Radio-Television and Telecommunications Commission. (2014b). *Broadcasting decision: CKTP-FM Fredericton—Licence renewal* (CRTC 2014-184). Ottawa, ON: Canadian Radio-Television and Telecommunications Commission. Retrieved from http://crtc.gc.ca

Canadian Radio-Television and Telecommunications Commission. (2014c). *Broadcasting decision Hubbards Radio Society* (CRTC 2014-279). Retrieved from http://crtc.gc.ca

Canadian Radio-Television and Telecommunications Commission. (2014d). *Broadcasting Decision: Type B Native FM radio station in Ohsweken* (CRTC 2014-583). Ottawa, ON: Canadian Radio-Television and Telecommunications Commission. Retrieved from http://crtc.gc.ca

Canadian Radio-Television and Telecommunications Commission. (2014e). *Broadcasting decision: Radio Ryerson Inc. English-language community-based campus AM station in Toronto* (CRTC 2014-644). Ottawa, ON: Canadian RadioTelevision and Telecommunications Commission. Retrieved from http://crtc.gc.ca

Canadian Radio-Television and Telecommunications Commission. (2015). CITA-FM Moncton and its transmitters—Licence amendment (CRTC 2015-429). Ottawa, ON: Canadian Radio-Television and Telecommunications Commission. Retrieved from http://crtc.gc.ca

Canadian Radio-Television and Telecommunications Commission. (2016a). *Broadcasting decision: Centre communautaire "Bon Courage" de Place Benoit* (CRTC 2016-217). Ottawa, ON: Canadian Radio-Television and Telecommunications Commission. Retrieved from http://crtc.gc.ca

Canadian Radio-Television and Telecommunications Commission. (2016b). *Broadcasting decision* (CRTC 2016-397). Retrieved from http://crtc.gc.ca

Canadian Radio-Television and Telecommunications Commission. (2016c). *Broadcasting decision: CIAJ-FM Prince Rupert—Revocation of licence* (2016-454). Ottawa: Canadian Radio-Television and Telecommunications Commission. Retrieved from http://crtc.gc.ca

Canadian Radio-Television and Telecommunications Commission. (2016d). *Three-year plan 2016-2019*. Ottawa, ON: Canadian Radio and Television Telecommunications. Retrieved from http://crtc.gc.ca

Canadian Radio-Television and Telecommunications Commission. (2017). *Three-year plan 2017-2020*. Ottawa, ON: Canadian Radio and Television Telecommunications. Retrieved from http://crtc.gc.ca

Canadian Radio-Television and Telecommunications Commission. (2018). *Let's talk TV: A conversation with Canadians*. Retrieved from http://crtc.ge.ca

Conseil de la Radiodiffusion et des Télécommunications Canadiennes. (2006). *Demande de renouvellement d'une licence de radiodiffusion pour une entreprise de programmation de radio communautaire*. Retrieved from http://crtc.gc.ca

Darling, A. J. (1994). *Decision* (CRTC 94-901). Ottawa, ON: Canadian Radio-Television and Telecommunications Commission. Retrieved from http://crtc.gc.ca

Defund Brock University student radio—yes or no? (2013, October 8). *Brock Press*. Retrieved from www.brockpress.com/2013/10/defund-brock-university-student-radio-yes-or-no/

Duffy, D. J. (1983). *Imagine please: Early radio broadcasting in British Columbia*. Victoria: Sound and Moving Image Division, Provincial Archives of British Columbia.

Fauteux, B. (2008). Campus frequencies: The "alternativeness" of campus radio broadcasting. *Canadian Journal of Media Studies*, 3(1), 131-141.

Fauteux, B. (2015). *Music in range: The culture of Canadian campus radio*. Waterloo, ON: Wilfrid Laurier University Press.

Gignac, J. (2015, July 2s). *CRTC revokes Aboriginal Voices Radio license over non-compliance*. APTN National News. Retrieved from http://aptnnews.ca/2015/06/25/crtc-revokes-aboriginal-voices-radio-license-non-compliance/

Government of Canada. (1991). *Broadcasting Act, S. C 1991, c 11*. Ottawa, ON: Ministry of Justice. Retrieved from http://laws-lois.justice.gc.ca/PDF/B-9.01.pdf

Johnston, R. (1994). The early trials of protestant radio, 1922-38. *Canadian Historical Review*, 75(3), 376-402.

Karim, K. H. (2012). Are ethnic media alternative? In K. Kozolanka, P. Mazepa, & D. Skinner (Eds.), *Alternative media in Canada* (pp. 165-183). Vancouver, BC: UBC Press.

Kozolanka, K., Mazepa, P., & Skinner, D. (Eds.). (2012). *Alternative media in Canada*. Vancouver, BC: UBC Press.

Lewis, P. M., & Booth, J. (1990). The listener as participant: North America and Australia. In P. M. Lewis & J. Booth (Eds.), *The invisible medium: Public, commercial and community radio* (pp. 115-137). Washington, DC: Howard University Press.

Light, E. (2012). Public participation and community radio in Quebec. In K. Kozolanka, P. Mazepa, & D. Skinner (Eds.), *Alternative media in Canada* (pp. 145-164). Vancouver, BC: UBC Press.

MacLennan, A. F. (2001). *Circumstances beyond our control: Canadian radio program schedule evolution during the 1930s*. Unpublished doctoral dissertation, Concordia University, Montreal, QC.

MacLennan, A. F. (2011). Cultural imperialism of the north? The expansion of CBC's northern service and community radio. *Radio Journal*, 9(1), 63-81.

MacLennan, A. F. (2013). Learning to listen: Becoming a Canadian radio audience in the 1930s. *Journal of Radio and Audio Media*, 20(2), 311-326.

MacLennan, A. F. (2016). Transcending borders: Reaffirming radio's cultural value in Canada and beyond. *Journal of Radio and Audio Media*, 23(2), 197-198.

MacLennan, A. F. (2018). Private broadcasting and the path to radio broadcasting policy in Canada." *Media and Communication*, 6(1), 13-20. Retrieved from www.cogitatiopress. com/mediaandcommunication/article/view/1219

MacLennan, A. F., & Knezevic, I. (2012). *Radio broadcasting, community and culture: The official languages act, broadcasting act and the case of CBEF Windsor* (Final report). Retrieved from www.cmg.ca/en/wp-content/uploads/2011/06/CRTC-CBC-licence-renewal2012EN.pdf

Mastrocola, D. (2016). *Another one bites the dust? The transition from CHRY 105.5 FM to VIBE 105*. Ottawa, Ontario: Canadian Radio-Television and Telecommunications Commission. Retrieved from https://crtc.gc.ca/eng/acrtc/prx/2016/mastrocola2016.pdf

McChesney, R. (1993). *Telecommunications, mass media, and democracy: The battle for the control of U.S. broadcasting, 1928-1935*. Oxford: Oxford University Press.

O'Neill, B. (2007). Digital audio broadcasting in Canada: Technology and policy in the transition to digital radio. *Canadian Journal of Communication*, 32(1), 71-90.

O'Neill, B. (2008). Digital radio policy in Canada: From analog replacement to multimedia convergence. *Journal of Radio and Audio Media*, 15(1), 26-40.

Raboy, M. (1990). *Missed opportunities: The story of Canada's broadcasting policy*. Montreal, QC: McGill-Queen's University Press.

Raboy, M., & Shtern, J. (2010). *Media divides: Communication rights and the right to communicate in Canada*. Vancouver, BC: UBC Press.

Skinner, D. (2005). Divided loyalties: The early development of Canada's "single" broadcasting system. *Journal of Radio Studies*, 12(1), 136-155.

Skinner, D. (2012). Sustaining independent and alternative media. In K. Kozolanka, P. Mazepa, & D. Skinner (Eds.), *Alternative media in Canada* (pp. 25-45). Vancouver, BC: UBC Press.

Truth and Reconciliation Commission of Canada. (2015). *Truth and Reconciliation Commission of Canada: Calls to action*. Winnipeg: Truth and Reconciliation Commission of Canada. Retrieved from www.trc.ca/websites/trcinstitution/File/2015/Findings/Calls_to_Action_English2.pdf

Vipond, M. (1992). *Listening in: The first decade of Canadian broadcasting*. Montreal and Kingston, QC/ON: McGill-Queen's University Press.

Vipond, M. (1994). The beginnings of public broadcasting in Canada: The CRBC, 1932-36. *Canadian Journal of Communication*, 19(2). Retrieved from www.cjc-online.ca/index.php/journal/article/view/806/712

13장

99% Invisible. (2017, October 30). *The Show*. Retrieved from https://99percentinvisible.org/about/the-show/

Abel, J. (2015). *Out on the wire: The storytelling secrets of the new masters of radio*. New York: Broadway Books.

About Hidden Brain. (2017, September 3). NPR. Retrieved from www.npr.org/2015/09/0343 7264048/about-hidden-brain

Addley, E. (2017, March 31). True-crime podcast S-Town even better than Serial, rave viewers. *Guardian*. Retrieved from www.theguardian.com/media/2017/mar/31/true-crime-podcast-s-town-even-better-than-serial-rave-viewers

Beach, B. (2017, June 7). How the Tories fucked the country. *Vice*. Retrieved from www.vice.com/en_uk/article/payg5b/how-the-tories-fucked-the-country

Berry, R. (2016). Podcasting: Considering the evolution of the medium and its association with the word "radio." *Radio Journal*, 14(1), 7-22. doi:10.1386/rjao.14.1.7_1

Bonini, T. (2015). The "second age" of podcasting: Reframing podcasting as a new digital mass medium. *QUADERNS DEL CAC*, 18, 21-30.

Bryman, A., & Teevan, J. J. (2005). *Social research methods* (Canadian ed.). Don Mills, Canada: Oxford University Press.

Buck, G. (2016, July 29). Why Canadian podcasters are being drowned out by American offerings. Retrieved from www.metronews.ca/life/technology/2016/07/29/canadianp odcasters-are-being-drowned-out-by-americans.html

CBC. (2017a). A space for us all. Retrieved from www.cbc.radio-canada.ca/en/explore/strategies/2020/

CBC. (2017b, June 5). The Current. Retrieved from www.cbc.ca/radio/thecurrent/about

Chafin, C. (2015, January 21). Since 2004, This small team has been crushing the podcasting competition. *FastCompany*. Retrieved from www.fastcompany.com/3041055/since-20 04-this-small-team-has-been-crushing-the-podcasting-competition

Charmaz, K. (2006). *Constructing grounded theory*. London: Sage.

Crisell, A. (1994). *Understanding radio* (2nd ed.). Abingdon, UK: Routledge.

Cwynar, C. (2015). More than a "VCR for radio": The CBC, the Radio 3 podcast, and the uses of an emerging medium. *Journal of Radio and Audio Media*, 22, 190-199. doi:10. 1080/19376529.2015.1083371

Dredge, S. (2014, November 18). Serial podcast breaks iTunes records as it passes 5m downloads and streams. *Guardian*. Retrieved from www.theguardian.com/technology/ 2014/nov/18/serial-podcast-itunes-apple-downloads-streams

Dubber, A. (2013). *Radio in the digital age*. Cambridge: Polity.

Dubner, S. J. (2014, December 18). Time to take back the toilet: A new Freakonomics radio podcast. *Freakonomics*. Retrieved from http://freakonomics.com/podcast/time-to-take-back-the-toilet-a-new-freakonomics-radio-podcast/

Evans, D. (2014, September 8). Listening to the radio is cool again: 8 smart podcasts you should hear. *Gawker*. Retrieved from http://gawker.com/listening-to-the-radio-is-cool-again-1619583911

Fleming, C. (2010). *The radio handbook* (3rd ed.). Abingdon, UK: Routledge.

Goffman, E. (1990). *The presentation of self in everyday life*. London: Penguin.

Hammersley, B. (2004, February 12). Audible revolution. *Guardian*. Retrieved from www. theguardian.com/media/2004/feb/12/broadcasting.digitalmedia

Hansen, A., Cottle, S., Negrine, R., & Newbold, C. (1998). *Mass communication research methods*. New York: New York University Press.

Hilmes, M. (2011). *Only connect: A cultural history of broadcasting in the United States* (3rd ed.). Boston: Wadsworth.

Johnson, E. (2017, October 28). Michael Barbaro explains why you love the New York Times' podcast, "The Daily." *Recode*. Retrieved from www.recode.net/2017/10/28/16561160/ michael-barbaro-the-daily-new-york-times-podcast-journalism-nyt-recode-media-peter-kafka

Kafka, P. (2017, August 2). VCs don't love podcasting but Gimlet has raised another $15 million anyway. *Recode*. Retrieved from www.recode.net/2017/8/2/16079634/gimlet-media-podcast-funding-stripes-laurene-powell-jobs-advertising-crooked-media-the-daily

Kang, C. (2014, September 25). Podcasts are back—and making money. *Washington Post*. Retrieved from www.washingtonpost.com/business/technology/podcasts-are-back-and-making-money/2014/09/25/54abc628-3909-11e4-9c9f-bb47272e40e_story.html?utm_term=.223fe820fd64

Karlsson, M. (2011). The immediacy of online news, the visibility of journalistic processes and a restructuring of journalistic authority. *Journalism* 12(3), 279-295. doi:10.1177/1464884910388223

Kelly, P., & Oldring, P. (2017, September 7). This is that: Can-con Netflix, undercover gone wrong, national smokers museum. *CBC*. Retrieved from www.cbc.ca/radio/thisisthat/can-con-netflix-undercover-gone-wrong-national-smokers-museum-1.4274182

Kern, J. (2008). *Sound reporting: The NPR guide to audio journalism and production*. Chicago: University of Chicago Press.

Koenig, S. (2016, January 21). Episode 05: Meanwhile, in Tampa. Serial Podcast. Retrieved from https://serialpodcast.org/season-two/5/meanwhile-in-tampa/transcript

Lacey, K. (2013). *Listening publics: The politics and experience of listening in the media age*. Cambridge: Polity.

Leedy, P. D., & Ormrod, J. E. (2010). *Practical research: Planning and design* (9th ed.). Upper Saddle River, NJ: Pearson.

Lindgren, M. (2016). Personal narrative journalism. *Radio Journal*, 14(1), 23-41. doi:10.1386/rajo.14.1.23_1

Luke, M. (2016, December 20). CBC podcast uncovers new information in unsolved murder of Alberta Williams. *CBC*. Retrieved from www.msn.com/en-ca/news/canada/cbc-podcast-uncovers-new-information-in-unsolved-murder-of-alberta-williams/ar-BBxmimG

Markman, K. M. (2015). Everything old is new again: Podcasting as radio's revival. *Journal of Radio and Audio Media*, 22(2), 240-243. doi:10.1080/19376529.2015.1083376

McCauley, M. P. (2005). *NPR: The trials and triumphs of National Public Radio*. New York: Columbia University Press.

Papper, R. (2013). *Broadcast news and writing stylebook* (5th ed.). New York: Pearson.

Podtrac. (2017, June 12). May 2017—Top Podcast Publishers. Retrieved from http://analytics.podtrac.com/blog/2017/6/8/may-2017-top-podcast-publishers

Quah, N. (2016, May 24). Hot pod: We now have new, free rankings to show how podcasts stack up against each other. *Nieman Lab*. Retrieved from www.niemanlab.org/2016/os/hot-pod-podcast-network-rankings-are-here-and-free/

Quah, N. (2017, August 22). The daily podcaster's choice: Try to fit in listeners' crowded mornings or tackle the evening commute? *Nieman Lab*. Retrieved from www.nieman lab.org/2017/08/the-daily-podcasters-choice-try-to-fit-in-listeners-crowded-mornings-or-tackle-the-evening-commute/

Reed, B. (2017, March 28). Chapter 3: Tedious and brief. S-Town Podcast. Retrieved from https://stownpodcast.org/chapter/3

Rigden, D. (2016, December 5). Episode 3: Blondic. *Someone Knows Something*. Retrieved from https://www.cbc.ca/radio/sks/scason2/episode-3-blondie-1.3876315

Rolling Stone. (2014, February 3). 50 Greatest 'Saturday Night Live' Sketches of All Time. Retrieved from www.rollingstone.com/tv/pictures/50-greatest-saturday-night-live-sketc hes-of-all-time-20140203/nprs-delicious-dish-schweddy-balls-0402572

Sampaio-Dias, S., & Dennis, J. (2017, July 7). Not just swearing and loathing on the internet: analysing BuzzFeed and VICE during #GE2017. *Election Analysis*. Retrieved from www.electionanalysis.uk/uk-election-analysis-2017/section-3-news-and-journalism/not-just-swearing-and-loathing-on-the-internet-analysing-buzzfeed-and-vice-during-ge2017/

Spangler, T. (2017, March 31). Podcast, "S-Town," tops 10 million downloads in four days. *Variety*. Retrieved from http://variety.com/2017/digital/news/s-town-podcast-10-milli on- downloads-serial-productions-1202020302/

Stursberg, R. (2012). *The tower of babble: Sins, secrets and successes inside the CBC*. Vancouver: Douglas and McIntyre.

Swartz, A. (2016, November 18). Podcasting is the new blogging. *Globe and Mail*. Retrieved from https://beta.theglobeandmail.com/report-on-business/small-business/sb-marketi ng podcasting-is-the-new-blogging/article32876525/?ref=www.theglobeandmail.com&

Thompson, J. H., & Randall, S. J. (2008). *Canada and the United States: Ambivalent allies* (4th ed.). Athens: University of Georgia Press.

van Beinum, E. (2018, May 16). The kerfuffle about podcast charts. *Podcast Hotdog*. Retrieved from https://podcasthotdog.com/2018/05/16/podcast-charts.html

Vingerhoets, A., Bylsma, L. M., & de Vlam, C. (2013). Swearing: A biopsychosocial perspective. *Psychological Topics*, 22(2), 287-304.

Walker, C. (2016, December 15). Missing & murdered: Who killed Alberta Williams? With Connie Walker episode 7. *CBC*. Retrieved from www.cbc.ca/listen/shows/missing-murdered-who-killed-alberta-williams/episode/11141486

Young, M. (2016, December 16). Serial podcast's creator Julie Snyder talks of the fallout from Saturday Night Live parody: "It was shocking." Retrieved from www.news.com.au/entertainment/celebrity-life/serial-podcasts-creator-julie-snyder-talks-of-the-fallout-from-saturday-night-live-parody-it-was-shocking/news-story/oaeida34eb68aa7e6sbf1838e20b1c25

Zernike, K. (2005, February 19). Tired of TiVo? Beyond blogs? Podcasts are here. *New York Times*. Retrieved from www.nytimes.com/2005/02/19/technology/tired-of-tivo-beyond-blogs-podcasts-are-here.html?_r=0

14장

Alexandra Daskalopoulou, e nea dinami sto radiofono [Alexandra Daskalopoulou, the new power in radio]. (2018, June 29). Retrieved from www.e-tetradio.gr/Article/16282/alexandra-daskalopoyloy-h-nea-dynamh-sto-radiofwno

Anaklisi tis adeias tis AEPI&—dimiourgia neou forea apo tous kallitehnes [AEPI license revoked—creation of new entity by artists]. (2018, March 22). Retrieved from www.radiofono.gr/node/46172

Apofasi-stathmos gia idioktites radiofonikou stathmou / Kerdisan tin mahi me tin AEPI [Landmark decision for owners of a radio station: They won their battle with AEPI]. (2018, June 14). Retrieved from www.lamianow.gr/lamia-apofasi-stathmos-gia-idiokrites-radiofonikoy-stathmoy-kerdisan-tin-quot-machi-quot-me-tin-aepi/

Bakogiannis, B. (2009, March 20). DAB in Greece: Martios 2009 [DAB in Greece: March 2009]. YouTube. Retrieved from www.youtube.com/watch?v=pPwGOOJE00E

Contogeorgis, G. (2012). *Kommatokratia kai dynastiko kratos: Mia ermineia tou Ellinikou adiexodou, tetarti ekdosi* [Partyocracy and the dynastic state: One interpretation of the Greek dead end, fourth edition]. Athens: Ekdoseis Pataki.

Contogeorgis, G. (2013). *Oi oligarhes: I dinamiki tis ypervasis kai i antistasi ton sigkatanevsifagon* [The oligarchs: The ability to overcome and the resistance of the yesmen]. Athens: Ekdoseis Pataki.

Danesi, M. (2009). *Dictionary of media and communications*. Armonk, NY: M. E. Sharpe.

Dikaioma ekpompis ston Atlantis FM [Atlantis FM gains right to broadcast]. (2018, March 30). *Typologies*. Retrieved from www.typologies.gr/dikeoma-ekpobis-ston-atlantis-fm/

Dokimastikes ekpompes DAB+ apo tin ERT stin Athina [DAB+ transmissions by ERT in Athens]. (2018, January 5). *Digital TV Info*. Retrieved from www.digitaltvinfo.gr/news/media-news/item/21310-dab

E kivernisi katargei tin aftodiaheirisi sta radiofona [The government is abolishing the self-management of radio stations]. (2017, July 24). Retrieved from www.e-tetradio.gr/article/15069/1-kubernisi-katargei-tin-autodiaxeirisi-sta-radiofona

Epistrefci sto dimosio e syxnotita 99;5 [99.5 frequency returning to the state]. (2018, June 18). *Typologies*. Retrieved from www.typologies.gr/epistrefi-sto-dimosio-i-sychnotita-995/

ESIEA: To nomoshedio gia to psifiako radiofono plittei tous dimotikous radiofonikous stathmous [ESIEA: Draft legislation on digital radio harms municipal radio stations]. (2018, January 12). *Athens-Macedonia News Agency*. Retrieved from www.amna.gr/mobile/articleen/220731/ESIEA-To-nomoschedio-gia-to-psifiako-radiofono-plittei-tous-dimotikous-radiofonikous-stathmous

Ethniko Symboulio Radiotilcorasis. (2018). Lcitourgontes radiofonikoi stathmoi ana nomo [Radio stations operating in cach prefecturc] [Data file]. Retrieved from www.esr.gr/wp-content/uploads/bnl.xls

Etzioni, A. (2009). The capture theory of regulations—revisited. *Society*, 46(4), 319-323.

Eurobarometer. (2015, Autumn). Media use in the European Union [Data file]. Retrieved from http://cc.curopa.cu/COMMFrontOffice/publicopinion/index.cfm/ResultDoc/download/DocumentKy/72667

European Commission. (2016, September). Flash Eurobarometer 437 Report: Internet users' preferences for accessing content online [Data file]. Retrieved from http://ec.europa.cu/commfrontoffice/publicopinion/index.cfm/ResultDoc/download/documentky/74564

Eurostat. (2018, March). *Digital economy and society statistics—Households and individuals*. Retrieved from http://ec.europa.eu/curostat/statistics-explained/index.php/Digital_economy_and_society_statistics_-_households_and_individuals

Free radio from Greece. (2019). *Lyngsat*. Retrieved from www.lyngsat.com/freeradio/Gree

ce.html

Hallin, D. C., & Mancini, P. (2004). *Comparing media systems: Three models of media and politics*. New York: Cambridge University Press.

Hallin, D. C., & Mancini, P. (2016). Ten years after Comparing Media Systems: What have we learned? *Political Communication*, 34(2), 155-171.

Hellas Sat 2/3 at 39.0°E. (2019). *Lyngsat*. Retrieved from www.lyngsat.com/Hellas-Sat-2-3. html

Iosifidis, P., & Katsirca, I. (2015). Public service broadcasting in Greece: Back to the future or point of no return? *Global Media Journal: Mediterranean Edition*, 10(1), 1-12

Kainourios 99,8 FM anatellei kai fainetai pos kati kalo ginetai ekei [A new 99.8 FM is born and it looks like something good is happening there]. (2018, April 2). Retrieved from www. e-tetradio.gr/Article/15842/kainoyrgios-998-fm-anatellei-kai-fainetai-pws-kati-kalo-ginet ai-ekei

Kalogeropoulos, A. (2019). Reuters Institute digital news report 2019: Greece. In Newman, N., Fletcher, R., Kalogeropoulos, A., & Nielsen, R. K., *The Reuters Institute & The University of Oxford*. Retrieved from https://reutersinstitute.politics.ox.ac.uk/sites/ default/files/2019-06/DNR_2019_FINAL_1.pdf

Kalogeropoulos, A., Panagiotou, N., & Dimitrakopoulou, D. (2016). *Reuters Institute erevna gia tis psifiakes eidiseis 2016* (Ellada) [Reuters Institute survey on digital news 2016 (Greece)]. Athens: iwrite.gr Publications.

Kalogirou, S., & Sourpi, A. (2006). A naptixi radiofonou kai rythmistiko plaisio [Growth of radio and legal framework]. In O. Kleiamaki (Ed.), *To radiofono stin Ellada* [Radio in Greece]. Athens: Institouto Optioakoustikon Meson.

Kanellopoulos, D., & Psara, A. (2017, February 9). Plousioi oi metohoi AEPI, ftohoi oi kallitehnes [AEPI shareholders wealthy while artists are poor]. Efimerida ton Syntakton. Retrieved from www.efsyn.gr/arthro/ploysioi-oi-metohoi-aepi-ftohoi-oi-kallitehnes

Kapa Research. (2016, October). I krisi ton thesmon kai i apohi [The crisis of the institutions and abstention] [Data file]. Retrieved from www.kaparesearch.com/index.php?option =com_k2&view=item&task=download&id=76_841eb312a5e458cbdicecsbf65ba7928&Ite mid=137&lang=el

Kathisterei e adeiodotisi tou psihiakou radiofonou [Digital radio licensing delayed]. (2018,

July 5). Retrieved from www.radiofono.gr/node/47227

Kiss FM 92.9. (2004). Press release: Digital Audio Broadcasting, Kiss FM 92,9: The innovator in technology presents DAB in Greece [Data file]. Retrieved from www.radiofono.gr/files/KissFM-brings-DAB-to-Greece.pdf

Kogen, L. (2010). Savage deregulation in Thailand: Expanding Hallin and Mancini's European model. *Media, Culture & Society*, 32(2), 335-345.

Neos hartis psifiakou radiofonou: Posa radiofona "horane" ana perioxi [New digital radio allocations map: How many stations "fit" in each region]. (2018, January 19). *Radiofono.gr*. Retrieved from www.radiofono.gr/node/45332

Nevradakis, M. (2012). Government-sanctioned anarchy: Greece's chaotic airwaves, In J. A. Hendricks (Ed.), *Palgrave handbook of global radio* (pp. 131-160). New York: Palgrave Macmillan.

Nevradakis, M. (2014a, October 11). Setting a bad example: Flouting legal requirements in Greek broadcasting. *Truthout*. Retrieved from www.truthout.org/articles/setting-a-bad-example-fouting-legal-requirements-in-greek-broadcasting/

Nevradakis, M. (2014b, October 25). Greek mainstream media: Economic interests come before the law. *Truthout*. Retrieved from www.truthout.org/articles/greek-mainstream-media-economic-interests-come-before-the-law/

Nevradakis, M. (2014c, November 3). "I have just been ordered not to speak": Reasons for Greek public broadcasting shutdown. *Truthout*. Retrieved from www.truthout.org/articles/i-have-just-been-ordered-not-to-speak-the-real-reasons-behind-the-ert-shutdown-in-context/

Nevradakis, M. (2017a, September 28). Adeiodotiseis MME: O proanaggeltheis thanatos ton aftodiaheirizomenon (meros 30) [Media licensing: The forewarned death of self-managed stations (part 3)]. *To Periodiko*. Retrieved from www.toperiodiko.gr/αδειοδοτήσει ς-μμε-ο-προαναγγελθείς-θ

Nevradakis, M. (2017b, October 10). How to become a Greek oligarch in seven easy steps. *Mint Press News*. Retrieved from www.mintpressnews.com/how-to-become-a-greek-oligarch-in-seven-easy-steps/232971/

Nevradakis, M. (2018). *From the polis to Facebook: Social media and the development of a new Greek public sphere*. Unpublished doctoral dissertation, University of Texas at Austin.

Nomos 2328/1995 [Data file]. (1995). Retrieved from www.synigoroskatanaloti.gr/docs/law/gr/N2328-1995.pdf

Nomos 2778/1999. (1999). Retrieved from www.taxheaven.gr/laws/law/index/law/366

Nomos 3310/2005 [Data file]. (2005). Retrieved from www.mou.gr/elibrary/N3310_140205_fek30.pdf

Nomos 3592/2007. (2007). Retrieved from www.wipo.int/wipolex/en/text.jsp?file_id=226574

OTE: Symfonia gia tin polisi tis Hellas Sat. (2013, February 7). *Naftemporiki*. Retrieved from www.naftemporiki.gr/finance/story/605803

Papathanassopoulos, S. (1989). The "state" of "public" broadcasting in Greece. *Inter Media*, 17(2), 29-35.

Papathanassopoulos, S. (2015). Deregulating the Greek broadcasting system. In N. Georgarakis & N. Demertzis (Eds.), *To politistiko portraito tis Elladas: Krisi kai i apodomisi tou politikou* [The cultural portrait of Greece: Crisis and the deconstruction of the politician] (pp. 456-475). Athens: Ekdoseis Gutenberg.

Psifistike to nomoshedio gia tin adeiodotisi tou psifiakou radiofonou [Legislation for the licensing of digital radio passed]. (2018, January 15). Retrieved from www.radiofono.gr/node/45256

Psychogiopoulou, E., & Kandyla, A. (2013). Media policy-making in Greece: Lessons from digital terrestrial television and the restructuring of public service broadcasting. *International Journal of Media a Cultural Politics*, 9(2), 133-152.

Radio Enigma. (2017, October 9). Titloi telous [The end]. Retrieved from www.facebook.com/Radiocnigmaflorina/posts/841992759294040

Radio Kriti: Nomoi pou den tirountai, cxontosi ton radiofonon tis eparhias [Radio Kriti: Laws that are not followed, extermination of regional radio stations]. (2017, June 19). Retrieved from www.radiofono.gr/node/35190

Sims, J. R. (2003). Politicians and media owners in Greek radio: Pluralism as diaploki. *Journal of Radio Studies*, 10(2), 202-215.

Skai: Tora horis pnevmatika dikaiomata [Skai: Now royalty free]. (2010, September 8). Retrieved from www.radiofono.gr/node/2265

Tmima ST' nomou 4512/2018: Adeiodotisi idiotikon radiofonikon stathmon psifiakis evrie kpompis eleftheris lipsis [Excerpt of 6th article of law 4512/2018: Licensing of free-to-air digitally transmitted private radio stations]. (2018, February 1). Retrieved from www.radiofono.gr/node/45506

To exontotiko kostos tis AEPI apokleiei radiofono tis Florinas [The prohibitive fees of AEPI shut out a Florina radio station]. (2007, July 5). Retrieved from www.radiofono.gr/node/1055

Top Greek sites by Alexa traffic rank. (2019). *Top GR*. Retrieved from www.topgr.gr

Top sites in Greece. (2019). Alexa. Retrieved from www.alexa.com/topsites/countries/GR

Traquina, N. (1995). Portuguese television: The politics of savage deregulation. *Media, Culture & Society*, 17, 223-238.

Vovou, I. (2009). Stoixeia gia mia meta-istoria tis Ellinikis tileorasis: To meso, i politiki kai o thesmos [Evidence for a meta-history of Greek television: the medium, politics, and the institution]. In I. Vovou (Ed.), *O kosmos tis tileorasis: Theoria, analysi programm aton kai Elliniki pragmatikotita* [The world of television: Theory, analysis of programming and Greek reality] (pp. 93-135). Athens: Irodotos.

Web radios. (2019). *Easy 97.2*. Retrieved from www.easy972.gr/el/webradio-list/

Xekina to psifiako radiofono stin Ellada! [Digital radio to begin in Greece!]. (2006, April 10). Retrieved from www.radiofono.gr/node/91

Ypourgiki Apofasi 170/2018: Ekhorisi fasmatos epigeias psifiakis radiofonikis evriekpompis stin "Elliniki Radiofonia, Tileorasi Anonimi Etaireia (E.R.T.A.E.)" [Allocation of terrestrial digital radio broadcast spectrum to Hellenic Radio Television Anonymous Corporation (E.R.T.A.C.)] (2018, January 18). Retrieved from www.radiofono.gr/node/45507

Zaharopoulos, T. (2003). The rise and fall of municipal radio in Greece. *Journal of Radio Studies*, 10(2), 231-245.

15장

ACMA & CBAA. (2008). Community radio broadcasting: Codes of practice. Sydney: CBAA.

AMARC (World Association of Community Radio Broadcasters). (2007). *Community Radio Social Impact Assessment: Removing Barriers, Increasing Effectiveness*. Montreal: World Association of Community Radio Broadcasters.

AMARC WIN. (2008). Gender policy for community radio. Retrieved from www.amarc.org/

documents/Gender_Policy/GP4CR_English.pdf

Ankit. (2008). Case study: Holy Cross Community Radio, Trichy, Tamil Nadu, India. *i4d*. Retrieved from http://i4d.eletsonline.com/case-study-holy-cross-community-radio-trich y-tamil-nadu-india/ Retrieved from http://i4d.eletsonline.com/case-study-holy-cross-community-radio-trichy-tamil-nadu-india/

Atton, C. (2007). Current issues in alternative media research. *Sociology Compass*, 1(1), 17-27.

Balan Siva, K. C., & Norman, S. J. (2012). Community radio (CR)—Participatory communication tool for rural women development. *International Research Journal of Social Sciences*, 1(1), 19-26.

Bandelli, D. (2012). Indian women in community radio: The case studies of Radio Namaskar in Orissa and Radio Dhadkan in Madhya Pradesh. *Journal of South Asia Women Studies*, 13(1). http://asiatica.org/jsaws/13-1/indian-women-community-radio-case-studies-radio-namaskar-orissa-and-radio-dhadkan-madhya-pradesh/

BBC. (1999). *BBC corporate human resources planning report*. London: BBC.

BBC. (2017). *BBC pay disclosures July 2017*. London: BBC.

Brown, M. (1998). Radio magazines and the development of broadcasting: Radio broadcast and radio news, 1922-1930. *Journal of Radio Studies*, s(1), 68-81. doi:10.1080/1937 6529809384530

Calhoun, C. (1992). Introduction: Habermas and the public sphere. In C. Calhoun (Ed.), *Habermas and the public sphere* (pp. 1-48). London: MIT Press.

Connelly, M. P., Murray Li, T., MacDonald, M., & Parpart, J. L. (2000). Feminism and development: Theoretical perspectives. In J. L. Parpart, M. P. Connelly, & E. Barriteau (Eds.), *Theoretical perspectives on gender and development* (pp. 51-159). Ottawa, ON: International Development Research Centre.

Couldry, N. (2010). *Why voice matters: Culture and politics after neoliberalism*. London: Sage.

Downey, J., & Fenton, N. (2003). New media, counter publicity and the public sphere. *New Media and Society*, 5(2), 185-202.

Ellis-Petserson, H., & Swency, M. (2017, July 21). BBC women "furious but not surprised" by gender pay gap. *Guardian*. Retrieved from www.theguardian.com/media/2017/jul/21/

bbc-women-furious-and-not-surprised-by-gender-pay-gap

Female BBC stars' letter to Tony Hall demanding equal pay in full. (2017, July 22). *Telegraph*. Retrieved from www.telegraph.co.uk/news/2017/07/22/female-bbc-stars-letter-demanding-equal-pay-tony-hall-full/

Forde, S., Mcadows, M., & Foxwell, K. (2002). Creating a community public sphere: Community radio as a cultural resource. *Media International Australia Incorporating Culture and Policy*, 103(1), 56-67.

Fraser, N. (1992). Rethinking the public sphere: A contribution to the critique of actually existing democracy. In C. Calhoun (Ed.), *Habermas and the public sphere* (pp. 109-142). London: MIT Press.

Freire, P. (1972). *Pedagogy of the oppressed*. Harmondsworth: Penguin.

Gallagher, M. (2001). *Gender setting: New agendas for media monitoring and advocacy*. London: Zed Books.

Gorringe, H. (2005). *Untouchable citizens: Dalit movements and democratisation in Tamil Nadu*. London: Sage.

Guijt, I., & Shah, M. K. (1998). Waking up to power, conflict and process. In I. Guijt & M.K. Shah (Eds.), *The myth of community: Gender issues in participatory development* (pp. 1-23). London: Intermediate Technology Publications.

Habermas, J. (1989). *The structural transformation of the public sphere*. Cambridge, MA: MIT Press.

hooks, b. (1989). *Talking back: Thinking feminist, thinking black*. Boston: South End Press.

Joseph, A., & Sharma, K. (1994). *Whose news? The media and women's issues*. New Delhi: Sage.

Kamarae, C. (1984). Resistance to women's public speaking. In S. Tromell-Plotz (Ed.), *Gewalt durch Sprache* (pp. 203-228). Frankfurt: Fischer Taschenbuch Verlag.

Kapur, N. (2010). *Everyday equality*. South Asia: UNIFEM/UNWOMEN.

Kar, E. S. (2010). *Social impact of community radio stations in India: Enhancing participatory development and women's empowerment*. Unpublished PGPPM dissertation, Indian Institute of Management, Bangalore, India.

Kirton, H. (2017). Female stars call on BBC to "act now" to end gender pay row. *People*

Management,. Retrieved from www.peoplemanagement.co.uk/news/articles/gender-pay-row-bbc-female-stars-call-act-now

Kotwal, L. M. (2008). Contesting power in Panchayats. In V. Kalpagam & J. Arunachalam (Eds.), *Rural women and development in India: Issues and challenges* (pp. 219-237). New Delhi: Rawat Publications.

Kumar, H., & Varghese, J. (2005). *Women's empowerment, issues, challenges and strategies: A source book*. New Delhi: Regency.

Lister, R. (2004). *Poverty*. Cambridge: Polity.

Malik, K., & Bandelli, D. (2012). *Community radio and gender—Towards an inclusive public sphere*. Paper presented at the India Media Symposium: Public Spheres, the Media & Social Change in India, University of Queensland.

McKay, A. (2000). Speaking up: Voice amplification and women's struggle for public expression. In C. Mitchell (Ed.), *Women and radio: Airing differences* (pp. 15-28), London: Routledge.

Millington, C. (2000). Getting in and on: Women and radio management at the BBC. In C. Mitchell (Ed.), *Women and radio: diring differences* (pp. 209-218). London: Routledge.

Mix, J. I. (1924a, August). The listener's point of view. *Radio Broadcast*, p. 332.

Mix, J. I. (1924b, September). The listener's point of view, *Radio Broadcast*, pp. 391-393.

Nirmala, Y. (2015). The role of community radio in empowering women in India. *Media Asia*, 42(1-2), 41-46.

Order, S. (2013). *Community radio in western Australia: Notions of value*. Doctoral dissertation, Murdoch University. Retrieved from http://researchrepository.murdoch.edu.au/view/author/Order,_Simon.html

Order, S. (2015). Towards a contingency-based approach to value for community radio. *Radio Journal*, 13(1-2), 121-138.

Order, S. (2017). All the lonely people, where do they all belong: Community radio and social connection. *Radio Journal*, 15(2), 243-258.

Order, S., & O'Mahony, L. (2017). Building a purposeful identity in the older adult volunteer space: A case study of community radio station GRPH (radio print-handicapped). *Communication Research and Practice*, 3(1), 1-14. doi:10.1080/22041451.2017.1271971

Parthasarathi, V., & Chotani, S. (2010). *A tale of two radios: Tracing advocacy in a deregulatory milieu*. McGannon Center Research Resources, Working Paper 7. New York: Donald McGannon Communication Research Center. Retrieved from https://fordham.bepress.com/cgi/viewcontent.cgi?referer=www.google.com/&httpsredir=1&article=1003&context=mcgannon_research

Pavarala, V., & Malik, K. (2007). *Other voices: The struggle for community radio in India*. New Delhi: Sage.

Pavarala, V., & Malik, K. (2009). *Community radio for social change: Evaluating Chala Ho Gaon Mein in Jharkhand*. New Delhi: National Foundation for India.

Pavarala, V., & Malik, K. (2010). Community radio and women: Forging subaltern counterpublics. In D. Rodriguez, D. Kidd, & L. Stein (Eds.), *Making our media: Creating new communication spaces* (pp. 95-113). New York: Hampton Press.

Poorvi, G. (2017, May 15). Women run community radio in this Maharashtra village. *SheThePeopleTV*. Retrieved from www.shethepeople.tv/women-run-community-radio-in-this-maharashtra-village/

Radio Announcer. (1935, December 1). The "sweetheart of the AEF" joining NBC. *Newsweek*.

Riano, P. (1994). *Women in grassroots communication*. London: Sage.

Rodriguez, C. (2001). *Fissures in the mediascape: An international study of citizens' media*. Cresskill, NJ: Hampton Press.

Saxena, T. (2015). *Indian protection of women from domestic violence act: Stumbling or striving ahead?* Doctoral dissertation, Australian National University, Canberra. Retrieved from https://openresearch-repository.anu.edu.au/bitstream/1885/104291/1/SaxenaThesis%202015.pdf

Saxon, P. (2017, October 30). Why I want to throw a brick through my radio when they talk about gender equality. *RadioInfo*. Retrieved from www.radioinfo.com.au/news/why-i-want-throw-brick-through-my-radio-when-they-talk-about-gender-equality

Sharma, K. (2008). (Re)negotiating power and spaces. In V. Kalpagam & J. Arunachalam (Eds.), *Rural women and development in India: Issues and challenges* (pp. 264-280). New Delhi: Rawat.

Sims, M. (1985). *Women in BBC management*. Retrieved from London: BBC.

Singh, B. K., Kumar, R. K., Yadav, V. P., Dan, S., & Singh, H. L. (2010). Social impact of community radio in Karnataka. *Indian Research Journal of Extension Education*, 10, 10-14.

Tacchi, J., & Kiran, M. S. (2008). *Finding a voice: Themes and discussions*. New Delhi: UNESCO.

Thomas, P. (1994). Participatory development communication: Philosophical premises. In S. White, K. S. Nair, & J. Ascroft (Eds.), *Participatory communication: Working for change and development* (pp. 49-59). New Delhi: Sage.

UNESCO. (2018). Is sports broadcasting "dropping the ball" on gender equality? *News*. Retrieved from www.diamundialradio.org/2018/news/sports-broadcasting-dropping-ball-on-gender-equality.html

UNFPA. (2009). *Programming to end violence against women. 8 case studies*. Retrieved from http://unfpa.org/webdav/site/global/shared/documents/publications/2009/violence.pdf

WACC. (2015). *The global media monitoring project 2015*. Retrieved from http://cdn.agilitycms.com/who-makes-the-news/Imported/reports_2015/highlights/highlights_en.pdf

Zhao, Y., & Hackett, R. (2005). Media globalization, media democratization: Challenges, issues, and paradoxes. In Y. Zhao & R. Hackett (Eds.), *Democratizing global media* (pp. 1-33). Lanham, MD: Rowman & Littlefield.

찾아보기

엮은이

존 앨런 핸드릭스 (John Allen Hendricks_서던 미시시피 대학교 박사)
2009년부터 텍사스의 스티븐 F. 오스틴주립대학교에서 매스 커뮤니케이션 학과 교수와 학과장을 역임하고 있다. 의사소통 이론, 연구 방법, 수정헌법 제1조의 법과 윤리를 가르친다. 방송 산업, 소셜 미디어/뉴미디어 기술, 미디어/정치 등에 관한 책을 11권 이상 저술 및 편집 출간했다. *The Radio Station: Broadcasting, Podcasting, and Streaming*, *The Palgrave Handbook of Global Radio*, *The Twenty-First-Century Media Industry: Economic and Managertial Implications in the Age of New Media*의 공동 저자다. 방송교육협회(BEA) 회장을 지냈으며 2009년부터 2017년까지 BEA 이사회에서 활동했다. 오클라호마방송교육협회(OBEA)의 전 회장이자 남부주통신협회(SSCA: Southern States Communication Association) 정치 커뮤니케이션 및 매스 커뮤니케이션 부분의 전 회장이다. Rowman & Littlefield의 학술본인 *Studies in New Media for Lexington Books* 시리즈의 창립 편집자로 활동하고 있다.

지은이

존 F. 바버 (John F. Barber_펜실베이니아 인디애나 대학교 박사)
밴쿠버 워싱턴주립대학교의 크리에이티브 미디어 및 디지털 컬처 교수진과 함께 일한다. 그의 학문, 강의, 창조적 노력은 예술, 인문, 기술의 융합에서 시작되며, 디지털 학문과 라디오 예술·공연·연구에 중점을 두고 있다. 후자에 관한 연구는 *Digital Humanities Quarterly, Digital Studies/Le Champion Numérique, ebr, Hyperrhiz: New Media Cultures, Leonardo, MATLIT(Materialities of Literature), Scholarly Research and Communication* 등에 발표되었고, 미국, 브라질, 캐나다, 영국, 독일, 아일랜드, 이탈리아, 리투아니아, 마케도니아, 북아일랜드, 포르투갈, 스페인, 아랍에미리트연합 등의 경쟁전에 출품되었으며, 여러 국제 라디오 예술 프로그램의 일환으로 방송되었다. 미국 작가 리처드 브라우티건(Richard Brautigan)을 디지털 학문 연구의 초점으로 잡았으며, 브라우티건 도서관 연출은 NPR 라디오 프로그램 〈The American Life〉에 실리기도 했다.

조셉 R. 블래니 (Joseph R. Blaney_미주리 대학교 박사)
정치, 종교, 기업, 체육인과 각 단체들의 이미지 회복에 대한 7권의 책과 수십 편의 글을 발표했다. 저서 *Putting Image Repair to the Test*는 이미지 복원에 대한 연구를 중요한 접근 방법에서 사회과학적 패러다임으로 이끄는 데 도움을 주었다. 아침 라디오 출연자·프로그램 감독·제작 감독·프로모션 감독 등을 역임했고, 2000년부터 일리노이주립대학교에서 근무했으며 현재 커뮤니케이션 학과 교수 및 예술과학대학 부학장을 맡고 있다.

안줄리 조시 브레키 (Anjuli Joshi Brekke_워싱턴 대학교 박사과정)
워싱턴 대학교 커뮤니케이션 분야 박사과정 연구생이다. '커뮤니케이션, 차이 및 형평성 센터'의 펠로우이자 연구 보조이며 모르타르 보드 동문이자 톨로 재단 학자로서 '커뮤니케이션 및 차이 연구 그룹'의 일원이다. 문화적 연구, 수사학, 뉴미디어 연구 등 여러 전통의 대화를 경청하고 융합하는 잠재력과 정치에 초점을 맞춰 연구하고 있다. 그녀의 박사학위 연구는 온라인과 지역사회 내에서 개인 내러티브를 공유하는 힘과 한계를 탐구하여 차이에 걸친 청취를 용이하게 한다. 구술 역사와 디지털 스토리텔링 프로젝트를 제안하고 주도하여 더 큰 시애틀 지역의 인종차별에 대한 이야기를 기록하고 공유했다. 이 연구를 통해 현재 공동체에 기반한 디지털 인문학 프로젝트의 도전과 가능성에 대한 논문의 주요 저자로 협력하고 있다.

마이클 브라운 (Muchael Brown_유타 대학교 박사)

와이오밍 대학교의 커뮤니케이션 저널리즘학과 명예교수다. 2018년 공식적으로 은퇴했지만, 미디어 역사를 계속 연구하며, 특히 20세기 초반에 있었던 라디오와 시각적 통신의 전환기에 초점을 맞추고 있다. 가장 최근의 연구에는 카자흐스탄 미디어를 조사하기 위한 카자흐스탄 국립대학교 교수진과의 제휴가 포함되어 있으며, 특히 소련의 영향력과 유산에 관심이 있다. 연구 외에도 아메리카의 다양한 민족 공동체의 음악을 탐구하는 라디오 다큐멘터리 시리즈를 제작했다.

브래드 클라크 (Brad Clark_웨일스 대학교 박사)

캐나다 앨버타 주 캘거리의 마운트 로열 대학교에서 방송 미디어 연구와 저널리즘의 부교수 겸 학과장을 맡고 있다. 2006년 학계에 들어오기 전에는 캐나다 방송공사(CBC)의 전국 라디오 리포터로 6년을 지낸 것을 포함해 20년간 기자로 일했다. 박사학위 논문은 캐나다의 토착 민족과 민족문화적 소수가 네트워크 텔레비전 뉴스에서 갖는 대표성을 연구했고, 이 주제에 관해 학문적·전문적 분야 모두에서 그의 연구가 널리 활용되었다. 다른 연구 관심사로는 직업 이념과 윤리학, 교육과정, 토착성, 오디오 서사 등이 있다.

데이비드 크리더 (David Crider_템플 대학교 박사)

*Performing Personality: On-Air Radio Identities in a Changing Media Landscape*의 저자다. 책에서 각색한 박사학위 논문은 방송교육협회로부터 2015년 케네스 하우드 논문상을 수상했다. 토크 라디오의 지역성에 대한 이전 연구는 2012년 *Journal of Broadcasting and Electronic Media*에 발표되었다. 그의 연구는 *Journal of Radio and Audio Media*에도 게재되었다. 연구 관심사는 지역성과 성 정체성의 문제 등 라디오를 통한 정체성 제시와 홍보뿐 아니라 통합과 지역주의와 관련된 프로그래밍과 업계 관심사들이다. 2014년부터 오스위고 뉴욕주립대학교의 통신·미디어·예술 학교에서 방송학과 객원교수로 재직하고 있다.

존 마크 뎀프시 (John Mark Dempsey_텍사스 A&M 대학교 박사)

텍사스 A&M 대학교-커머스의 라디오 텔레비전 부교수다. *The Jack Ruby Trial Revisited: The Diary of Jury Foreman Max Causey*, *The Light Crust Doughboys Are on the Air!*, *Eddie Barker's Notebook: Stories That Made the News (and Some Better Ones That Didn't)*, *Sports Talk Radio in America: Its Context and Culture*, *Always Connected: The Power of Broadcasting and Social Media* 등 5권의 책을 냈다. 주된 연구 관심사는 방송 역사와 지역 및 권역사 등이다. 이전에는 북텍사스 대학교와 텍사스 A&M 대학교의 언론학 교수진으로 재직했다. 1998년부터 댈러스의 텍사수 주 네트워크에서 라디오 뉴스 앵커와 제작자로 일하고 있다. 또한 텍사스 A&M 커머스의 공영 라디오 방송국인 KETR의 일일 프로그램 〈Blacklands Café〉를 제작하는데, 이는 방송교육협회와 텍사스 언론 방송사 연합회로부터 상을 받았다.

에밀리 W. 이스턴 (Emily W. Easton_시카고 일리노이 대학교 박사)

2001년부터 언더그라운드 음악계를 연구하고, 그곳에서 일하고 있다. 열정적인 팬들과 함께 작은 무대를 만드는 (경쟁이 아닌) 콜라보레이션에 특별히 중점을 두고 개개인이 어떻게 문화적·하위문화적 자산을 형성하는지에 초점을 맞춰 연구한다. "Girls Rock! Chicago"의 공동 창립자이며, 일리노이 주 시카고의 WHPK에서 DJ를 지냈다.

레이첼 수스만-원더 캐플란 (Rachel Sussman-Wander Kaplan_듀케인 대학교 박사)

펜실베이니아 피츠버그의 포인트 파크 대학교 시간제 조교수다. 통합 마케팅 커뮤니케이션, 불안정성, 내부 브랜드에 관한 여러 글을 썼다. 가장 최근의 프로젝트는 수사학과 마약성 진통제 남용 사이의 연관성에 대한 탐구를 포함한다.

안네 F. 마클레난 (Anne F. Maclennan_콘코디아 대학교 박사)

요크 대학교의 커뮤니케이션 학과 부교수 겸 학과장이며 *Journal of Radio and Audio Media*의 편집장이다. 20년이 넘는 기간 동안 커뮤니케이션, 미디어, 역사, 방법론과 그 밖의 학제 간 주제들을 가르쳤다. 마이클 윈드오버(Michael Windover)와 공동 저술한 *Seeing, Selling, and Situating Radio in Canada, 1922-1950*에서 라디오와 라디오 광고의 역사를 정리했다. 현재 진행 중인 연구에 초기 캐나다 라디오 프로그래밍에 관한 책이 포함되며, SSHRC가 후원한 연구 「라디오를 기억하며: 1930년대 캐나다 라디오 청취자」와 캐나다 미디어연구위원회가 후원한 프로젝트이자 폴 무어와 함께하는 「1인칭

복수형: 캐나다 방송 개척자들의 관점을 디지털 시대로 옮겨라」 등이 있다. 다음 프로젝트는 「프로그래밍, 관행, 생산 및 정책: 캐나다 커뮤니티 라디오」다. *Media and Communication*, *Journal of Radio and Audio Media*, *Women's Studies: An Interdisciplinary Journal*, *Radio Journal*, *Relations Industrielles/Industrial Relations*, *Urban History Review* 등에 연구가 게재되었다. 미디어 역사, 커뮤니티 라디오, 방송, 대중문화, 캐나다 역사와 여성, 사회복지, 빈곤, 문화 대표 등에 대해 연구한다.

아치 맥클린 (Archie Mclean_컬럼비아 대학교 석사)

캐나다 앨버타 주 캘거리의 마운트 로열 대학교에서 언론학 조교수를 맡고 있다. 캐나다 방송공사의 북극과 북부 퀘벡 지역 미디어 운영을 위한 관리 편집자로 4년 근무한 뒤 2016년 가을 마운트 로열 대학교 교수진에 합류했다. CBC North의 뉴스룸을 캐나다 저널리즘 재단 혁신상 후보에 올리는 데 기여했으며, 최근에는 캐나다 최고의 저널리즘 영예인 미치너상 후보에 올랐다. CBC 뉴스에 입사하기 전에는 *Edmonton Journal*의 편집자 겸 정치부 기자였다. 2009년에는 캔웨스트 뉴스 서비스(Canwest News Service)의 아프가니스탄 특파원으로 활동하기도 했다. 연구 관심사는 토착어 방송, 멀티미디어 교육학, 초지역적 저널리즘이다.

브루스 밈스 (Bruce Mims_서던 미시시피 대학교 박사)

남동 미주리 주립대학교 대중매체 학과의 명예교수다(1989~2018). 공저 *The Radio Station: Broadcasting, Podcasting and Streaming*(10th)이 있으며, 그의 연구는 *Journal of Radio Studies*, *Journalism and Mass Communication Educator*, *Radio World*, *Billboard* 등에 게재되었다. 연구 관심사는 프로그래밍 역사와 방송 기술이다.

마이클 네브라다키스 (Michael Nevradakis_오스틴 텍사스 대학교 박사)

그리스 아메리칸 칼리지의 강사다. 「폴리스에서 페이스북으로: 소셜 미디어와 새로운 그리스 공공 영역의 개발」은 다년간의 연구를 바탕으로 그리스 경제 위기 당시 사회와 뉴미디어가 공공 영역, 시민사회, 공공 담론에 미치는 영향을 그려냈다. 풀브라이트(Fulbright) 학자로 그리스 국가장학재단인 알렉산더 S. 오나시스 재단과 에라스무스+ 프로그램으로부터 장학금을 받았으며, 피 카파 피(Phi Kappa Phi)로부터 논문 지원금을 받았다. 논문을 바탕으로 첫 번째 책의 출간 작업을 하고 있으며, 소셜 미디어와 뉴미디어, 공공 영역, 그리스 미디어 지형에 관련된 연구를 꾸준히 하고 있다. 다른 연구 관심사는 미디어와 통신 정책, 대안 및 커뮤니티 미디어, 글로벌 및 국제 미디어, 미디어 산업, 통신 기술, 라디오 연구, 디아스포라 미디어 등이다. Dialogos Radio를 제작/진행하고, Mint Press News 및 기타 지방국에 기고하는 독립 언론인으로 활동하며, 뉴욕의 소출력 FM 방송국 WCSQLP 105.9의 총책임자 겸 프로그램 감독을 맡고 있다.

사이먼 오더 (Simon Order_머독 대학교 박사)

현재 호주 머독 대학교에서 라디오 방송, 음향 제작, 음악 기술을 가르치고 있다. 그의 강의, 연구, 창조적인 성과는 주로 소리, 음악, 라디오의 영역에서 온다. 주요 관심사 중 하나는 호주의 커뮤니티 라디오이며, 창의성과 음악 기술 또한 그의 연구에서 큰 비중을 차지한다. 전자음악계에서는 리미널 드리프터(Liminal Drifter)로 활동하는데, 몰입적·몽환적인 특징으로 유명하다. 그의 음악과 인터뷰는 PBS의 라디오 프로그램인 〈Echoes〉(미국)와 호주의 〈SBS Chill〉에 정기적으로 방송된다. 영국 텔레비전과 음악 산업에서 오디오 제작, 라디오 방송국 관리자, 전문 사진작가 경력이 있으며, 두바이 머독 대학교의 미디어 및 매스 커뮤니케이션 학과의 전 학과장으로서 아랍에미리트 최고의 3차 미디어 교육 센터를 개발했다.

다니엘 리피 (Daniel Riffe_테네시 대학교 박사)

채플힐 노스캐롤라이나 대학교 미디어 저널리즘 스쿨의 리처드 콜 에미넌트 교수(노스캐롤라이나 대학교 채플힐 미디어 저널리즘 스쿨의 학과장이었던 리처드 콜의 기부금으로 만들어진 교수직)이다. 강의 및 연구 분야로 연구 방법론, 방송 뉴스, 정치 커뮤니케이션, 매스 커뮤니케이션 및 환경 위기, 국제 뉴스, 정부-언론 관계 등이 있다. 3권의 책과 논문집, 85편의 저널 등재 논문, 92편의 회의 논문을 발표했다.

마크 워드 (Mark Ward_클렘슨 대학교 박사)

텍사스 휴스턴 대학교-빅토리아의 커뮤니케이션 학과 부교수다. 미국 복음주의 문화와 대중매체에 대한 연구가 여러 책과 저널(저술 내용은 markwardphd.com 참조)에 실렸으며, New York Times, Politico, Bloomberg, Religion News Service, Associated Press 등 언론 매체에 의해 인용되었다. *The Electronic Church in the Digital Age: Cultural Impacts of Evangelical Mass Media* 시리즈로 '클리포드 G. 기독교 윤리 연구상'을 수상했으며, 복음주의 문화에 대한 민족학 연구로 '데이비드 R. 마인스 서술 연구상'과 '올해의 종교 커뮤니케이션 협회 논문상'을 수상했다. 저서에 *The Lord's Radio:*

*Gospel Music Broadcasting and the Making of Evangelical Culture, 1920-1960, Air of Salvation: The Story of Christian Broadcasting*이 있으며, 2018년 텍사스 휴스턴 대학교-빅토리아에서 올해의 학자로 선정되었다.

루 우 (Lu Wu_채플힐 노스캐롤라이나 대학교 박사)

콜로라도 덴버 대학교와 베이징 국제대학의 강사 겸 연합 프로그램 담당자를 맡고 있다. 디지털 환경에서 뉴스 생산과 과정의 디지털 전환과 저널리즘 지속 가능성에 연구 초점을 맞추고 있으며, 뉴스 매체에 의해 채택된 디지털 기술이 수용자들의 이용 경험을 어떻게 변화시키고 있는지 그리고 새로운 경험이 어떻게 이용과 만족, 수용자 충성도와 참여로 전환될 수 있는지를 탐구한다. *Mass Communication & Society*, *Newspaper Research Journal*, *Electronic News*, *Journal of Mental Health* 등의 잡지에 연구 논문이 실렸다.

라이스 주라이캇 (Laith Zuraikat_어퍼 아이오와 대학교 석사)

지난 몇 년간 여러 신문에 기고하며 주로 뉴스 미디어 영역에서 그의 연구를 출판했다. 또한 예술과 사진 분야에서 여러 번 작품을 내놓은 경력이 있다. 이 책은 그의 첫 학술 간행물이다. 통신 미디어 분야에서도 소셜 미디어, 현대 영화, 미디어 마케팅, 운동과 미디어의 교차점 등에 연구 초점을 맞추고 있다. 현재 펜실베이니아 인디애나 대학교에서 통신 매체와 교육 기술 분야의 박사학위 과정에 있다.

옮긴이

유창수

CBS 편성국 라디오 PD로 근무하고 있다. 〈시사자키 정관용입니다〉, 〈김현정의 뉴스쇼〉 등을 연출했으며 유튜브 콘텐츠 〈댓꿀쇼〉의 연출 및 출연을 맡고 있다. 이달의 PD상, 이달의 좋은 프로그램상, 한국PD대상, 한국방송대상, 방송통신위원회 방송대상, 투명사회상 등을 다수 수상했다.

한울아카데미 2292
방송문화진흥총서 208

라디오의 새로운 100년
과거, 현재, 그리고 미래

엮은이 | 존 앨런 헨드릭스
지은이 | 존 F. 바버·조셉 R. 블래니·안줄리 조시 브레키·마이클 브라운·브래드 클라크·데이비드 크리더·
  존 마크 뎀프시·에밀리 W. 이스턴·레이첼 수스만-원더 케플란·안네 F. 마클레난·아치 맥클린·
  브루스 밈스·마이클 네브라다키스·사이먼 오더·다니엘 리피·마크 워드·루 우·라이스 주라이캇
옮긴이 | 유창수
펴낸이 | 김종수
펴낸곳 | 한울엠플러스(주)
편집 | 배소영

초판 1쇄 인쇄 | 2021년 4월 13일
초판 1쇄 발행 | 2021년 4월 20일

주소 | 10881 경기도 파주시 광인사길 153 한울시소빌딩 3층
전화 | 031-955-0655
팩스 | 031-955-0656
홈페이지 | www.hanulmplus.kr
등록 | 제406-2015-000143호

Printed in Korea.
ISBN 978-89-460-7292-3 93070 (양장)
    978-89-460-8054-6 93070 (무선)

* 책값은 겉표지에 표시되어 있습니다.
* 이 책은 강의를 위한 무선판 교재를 따로 준비했습니다.
  강의 교재로 사용하실 때는 본사로 연락해 주시기 바랍니다.

이 책은 MBC재단 방송문화진흥회의 지원을 받아 출간되었습니다.